El libro de cocina ayurvédica

Una guía personalizada para una
buena nutrición y salud

AVISO IMPORTANTE

Este libro no tiene como finalidad tratar, diagnosticar o prescribir. La información aquí contenida no debe considerarse de ninguna manera como sustituto de su propia orientación interna o de una consulta con un profesional de la salud debidamente certificado.

Editor (versión en español): Santiago Suárez Rubio
Corrección de estilo: Carlos David Contreras
Ilustración de portada: Nathalie Cerón Plata

Ilustraciones por Robin Noren (R. Amadea Morningstar)
Ilustración de los órganos digestivos y signos de VPK por Angela Werneke

Primera edición en inglés, 1990
Primera edición en español, 2012

Impreso EE.UU.

ISBN 978-958-44-9932-5

Traducido y publicado en español bajo licencia por:
Ayurmed
www.Ayurmed.org libros@ayurmed.org

El libro de cocina ayurvédica

Una guía personalizada para una buena nutrición y salud

Amadea Morningstar con Urmila Desai

DEDICACIÓN

Para Gord con mucho amor
Que tu *Pitta* esté calmado y brillante

AGRADECIMIENTOS

Las autoras desean dar las gracias a:

Todos los amigos que probaron la comida
LaVon Alt
Ivy Blank
Lenny Blank
Gordon Bruen
Chandrakant
Yogi Amrit Desai
Connie Durand
Dr. David Frawley
Gerald Hausman
Margie Hughes
Baba Neem Karoli
Alma King
Gordon King
Swami Kripalvanandaji
Dr. Vasant Lad
Lyn Lemon
Steven Lowe
Bob Noren
Margie Noren
Wes Pittman
Pranashakti
Personal del Centro Kripalu, Lenox, MA (EE.UU.)
David Stafford
Estudiantes y personal de "The Ayurvedic Wellness Center" en Albuquerque, NM (EE.UU.)
Dr. Robert Svoboda
Laura Ware
Angela Werneke

TABLA DE CONTENIDO

SEGUNDA PARTE
Recetas

TERCERA PARTE
Apéndices

PREFACIO A LA VERSIÓN EN ESPAÑOL

Es un placer presentar la traducción al español de **EL LIBRO DE COCINA AYURVÉDICA.** Brinda una introducción al Ayurveda de una manera inspiradora y práctica que nos permite adentrarnos en esta ciencia milenaria por medio de recetas exquisitas.

La traducción que está a punto de disfrutar brinda un acercamiento que tiene en cuenta las limitaciones de tiempo, disponibilidad de ingredientes y el paladar de Occidente. Este libro aplica directamente todos los principios ayurvédicos, considerando los cambios estacionales, y nos enseña cómo aplicarlos cuando estamos de viaje, en una reunión de trabajo o en casa, en la compañía de nuestros seres queridos o solos. Ayurveda nos enseña que no solo son importantes los ingredientes que utilizamos: es esencial un cambio de acercamiento a cómo comemos. Este libro nos invita a visitar un poco más a menudo la cocina, sin verla como un lugar intimidante ni misterioso.

Los invito a disfrutar este libro de cocina, leyendo acerca de los ingredientes en nuestras alacenas y cocinas y aprendiendo nuevas maneras de acercarnos a estos como medicina. Como decía el mismo Hipócrates, permita que la comida se convierta en su medicina, y que su medicina sea su comida.

Este libro no hubiese sido posible sin la colaboración de Nathalie Cerón y Carlos David Contreras. Para aquellas personas interesadas en estudiar esta ciencia deseo invitarlos a descubrir los programas ofrecidos por la Escuela de Ayurveda de California, institución que apoyó el proyecto de traducción de este libro al español. Esta traducción tiene pequeñas modificaciones para hacerla apropiada para el lector latinoamericano.

El arte de cocinar y comer de manera ayurvédica es un proceso que se desarrolla con el tiempo. Es una invitación para continuar disfrutando nuestra comida mucho más, sabiendo que es saludable para nosotros. Es esencial reconocer que los cambios deben ser graduales para que sean sostenibles y tengan un impacto profundo en nuestro cuerpo y en nuestra conciencia.

Santiago Suárez Rubio, B.A., C.A.S.
Editor de la versión en español

PRÓLOGO

La ciencia del Ayurveda, al igual que la ciencia del Yoga, fue inspirada y desarrollada por los grandes maestros y sabios de la India antigua. Los orígenes del Ayurveda y el Yoga tienen raíces comunes y juegan un papel altamente complementario en la evolución espiritual y el mantenimiento del bienestar físico y la vitalidad. Ayurveda es, quizá, la ciencia más antigua de la vida, un sistema de alimentación, sanación y mantenimiento de la salud que es profundamente espiritual en su origen. A diferencia de la medicina occidental tradicional, Ayurveda no se limita a la curación de las enfermedades mediante un tratamiento superficial de los síntomas. En su lugar, se evalúa por completo el cuerpo-mente de la persona.

Ayurveda considera que la medicina y la dieta son complementarias, en vez de verlas por separado. Nadie puede pretender mantener la vitalidad, recuperarse de una enfermedad o tener éxito en la práctica de Yoga sin el conocimiento adecuado del efecto poderoso que la dieta tiene sobre la salud física, la claridad mental y el progreso espiritual.

De hecho, los yoguis hacen hincapié en la dieta como una parte integral de la práctica exitosa de cualquier disciplina espiritual. Ayurveda no solo aborda la curación sino también la prevención y el mantenimiento de la vitalidad, tan crucial en la práctica del Yoga. Los antiguos videntes describen el cuerpo humano y el universo como un compuesto de *prana*; la energía primordial, la fuerza vital que se manifiesta en forma de tierra, agua, fuego, aire y éter. Cualquier desequilibrio de estos elementos en nuestro cuerpo se experimenta como una enfermedad, malestar o dolor. Estos elementos se mantienen en armonía en un cuerpo sano que los consume a través de la respiración, la alimentación, el agua, el sol, el ejercicio y el sueño. Los yoguis percibieron los alimentos tales como cereales y granos, frutas, verduras, semillas, hierbas y raíces, como portadores vitales y equilibradores de la energía del *prana* en el cuerpo. El poder de los alimentos se manifiesta solo cuando se utilizan en las combinaciones apropiadas y en completa coordinación con las condiciones particulares de cada individuo. Es aquí donde los profundos efectos de la alimentación ayurvédica son revelados.

La preparación ayurvédica de recetas es sumamente exquisita en su sabor exótico, aroma, texturas y colores. Cuando las personas criadas con una dieta tradicional orientada hacia la carne se cambian a un estilo de comida vegetariano (como se practica en Occidente), a menudo experimentan cambios positivos en su salud. Pero cuando ensayan las recetas ayurvédicas, descubren un profundo sentido de plenitud y satisfacción. Su sistema entero responde a la nutrición que proviene de los sabores y aromas sutiles de la mezcla particular de especias. Estas especias sutiles y aromas juegan un papel vital en llevarnos a un nivel más profundo de salud y bienestar.

Pero la comida ayurvédica no se debe confundir con la comida caliente y picante de la India. La mezcla y la proporción de especias deben ser reguladas para satisfacer las constituciones físicas y los temperamentos que son exclusivos de una educación occidental. Este enfoque del Ayurveda, un acercamiento para Occidente, es una excelente co-creación de Urmila y Amadea: Urmila nos comparte sus habilidades de la cocina tradicional altamente refinada e intuitiva de la India mientras que Amadea nos comparte su experiencia con Ayurveda, basada en su formación occidental en nutrición. En conjunto, representan la mezcla perfecta necesaria para una práctica y para una presentación contemporánea de esta ciencia antigua. Estoy particularmente conmovido por la sensibilidad con la que Amadea ha tratado este tema complejo, adaptando Ayurveda a la cocina occidental con mucha habilidad. Las recetas son personalizadas de acuerdo a las diferentes constituciones físicas, y los principios ayurvédicos se aplican a muchos platos occidentales familiares.

A partir de mi experiencia personal con la cocina de Urmila, tengo un profundo respeto por ella y por su arte. A pesar de que puede parecer muy sutil, la actitud con la que ella prepara la comida se convierte en una parte integral e invisible de la receta. Sin falta, esa actitud crea una diferente constitución vibratoria en los alimentos que afecta la conciencia de la persona que los ingiere.

Este no es simplemente otro libro de recetas, sino un manual de salud que, si se aplica con un entendimiento correcto, puede llevar a una nueva dimensión en la mejora de la salud y el placer de comer. La perspectiva fresca y viva de Urmila y Amadea es una oportuna adición al interés en el Ayurveda que está floreciendo en Occidente.

Yogi Amrit Desai
Fundador y director espiritual del Centro Kripalu[1]

---

[1] Kripalu Center es uno de los principales centros de Yoga en los Estados Unidos. Atrae a miles de personas cada año a su centro primordial en Lenox, Massachusetts. Yogi Amrit Desai y Urmila Desai, en conjunto, brindan servicio al guiar a los individuos en sus prácticas de Yoga.

INTRODUCCIÓN

En los últimos años se ha conocido más en el Ayurveda en Occidente, el sistema tradicional de curación natural de la India. Los libros ayurvédicos nos dicen qué alimentos son buenos para las distintas constituciones, pero sin el conocimiento ayurvédico de cómo cocinar y sin recetas específicas, esta información sigue siendo limitada. EL LIBRO DE COCINA AYURVEDICA responde muy bien a esta necesidad.

Según los Upanishads, las escrituras antiguas de la India, la comida es Brahman, la realidad divina. La unidad de toda vida se demuestra en el proceso de comer, del cual participamos en el movimiento de la creación en el mundo material. El mismo cuerpo físico nace y vive gracias a los alimentos. La mayoría de las enfermedades en últimas se pueden asociar con una dieta incorrecta. La cura para comer mal no se encuentra en mejores drogas, ni necesariamente en mejores restaurantes, se encuentra en la recuperación de nuestro más antiguo derecho y deber de cocinar para nosotros mismos y para nuestros seres queridos. Aunque una dieta adecuada no siempre es suficiente para corregir las enfermedades, pocas enfermedades pueden ser realmente aliviadas sin ella. Por otra parte, una dieta adecuada es esencial para la prevención de enfermedades y es fundamental para una vida sana y feliz.

La cocina de la India se basa en los principios terapéuticos de la antigua ciencia ayurvédica de la vida. Se trata de una rica tradición que hace que la dieta y los métodos de cocción Occidental parezcan pobres. Mientras que la cocina de la India utiliza docenas de especias desde el cardamomo hasta la pimienta, la cocina occidental solo utiliza unas pocas. Se ha dicho que el arte de cocinar está disminuyendo en nuestra cultura y que las adicciones al azúcar, café y estimulantes artificiales ocurren debido a la falta de alimentos frescos y a la carencia de especias que ofrecen una verdadera nutrición.

Mientras que la "comida rápida" responde a la necesidad de comodidad, se pierde mucho en este proceso. La fuerza de vida, que no se puede medir en términos de vitaminas, minerales o calorías, se destruye o se reduce en las preparaciones artificiales. Nada puede sustituir a la naturaleza, ya sea en la vida o en la cocina. Cuanto más nos alejamos de la naturaleza en nuestros hábitos de vida, más debemos sufrir a largo plazo. Ayurveda nos enseña que en cuanto más alejados estamos de la preparación de los alimentos que ingerimos, y entre más alejada esté la comida de su estado natural, es menos probable que nos satisfaga.

Escribir un libro de cocina es una tarea considerable que se puede utilizar con fines curativos. Esto requiere, no solo el conocimiento de las propiedades de diferentes alimentos, sino también recetas sabrosas. Amadea Morningstar ha trabajado con diligencia, como el alcance de este libro lo indica, y Urmila Desai ha agregado con sus recetas y conocimientos específicos de la cocina de la India, el toque de la Divina Madre. Las recetas tienen un aspecto espiritual que reflejan la trayectoria de las autoras, y la tradición yóguica de Mataji y su marido, Yogui Amrit Desai. Las recetas están libres del uso excesivo de especias, azúcares y aceites que caracteriza a la línea comercial de la cocina india moderna. Incluso aquellos que ya han cocinado platos de la India encontrarán que estas recetas son más sutiles, y que ofrecen un nivel más profundo de nutrición.

Amadea ofrece sabiduría nutricional macrobiótica y occidental, así como recetas y tradiciones ayurvédicas. Hay que señalar que la cocina ayurvédica no se limita a la cocina de la India al igual que las hierbas ayurvédicas no se limitan a las hierbas de la India. Los principios del Ayurveda son universales y pueden ser adaptados a nivel global.

Según el Ayurveda, los alimentos tienen propiedades terapéuticas que se definen en gran medida por los aspectos energéticos del sabor (o *rasa)*. Estos se describen de manera muy clara en el libro de cocina. También se mencionan las formas de preparar los alimentos para modificar ciertas propiedades o para contrarrestar posibles efectos secundarios. Se discute a fondo el arte de utilizar las especias en la cocina: no solo para hacer que la comida sepa mejor, sino también para mejorar su valor terapéutico. Ciertos alimentos pueden ser útiles para diferentes constituciones individuales mediante el uso de las especias, aceites o métodos de cocción adecuados. **EL LIBRO DE COCINA AYURVÉDICA** muestra cómo hacer esta adaptación y, a menudo, señala cómo ajustar la misma receta según las diferentes necesidades de los distintos tipos constitucionales. Tal como lo indica este libro, una dieta ayurvédica puede ser rica y diversa sea cual sea nuestra constitución.

La mayoría de los alimentos son neutrales en términos de energía y tienen propiedades leves. Los condimentos y las especias tienen efectos más pronunciados, como la naturaleza caliente del ajo o del jengibre. Por esta razón, solo cuando se consumen ciertos alimentos con regularidad sus capacidades para perturbar los humores biológicos salen a la luz. No tenemos que evitar todos los alimentos que pueden sacar de equilibrio nuestra constitución, pero sí tenemos que tener cuidado de no tomar muchos de ellos con mucha frecuencia.

El Ayurveda, como parte de la ciencia del Yoga, nos enseña a comer principalmente alimentos *sáttvicos*. De hecho, nos dice que una dieta sáttvica es generalmente segura para todos. La comida sáttvica se define como comida vegetariana, fresca, cocinada de forma adecuada y no excesivamente condimentada o grasosa. Las recetas de este libro tienen una naturaleza sáttvica. Aunque Ayurveda explica las propiedades de las diferentes carnes, nos dice que esta no necesariamente favorece la salud.

EL LIBRO DE COCINA AYURVÉDICA nos muestra una dieta vegetariana rica y sabrosa. Gran parte del vegetarianismo en Occidente se ha identificado con los alimentos crudos y las ensaladas o con la cocina macro biótica y, por lo tanto, muchas personas consideran que la cocina vegetariana es insípida. Estas dietas de alimentos crudos pueden ser demasiado livianas y no lo suficientemente nutritivas para el consumo a largo plazo, aunque son muy útiles para la desintoxicación a corto plazo. Sin embargo, la cocina ayurvédica de la India, con su riqueza de especies, aceites y métodos de cocina, ofrece una mayor variedad de alimentos de la que sería posible a través de una dieta pesada basada en la carne. También nos muestra cómo preparar comida vegetariana nutritiva y vigorizante, que puede impartir la fuerza que por lo general se asocia al consumo de carne junto con el sentido de la claridad que brinda la dieta vegetariana.

Una de las partes más útiles del libro es el esquema de menús donde son consideradas las distintas constituciones ayurvédicas, así como un menú específico que es seguro para todas las constituciones (tridóshico). Los menús dan variaciones según las estaciones y dan sugerencias para cuando estamos de viaje.

Distintas bebidas se indican en el libro, incluyendo muchos tés de hierbas, ya que lo que ingerimos facilita u obstaculiza la digestión. En el hinduismo, comer el alimento recibido equivale a hacerle una ofrenda al Fuego Divino del estómago, por cuya gracia es digerida la comida. Se dice: *¡Annam Brahma, Rasa Vishnur; Bhokta Deva Maheshwarah!* El que recuerda la trinidad divina en el proceso de comer no puede ser perjudicado por la comida que come. La preparación de la comida según el Ayurveda es parte de este reconocimiento.

David Frawley OMD, *Vedacharya*
Autor de *Ayurvedic Healing: A Comprehensive Guide*
Co-autor de *Yoga of Hebs* (con el Dr. Vasant Lad)

Yo, Amadea, me empecé a interesar en el Ayurveda hace varios años cuando vi que me ofrecía una nueva perspectiva en mi trabajo como nutricionista. Intrigada por su visión del mundo tan diferente de la que recibí en mi formación occidental, miré más allá y comencé a aplicar en la práctica sus conceptos. Al igual que la mayoría de los profesionales de la salud, quería estar al servicio de mis pacientes y familiares. Experimenté que los principios del Ayurveda funcionan y quedé encantada. También, estaba un poco avergonzada por lo poco que realmente sabía acerca de este antiguo sistema de curación de la India, y de lo útil que era el poco conocimiento que había adquirido. Estos últimos años he estado aprendiendo acerca de los fundamentos de este sistema de sanación y sobre cómo aplicarlos.

La inspiración de Urmila (también conocida como Mataji) para hacer recetas ayurvédicas nació de su práctica espiritual. Su estilo de cocinar refleja su experiencia personal en los diversos sistemas de alimentación y el cultivo de sus habilidades intuitivas. Su gran interés en la nutrición y la alimentación comenzó en una pequeña aldea llamada Halol, en la provincia de Gujarat, en India. Al ser la hija del medio en una familia de nueve hijos, Urmila fue enseñada desde niña por su madre a preparar la dieta autóctona basada en los principios ayurvédicos.

Urmila y yo compartimos un interés profundo en los alimentos como una fuerza curativa. Este, creo yo, fue nuestro vínculo más fuerte al escribir este libro. Ambas hemos estado cocinando, comiendo y experimentando con la nutrición durante muchos años. Ayurveda ha sido amable con nosotras, nos ha dado las claves en la medida en que las hemos necesitado. Nos ofrece un marco que también puede incorporarse y utilizarse junto con otros sistemas de curación, ya que tiene coherencia y estructura. Como personas prácticas y un poco eclécticas, apreciamos esto.

Entonces, ¿qué es Ayurveda? Es un sistema de sanación que evolucionó en la India desde hace unos tres a cinco mil años en respuesta a las necesidades de la época. Tiene tanto una base filosófica como una práctica, la perspectiva práctica surge de su base espiritual. Se dice que la tierra está constituida por cinco elementos: éter, aire, fuego, agua y tierra. Estos cinco elementos, manifestaciones de lo Divino, forman la base de todas las cosas que se encuentran en la creación material, desde la constitución del individuo hasta los sabores de un alimento. Equilibrar los elementos es clave para mantener la salud y curar la enfermedad con éxito, sea esta física o mental.

La India de la cual surgió el Ayurveda es en gran medida un misterio para nosotros. Sin embargo, sabemos que el valle del río Indo proporcionó la riqueza y el alimento para que toda una serie de ciudades-estado surgieran entre los años 3000 a. C. y 1500 a. C. Esta gran civilización urbana fue una de las que hoy se consideran las cunas de la civilización. De estas, es sorprendente lo poco que se conoce de la cultura del Indo, quizás debido a que la pequeña cantidad de escritos que sobrevivieron aún son indescifrables.

Es fácil imaginar a los *rishis*[1]*, los sabios iluminados de la antigua India, meditando entre árboles de pino en sitios ocultos en los Himalayas, creando el conocimiento que se convertiría en Ayurveda, según nos lo dice la tradición. No obstante, es vital recordar que la cultura de aquel tiempo era sumamente sofisticada y adepta. Sir Mortimer Wheeler, un experto en la tradición del Indo, la calificó como quizá "el más vasto experimento político antes de la llegada del Imperio Romano" (¡En un momento en que el antiguo reino de Egipto florecía!). Las ciudades-estado indias de hace cuatro mil años se extendían en un área de cerca de 800 000 kilómetros cuadrados. Estas ciudades compartían un elegante sistema de escritura pictográfica, un sistema estandarizado de pesas y medidas increíblemente preciso y una tendencia a hacer planes de ciudad bien ordenados. En su apogeo, las dos ciudades más grandes, Mohenj-Daro y Harappa, podían cada una acomodar entre 20 000 y 50 000 personas en centros urbanos que cubrían el equivalente a unos 10-11 kilómetros cuadrados. Estos fueron construidos sobre manzanas rectangulares más grandes que las de Los Ángeles o Nueva York en la actualidad, y contaban con intrincados sistemas de drenaje y alcantarillado. Habían estándares altísimos sobre el saneamiento privado y público, lo cual se ve reflejado en el énfasis ayurvédico en la higiene. Las casas residenciales de ladrillo colindaban unas con otras formando filas sólidas, como las construcciones victorianas de San Francisco o las Brownstones de Nueva York, permitiendo a cada habitante estar íntimamente relacionado con el flujo energético de la ciudad.

Era una cultura opulenta que adoraba a la Diosa Madre. Como otras civilizaciones de su tiempo que guardaban una relación cercana con la naturaleza, disponía de grandes áreas centrales para el almacenamiento de cereales. Grandes superficies de tierra eran asignadas para el cultivo de trigo y algodón. Había comercio con Sumeria a través del golfo Pérsico y el mar Arábigo. El puerto de Lothal existía como un centro para la agricultura y el comercio de ultramar. Tenía un puerto enorme para su tiempo y hornos gigantes de ladrillos para la producción de una amplia variedad de artículos

---

* NOTA: Las definiciones de todas las palabras en cursiva se encuentran en el texto o en el glosario.

de barro. Entre estos habían muchos juguetes para los niños, lo que demuestra la prosperidad de esta cultura y sus prioridades. Los juguetes eran sorprendentemente sofisticados, a menudo tenían ruedas funcionales y agujeros para tracción con cuerdas.

De esta cultura sofisticada y estable surgió el sistema de sanación de Ayurveda. Irónicamente, las historias tradicionales describen cómo los *rishis* necesitaban ausentarse de esta cultura con el fin de despejarse lo suficiente para poder recibir la transmisión de los conocimientos que buscaban. En algún momento del pasado remoto, un gran grupo de sabios se congregó en las laderas de los Himalayas para enfrentar el problema de la enfermedad y su efecto en la vida y la práctica religiosa. Se preocuparon por la erradicación de la enfermedad de todas las criaturas y meditaron juntos para este propósito. Según la tradición, el Señor Atreya vino hacia ellos y les dio la información y la perspectiva que necesitaban, en particular a seis discípulos: Agnivesa, Bhela, Jatukama, Parashara, Harita y Ksharapani. Se dice que cuando los discípulos volvieron a las ciudades para difundir este conocimiento, se encontraron con dificultades. Su entendimiento y memoria se vieron perjudicados en medio de las distracciones de las ciudades. Necesitaban regresar a los Himalayas y al Señor Atreya para poder obtener el entendimiento nuevamente. Es a partir de este segundo encuentro que nació el sistema de sanación que se conoce hoy como Ayurveda.

Ayurveda es una palabra sánscrita que significa "el conocimiento de la vida o la vida diaria". La sabiduría, profundidad y permanente utilidad del Ayurveda son testimonios de la civilización de la cual procedió. Este sistema médico enfatiza que los humanos provenimos de la naturaleza, que somos una parte integral del universo y que tenemos una responsabilidad con este. En nosotros vive el equilibrio del universo. Es un sistema que se centra en la salud física, con la creencia de que es mucho más fácil realizar estudios espirituales o contribuir a la vida de la comunidad si se está sano. Se basa en el uso de los sentidos como los instrumentos principales para la curación y el diagnóstico, utilizándolos tanto como receptores de información y actores en el restablecimiento del equilibrio. Este proceso se describe con más detalle en los próximos capítulos.

Las ciudades-estado del Indo florecieron durante más de mil años, entre 2600 a. C. y 1500 a. C. El cuerpo de información que se conoce como Ayurveda fue transmitido oralmente a través de canciones y versos conocidos como los *Vedas*. Debido a que se transmitieron verbalmente durante tantos siglos antes de que fueran escritos, su fecha de origen solo puede ser estimada. El *Rig Veda* (en sánscrito "en alabanza del conocimiento") tiene aproximadamente 4500 años de edad, lo cual la convierte en la canción conocida más antigua del mundo. En sus 128 himnos se describen setenta y siete hierbas y las prácticas de la medicina de la India antigua. El *Atharva Veda,* creado hace tres mil doscientos años, contiene más información acerca de las raíces de esta medicina.

La práctica de Ayurveda continuó. El primer texto ayurvédico, que sigue siendo accesible para nosotros, fue el *Charaka Samhita*; escrito por el profesor ayurvédico Charaka alrededor del 700 a. C. o antes en el Punjab. Alrededor de un siglo más tarde, Susruta, viviendo cerca de lo que hoy en día es Benarés, escribió el *Susruta Samhita.* El *Charaka Samhita* contiene información extensa sobre la práctica de la medicina general y el uso de los alimentos y las hierbas en el proceso de curación. El *Susruta Samhita* se centra en la práctica de la cirugía en la medicina ayurvédica del tiempo en que fue escrito. Ambos todavía están disponibles hoy para los estudiantes de Ayurveda.

Ayurveda prosperó especialmente en el tiempo de Ashoka, quien estableció uno de los grandes imperios del mundo antiguo. Ashoka fue un poderoso guerrero hindú que vivió en la India varios siglos antes de Cristo. En el momento cumbre de su poder, renunció a la violencia para practicar el budismo. El Ayurveda se revitalizó con el crecimiento del budismo, y se convirtió en la base de una serie de sistemas de curación de gran importancia que existen aún hoy, incluyendo la medicina tibetana budista y partes de la medicina china. También tuvo influencia sobre la práctica de la medicina en Japón e Indonesia. En los primeros siglos después del nacimiento de Cristo, el tercer gran trabajo sobre el Ayurveda fue escrito por *Vagbhata,* padre e hijo. En este conjunto de dos volúmenes los autores examinan los escritos de *Charaka* y *Susruta* en el *Astanga Samgraha* y *Astanga Hridaya.*

Cuando los musulmanes invadieron la India entre el 1100 y 1200 a. C., el Ayurveda fue sustituido por el sistema islámico de curación conocido como Unani. Este sistema de curación aún existe. Durante varios cientos de años fueron los musulmanes quienes tuvieron reconocimiento internacional como excelentes médicos, siendo consultados tanto por los indios como por los europeos. Pero fue en el año de 1833 cuando Ayurveda sufrió un gran golpe. Los colonos ingleses cerraron todas las escuelas de Ayurveda que aún sobrevivían en la India. A partir de entonces, en la perspectiva de los últimos conquistadores de la India, solamente la medicina occidental iba a ser practicada. Es un tributo asombroso para el Ayurveda y su cultura que hayan sobrevivido pese a tantos obstáculos.

El comienzo de este siglo en la India trajo un tremendo sentido de independencia, la cual sería posteriormente articulada y simbolizada de manera tan elocuente por Mahatma Gandhi. Fue esta época de agitación, durante el movimiento Swadeshi, que el Dr. KM Nadkarni compiló su clásico *Indian Materia Medica*, una magnífica colección de más de dos mil alimentos y hierbas de la India. El Dr. Nadkarni fue impulsado por el deseo de revivir en las personas de la India el interés por los recursos abundantes de sus métodos curativos tradicionales. Enfatizó en tener un espíritu de autosuficiencia y denunció la creciente dependencia en la medicina occidental. Después de la independencia de la India, las escuelas y farmacias ayurvédicas tuvieron un renacer con el apoyo activo del gobierno.

La práctica de la medicina ayurvédica tradicionalmente incluía ocho ramas: pediatría, obstetricia y ginecología, toxicología, otorrinolaringología, medicina general o interna, oftalmología y cirugía (rama que incluía la cirugía plástica). La capacitación de los *vaidyas* (médicos ayurvédicos) incluía el estudio de la astrología, las terapias con color y gemas, la psicología, la climatología, la herbolaria y la nutrición. Esta proporciona un modelo claro y dinámico para aquellos que hoy en día buscamos un sistema práctico e integrado de curación.

Los textos ayurvédicos antiguos no se pueden utilizar de manera literal. Las personas de la antigua India usaron lo que estaba a su disposición y nosotros debemos usar lo que está disponible en nuestra época. Por ejemplo, siglos atrás algunos indios americanos del Canadá usaron las agujas de pino (rica fuente de vitamina C) para acelerar la curación de gripes durante el invierno. Un citadino del siglo XXI, probablemente tomaría tabletas de vitamina C para conseguir el mismo fin. A su vez, una persona de la India, podría obtener la misma dosis alta de vitamina C de la fruta *amla*, que puede contener hasta 700 mg de vitamina C por cada fruta. Utilizamos lo que tenemos. Sin embargo, es probable que la mayoría de nosotros no desee usar cosas tan exóticas como esperma de cocodrilo o estiércol de vaca, así estén a nuestro alcance. Nuestra cultura no nos predispone a esto. Aún así, el Ayurveda ofrece algo más que tratamientos peculiares y exóticos (¡de los cuales tiene un montón!). Nos proporciona un esquema claro de conceptos y principios y una comprensión de las leyes naturales, lo cual necesitamos en la actualidad; en nuestra lucha por el nacimiento de una cultura planetaria y al enfrentar las consecuencias de nuestro prolongado mal uso del planeta y negligencia de las leyes naturales.

Este libro de cocina difiere de otros tantos en que su interés principal es la curación. Nuestro objetivo fue descubrir el potencial de los alimentos y las hierbas que tenemos en este continente, usando como estructura el Ayurveda, el cual indica sus usos efectivos. Si bien hemos utilizado muchas recetas tradicionales ayurvédicas y de la India, particularmente de la región de Gujarat, quisimos ofrecerlas con ingredientes e instrucciones fácilmente disponibles y comprensibles en el Occidente. También quisimos crear platos que fueran conocidos, de preparación fácil y rápida. Nuestra intención fue diseñar recetas que causaran el menor daño para todas las constituciones de tal manera que familias y otros grupos las pudieran comer juntos. También trabajamos para desarrollar platos que fuesen curativos para constituciones particulares. Algunas recetas son especialmente beneficiosas para un solo tipo de persona. Ha sido un placer jugar con la creatividad de esta manera. Esperamos que esta misma bendición del juego creativo lo acompañe al cocinar para usted mismo, su familia o sus amigos.

Las recetas incluidas en este libro han sido desarrolladas para satisfacer las necesidades y condiciones individuales, a medida que usted, lector, perciba su reacción a la comida, nosotros lo invitamos a que adapte las recetas a su propio cuerpo y mente. El Ayurveda se puede practicar en muchos niveles, este es un comienzo simple.

Vivimos en tiempos que claman por un nuevo equilibrio. La edad del alma simple, los viejos tiempos en los cuales cuando lo que no se veía no podía hacer daño, ya no existen. Vivimos rodeados de intangibles en un planeta que busca nuestra intervención. La manera de contribuir difiere entre una persona y otra. La participación en la curación es esencial.

Este libro de cocina es un abono hacia el equilibrio interior. *Mataji* y yo se lo ofrecemos a usted y al sanador dentro de usted, como *prasad*. Que su viaje sea fructífero.

LA NUTRICIÓN DESDE UNA PERSPECTIVA AYURVÉDICA

Los antiguos ofrecieron diez principios sobre una dieta saludable y cómo se debe consumir. Estos son:

1) Los alimentos deben estar calientes (generalmente cocidos).
2) Los alimentos deben ser sabrosos y fáciles de digerir.
3) Los alimentos deben consumirse en las cantidades adecuadas, ni muy grandes ni demasiado pequeñas.
4) Los alimentos deben consumirse con el estómago vacío, después de que la última comida haya sido digerida, no antes.
5) Los alimentos deben trabajar juntos y no ser contrarios en sus acciones.
6) Los alimentos deben consumirse en un entorno agradable con los implementos necesarios para que sean disfrutados.
7) No se debe comer de manera apresurada.
8) Tampoco se le debe dedicar más tiempo del necesario al acto de comer.
9) Es mejor concentrarse en la comida mientras se come.
10) Solo debe consumir alimentos que beneficien su constitución particular y que sean adecuados para su temperamento mental y emocional.

(*Charaka*, p. XXXV)

Estos conceptos pueden parecer obvios, sin embargo si usted piensa sobre sus comidas en los últimos días, es probable que encuentre pocos ejemplos (o tal vez muchos) de comer de manera diferente a esta. De todos los elementos esenciales para el mantenimiento de una salud óptima, consumir la cantidad adecuada de comida se considera el más importante. En el Ayurveda, la comida es tanto medicina como alimento, y lo que uno come es un asunto vital.

¿Por qué los alimentos deben consumirse calientes? Aquí, caliente puede tener un doble significado. La nutrición ayurvédica está enfocada en mejorar la digestión. Los alimentos calientes, por lo general, estimulan la digestión (en términos de cualidad, estén o no calientes en temperatura). Por otro lado, la cocción de alimentos a menudo aumenta su digestibilidad; ejemplos obvios son las legumbres y los cereales. Es poco probable que un cuerpo robusto reciba bien un frijol crudo o un grano de arroz seco, por no hablar de un cuerpo enfermo. La cocción tiende a hidratar y aligerar muchos alimentos; estas cualidades son valoradas en el Ayurveda debido a que estimulan y apoyan la digestión. Además, la cocción es un elemento valioso para impedir el crecimiento de bacterias y el deterioro de los alimentos, probablemente un problema en el 700 a. C. y aún hoy en algunas partes del mundo. Los alimentos crudos son recomendados especialmente para las personas de constitución *Pitta* o *Kapha.* Y en algunos casos hoy en día un médico ayurvédico podría recomendar un ayuno de fruta cruda o jugo para una constitución y circunstancia en particular. Pero gran parte del enfoque de la medicina ayurvédica es la preparación adecuada y apropiada de los alimentos. Generalmente, esto implica la cocción.

Desde esta perspectiva de la curación, el cuerpo está compuesto por siete tipos de tejido vital o *dhatus*. Estos *dhatus* trabajan en conjunto para asegurar el buen funcionamiento del cuerpo. Estos incluyen: *rasa* (plasma), *rakta* (sangre), *mamsa* (músculo), *meda* (grasa), *asthi* (hueso), *majja* (médula y tejido nervioso) y *shukra* y *artav* (tejidos reproductivos). Cada *dhatu* nutre al siguiente. Aquí figuran en la lista en orden desde el más cerca a la superficie hasta el más profundo. Una condición en la cual la sangre (*rakta*) está malnutrida es menos grave y más fácil de equilibrar que una en la cual la médula (*majja*) está comprometida.

Un ejemplo mordaz de esto en la medicina occidental es el cáncer. Por lo general, cuando un proceso maligno se ha extendido a la médula ósea es mucho más difícil de tratar que una condición restringida a la sangre.

En la fisiología ayurvédica, también se describen los *srotras*: canales vitales del cuerpo a través de los cuales la energía se mueve. Si un canal esta obstruido por desechos o por otro motivo, no funcionará con la misma efectividad. La energía puede acumularse en los puntos de bloqueo, o el flujo de la energía puede ser inhibido en otras áreas. Este concepto probablemente es familiar para quienes trabajan con el cuerpo; los profesionales que trabajan con el masaje, la acupuntura, la acupresión, Yoga o el Rolfing, entre otros.

Puede que sean más confusos para quienes no están familiarizados con este tipo de trabajo y con la energía. Mientras que los *srotas* funcionan de manera similar a los vasos sanguíneos o los nervios en su transmisión de energía, ellos son los equivalentes energéticos de estos y no las formas físicas como tal. En la medicina tibetana se habla del cuerpo de energía o del campo de energía. Los *srotas* son la condición energética, de la cual surge la condición física.

Además de los *dhatus* y los *srotas*, un tercer concepto fundamental en la fisiología ayurvédica es el de *ama*: un desecho que se acumula en el cuerpo, principalmente debido a una mala digestión y absorción. Aunque los bifenilos policlorados, DDT y el tricloroacetato de sodio no existían cuando los *rishis* desarrollaron el Ayurveda, es probable que su acumulación en los tejidos del cuerpo de hoy, se considere una forma de *ama* tóxica, y al igual que los alimentos y las bebidas, estos se obtienen de nuestro entorno. Si no los metabolizamos con eficacia y los enviamos de vuelta (una tarea difícil en los entornos industriales y urbanos, sobre todo), se acumulan en nuestros tejidos para ser tratados.

En el Ayurveda, la buena salud se puede mantener de dos maneras: 1) mediante el apoyo y la reposición de los tejidos vitales (*dhatus*) en la medida necesaria, a través de un régimen y una dieta adecuada, y 2) limpiando y retirando los obstáculos que impiden el buen funcionamiento del sistema. Esto implica la eliminación del *ama* y la limpieza de los *srotas* bloqueados. Tradicionalmente, se utilizó como ejemplo la lámpara de aceite, esta debe tener el aceite adecuado para quemar y producir luz. Debe estar limpia y protegida del polvo, de los insectos y del viento con el fin de producir una llama brillante. Asumiendo esta definición de salud, es evidente por qué tan pocas personas en el mundo se mantienen saludables. Aproximadamente tres cuartas partes de la población mundial no recibe suficientes alimentos nutritivos, mientras que la mayoría del cuarto restante se ahoga en los residuos creados a través de un consumo excesivo y la contaminación. En las zonas urbanas de todo el mundo, los niños menos privilegiados están luchando por mantenerse en estos dos niveles. Muchos están malnutridos, y por ello son menos capaces de defenderse contra los niveles altos de contaminación que los rodea. Esto es tan cierto en la ciudad de Nueva York como en Brasilia.

El plomo es un ejemplo común. Si un niño tiene reservas insuficientes de calcio, es más probable que absorba plomo. ¿De dónde viene este plomo? Principalmente del exhosto emitido por los carros, los buses y los camiones en las grandes ciudades, aunque la pintura vieja también es una fuente. Irónicamente, el plomo, un metal pesado, tiende a acumularse cerca del suelo, de tal manera que los niños y las mascotas lo respiran más que los adultos que los acompañan. Consumir alimentos ricos en calcio (lácteos y verduras) fortalece directamente los huesos y el sistema nervioso. Al mismo tiempo, el calcio desplaza el plomo tóxico, literalmente lo impulsa fuera del cuerpo. No es necesario ser pobre para experimentar esta condición. Se ha estimado que el 40% de los niños en las ciudades estadounidenses viven bajo una carga tóxica de plomo (10 ppm o más).

Se dice que el Espíritu (*Purusha*) y la Materia (*Pakruti*) se unen para crear la inteligencia cósmica (*Mahad*). Del *Mahad* surge el ego (*Ahamkar*) que también se podría traducir como inteligencia innata del cuerpo. El *Ahamkar* se manifiesta en los cinco elementos (*mahabhutas*) para generar el mundo orgánico y el inorgánico. Estos cinco elementos son la tierra (*prithi*), el agua (*jala*), el fuego (*tejas*), el aire (*vayu*) y el éter (*akash*).

Los cinco elementos se unen en cada persona en una combinación diferente. Por lo tanto, cada persona es un tanto diferente de otra en su mezcla de elementos, y en la forma en que estos se balancean en si mismo. Estas diferencias deben respetarse y se debe trabajar con ellas. Lo que ayuda a una persona, no necesariamente va a ayudar a la otra, cada persona es única. Es esencial en este sistema de curación la idea de que nuestra salud y constitución se ven afectadas por lo que comemos. En Ayurveda, *la comida y las acciones son las claves en la curación*. Si comemos y nos comportamos de maneras que apoyen nuestra constitución y nuestro ambiente, es probable que nosotros y nuestro ambiente se mantengan limpios, despejados y saludables. Pero si comemos y nos comportamos de maneras que perjudican a nuestro cuerpo y al planeta, a sabiendas o sin saberlo, estamos propensos a sufrir las consecuencias. Hoy en día esto es casi indiscutiblemente claro tanto al nivel del planeta como a nivel personal. Nosotros no estamos separados de nuestro entorno. Somos una parte de él y este se manifiesta en nosotros.

Los sentidos son considerados como las principales herramientas para la recopilación de información sobre el cuerpo y sus necesidades en el Ayurveda. Esto podría parecer obvio. Pero no es cómo se practica la medicina occidental generalmente. Un profesional ayurvédico sentirá el pulso de su cliente, olerá su aroma, mirará su apariencia general, escuchará la calidad de su voz y lo que está diciendo. El médico le recomendará al paciente los alimentos y las hierbas basándose en sus sabores para equilibrar su condición. Los sistemas de curación chinos y otros sistemas tradicionales operan de manera similar. En la medicina occidental, un análisis de sangre puede que sea el primer paso en la evaluación de la salud. Para el médico occidental los números abstractos son claves para hacer diagnósticos. Es probable que un buen médico occidental también use sus sentidos, si es sabio. Pero en el Ayurveda, son la base del aprendizaje y del tratamiento. Los mejores *vaidyas* son aquellos que pueden tanto sentir como intuir los sutiles matices en el pulso de sus pacientes. Usan sus sentidos y no una máquina externa.

Las hierbas se utilizan ampliamente en el Ayurveda como un apoyo vital a los alimentos. Mediante el uso de hierbas particulares, se puede alterar profundamente el equilibrio de la constitución. Las hierbas se utilizan para estimular la digestión y mejorar la absorción. Son utilizadas para equilibrar una amplia variedad de condiciones.

Además de la comida, las acciones y las hierbas, hay una cuarta clave esencial para la curación en el Ayurveda: los pensamientos y sentimientos de la persona que busca la curación. "Una dieta o un medicamento determinado no será eficaz si se toma de mala gana por el individuo... será más eficaz solo cuando el individuo tenga la sensación de que al tomarlo él será capaz de mantener su salud normal o estará libre de la enfermedad de la que está sufriendo" (*Susruta* citando *Charaka*). Desde nuestra perspectiva, eso significa que un plato tiene que saber bien para usted, o es poco probable que quiera terminarlo, y mucho menos comerlo de nuevo.

Es muy útil saber por qué un determinado alimento se le ha recomendado para su curación y equilibrio. Conocer los "porqués" puede apoyar sus esfuerzos. Ayurveda involucra activamente a la persona. Para utilizar este sistema, usted necesitará estar dispuesto a comer alimentos especiales, tomar hierbas específicas o medicina herbal y seguir ciertas rutinas básicas de estilo de vida. Exige más al individuo que la aceptación pasiva del tratamiento (a menudo drogas u otras pastillas) que opera en la medicina occidental. No todo el mundo está dispuesto a tomar un papel tan activo en su propia curación.

La naturaleza de Ayurveda sigue un sentido común. Por ejemplo, si usted tiene una erupción ardiente en la piel debe usar sustancias que enfríen, tanto interna como externamente, para que sane.

Una erupción seca indicaría la necesidad de hidratación interna. En el Ayurveda lo que sucede dentro del cuerpo afecta lo que sucede por fuera. El Ayurveda opera de esta manera, se refresca lo que necesita ser refrescado, se calienta lo que necesita ser calentado y se humedece o seca según sea necesario. La práctica de Ayurveda se dirige al cuerpo y la constitución individual y a lo que necesita para mantener el equilibrio, es específico para el individuo. Si usted tiene una enfermedad del corazón, será tratado con un programa específico para su cuerpo, no para las condiciones generales de las enfermedades del corazón.

Otro aspecto atractivo del Ayurveda es que ofrece una estructura que tiene sentido. En estos tiempos hay docenas de recomendaciones disponibles de la mejor manera para hacer frente a determinada condición. Esto, a menudo, deja a la gente desconcertada y confusa en cuanto a qué elegir. Mis clientes, con frecuencia, comparten conmigo esta frustración con respecto a la nutrición. "He leído mucho acerca de este problema", me dijo uno. "Y siento que la solución radica en la alimentación. Pero, ¿cómo puedo saber cuál de los expertos me está ofreciendo el asesoramiento adecuado para mí?" Mediante la comprensión de su constitución y condición básica, usted puede utilizar la nutrición como una profunda fuente de curación. Este recurso está en gran medida bajo su control: es usted quien se alimenta a sí mismo y nadie más. Esto lo puede capacitar profundamente. Aunque no es tan fácil como tomarse una pastilla o descongelar una comida precocinada, no obstante, sus efectos positivos se extienden en más direcciones de lo que usted pueda imaginar.

DESCUBRIENDO SU CONSTITUCIÓN

La combinación particular de energías presentes en el momento en que nacemos es conocida en Ayurveda como nuestra constitución innata o *prakruti*. Lo que hacemos con nuestra constitución, depende de nosotros. Es un libro de consulta para nuestra salud, vitalidad y bienestar, también puede llevarnos hacia dificultades, si pasamos por alto sus necesidades. Los cinco elementos se unen para crear tres tipos de constitución básicos. Estos son *Vata*, *Pitta* y *Kapha*. Si el aire y el éter predominan en su constitución, usted es de naturaleza *Vata*. Si el fuego y el agua predominan en su constitución, usted es *Pitta*. Si el agua y la tierra prevalecen en su cuerpo al nacer, usted es *Kapha*.

¿Cómo se puede saber que estos no son simplemente unos estereotipos culturales? Esto ciertamente fue un problema para mí en mi encuentro con Ayurveda. Tengo una verdadera resistencia a los sistemas de categorización convenientes, sobre todo a la categorización de las personas. Tal vez esto sea una razón por la cual me ha tomado tanto tiempo investigar acerca de Ayurveda.

Los seres humanos son mucho más complejos y excepcionales de lo que cualquier descripción estándar sería capaz de transmitir, ya fuese ayurvédica, astrológica, bioquímica o psicológica. Además, las personas suelen utilizar las clasificaciones como una manera de no asumir sus responsabilidades. "¡Ah, soy *Kapha*!, por eso tengo un problema de peso". O sino dicen "¡Oh, soy *Vata*!, por ello no me extraña que no suela hacer compromisos". O "¡Aja! ¡Siendo *Pitta*, por supuesto que tengo un temperamento fuerte! ¡Permítanme compartirlo con ustedes!" Usar los límites para permanecer limitados o para limitarnos más, no es lo que estamos buscando aquí. No obstante, entender más sobre nuestra naturaleza y nuestros recursos puede ser útil, porque nos puede servir de apoyo en el proceso de curación y cambio. Mi respuesta a esta pregunta es: pruébelo usted mismo. Si es útil, eso lo descubrirá usted.

¿Qué significa en la práctica, la comprensión de su constitución? Cada constitución tiene necesidades diferentes. Satisfacerlas asegura el equilibrio y mejora las oportunidades para tener una buena salud y paz mental. También le ofrece la oportunidad de tomar opciones más informadas con respecto a qué métodos de cuidado de la salud son los más apropiados para usted.

¿Cómo descubrir su propia constitución? Idealmente un médico ayurvédico experto puede evaluar su pulso y darle información sobre su *prakruti* (constitución). Con base en la evaluación del pulso, se puede determinar qué elementos están en equilibrio, cuales no lo están y lo que se necesita hacer. El pulso es utilizado en el Ayurveda en una forma similar a como es usado en la medicina tibetana o china. Trabajar con un médico ayurvédico experto es un recurso inestimable. Pero ¿qué sucede si usted vive en una ciudad pequeña donde no hay *vaidyas*? Cada constitución tiene determinados atributos característicos físicos, emocionales y mentales, que nos permiten saber qué elementos están presentes. El siguiente cuestionario le puede ayudar a tener una idea más clara sobre su tipo constitucional, para que usted pueda utilizar estas recetas a su mayor ventaja.

Coloque una marca junto a la opción que mejor le describe. En algunas ocasiones, notará que más de una le describe.

Descubriendo su constitución

Coloque una marca junto a la opción que mejor le describa. En ocasiones tendrá que escoger más de una opción.

Vata

__ Por lo general, ha sido delgado(a), y puede ser inusualmente alto o bajo
__ Delgado cuando niño
__ Huesos delgados y/o articulaciones prominentes
__ Tiene dificultades para subir de peso
__ Ojos pequeños, oscuros y activos
__ Piel seca que se parte con facilidad
__ Tez oscura en relación con el resto de su familia, se broncea fácilmente
__ Cabello oscuro, áspero, grueso o rizado
__Prefiere el clima cálido, el sol y la humedad
__ Apetito variable, puede llegar a tener mucha hambre, pero puede encontrar que sus "ojos estaban más grandes que su estómago"
__Sus evacuaciones pueden ser irregulares, duras, secas o puede presentar estreñimiento
__ La digestión en ocasiones es buena y en otras no
__ No le gusta la rutina
__ Pensador creativo
__Le gusta mantenerse físicamente activo

Pitta

___Marco corporal mediano, bien proporcionado
___ Constitución mediana cuando niño
___ Estructura ósea mediana
___ Puede ganar o perder peso con relativa facilidad si decide hacerlo
___ *Ojos penetrantes de color verde claro, gris* o ambar
___ Piel y cabello grasoso
___ Piel clara que se quema fácilmente en relación con el resto de su familia
__ Cabello delgado, grasoso, claro, rubio, rojo o gris
___Prefiere lugares frescos y bien ventilados
___ Irritable cuando se salta una comida o cuando no puede comer y tiene hambre; buen apetito
___ Movimientos intestinales regulares, heces suaves, aceitosas y blandas al menos una vez a dos veces al día
___ Por lo general tiene una buena digestión
___ Disfruta hacer planes y tener una rutina, especialmente si la crea por sí mismo
___ Buen iniciador y líder
___ Disfruta las actividades físicas, especialmente las competitivas

Kapha

___Tiende a una constitucion grande
___ Un poco grueso o gordo cuando niño
___ Estructura ósea pesada
___ Aumenta de peso con facilidad y tiene dificultad para perderlo
___ Ojos grandes y atractivos con pestañas *abundantes*
___ Piel gruesa, fresca y bien lubricada
___ Se broncea lentamente pero por lo general en forma pareja, su piel se mantiene fresca durante más tiempo que la de la maycría de las personas
___Cabello grueso ondulado, un poco grasoso, oscuro o claro
___Cualquier clima es bueno, siempre y cuando no esté demasiado húmedo
___ Le gusta comer, tiene buen apetito, pero puede saltarse comidas si tiene que hacerlo, sin tener problemas físicos (aunque no le gusta)
___Movimientos intestinales constantes , heces diarias, gruesas y pesadas
___ Digestión buena pero en ocasiones un poco lenta
___ Trabaja bien con la rutina
___ Es bueno/a manteniendo una organización o un proyecto funcionando a la perfección
___ Le encantan las actividades tranquilas más que cualquier otras

Descubriendo su constitución *(continuación)*

Vata

___ Se siente más relajado mentalmente cuando está haciendo ejercicio
___ Cambia de opinión fácilmente
___ Tiende hacia el miedo o la ansiedad al estar bajo estrés
___ Sueña a menudo, pero raramente recuerda sus sueños
___ Estados de ánimo e ideas cambiables
___ Le gusta picar, comer a pedacitos
___ Cuando está enfermo, son más probables los trastornos nerviosos o el dolor agudo
___ Sueño ligero
___ Cree que el dinero está ahí para ser gastado
___ Interés sexual variable, la vida como fantasía activa
___ Uñas quebradizas
___ Manos y pies fríos, poca sudoración
___ Pulso delgado, rápido, variable y las manos frías
___ Sed variable

Pitta

___ El ejercicio le ayuda a evitar que sus emociones se salgan fuera de control
___ Tiene opiniones y le gusta compartirlas
___ Tiende hacia la ira, la frustración o la irritabilidad al estar bajo estrés
___ Le es relativamente fácil recordar sus sueños. A menudo sus sueños son en color
___ Es contundente a la hora de expresar sus ideas y sus sentimientos
___ Le gustan los alimentos ricos en proteínas, como el pollo, pescado, huevos, frijoles
___ Cuando está enfermo, son más probables la fiebre, erupciones cutáneas e inflamación
___ Usualmente duerme bien
___ Cree que el dinero debe gastarse en cosas especiales o en compras que lo ayudarán a avanzar
___ Interés e impulso sexual dispuesto
___ Uñas flexibles, pero bastante fuertes
___ Buena circulación, suda con frecuencia
___ Pulso fuerte e intenso, manos calientes
___ Generalmente tiene sed

Kapha

___ El ejercicio le ayuda a mantener su peso bajo, lo cual no puede conseguir únicamente con la dieta
___ Cambia de opiniones y de ideas poco a poco
___ Tiende a evitar situaciones difíciles. Es irritable bajo estrés
___ En general, solo recuerda sus sueños si son especialmente intensos o significativos
___ Estable, confiable, lento para cambiar
___ Le encantan los alimentos grasos, el pan y el almidón
___ Cuando está enfermo, son más probables la retención de líquidos o moco en exceso
___ Sueño pesado y profundo
___ Le es fácil ahorrar dinero
___ Interés e impulso sexual constante
___ Uñas gruesas y fuertes
___ Transpiración moderada
___ Pulso lento, firme y rítmico, manos frescas
___ Raramente experimenta sed

Sume todos sus puntos. La constitución con la mayoría de puntos indica, por lo general, su constitución primaria. Si ha marcado con la misma frecuencia dos constituciones, es posible que usted tenga un dosha dual: Vata/Pitta, Pitta/Kapha, etc. Rara vez los tres serán relativamente iguales, en tal caso los resultados son un tipo tridóshico o Vata/Pitta/Kapha. Si marcó aspectos en un dosha diferente del todo a los de su constitución, esto puede indicar un desequilibrio en ese dosha. Por ejemplo, si usted marcó aspectos principalmente Pitta, pero también marcó "uñas quebradizas" y "sueño ligero", esto podría indicar que, si bien usted es Pitta, usted tiene un desequilibrio de Vata (véase el texto para más información).

¿Entonces a qué conclusión llegó? ¿Alguna descripción le recordó a usted más que otra? Las personas *Vata* tienden a ser creativas, ligeras, rápidas y vibrantes. Los *Pitta* tienen una mente aguda, sentimientos apasionados (a veces sumergidos) y es probable que quieran liderar. Los *Kapha* son sólidos, fiables, gente fácil de llevar, que no debe ser presionada demasiado. Tradicionalmente, el *Kapha* irascible se compara con un elefante enfurecido que va a embestir.

¿Todavía tiene dudas con respecto a su constitución? (Los *Vata* a menudo están dudosos). Hablando en serio, ¿qué tipo de clima le atrae más a usted? La temperatura y la humedad son las claves aquí, como el Dr. Robert Svoboda señala en su libro, *Prakruti, your Ayurvedic Constitution*: "Los *Vata* se inclinan por los climas cálidos, los *Pitta* por los más fríos y los *Kapha* por cualquiera, pero sin humedad. Su constitución corporal de niño es otra clave. Utilice estos aspectos como desempate, si aún está en duda. ¿Aún se siente descrito por más de una de estas descripciones? Es posible. Muchas personas nacen con dos constituciones, o dos *doshas* predominantes. Por ejemplo, un *Pitta/Kapha* incorpora atributos de ambos tipos. Estos individuos generalmente se sienten cómodos en papeles de liderazgo y tienen el impulso para alcanzar los objetivos que ellos crean. Un *Vata/Pitta* tiende a reaccionar con rapidez, con gran cantidad de energía mental e imaginación. Son capaces de expresarse con sentimiento. Mientras que el sabor dulce lo calma, si llega a excederse, es probable que tenga que hacer frente a la hipoglicemia. Los *Vata/Kapha* se enfrentan a retos; si bien la agilidad mental y la persistencia son recursos definitivos, el miedo y la inercia pueden colaborar para pararlos al estar a punto de embarcarse en ese nuevo proyecto. Necesitan calor para mantenerse saludables y cómodos. Un nativo del Caribe tipo *Vata-Kapha* puede experimentar gran dificultad al moverse a un lugar con un invierno frío.

¿Ha marcado una categoría con algunos aspectos claves de otra? Si estos aspectos se han desarrollado solo en los últimos años, por ejemplo, "cambio de peso, piel seca, ponerse irascible rápidamente, pero ahora más a menudo responde con miedo", entonces podría estar describiendo su *vikruti*. Si abusamos de nuestra constitución y nuestras necesidades naturales, podemos llegar a estar desequilibrados. Este desequilibrio o estado de enfermedad se conoce como *vikruti* y puede manifestarse en nuestro *dosha* constitucional o en otro *dosha* diferente a nuestra constitución innata. Por ejemplo, digamos que usted estaba un poco gordito cuando niño y era un tipo de persona amable que comprendía las necesidades de los demás. Ya siendo un adolescente se empezó a interesar por la lucha libre y comenzó a obsesionarse con hacerse metas de peso necesarias para las competencias. En los próximos años, las altas dietas de proteína, el ejercicio intenso y las hambrunas absolutas se convirtieron en la norma y logro volverse esbelto. Sin embargo, surgieron problemas. Encontró que experimentaba ataques de pánico e insomnio. Empezó a tener miedos irracionales acerca de su cuerpo, su rendimiento y su propia imagen. Perdió su equilibrio.

Aquí estamos hablando de alguien cuya constitución original (*prakruti*) es *Kapha*, pero que ha desarrollado un desequilibrio en el *Vata dosha*, debido a su escogencia de estilo de vida. Este desequilibrio *Vata* sería conocido como su *vikruti*. Desde la perspectiva nutricional ayurvédica, puede que necesite equilibrar tanto *Kapha* como *Vata*, con énfasis en el desequilibrio inmediato de *Vata*. Puede recomendársele alimentos calmantes, cocinados y calientes. Es claro que podría ser útil examinar las condiciones psicológicas que subyacen las escogencias de esta persona. Aquí podríamos ofrecer, primero, bastante orientación nutricional a fin de que esta persona pueda empezar a experimentar suficiente calma interior para poder hacer frente a las cuestiones de fondo, y este cambio de dieta es algo que puede hacer por sí mismo.

ATRIBUTOS Y NECESIDADES NUTRICIONALES DE CADA CONSTITUCIÓN

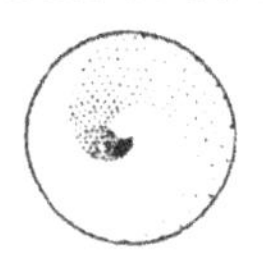

Vata

La persona con una constitución predominante de *Vata* ha sido bendecida con una mente rápida, una flexibilidad atenta y recursos creativos. *Vata* está asociado con el atributo del movimiento. Es probable que siempre esté en movimiento mental, físicamente o ambas. *Vata* proporciona el movimiento esencial para todos los procesos corporales, lo que es sumamente vital para la salud. Uno de los objetivos de la terapia nutricional para *Vata* es darle conexión a tierra o estabilizar este movimiento. La residencia primordial de *Vata* es el colon. Este *dosha* se puede encontrar en abundancia en el cerebro, las orejas, los huesos, las articulaciones, la piel y los muslos. *Vata* tiende a incrementar con la edad, como lo demuestran la sequedad y las arrugas de la piel (la sequedad es otra de las cualidades de *Vata*). En relación con las estaciones, *Vata* es más prominente en el otoño, y este es el tiempo más importante para atender a la dieta. La rutina es muy útil para ayudar a conectar a tierra todos los movimientos y la energía de manera efectiva. Usted podría conseguir resultados gratificantes con un mayor uso de patrones regulares de curación y rutina. Sobre una base diaria, *Vata* es el más activo en la tarde y la noche (2-6 p.m.) y antes del amanecer (2-6 a.m.).

Los otros atributos de *Vata*, además de la sequedad y la movilidad son: ligero, frío, áspero, sutil, claro y disperso. Cualquiera de estas cualidades en exceso puede desequilibrar a *Vata*, mientras que sus opuestos calman este *dosha*. Por ejemplo, una gran cantidad de viajes pueden trastornar a *Vata*, sobre todo si es en avión Pueden calmarlo el descanso, el calor y la meditación. Los ruidos fuertes, la estimulación continua, las drogas, el azúcar y el alcohol pueden desequilibrarlo. La música suave, las pausas, la respiración profunda y el masaje lo equilibra. La exposición al frío o los alimentos con cualidades frías realmente trastornan a *Vata*, al igual que los alimentos congelados y secos, mientras que los alimentos húmedos y calientes lo calman.

Los trastornos de *Vata* tienen más probabilidades de ser observados en el otoño y el invierno. Algunos ejemplos generales de desequilibrios de *Vata* incluyen flatulencia, distensión abdominal, espasmos o tics nerviosos, dolores articulares, piel y pelo secos, uñas quebradizas, alteraciones nerviosas, estreñimiento y confusión mental o caos. Estos disturbios mentales a menudo se relacionan con el miedo, la ansiedad o la pérdida de la memoria (o con todo lo anterior). Hace algunos años me di cuenta de algo extraño. Tres clientes durante un mes me dieron una historia clínica de pérdida de memoria, y que en cada caso fue inmediatamente precedida por una cirugía abdominal. Pensé que esto era extraño, y me preguntaba acerca de las implicaciones a largo plazo de la anestesia en la cirugía. No fue hasta que me interesé en Ayurveda que vi una posible correlación. La morada de *Vata* está en la parte inferior del abdomen y la cirugía de esta área desequilibra a *Vata*. Un síntoma del desequilibrio de *Vata* es la pérdida de memoria. Por eso, es particularmente importante que después de la cirugía en la parte inferior del torso, se caliente esta área, independientemente de su constitución.

Qué puede hacer para equilibrar a *Vata*:

1. Manténgase caliente.
2. Elija alimentos calientes y utilice especias (¡ver el resto de este libro de cocina!)
3. Evite el frío extremo y los alimentos fríos o bebidas congeladas.
4. Minimice el consumo de alimentos crudos, especialmente las manzanas y los miembros de la familia de la col.
5. Coma con mesura la mayoría de los frijoles, con algunas excepciones claves (véase más adelante).
6. Asegúrese que la comida esté caliente, húmeda y bien lubricada. La sopa, las bebidas calientes y el arroz con un poco de aceite o mantequilla son algunos ejemplos.
7. Haga hincapié en los sabores dulce, agrio y salado al escoger sus alimentos.
8. Mantenga una rutina regular.

9. Cree un ambiente tan inocuo, tranquilo y seguro como pueda.

Vata necesita calor, en todos los niveles, desde su entorno, sus amistades hasta sus alimentos. El frío causa que *Vata* se contraiga y se apriete y restringa la libre circulación del movimiento que es tan vital para su bienestar.

Los alimentos crudos, al ser muy fríos, toman mucha más energía para ser digeridos. Los *Vata* usualmente no tienen un exceso de fuego digestivo para derrochar. Los miembros de la familia de la col, cuando se comen crudas, pueden crear gases fácilmente. Entre estos están el brócoli (que es el más fácil de digerir), el repollo, la coliflor, la col rizada, el colirrábano y las coles de Bruselas. El gas, siendo aire, desestabiliza a *Vata*. Para ser más precisos, estos sacan de balance a *Vata* y resulta en gas. La mayoría de veces en que hay flatulencia, *Vata* está por lo menos temporalmente fuera de balance. Una ensalada ligera de lechuga y brotes puede ser equilibrada con una vinagreta de aceite y vinagre, o se puede comer verduras marinadas al vapor (ver ENSALADAS, p. 222). Si usted elige comer alimentos crudos, el verano o el clima cálido es el mejor momento para comerlos.

Los frijoles tienden a ser fríos, pesados y secos, y no favorecen los mejores intereses de *Vata*. Sin embargo, unas cuantas leguminosas pueden ser útiles. Las lentejas negras (*urud dal*) son calientes y se pueden comer en cantidades modestas. El frijol mungo partido (*dal* de mungo o *dal amarillo*) son bastante buenos para *Vata*. Muchas personas *Vata* manejan bien los productos de soya/soja con suficientes especias, tal como el tofu o leche de soya. Algunos no lo hacen. Deje que su instinto le guíe. Los lácteos tranquilizan a *Vata*, especialmente cuando están calientes.

Todos los cereales enteros cocidos le brindan conexión a tierra a *Vata*. Los cereales con características especialmente curativas incluyen el arroz *basmati*, el arroz integral, arroz silvestre, avena, trigo, productos de trigo (¡siempre y cuando no sea sensible a uno o más de estos!) Los panes con levadura, el azúcar y la levadura nutricional pueden causar gas en las personas *Vata*. Los *chapatis*[2], las tortillas, los *papadums*[3], las galletas sin levadura y los panes rápidos (hechos con polvo de hornear o soda) son más tolerados con frecuencia. La pasta de todo tipo está bien para *Vata*.

Las frutas sirven para *Vata* siempre y cuando sean dulces, húmedas y bien maduras, pero que no sean manzana, pera, arándanos, sandía o frutas secas. Todas las frutas son mejores cuando se consumen solas o al principio de una comida, sin mezclar con otros alimentos. Si una persona *Vata* elige comer frutos secos, deben estar bien remojados o cocidos.

---

[2] Pan de la India plano usado para acompañar una variedad de platos.

[3] Tipo de pan crujiente de la India. Con frecuencia incluye especias.

Los productos fermentados tienen un efecto variable sobre los *Vata*. Ya que muchos de ellos encuentran que la acidez en los encurtidos, las ciruelas umeboshi y los alimentos con vinagre son estimulantes para su digestión. A unos pocos les produce malestar estomacal.

Los huevos se comen mejor como parte de un plato o en una forma suave o bien condimentada. Por ejemplo, la mayoría de los *Vata* disfrutan de los huevos revueltos, las tortillas o los flanes. No todos pueden digerir bien los huevos duros o fritos. Si usted puede, disfrútelos, pero si no, no lo haga.

La mayoría de los dulces son bien tolerados por *Vata*, si es que no ha desarrollado exceso de levadura en su intestino o en otros lugares. El azúcar es demasiado estimulante para *Vata* y es mejor evitarla. Si usted está cocinando para usted u otras personas de tipo *Vata*, el aceite de ajonjolí/sésamo (o el *ghee*) es su mejor opción. Son beneficiosos para usted por su calidez y estabilidad. Cuando se cocina para otras constituciones y también para usted mismo, el aceite de girasol es una opción buena y neutral.

La rutina es notablemente estabilizante (¡aunque, posiblemente, de mal gusto para *Vata*!) Si tiene que escoger una sola rutina, coma sus comidas en un horario regular, lo que puede estabilizar notablemente este *dosha*.

CÓMO COMER POR FUERA. De todos los *doshas*, este no tiene dificultades para encontrar restaurantes apropiados con algunas pocas limitaciones bien escogidas. Sea recatado con la ensalada y las montañas de alimentos crudos. Es mejor evitar los tomates y los platos basados en tomate, combinaciones de almidón como la salsa de tomate y la pasta a menudo no hacen sentir bien al intestino de *Vata*. Las meriendas heladas no son buenas para usted. Puede encontrar el alimento adecuado para su *dosha* en un restaurante tailandés, indio, chino, estadounidense, marroquí, etíope, japonés, mexicano, español y algunos restaurantes italianos. ¡Bon appetite!

Pitta

La persona con *Pitta* dominante en su constitución ha sido bendecida con determinación, una voluntad fuerte y, probablemente, un buen fuego digestivo. *Pitta* se asocia con los elementos de fuego y agua, aunque con frecuencia es la calidad de fuego de los *Pitta* la que primero se nota. Hace disponible grandes cantidades de iniciativa y energía para usar, así como un punto de referencia del *agni* (fuego digestivo). La morada principal de *Pitta* está en el estómago y el intestino delgado. Los demás recintos de *Pitta* incluyen los ojos, la piel, la sangre, las glándulas sudoríparas y la grasa. *Pitta* (y la ambición de *Pitta*) predominan en el medio del ciclo de vida, cuando somos jóvenes y adultos de mediana edad. Es importante canalizar este fuego creativo hacia fines específicos, y aprender a expresar sentimientos apasionados hacia el exterior de una manera constructiva. En otras palabras: ¡A crear! ¡A expresar! Las personas *Pitta* son capaces de tener excelentes habilidades para hacerse cargo de sí mismos, de sus vidas y de sus procesos de curación.

Los atributos de *Pitta* son: aceitoso, caliente, liviano, móvil y líquido. La idea es que cualquiera de estas cualidades en exceso puede desequilibrar a *Pitta*. Sus contrarios calmarán el desequilibrio. Por ejemplo, el verano y el mediodía son tiempos de predominio *Pitta*. Estos son los tiempos en los que es más probable que *Pitta* se perturbe. En el verano el clima es cálido y ligero, a menudo nos movemos más, vamos de vacaciones y excursiones. Durante este tiempo, tienden a surgir desequilibrios *Pitta* como las quemaduras de sol, la hiedra venenosa, el calor punzante o el mal genio. Tales desórdenes de *Pitta* tienden a calmarse de manera natural ya que el clima comienza a enfriarse, lo cual nos da algunas pistas sobre la mejor manera de manejar esta constitución. Es especialmente importante para *Pitta* elegir alimentos que refresquen en el verano, con una amplia variedad de comidas crudas. Es mejor consumirlos más calientes en invierno, dependiendo de la localidad donde se esté. Diariamente, la persona *Pitta* es más activa entre las 10 a.m. y 2 p.m. y las 10 p. m. y 2 a. m.

Si el elemento fuego está perturbado, se puede notar algunos de los siguientes síntomas: erupciones cutáneas, sensación de ardor, úlceras, fiebre, inflamaciones o irritaciones como conjuntivitis, colitis, dolor de garganta, cambios rápidos de humor, irritabilidad, enojo, frustración o celos. El elemento agua, en su constitución, a veces se manifiesta en la tendencia a producir grandes cantidades de orina. En sumo grado, con una dieta y estilo de vida inadecuados, los riñones pueden llegar a desgastarse y la vitalidad normal de *Pitta* puede perder su brillo. Todas estas son señales de que su equilibro necesita ser restaurado.

Lo que usted puede hacer para equilibrar *Pitta*:

1. Manténganse fresco.
2. Evite el calor, el vapor y la humedad en exceso.
3. Evite el exceso de aceites, alimentos fritos, cafeína, sal, alcohol, carnes rojas y especias picantes.
4. Haga énfasis en comer frutas y verduras frescas.
5. Disfrute de grandes cantidades de leche, queso cottage y cereales integrales.

6. Haga hincapié en los sabores dulce, amargo y astringente al seleccionar los alimentos.
7. Reciba bastante aire fresco.
8. Confíe en sus sentimientos y expréselos de manera que le den apoyo a usted y a quienes le rodean.

No sea que piense que toda la alegría está a punto de salir de su vida, tenga valor. ¡Esto no es tan solo para que pierda el exceso de irritación! Es mucho más fácil mantenerse calmado y enfocado cuando se come una dieta que apoye *Pitta*.

Es vital mantenerse fresco. Tómese el tiempo para encontrar un lugar con sombra, en un caluroso día de trabajo en el verano. Use un sombrero que brinde sombra a ese cerebro tan activo. Aplíquese un enjuague frío después de la ducha. Todas estas cosas calman a *Pitta*. En cambio, las tinas calientes, los chiles, demasiado sol, todo eso agrava a *Pitta*. La mayoría de aceites, sal, alcohol, carnes rojas y especias picantes se consideran calientes en Ayurveda y se puede contar con que irriten *Pitta*. Mientras que algunas frutas y verduras calientan, como el tomate y la papaya, la mayoría calman a *Pitta* siempre y cuando estén dulces y maduras.

La mayoría de los productos lácteos enfrían por naturaleza, incluyendo todos los tipos de leche, el queso cottage, la mayoría de quesos suaves y el helado. Es mejor evitar los quesos duros, la crema agria, el suero de leche y el yogur ya que el exceso de grasa, sal y del sabor amargo aumentan el fuego. Se puede tomar el yogur si se prepara correctamente (véase p. 92). Los cereales integrales fríos relajan y conectan *Pitta* a la tierra. Entre estos están la cebada, el trigo y el arroz *basmati*. Los pasteles y galletas de arroz son en general bien tolerados. Mientras que la avena es un poco caliente, a la vez conecta *Pitta* a tierra y, por ende, es muy provechosa. Las personas Pitta pueden elegir entre una amplia variedad de productos de trigo, incluyendo pan, tortas, galletas saladas y pastas. Los *Pitta* que son sensibles al trigo pueden beneficiarse de las recetas libres de trigo que se incluyen aquí.

Los *Pittas* suelen sentirse atraídos por los alimentos ricos en proteínas, y suelen necesitar solo un poco más de proteína en comparación con otras constituciones. La leche de cabra, leche de soya, soufflés de claras de huevo, el tofu, el tempeh y el queso cottage, son efectivos para el equilibrio de *Pitta*. La mayoría de los frijoles, con la excepción de las lentejas calientes, son excelentes. Sus sabores y atributos refrescante, dulce, astringente y pesados los hacen naturales para *Pitta*. Pero incluso el sistema digestivo de *Pitta* puede llegar a excederse con estos. De tres a cuatro veces por semana es una cantidad realista que puede usar, sin poner en peligro a su estómago por exceso de gases. Revise sus respuestas y coma de manera consecuente.

Las verduras tales como las coles, las hojas de nabo, las hojas de diente de león, el perejil, el berro, proveen el sabor amargo que *Pitta* necesita, así como raciones generosas de vitamina A, complejo B, calcio, magnesio y hierro. Muchas personas *Pitta* parecen necesitar más verduras y frutas ricas en vitamina A que otros tipos, tal vez para reponer y revitalizar sus hígados tan activos.

Las especias refrescantes son una parte importante de una dieta *Pitta*. Las mejores son el comino, el cilantro, el azafrán, el eneldo, el hinojo, la menta de cualquier tipo y el perejil. También se puede utilizar la canela, el cardamomo, la cúrcuma, pequeñas cantidades de pimienta negra, sal y cebolla dulce bien salteada. El ajo, por desgracia, es el más agravante para este *dosha* y debe evitarse.

Con su característico fuego digestivo, es posible que pueda retar a ciertas combinaciones de alimentos que para las otras constituciones significarían un desastre. Deje que su conciencia lo guíe. Observe cuales combinaciones puede digerir bien y cuales son desafiantes.

El jarabe de arce, jarabe de arroz integral, malta de cebada, azúcar y miel cruda joven (6 meses o menos) son endulzantes buenos. El aceite de girasol, la mantequilla clarificada y la mantequilla sin sal, son sus mejores opciones de grasas, con su debida moderación. (La moderación es para *Pitta* lo que es la rutina para *Vata*: desconocida).

CÓMO COMER POR FUERA. Requiere un poco de planificación. La comida vegetariana, restaurantes de estilo continental, los lugares de comida estadounidense, comida de la India (con picante suave), restaurantes japoneses y chinos (omita el rollo de primavera) le ofrecen una variedad de opciones decentes en este programa, al igual que las barras de ensalada. Es el único que puede derrochar en la heladería, si así lo desea. La comida del Medio Oriente puede ser una opción, si opta por los platos con menta (como el tabouli), comino o hinojo (como los platos libaneses), y pasando por alto las opciones cargadas de ajos y frituras. Si usted está siguiendo una dieta estricta para *Pitta*, los lugares de comida mexicana, italiana y comida rápida, serán frustrantes. Su mejor opción es evitar la carne, los alimentos fritos, la cafeína, el alcohol y las comidas rápidas. ¡Bon Voyage!

Kapha

La persona con *Kapha* dominante en su constitución ha sido bendecida con fuerza, resistencia y vigor. *Kapha* está asociado con los elementos tierra y agua, y con las cualidades de la fe, la estabilidad, la calma, la fluidez y la lubricación. Si bien las pautas y rutinas pueden parecer fáciles de establecer y seguir para *Kapha*, los cambios frecuentes en la rutina de hecho le ayudarán realmente a crear una mayor sanación. También reducirá la posibilidad de quedarse atascado en un bache rutinario, físico o emocional. Los niños tienden a tener una buena cantidad de *Kapha*, como lo demuestra sus músculos suaves y líquidos, y su piel bien lubricada. *Kapha* disminuye con la edad.

Sus retos como *Kapha* son su inercia potencial y una tendencia a querer poseer cosas o personas: lo que se llamaba en los viejos tiempos lujuria, codicia y apego. Mi hija pequeña, una *Kapha*, nos dio un hermoso ejemplo de ello cuando tenía unos nueve meses de edad. Su padre se presentó para llevarla a su casa mientras ella estaba en el proceso de comer un pan de maíz en la casa de una de sus madrinas. Iza, siendo práctica, agarró sus golosinas con ambos puños mientras la alzaban para ponerla en su silla de auto. Pronto, se quedó dormida en la oscuridad del vehículo. Sin embargo, al llegar a casa, la luz del coche se encendió e Iza se movió. Abrió los ojos y sin pestañear se dirigió al pan de maíz, todavía sosteniéndolo con firmeza en ambas manos, y se lo llevo directamente a su boca. La seguridad y la alimentación son importantes para los *Kapha*. Nunca los dejarían ir. ¡Es evidente que todo el mundo comparte esta cualidad de *Kapha* en diversos grados!

El aligerar, el aferrarse y dejar ir puede ser muy curativo en estos casos. A menudo las viejas actitudes y creencias se aferran con tanta fuerza, que pueden convertirse en la fuente de los residuos en el cuerpo físico. Dichos residuos, incluso, pueden sentirse muy seguros y familiares y de nuevo muy difíciles de dejar. Dos ejemplos, vienen a la mente. Un cliente *Kapha* tenía la tendencia a retener el exceso de líquido en su cuerpo. Cuando empezó a tomar las hierbas diuréticas, comenzó a perder el exceso agua y experimentó sensaciones fuertes de deshidratación y sed, aunque todavía tenía más agua en sus tejidos de lo normal. El cambio fue desconcertante para él y tuvo dificultades para continuar con el programa. En otro caso, un cliente sensible al trigo y a los lácteos hizo una serie de técnicas de limpieza de colon. Grandes cantidades de moco excesivo fueron eliminadas de su intestino por medio de este tratamiento. El moco, en parte, era una reacción del consumo de las sustancias agresivas en los últimos años. En lugar de sentirse bien, ella se sintió perturbada. Se encontró comiendo un plato gigante de pasta con queso esa misma noche, alimentos que no había comido en meses. Decía que necesitaba sentir estabilidad. Ella sabía que esa comida probablemente solo le podría crear más *ama*, pero al menos la sentía como algo familiar.

Los atributos asociados con *Kapha* son: aceitoso, frío, suave, denso, pesado, viscoso, estático y lento. No sea que esta lista de cualidades suene menos que atractiva, consuélese con el hecho que la constitución de *Kapha* fue muy apreciada por los antiguos. Los biólogos corroboran y reconocen la importancia fundamental de estos atributos en el sostenimiento de la vida. Las personas *Kapha* perduran, a no ser que abusen de sus cuerpos en gran medida.

Kapha reside en el pecho. Otros sitios de potencial acumulación son los senos paranasales, la cabeza, la garganta, la nariz, los pulmones, las articulaciones, la boca, el estómago, la linfa y el plasma. *Kapha* a menudo se correlaciona con la producción de moco en el cuerpo. El moco es útil como lubricante en cantidades apropiadas y en exceso es una fuente de congestión. Un desequilibrio de *Kapha* es probable que se manifieste en resfriados, congestión, sinusitis, depresión, lentitud, exceso de peso, diabetes, edema (retención de agua) o dolor de cabeza. *Kapha* también se puede acumular a medida que se acerca la luna llena, y los biólogos han descubierto una clara tendencia de los organismos a retener más líquido en este momento. El predominio de *Kapha* es de 6 a.m. a 10 a.m. y de 6 p.m. a 10 p.m.

Las personas *Kapha* pueden resistir una gran cantidad de ejercicio y lo necesitan. Siendo *Kapha*, se puede tolerar el ejercicio intenso con una duración más larga que cualquier otro tipo de constitución. La persona *Kapha* también es capaz de ayunar de manera que otras constituciones no pueden. Los almacenamientos naturales de su cuerpo son capaces de sostenerlo durante todo un día de ayuno con pocas repercusiones. La tentación se encuentra en evitar caer en un estilo de vida horizontal frente a la televisión con sus golosinas favoritas, de lo contrario observará cómo las fuerzas de la gravedad atraerán la mayor parte de su masa hacia abajo, hacia el vientre y las caderas.

Lo que usted puede hacer para equilibrar *Kapha*:

1. Realice bastante actividad física todos los días.
2. Mantenga el consumo de grasa a un mínimo, incluidos los alimentos fritos.
3. Evite alimentos y bebidas con hielo, dulces y cantidades excesivas de pan.
4. Elija alimentos calientes, ligeros y secos (ver más abajo).
5. No beba más de cuatro tazas de líquido por día.

6. Haga hincapié en el sabor amargo y astringente al escoger alimentos y hierbas.
7. Disfrute plenamente de hortalizas, hierbas y especias frescas.
8. Obtenga suficientes carbohidratos complejos para sostener y mantener una ingesta adecuada de energía.
9. Permita el entusiasmo, el desafío y el cambio en su vida tanto como sea posible.

Los *Kapha* necesitan variedad y estimulación en sus alimentos, amigos y actividades. Esto les brinda la perspectiva para sacudir las formas viejas de experimentar el mundo y el apoyo para las nuevas. También les ayuda a salir del estancamiento e ir hacia la curación.

Usted notará que muchas de las recetas aquí en este libro que son adecuadas para *Kapha* contienen poco o nada de aceite por porción. El aceite o la grasa pueden aumentar *Kapha* como ninguna otra cosa, excepto quizás los dulces o la comida agria. Si opta por adaptar una receta *Vata* o *Pitta* o para sus necesidades, corte la grasa a una cucharadita o menos y sustitúyala por agua. Una dieta baja en grasa es una de sus mayores necesidades terapéuticas.

La mayoría de los productos lácteos son frescos, húmedos y pesados, como lo es *Kapha*. Es mejor evitarlos. Puede usar la leche de cabra o pequeñas cantidades de mantequilla clarificada para darle vida a sus platos en casa. Si llega a usar aceite, el de mostaza disponible en tiendas de alimentos de la India, es una buena opción, ya que es caliente y picante. El aceite de sésamo/ajonjolí, a pesar de que calienta, tiende a ser demasiado pesado para *Kapha*. El aceite de girasol es bueno ya que es de naturaleza afable y no-asertiva, y es una buena fuente de grasas poli-insaturadas.

Un programa similar al de *Fit for life*[4] es apropiado para esta constitución. Para el desayuno, una porción ligera de frutas frescas o té, es recomendada para mantener en equilibrio este *dosha* temprano en la mañana. Para el almuerzo o la cena, los carbohidratos complejos son importantes para proporcionar fibra, minerales y vitaminas del grupo B. Los carbohidratos más ligeros, calientes y secos incluyen el mijo, la cebada, el centeno, *kasha*, fideos soba[5], el amaranto, la quinua, el maíz y la avena tostada. Estos cereales también ayudan a mantener su bomba de insulina bien cuidada, para que pueda seguir manejando los almidones con eficacia. Una dieta de reducción de proteínas perjudica a un cuerpo *Kapha* a largo plazo. Entre

---

[4] Literalmente "en forma de por vida". Fue popular en los Estados Unidos hace unos años.

[5] Fideos hechos de trigo sarraceno (alforfón).

otros efectos, parece que desequilibra los mecanismos de insulina, por lo que la persona es incapaz de metabolizar los almidones apropiadamente.

Las proteínas ligeras y bajas en grasa, le sirven mejor, especialmente las leguminosas ricas en fibra. Todo lo que estimula la eliminación tiende a aliviar a *Kapha* (la cebada y los frijoles son ejemplos clásicos). Los frijoles aduki son particularmente buenos, al igual que el frijol negro, aunque este último es más difícil de digerir. El frijol de soya y los productos de soya se recomiendan con menos frecuencia. Más de la mitad de las calorías del queso de soya provienen de la grasa sorprendentemente, mientras que solo el 4% del frijol negro. Sin embargo, los productos de soya como la leche tienden a aumentar *Kapha* menos que los lácteos.

Los alimentos y las bebidas heladas no se recomiendan ya que son frías y pesadas como *Kapha*. Los líquidos y la sal aumentan la humedad de *Kapha*, por consiguiente, deben mantenerse al mínimo.

Los alimentos ligeros, calientes y picantes son ideales, la persona *Kapha* ha nacido para la cocina asiática y latinoamericana (sin el queso). Tuve un cliente *Kapha* que informó que perdió más de 13 kilos en su viaje a Asia, sin la más mínima intención consciente y sin desastres gastrointestinales tampoco. A ella le sirvieron una dieta ideal para su *dosha*: muchas verduras, chiles, jengibre, soya y fideos de soba y té con bastantes especias. Ningún lácteo o trigo, una pesadilla omnipresente para *Kapha*.

Puede aligerar su comida mucho más en el verano y en climas cálidos, comer más alimentos crudos en esos momentos, y guardar los más pesados y cálidos para el invierno y los climas fríos. En general, los alimentos crujientes le servirán mejor. Las palomitas de maíz son un gran ejemplo, al igual que las galletas de centeno, las tortillas de maíz y las verduras al vapor.

CÓMO COMER POR FUERA. Las opciones placenteras incluyen las barras de ensalada, los restaurantes mexicanos (absténgase del queso, la crema agria y omita los platos fritos), los restaurantes vegetarianos, indios, chinos, tailandeses, japoneses (evite el tempura y los rollitos de primavera). Los restaurantes italianos y continentales podrían hacer sentir limitadas sus opciones para comer, a menos que se especialicen en ensaladas y platos vegetarianos. En lo posible, manténgase alejado de la comida rápida, la carne, los dulces y los alimentos fritos pesados. ¡Bon appetite!

Frecuentemente se pregunta acerca de la importancia de seguir con las opciones alimenticias de su constitución. Esta es una terapia curativa. Qué tan estrictamente decide usted seguir con las opciones, depende de qué tan grave es su condición y qué tan rápido desea conseguir estar en equilibrio. Cuanto más se cumplan estas directrices, más pronto verá los resultados.

CÓMO DESEQUILIBRAR SU CONSTITUCIÓN

Vata

Preocúpese.
Ayune.
No duerma lo suficiente.
Coma a la carrera.
No mantenga ninguna rutina.
Coma alimentos secos, congelados o sobras de comida.
Pase mucho tiempo viajando en autos, aviones, trenes o zapatos deportivos.
Nunca lubrique su piel.
Trabaje en el turno de la noche.
Evite estar en lugares cálidos, húmedos y tranquilos.
Use drogas, principalmente cocaína y anfetaminas.
Practíquese una cirugía abdominal mayor.
Reprima sus sentimientos.

Pitta

Beba abundante alcohol.
Ingiera comida picante.
Participe en actividades frustrantes.
En su dieta, haga hincapié en los tomates, chiles, cebollas crudas, alimentos ácidos y el yogur.
Haga ejercicio en las horas más calurosas del día.
Use la ropa apretada y caliente.
Use drogas, especialmente cocaína, anfetaminas o marihuana.
Evite los lugares pacíficos, frescos y apacibles.
Coma refrigerios muy salados.
Reprima sus sentimientos.
Coma tanta carne roja y pescado salado como sea posible.

Kapha

Tome largas siestas después de las comidas.
Coma muchos alimentos grasosos y aceitosos.
Coma en exceso, con frecuencia y tanto como sea posible.
Niegue su propia creatividad.
Disfrute de la inercia.
Conviértase en un teleadicto.
Suponga que alguien más lo hará.
Evite lugares estimulantes, cálidos y secos.
No haga ejercicio.

Viva de papas fritas y cerveza.
Use drogas, especialmente sedantes y tranquilizantes.
Reprima sus sentimientos.
Asegúrese de consumir al menos un postre todos los días, preferiblemente pastel de queso o helado.

ENTENDIENDO LA NUTRICIÓN AYURVÉDICA: LOS SABORES

El sabor, o *rasa*, es la clave para entender la nutrición ayurvédica y para ser capaz de aplicarla en la práctica a cualquier constitución para la curación y el equilibrio. Desde una perspectiva ayurvédica, el sabor está conformado por una serie de componentes diferentes.

Está el sabor que experimentamos cuando ponemos un alimento o hierba en la boca. Esa experiencia inmediata del gusto y cómo afecta al cuerpo se conoce como *rasa*. Luego, está el efecto que cada sabor tiene sobre la digestión, su *virya*. Un alimento con un *virya* caliente suele mejorar la función digestiva, mientras que un alimento con un *virya* frío puede volverla más lenta.

El sabor también tiene un efecto a largo plazo y un efecto sutil en el cuerpo y su metabolismo. Este efecto a largo plazo o pos-digestivo se conoce como el *vipak* de la comida. Algunos sabores tienden a aligerar el cuerpo y promover la pérdida de peso a largo plazo, mientras que otros tendrán el efecto contrario.

Cada uno de los seis sabores identificados en Ayurveda tiene sus propias cualidades o *gunas*. Un sabor puede ser ligero o pesado, húmedo o seco. Estas características específicas, únicas de cada sabor, influyen la manera que nos afectan, inmediatamente y a largo plazo. Los sabores ligeros son generalmente más fáciles de digerir y asimilar, mientras los que se consideran pesados desde el punto de vista ayurvédico necesitan más energía para ser digeridos. Los sabores húmedos, tal como se puede deducir, tienen un efecto lubricante en el cuerpo. Un sabor seco, ingerido en exceso, puede llegar a deshidratarnos.

No es necesario comer comida de la India para poder obtener el equilibrio adecuado de los sabores, aunque la cocina de la India ofrece ejemplos muy buenos de sabores equilibrados. Cada cultura ha desarrollado su propia manera de preparar los alimentos, muchos de ellos intrínsecamente equilibrados. Ayurveda ofrece una manera de equilibrar los alimentos, independientemente del tipo de cocina en particular, y puede ser utilizada en una amplia variedad de dietas. El sabor de un plato occidental puede ser equilibrado tan fácilmente como uno oriental. Lo importante es familiarizarse con los sabores y sus efectos, de tal manera que usted pueda utilizarlos para apoyarse y ayudarse en la creación de una buena salud.

Revisemos los seis sabores, para ver cómo funciona esto.

DULCE

El sabor dulce está compuesto por los elementos tierra y agua, y tiene un *virya* frío. Esto significa que su efecto inmediato en la digestión es enfriarla un poco e inhibirla ligeramente. Su *vipak* es dulce. El dulce tiende a ser pesado y húmedo por lo que crea pesadez y humedad tanto a largo como a corto plazo. En la práctica, significa que los alimentos dulces como el azúcar, los dulces, los caramelos, los pasteles y los helados aumentan nuestra masa, humedad y peso cuando se consumen en exceso. ¿No le sorprende? No particularmente. Los estadounidenses han experimentado el sabor dulce en exceso por más de un siglo, como lo testifica la tasa de obesidad que está en un 35%. No obstante, el sabor dulce utilizado con moderación puede brindar una profunda sensación de satisfacción, es un sabor excelente para estimular el crecimiento, conectarnos a la tierra, nuevamente esto se logra solo si se usa en moderación.

En Ayurveda, *rasa* significa sentimiento o emoción o también sabor, y cada uno de los sabores puede tener un sutil efecto emocional o mental en nuestra conciencia y a nivel físico. Cuando este sabor está en balance, puede promover un sentimiento de amor y bienestar, un profundo sentimiento de satisfacción. En exceso, puede inducir a la inercia o a la complacencia. (Usted podría diseñar un experimento sencillo para probar esto). El sabor dulce produce un efecto muy similar en la digestión. Tiende a ser ligeramente satisfactorio, en espacial después de una comida. Al mismo tiempo, al ser frío no estimula la digestión sino que simplemente proporciona un sentido de satisfacción.

El dulce produce una sensación de alivio como en un suspiro. Por esta razón, puede ser muy calmante para la energía mental nerviosa de *Vata*. El sabor dulce conecta *Vata* a tierra al brindarle tierra y agua. La forma fría del sabor dulce contiene estos mismos elementos y estos equilibran y calman a *Pitta*. *Kapha*, por el contrario, puede llegar a sobrecargarse con el sabor dulce. Este le ofrece a *Kapha* lo que esta constitución ya posee en abundancia: tierra fresca y húmeda y agua, lo cual puede conducir rápidamente a la inercia.

En nuestra cultura, los dulces están disponibles fácilmente para calmarnos o para ponernos a dormir cada vez que la vida se esté volviendo incomoda. Muchos de nosotros hemos tenido la experiencia de encontrarnos camino a la nevera con esta misión en la mente: "Dulces… umm... dulces... ¿Qué es lo que hay por aquí?" El problema, por supuesto, está en que a largo plazo pagaremos por este alivio sedante, aunque sea con una inercia simple, aumento de peso, depresión o diabetes. El dulce merece tener un lugar en el paladar de cada persona, en su tipo y cantidad adecuada.

AGRIO

El sabor agrio está compuesto de los elementos tierra y fuego. La calidad calurosa del fuego aparece en el *virya* del sabor agrio, el cual es caliente. El sabor agrio favorece la digestión y tiene un leve efecto calentador sobre el cuerpo entero. Su *vipak* es agrio, lo que significa que con el tiempo continúa calentando al cuerpo, igual que en el primer impacto. Cualquiera que haya tenido una úlcera pudo experimentar este efecto de calentamiento como algo poco placentero.

Otras cualidades asociadas con el sabor agrio son una especie de pesadez y humedad leve. *Vata* se beneficia del calor, la humedad y la conexión a tierra del sabor agrio. Puede ser muy útil para estimular la digestión en los sistemas *Vata*. Para *Pitta* puede ser contraproducente, debido a que el calor que ofrece es mucho más de lo que necesita *Pitta*. La pesadez y humedad sutil de este sabor pueden ser opresivas para *Kapha*, haciendo que conserve más líquido y peso dentro de sí mismo. Para *Pitta* y para *Kapha*, el sabor agrio se equilibra mejor con otros sabores. Para *Vata*, los alimentos ácidos como las ciruelas *umeboshi*, los encurtidos o un poco de limón, pueden ser excelentes para estimular el sistema digestivo que a menudo es delicado.

A nivel emocional y mental, una pequeña cantidad del sabor agrio transmite un refrescante sentido de realismo. Hay una cualidad en lo agrio que nos despierta, lo cual puede traernos de vuelta a la realidad. Una cantidad excesiva del sabor agrio puede promover la envidia, los celos o lo que se ha llamado el pesimismo de "la zorra y las uvas". Por lo tanto, el equilibrio es importante. Un poco de sabor agrio, despierta la conciencia y estimula la digestión en todos los niveles. Grandes cantidades puede que nos empuje a la envidia y a la irritación inesperada.

Los ejemplos más comunes de los alimentos con sabor agrio son los limones, la fruta ácida y los cítricos, las uvas verdes, el vinagre y los encurtidos.

SALADO

Los elementos que constituyen el sabor salado son el fuego y el agua. El fuego le da su calor digestivo a la sal o su *virya*. A igual que el sabor agrio y dulce, el sabor salado tiende a ser un poco húmedo y un poco pesado. Mientras que el dulce es el más pesado y húmedo de todos los sabores, y el agrio es un poco menos pesado y húmedo, el salado está en la mitad. Este sabor estimula la retención de agua aún más rápido que el sabor agrio, pero no promueve el aumento de peso tan rápido como el sabor dulce. Su *vipak* es dulce. Esto significa que, si bien inicialmente el sabor salado es caliente, a largo plazo es humectante y conecta a tierra. El efecto a largo plazo se puede ver en su capacidad para retener el agua en las personas que comen muchos alimentos salados.

Debido a que es ligeramente caliente, este aumenta un poco la capacidad digestiva y el *agni*. Es útil para *Vata*, ya que es cálido y mantiene la humedad. *Pitta* puede encontrar irritante el calor del sabor salado. Mientras que el calor del sabor salado podría estimular a *Kapha*, su tendencia a promover el peso y la humedad es contraproducente.

El sabor salado en la mente y los sentimientos tiene un rango amplio de efectos. En pequeñas cantidades puede prestarle a una persona una cualidad de franqueza y de conexión a tierra. El uso excesivo parece crear varios resultados: En algunas personas puede producir una mente rígida, demasiado estructurada y con una tendencia a contraerse. En otros, puede resultar en un deseo urgente y repetido de gratificación de los sentidos. Estas dos tendencias, pueden unirse en la persona que encuentra placentero siempre tener la “razón" en todo momento. Un buen ejemplo físico de este efecto es la cualidad adictiva de la papa o de las tortillas fritas de maíz. Una vez que comience a comerlos, a menudo es difícil detenerse.

La sal se utiliza en buena cantidad en nuestra cultura para estimular y satisfacer nuestras glándulas suprarrenales. Puede ser utilizada como una forma de empujar a las glándulas suprarrenales a un desempeño excesivo, en la misma forma que otras personas usan la cafeína. Pequeñas cantidades del sabor salado son excelentes para proporcionar estructura y mejorar la digestión. Grandes cantidades pueden crear un sistema anegado e inmóvil (como en algunos tipos de enfermedades del corazón) o irritado y agotado. Los japoneses nos ofrecen un ejemplo de esto: mientras que como nación han tenido una tasa sorprendentemente baja de cáncer en la mayoría de las áreas del cuerpo, al comer su dieta tradicional, su tasa de cáncer de estómago es bastante alta. Los investigadores médicos lo atribuyen a una dieta alta en sal (es decir, estimula demasiado fuego en un lugar: la mucosa gástrica).

Los alimentos salados comunes incluyen: la sal, las algas y los alimentos como frutos secos, patatas fritas y aperitivos similares. Tanto la comida rápida como los alimentos enlatados tienden a ser muy altos en sal.

PICANTE

El sabor picante está constituido por los elementos de aire y fuego. Es el más caliente de todos los sabores y el más estimulante para la digestión. Tiene una cualidad ligera y muy seca. Su *vipak* es picante, es decir, se mantiene caliente, seco y ligero de principio a fin en su efecto sobre el cuerpo. Por esta razón, equilibra *Kapha* de manera maravillosa al secar y calentar su exceso de masa y humedad. Pequeñas cantidades pueden ser útiles para *Vata*, especialmente en conjunto con otros sabores menos secos. De esta manera calentará y estimulará la digestión de *Vata*. Las cantidades más grandes de alimentos picantes pueden perturbar a *Vata* demasiado, debido a que la ligereza y la sequedad crean deshidratación y movimiento excesivo en el sistema (por ejemplo, la diarrea o la sequedad en la boca o piel). Un poco del sabor picante balanceado con el sabor agrio, dulce o salado puede ser muy bueno para *Vata*. A menudo esta combinación se ve en los curris indios. Se puede contar con que el calor y la ligereza del sabor picante perturben a *Pitta* y es mejor tomarlo con otros sabores o evitarlo.

En la conciencia y las emociones, el sabor picante estimula el movimiento apasionado. En una cantidad moderada, puede conseguir que un cuerpo se mueva, se caliente y se sienta motivado. Puede llegar a ser muy limpiador. Un ejemplo físico de esto es el efecto de la salsa de mostaza caliente con los rollos de primavera chinos. Mientras que un rollo de primavera es denso, pesado y frito, la mostaza caliente corta a través de todo esto, teniendo un efecto inmediato (y a veces intenso) de limpiar las cavidades nasales de la cabeza.

El sabor picante puede actuar en la mente de manera similar. Un poco de ira puede traer algunos retos a una mente en proceso de purificación. En exceso, el sabor picante puede crear ira irracional, agresividad y resentimiento. De nuevo, es el equilibrio interior del sistema de cada individuo que dicta lo que es demasiado o muy poco.

Ejemplos del sabor picante incluyen chiles, ajo, cebolla y especias picantes.

AMARGO

El sabor amargo está constituido por los elementos de aire y éter. Es el más frío y ligero de los sabores. Tiende a ser bastante seco. Un "g amargo" es una buena manera de empezar a imaginar el efecto del sabor amargo en el cuerpo. Si bien su *virya* es frío, su *vipak* es picante. Esto significa que el sabor amargo sigue teniendo un efecto de aligeramiento y secado con el tiempo, sin embargo, su cualidad fría es moderada ya que se balancea por su *vipak* picante. El efecto a corto plazo del sabor amargo es el enfriamiento.

El sabor amargo provee un balance excelente para las cualidades pesadas y humectantes de los sabores salado, agrio y dulce. También es relativamente escaso en la cocina típica de occidente, a menos que se viaje a algunas regiones específicas. Las verduras de hojas verdes son un excelente ejemplo de un alimento amargo. Pueden aliviar y animar una comida, así como proporcionar una buena cantidad de vitamina A, hierro, calcio, magnesio y otros nutrientes. Muchas hierbas tienen un efecto amargo en el cuerpo. Un ejemplo clásico son los amargos suecos. Quemar los alimentos puede crear un exceso de sabor amargo, un método que no se recomienda aquí.

Siendo que el sabor amargo es frío, seco y ligero, es especialmente útil para *Pitta*. Es uno de los mejores sabores para corregir un sistema digestivo *Pitta* que está fuera de balance (por ejemplo implementar amargos suecos u otros amargos herbales para el estómago). Sus cualidades ligeras y su *vipak* picante hacen que también traiga mucho equilibrio para *Kapha*. Como se podría deducir, está contraindicado para *Vata*.

El sabor amargo, en pequeñas cantidades, ayuda a una persona a ver con claridad. Curiosamente, las hierbas amargas se han utilizado en muchas culturas durante viajes espirituales. El sabor amargo puede estimular un sentimiento de insatisfacción leve que nos ayuda a seguir adelante y ver las cosas como realmente son. En grandes cantidades, puede promover un sentido de desilusión o aflicción. Es un sabor que puede ser difícil para disfrutar de primera, sin embargo, equilibra bien a los otros sabores.

ASTRINGENTE

El aire y la tierra constituyen el sexto sabor: astringente. Tiene un *virya* enfriador, no tan frío como el amargo, pero más fresco que el sabor dulce en su efecto sobre la digestión, a la cual inhibe. Tiene una cualidad levemente ligera y seca. Su *vipak*, o efecto post-digestivo, es picante. A corto plazo, es fresco, ligero y seco. Con el tiempo, sigue siendo ligero y seco, sin embargo, ejerce cada vez menos el efecto frío en el cuerpo.

Su suave frescor modera el calor de *Pitta*. Sus cualidades secas y ligeras ayudan a equilibrar a *Kapha*. El sabor astringente no es nada útil para *Vata*, porque, al igual que el sabor amargo, simplemente hace que *Vata* se vuelva más frío y seco.

El sabor astringente tiene un efecto de contracción en la digestión y la puede volver más lenta. La astringencia estimula una constricción de los vasos sanguíneos que fluyen hacia los órganos digestivos, lo cual inhibe el libre flujo de sangre, enzimas y energía a esta área. En herbología, las hierbas astringentes se valoran justamente por la cualidad de contracción, la cual puede detener la hemorragia en un área determinada con rapidez al restringir la circulación (por ejemplo: geranio silvestre).

Mental y emocionalmente, el sabor astringente con moderación promueve un enfoque ascético, reduciendo la vida a lo esencial: "sin rodeos ni tonterías", una especie de perspectiva de "vamos a ver lo que hay aquí". En grandes cantidades (que son difíciles de conseguir) el sabor astringente puede promover una pérdida de interés en la vida. Las cantidades más pequeñas son útiles para secar la emotividad extrema de algunas experiencias y conseguir enfocarnos nuevamente.

Hay muy pocos alimentos que tienen un efecto astringente predominante en el cuerpo, aparte de ciertos alimentos sin madurar como los plátanos verdes. Las granadas y los arándanos agrios tienen algún tipo de astringencia, al igual que las manzanas silvestres y los membrillos. Sin embargo, cada uno de estos tiene un componente amargo. Muchos alimentos tienen un sabor secundario astringente. Es decir, la mayoría de los alimentos se componen de una combinación de sabores y con frecuencia el sabor astringente es uno de los sabores subyacentes. Muchos cereales, legumbres y hortalizas tendrán tanto un sabor dulce primario y un efecto secundario astringente en el cuerpo. Por esta razón, los frijoles en particular son útiles para *Pitta*, ofrecen la frescura del dulce y del sabor astringente, y tienen el equilibrio de la humedad (del dulce) y la sequedad (del astringente). De hecho, a las personas *Pitta* les va muy bien con la mayoría de los frijoles, siempre y cuando el fuego digestivo sea bueno. Esta misma calidad enfriadora puede hacer que los frijoles sean casi imposibles de digerir por los intestinos de *Vata*.

EN RESUMEN

A medida que aprenda sobre los sabores, puede ver que el dulce, agrio y salado son los que más apoyan a *Vata*, mientras que el picante, amargo y astringente son los que más realzan a *Kapha*. Los sabores dulce, amargo y astringente serán más útiles para equilibrar a *Pitta*. Los sabores picante, salado y agrio, mejoran la digestión y la asimilación, mientras que el dulce, amargo y astringente la inhiben levemente. A veces hay excepciones a estas pautas. Sin embargo, en general esta es la manera exacta en que el sabor puede ser utilizado para curar un desequilibrio en la constitución de manera ayurvédica. Usted puede elegir alimentos con sabores que equilibren su constitución y sus necesidades. En muchos sentidos, los sabores se utilizan en Ayurveda como los colores son utilizados en la pintura. Pueden utilizarse por separado, para un efecto, o mezclados entre sí para crear otro resultado.

VIAJANDO MÁS ALLÁ

En este momento, en nuestra cultura, estamos entrando en un reino en el cual somos capaces de utilizar la energía de maneras mucho más sutiles de lo que hemos hecho en el pasado. Además de utilizar los sabores físicamente para el equilibrio, también podemos crear experiencias que nos equilibren tanto como lo hacen los sabores. Es decir, las experiencias que no son orales, pero que son experiencias en otro nivel, pueden calentarnos, calmarnos o humedecernos. Podemos trabajar con aromas dulces, sensaciones dulces o con tacto dulce.

Usted puede imaginárselo. ¿Cómo sería una experiencia dulce en este momento? Relájese un momento, cierre los ojos y experimente la escena o la sensación que surja en su mente. Si lo desea, usted puede notar en qué lugar de su cuerpo está sintiendo con más intensidad la experiencia que ha imaginado. Observe cómo se siente con esta experiencia.

Cada uno de los sabores se puede experimentar de esta manera. Algunos pueden ser más fáciles de imaginar o más cómodos que otros, no obstante, cada uno se puede utilizar de esta manera. Para muchas personas en muchos países occidentales, la gratificación oral se ha vuelto tan habitual o tan dolorosa que es difícil tener una perspectiva fresca sobre los alimentos y los sabores. Si usted ha experimentado este desafío, quizá desee representar a los sabores a través del proceso anterior, imaginando el sabor como una experiencia, antes de trabajar con él como un alimento.

En mi práctica, trabajo con mucha gente que lucha por superar los antojos de dulce, pero que a su vez, se niegan las experiencias dulces en sus vidas. A menudo, cuando empezamos a permitir la dulzura a otros niveles (calidez, amor, lo que significa dulce para nosotros) nos encontramos con nuestros cuerpos cada vez más satisfechos, más relajados y, entonces, el deseo del dulce comienza a calmarse. Ayurveda nos invita a mirar más profundamente, nos invita a usar los sabores de una manera que mejore tanto nuestra conciencia como nuestra salud.

SABOR	ELEMENTOS	CUALIDADES	EQUILIBRA	EN EXCESO PERTURBA
Dulce	Tierra y agua	Pesado, húmedo y fresco	*Vata* y *pitta*	*Kapha*
Agrio	Tierra y fuego	Cálido, húmedo y pesado	*Vata*	*Pitta y kapha*
Salado	Agua y fuego	Pesado, húmedo y cálido	*Vata*	*Pitta y kapha*
Picante	Fuego y aire	Caliente, ligero y seco	*Kapha*	*Pitta y vata*
Amargo	Aire y éter	Frío, ligero y seco	*Kapha* y *pitta*	*Vata*
Astringente	Aire y tierra	Fresco, ligero y seco	*Pitta* y *kapha*	*Vata*

LA DIGESTIÓN

La digestión es el proceso mediante el cual se descompone lo que recibimos de nuestro entorno exterior para que sea parte integral de nuestro medio ambiente interno. La absorción es el proceso mediante el cual se integran estos elementos digeridos en nuestras células. La eliminación es el medio por el que nos desprendemos de todos los elementos innecesarios, digeridos y no digeridos. El equilibrio en estos tres procesos dicta en gran medida qué tan bien alimentados estamos y lo bien que nos sentimos.

En Ayurveda las claves son la buena salud, la fuerza y el *agni* o fuego digestivo. *Agni* se traduce en términos occidentales como la capacidad de todos los órganos del aparato digestivo de estar animados, eficaces y coordinados en su función cuando se le administra una cantidad adecuada de alimentos. La cantidad "adecuada de alimentos" es una parte importante para el proceso digestivo eficaz. Demasiado alimento puede actuar como arena en un incendio, extinguiendo el *agni* y exigiéndole más trabajo de lo que realmente puede ofrecer. Comer demasiado poco puede matar de hambre al *agni*, es como esperar que un fuego pueda quemar de manera vívida con solo unas pocas ramas como combustible[6]. Hoy en día, determinar qué es demasiado o muy poco puede ser una pregunta capciosa, particularmente cuando nos vemos rodeados de dietas intensas, obesidad y anorexia. Sin embargo, la realidad es que su cuerpo, cuando está equilibrado, puede decirle lo mucho que necesita a través de los mensajes simples del hambre y la saciedad. Puede confiar en estos mensajes. El problema es que a veces puede tomar mucho tiempo, semanas, meses o años, para crear este equilibrio interior, dependiendo de sus circunstancias particulares (véase el capítulo sobre *Los chakras y el cambio de alimentación,* p. 45). Lo importante es saber que sí se puede lograr.

El poder de la digestión siempre depende de la fuerza corporal. Y el mantener la fuerza, depende de la buena digestión. Cuando uno de estos elementos se rompe, es probable que el otro esté cambiando también. Si tiene problemas con su salud o la digestión, no se desanime. Sepa que cada uno de estos necesita cuidado y que el equilibrio creado en un área beneficiará a las otras. ¿Cómo puede saber si su digestión es buena? Una operación bien lubricada se mueve con agilidad sin mucho sonido o conmoción. Si usted está experimentando gases, hinchazón, irritación, eructos o cualquier otro síntoma, su digestión probablemente necesita algún tipo de asistencia.

Al trabajar con la digestión, se observan tanto las circunstancias internas (cómo se sienten y como están los órganos) como las externas (qué es lo que usted come). En un momento, exploraremos los órganos con cierta profundidad. Por ahora, echemos un vistazo a los factores externos, sobre los cuales usted tiene un gran impacto.

En Ayurveda, se tiene en cuenta los alimentos, cómo se preparan y cómo se combinan. En general, los alimentos ligeros (*laghu*) por las normas ayurvédicas son considerados los más fáciles de digerir, mientras que los alimentos más pesados son más difíciles de digerir. Hay una amplia variedad de alimentos que son ligeros, incluyendo la lechuga, el arroz *basmati*, el *ghee* y la clara de huevo. También hay muchos alimentos pesados (*guru*), incluyendo el aguacate, el queso, el plátano y las lentejas negras. Los

---

[6] Nota: Cabe señalar que el ayuno es un método ayurvédico para la limpieza. Puede llegar a encender el *agni* cuando se realice adecuadamente bajo la supervisión de un médico ayurvédico.

alimentos más pesados, mientras que son útiles para conectar a tierra, fortalecer y alimentar, toman más energía para ser digeridos, por lo que es mejor comerlos en pequeñas cantidades. Los alimentos ligeros, se pueden comer en grandes cantidades y tienden a estimular el apetito y la digestión. Los alimentos pesados por su naturaleza tienden a suprimir el apetito. Un exceso de alimentos pesados facilita la creación de la enfermedad, a menos que tenga un enorme poder digestivo, y un magnífico metabolismo tonificado a través del ejercicio.

Los alimentos se clasifican también como caliente (*ushna*) o fríos (*shita*). Los alimentos considerados calientes estimulan el fuego digestivo e incluyen la mayoría de las especias, el chile, el ajo, el yogur, las lentejas rojas y la miel, entre otros. Los alimentos fríos, por el contrario, tienden a calmar o reducir la velocidad de la digestión. Entre ellos se encuentran la leche, el coco, el eneldo y el cilantro, entre otros. Para una digestión óptima se requiere un balance de alimentos y especias calentadoras y enfriadoras.

La idea de que un alimento puede calentar o enfriar, puede resultar extraño al principio, y de hecho lo es. Es relativamente fácil ver el efecto al quemar un alimento "caliente" como el chile o un alimento "frío" como la leche. Pero el fuego sutil de la miel o las lentejas rojas puede hacerlo dudar o retar su comprensión como me paso a mí. Yo recomendaría experimentar con los alimentos. Observe los efectos que tienen en usted. ¿Usted suda o se calienta después de ciertos alimentos? ¿Usted digiere con más facilidad o dificultad? ¿Cómo son afectados sus alimentos al añadir especias? Las recetas que aquí se ofrecen, le ayudan y orientan sobre el uso de los alimentos y las especias. De esta manera, usted puede construir un repertorio de experiencias que le permita trabajar con los alimentos de forma más adaptada.

El concepto de los alimentos calentadores y enfriadores está muy extendido en muchas culturas. Sin embargo, hay muchos desacuerdos en las prácticas de curación entre las diferentes culturas, en lo referente a lo que constituye los atributos relativos de un determinado alimento. Por ejemplo, en el Ayurveda de la India, se considera el yogur como un alimento calentador. En el Tíbet, país vecino, el yogur se considera un alimento enfriador. Y esta diferencia la encontramos en dos culturas que son relativamente similares en las formas de la medicina natural, ¡ambas con buenos resultados! El clima y el estilo de vida también tienen una influencia en el efecto de un alimento. Experimente usted mismo y al mismo tiempo permita que la experiencia de los siglos le guíe.

Hoy en día, debido al uso extendido de plaguicidas y otros productos químicos, es posible que un alimento determinado tenga efectos inesperados debido a la contaminación. Por ejemplo, la exposición excesiva a algunos pesticidas estimula la fiebre, diarrea y otros síntomas de ardor en las personas. Estas exposiciones pueden ser y son confundidas con una gripe común y con enfermedades virales, cuando en realidad son respuestas del cuerpo a una sobredosis de químicos. Otro ejemplo sería , una uva tratada con altas dosis de insecticidas que puede provocar una reacción febril. Ya no es enfriadora en lo absoluto. O puede volverse aún más fría de lo normal, según el agente contaminante y su respuesta. El cómo se integra la toxicología moderna con la antigua Ayurveda, todavía está por explorarse.

Los atributos de lo aceitoso y húmedo (*snigdha*) y la sequedad (*ruksha*), también afectan la digestión. En términos generales, los alimentos aceitosos, cuando se usan con moderación, promueven la lubricación del tracto digestivo y la secreción de elementos digestivos. En exceso, pueden inhibir al exceder en trabajo al hígado y a la vesícula. Los alimentos secos generalmente realzan menos la digestión, aunque en pequeñas cantidades, pueden estimular el *agni* de manera efectiva. A su vez, en grandes cantidades estos alimentos inhiben la digestión. Entre estos se encuentran la mantequilla clarificada, los aceites vegetales, las grasas animales, la soya y muchas verduras y cítricos. Los alimentos secos incluyen el maíz, trigo sarraceno, centeno, mijo, la mayoría de los frijoles y verduras de hojas verdes, por solo mencionar algunos. Estos alimentos mencionados anteriormente tienen que ser humedecidos para que la mayoría de la gente los pueda digerir con facilidad.

Los alimentos viscosos (*slakshna*) como la ocra o la corteza de olmo rojo, tienden a apoyar la lubricación y por lo tanto la digestión (¡si es que te gustan!). Los alimentos suaves (*mrudu*) relajan la digestión e inhiben ligeramente el *agni*. La tapioca es un ejemplo de ello. Los alimentos ásperos (*khara*) tienden a mover hacia delante la digestión y la eliminación como lo demuestran el salvado de avena y de trigo. Sin embargo, los alimentos ásperos pueden ser demasiado fuertes para algunas personas, en particular, para los *Vata*. Los alimentos picantes (*tikshna*) como el chile estimulan la digestión, en ocasiones con demasiada brusquedad. Los alimentos duros (*kathina*) y densos (*sandra*) se comportan como los alimentos pesados, poniendo más de una demanda en el *agni* y a la vez construyendo el cuerpo. Un ejemplo de estos son los frutos secos. Los alimentos líquidos (*drava*) aumentan la lubricación y la salivación, especialmente ayudando a la digestión de los carbohidratos en la boca. Los atributos estáticos (*sthira*), brutos (*sthula*) y nublados (*avila*) inhiben el *agni* y la digestión; una comida rápida con una malteada es un buen ejemplo. Mientras que los atributos móviles (*chala*), sutil (*sukshma*) y claro (*vishada*) estimulan los procesos digestivos de la mente y el cuerpo; en la hierba gotu kola se encarnan todos ellos.

Lo más importante en el comienzo es estar atentos: ser conscientes de un modo relajado de qué se está comiendo y cómo nos sentimos al comer. Darnos cuenta que el mañana traerá nueva información en forma de experiencias y observaciones, para así poder integrarlas. Debemos tener en cuenta que las experiencias de hoy no son la última palabra en nuestro aprendizaje.

LA COMBINACIÓN Y LA PREPARACIÓN DE LOS ALIMENTOS

La combinación hábil de atributos y sabores mejora y facilita la digestión. Una correcta combinación de alimentos es clave para reducir el *ama,* potenciar y mejorar la absorción. Para ayudar a la digestión, absorción y asimilación se puede aligerar una comida pesada como la avena con una pizca de jengibre o cardamomo (véase AVENA CON ESPECIAS, p. 312). Al humedecer un alimento seco como los frijoles a través del remojo y una cocción completa, le dará al tracto digestivo una mejor oportunidad de absorber sus nutrientes vitales, sin la eliminación excesiva de gas. Al calentar un alimento como la leche fría se promueve la nutrición y se reduce al mínimo la creación de *ama*, desechos tóxicos. Las recetas que siguen a continuación están diseñadas específicamente para mejorar la digestión y promover la absorción por medio del uso de estos principios.

La mayoría de las verduras son ligeras y se pueden combinar fácilmente en las comidas con la mayoría de los otros alimentos. Ya sea que estén cocidas (más ligeras) o crudas (un poco más pesados desde la perspectiva ayurvédica de la digestión) dependerá del cocinero y los destinatarios. La mayoría de las frutas son ligeramente aceitosas, por lo que promueven la digestión, si se comen al principio de la comida o antes de ella. Las frutas son mejores si se comen solas. Una vez más, las frutas cocinadas tienden a ser más fácilmente digeridas para los que tienen un sistema delicado ya que el calor hace el alimento más ligero.

La combinación de proteínas concentradas se suele evitar en Ayurveda. La mezcla de carnes o pescado con leche, o los frijoles con frutos secos, generalmente no se recomienda para una digestión óptima. La excepción a esta regla es el yogur, que a menudo se añade en pequeñas cantidades a una comida para mejorar su sabor y absorción.

Aquí los cereales son considerados un almidón en vez de una proteína. Los cereales enteros pueden ser beneficiosos para la mayoría de las comidas y son una excelente fuente de calorías, vitaminas B y minerales de traza.

EQUILIBRANDO EL *AGNI*

Los signos de insuficiencia de *agni* son mucho más comunes que los de exceso. Los indicadores de un *agni* deficiente pueden ser: flatulencia, eructos, digestión lenta, dificultad para despertarse por la mañana, transpiración escasa o ausente y el estreñimiento. Comer en exceso es una de las maneras más comunes para inhibir el *agni* y progresivamente reprimir su creación. Algunas constituciones son más propensas a tener un *agni* insuficiente, aunque *Vata* es el primero de la lista.

El *agni* excesivo también puede resultar en eructos, a pesar de que la sensación de ardor en el tracto digestivo es uno de los signos más notables, especialmente en el estómago o el duodeno. Asimismo, puede ocurrir diarrea, irritabilidad, excitabilidad y habla excesiva. La sudoración y la sed excesiva pueden ser el resultado del consumo de alimentos excesivamente calientes y por pasar periodos prolongados sin comer, las cuales son maneras de sobre estimular el *agni*, como también lo es la expresión o represión indiscriminada de la ira.

Comer alimentos más pequeños y simples es una buena manera de empezar a reavivar un *agni* equilibrado. El limón o el limoncillo fresco en agua es un estimulante suave y limpia el *agni*. El té de jengibre leve es un estimulante para el *agni* lento y reduce el gas. Realizar las combinaciones apropiadas y el uso de hierbas de apoyo, pueden hacer una gran diferencia en la digestión. La combinación de comino, cilantro e hinojo molido es la forma tradicional para estimular y tonificar el *agni*. La otra es escuchar a su propio cuerpo y sus necesidades.

Para equilibrar de forma radical el tracto digestivo, es útil consultar a un médico o un nutricionista experto ayurvédico. Las combinaciones preparadas por ayurvédicos como la *triphala* (amalaki, bibhitaki, haritaki) y pippali pueden ser herramientas excelentes cuando se usan con la debida supervisión y conocimiento.

LOS ÓRGANOS DIGESTIVOS

Los órganos digestivos tienen diferentes funciones. La digestión comienza en la boca donde se mastican los alimentos y la saliva comienza a descomponerlos, a través de las enzimas en forma de ptialina. Los primeros efectores de la digestión son la cantidad de masticaciones y la acidez o la alcalinidad (pH) de los alimentos. La enzima ptialina requiere un ambiente ligeramente alcalino para llevar a cabo la tarea de romper el almidón. Si un alimento ácido como el jugo de naranja se toma al mismo tiempo que un almidón, como tostadas o cereal, se inhibe la digestión del almidón. Esto puede producir gases, malestar estomacal o efectos sutiles o insignificantes que pueden pasar desapercibidos. Una pequeña cantidad de ácido en un alimento cocinado, por lo general, no tiene este efecto e incluso puede ser estimulante para la digestión, por ejemplo, un poco de limón o vinagre en el frijol en una receta de habichuelas. Grandes cantidades de alimentos ácidos, ingeridos en conjunto con los almidones, pueden ser difíciles para algunos tractos digestivos.

Además, el jugo de naranja y las tostadas, las salsas y papas fritas, y la salsa de tomate con la pasta, son ejemplos comunes y desafiantes Una paciente embarazada se sorprendió al encontrar que su indigestión de mitad de periodo cesó cuando dejó de comer los sándwiches de tomate a los que estaba tan aficionada.

El masticar proporciona señales importantes que inician la perístasis. Si a usted le gusta comer rápido, masticar es algo que se ha perdido por la prisa. Es posible que ahora desee acogerlo de nuevo en su vida. Por otra parte, se ha hecho tal alboroto acerca de la correcta y adecuada masticación, por ejemplo, cincuenta veces por bocado que algunas personas han presentado indigestión, simplemente por la tensión y el esfuerzo de masticar de manera correcta. Esto no es necesario. La relajación estimula los músculos lisos del intestino, lo cual mejora el flujo sanguíneo a los órganos digestivos. El aumento de la circulación, estimula los jugos digestivos y el *agni*. Tomarse un momento antes de las comidas para concentrarse y estar al tanto de lo que está a punto de hacer – comer – puede provocar un estímulo relajante para la digestión.

El estómago es el mejor lugar para la digestión de las proteínas, también es el esterilizador general de los alimentos que ingresan al cuerpo. El ácido clorhídrico, una de las manifestaciones de *agni*, inicia ambos procesos. Este fuerte acido descompone las cadenas proteínicas (muy similar a los ablandadores de carne) y también mata las bacterias y otros microbios. Curiosamente, se ha encontrado que las personas que tratan de bloquear el funcionamiento natural de *agni* tomando antiácidos, tienen más dificultades digestivas a largo plazo, especialmente cuando viajan. Los viajeros que usan antiácidos tienen más trastornos gastrointestinales que aquellos que no lo hacen, debido a que el ácido clorhídrico inhibido del estómago no es capaz de matar normalmente las bacterias. En este caso, el sabor amargo o agrio es más útil que los antiácidos, como medida preventiva. La hierba quassia es excelente, o el limón o la ciruela *umeboshi*[7] son útiles para estimular el *agni* y el ácido clorhídrico, y así eliminan los microbios desagradables.

El estómago también tiene una secreción muy precisa de ácido en respuesta a diferentes proteínas, y secreta más ácido a diferentes velocidades y tiempos, dependiendo del alimento proteínico que se ingiera. Los sabios ayurvédicos recomiendan hace siglos, no combinar pescado y lácteos. Sin saberlo, Pavlov da esta recomendación cuando observó en sus experimentos sobre reflejos condicionados en el siglo pasado, que la leche, el pescado y la

---

[7] Variedad de ciruela japonesa

carne requieren un tipo diferente de secreción y una concentración distinta de ácido en el estómago. Estos alimentos se digieren mejor cuando se comen solos.

El equilibrio de los *doshas* se demuestra notablemente en el funcionamiento del estómago. Demasiado *Kapha* y moco podrían hacer más lenta la digestión, haciendo que esta, en general, sea despaciosa e incompleta. Muy poco *Kapha* y demasiado *Pitta* puede hacer que se queme la mucosa que recubre, lubrica y protege el estómago de su propio ácido. Este ácido es muy abrasador cuando se llega a activar, llega a un pH tan bajo como de 1 a 2. Si la membrana está inadecuadamente lubricada con moco, el ácido la puede quemar, provocando una úlcera. Los métodos tradicionales occidentales para tratar esta condición en las décadas de los cuarentas y los cincuentas, consistían en alimentar a las personas con una crema para *Kapha* y con una dieta de leche alta en grasa, así, sin saberlo, estaban aplicando principios ayurvédicos. A menudo estos remedios funcionaban bien. Otro tratamiento eficaz, además de evitar picantes, alimentos salados y alcohol, es aumentar el consumo de cereales integrales cocinados. Los cuales pueden calmar el estómago de manera efectiva, mientras que provocan poca secreción de ácido gástrico.

Contrario a la opinión popular, el estómago no descompone todo: digiere una pequeña porción de carbohidratos y comienza una muy modesta parte del proceso de digestión de las *grasa*s. El intestino delgado es el que lleva a cabo estos procesos a gran escala, con la ayuda del hígado y del páncreas.

El intestino delgado en muchos aspectos funciona como la intersección entre una calle y una autopista importante. La ruta principal es la del estómago al intestino delgado y luego al intestino grueso (véase la ilustración). Sin embargo, varias otras vías entran en el intestino delgado en forma del conducto pancreático y el conducto biliar (del hígado y la vesícula biliar). El intestino delgado es responsable tanto de la producción de enzimas para digerir los carbohidratos, grasas y proteínas, como de la integración de las enzimas y la bilis introducida dentro de él por el páncreas y el hígado. En Ayurveda, se dice que este es el órgano que se ve más afectado por comer en exceso. Al igual que la energía de *Pitta* que lo activa, el intestino delgado adopta un papel central en la digestión, y el exceso de comida puede afectar esta iniciación notablemente, causando una digestión lenta y obstruida.

El páncreas y el hígado asumen un rol de respaldo esencial en este proceso. El páncreas produce grandes cantidades de bicarbonato para alcalinizar las secreciones ácidas que gotean en el intestino delgado desde el estómago. Esto permite que las enzimas de la parte superior del intestino delgado (duodeno) sensibles al pH puedan hacer su trabajo catabólico. El páncreas también secreta enzimas como las que produce el intestino delgado, para digerir grasas, proteínas y carbohidratos. La tercera función del intestino delgado está totalmente separada de la digestión, y es la de regular el azúcar en la sangre. Con frecuencia un antojo de dulces indicará la necesidad de equilibrar el páncreas a través de meriendas adicionales con cromo, zinc o proteína.

La proteína es un combustible primario por medio del cual las enzimas digestivas son producidas tanto en el intestino delgado como en el páncreas. A veces una persona, despues de haber estado alejada por un tiempo de las proteínas pesadas, como los frijoles o las nueces, tiene dificultad para digerir las proteínas; de hecho, encuentra aún más dificultad que cuando optaron por eliminarlas por primera vez. (La proteína no es algo que usualmente se recomiende eliminar o restringir con severidad, sin una razón terapéutica de peso). A menudo se asume que esta dificultad en la digestión es un signo de que la comida en sí, es demasiado pesada, y que esta se debería evitar. Esto no es necesariamente cierto. Puede ser que el consumo de proteínas se ha vuelto tan bajo que las enzimas digestivas ya no son tan abundantes. Un ejemplo clásico podría ser, tener muy pocos troncos para poder estimular el fuego del *agni*. En este caso, el aumento de proteína de forma gradual en la forma de alimentos fáciles de asimilar tales como el *kichadi*, el caldo de miso, el caldo de pollo claro o un poco de algas verdes por lo general fortalecerán la digestión.

El hígado realiza muchas funciones. En la digestión produce específicamente la bilis, que da a nuestras heces su color entre amarillo y marrón. En la hepatitis, la energía del hígado se vuelve muy baja, alterando la digestión. La bilis no transformada, que por lo común es excretada por las heces, regresa al torrente sanguíneo. Esto crea la piel amarilla, la orina de color marrón y las heces claras, aspectos familiares para aquellos que tienen hepatitis. Los pigmentos biliares aparecen en la piel y la orina, y de manera mínima en las heces, lo que explica los cambios dramáticos en el color. Las enfermedades del hígado como la hepatitis, en realidad pueden ser buenas oportunidades para fortalecer este órgano, ya que nos hacen saber que necesita apoyo adicional. En Ayurveda, se hace una analogía de una llave de agua que riega la tierra. Si las semillas de hierbas malas (salud pobre) están presentes, los excesos en la dieta o en el estilo de vida las pueden ayudar a "germinar". Una forma de evitar el desarrollo de la enfermedad es no darle de comer, en este caso comidas ricas en grasa, con altos contenidos de azúcar, ni alimentos bajos en fibra.

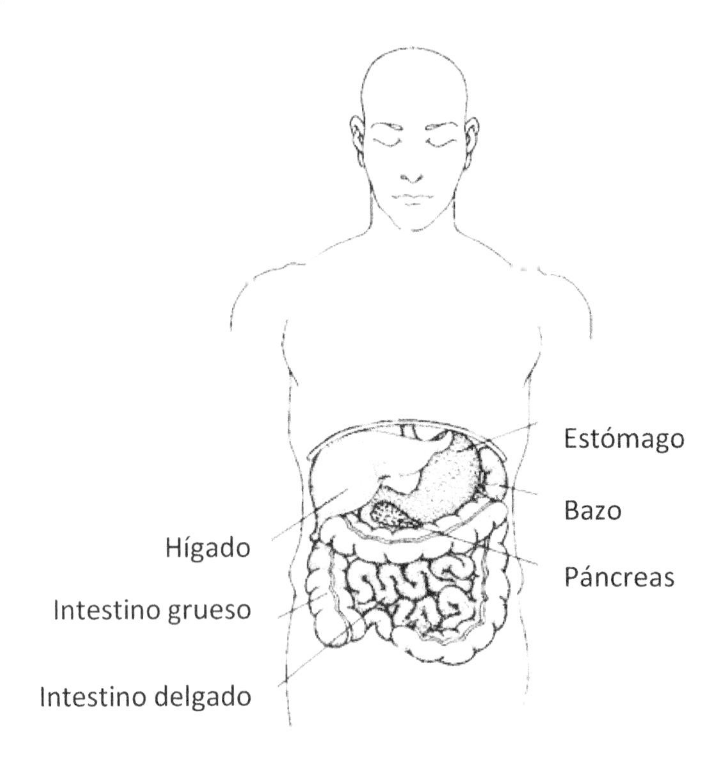

Este tipo de dietas no solo estimulan problemas en el hígado, sino también en el colon. Ha sido bien documentado, que las dietas ricas en fibra, bajas en grasas, promueven el colon más saludable y libre de cáncer; tales regímenes permiten que el colon se mantenga sano y no excesivamente cargado con mucosidad o con bacterias dañinas (cada uno de estos factores se apoyan entre sí). El colon es el principal responsable de la reabsorción de los líquidos, los electrolitos y la eliminación de desechos. Curiosamente, se ha encontrado en la alimentación occidental que el potasio es esencial para el metabolismo del calcio. El potasio debe ser absorbido de manera efectiva por el colon (la morada de *Vata*) antes de que pueda apoyar el calcio en los huesos (otro reino de *Vata*). Esta es una fundamentación moderna para una observación ayurvédica arcaica: el colon debe estar limpio y fuerte para que los huesos se puedan curar. El exceso de moco y bacterias afectan estas funciones, desequilibrando *Vata* e inhibiendo la absorción. Cuando *Vata* se equilibra, la eliminación se mueve sin problemas. Cuando no es así, se presenta la diarrea, el estreñimiento, los gases y las heces secas.

Uno puede ver en esta discusión, la importancia de un sistema digestivo saludable, y cómo gran parte de su armonía depende de nosotros mismos.

LOS *CHAKRAS* Y EL CAMBIO DE LA ALIMENTACIÓN

Durante siglos, los *chakras* han sido reconocidos como siete (o más) centros de energía vital en el cuerpo. En este capítulo, nos distanciamos del enfoque tradicional y presentaremos una perspectiva moderna de los *chakras* orientada a la transformación. Debido a que me he formado en este sistema moderno, no puedo decir qué tan diferente es de las enseñanzas tradicionales de la India. El *Southwestern College of Life Sciences* en Santa Fe, y en particular su presidente Robert Waterman, D.Ed., tuvo originalmente un papel decisivo en catalizar mi aprendizaje acerca de este sistema. El resumen de los *chakras* presentado en la página 51 del presente capítulo se basa directamente en el modelo transformacional del Dr. Waterman, modelo que se refiere a la educación. Me gustaría reconocer esta transmisión y asumir la responsabilidad de cómo se aplica a la nutrición aquí. En mi práctica he encontrado, que es muy útil trabajar con los *chakras* en la curación.

El cuerpo surge de una red de energía que baila a través de todas las células, lo que ocurre en una porción de nuestro ser físico, emocional, mental y espiritual es probable que, hasta cierto punto, tenga un impacto en otra parte del cuerpo. Es útil tener una comprensión de esta energía para poder afectar los cambios que queremos hacer en nuestras vidas, incluyendo las transiciones de la dieta.

Todos venimos con un equipo potencia de siete *chakras* o centros de energía no-físicos situados dentro de nuestro campo áurico. Su energía se expresa por medio de nuestra conducta, pensamientos, palabras y acciones. Aunque las glándulas endocrinas tienden a menudo a ser llamadas las contrapartes físicas de los *chakras*, en realidad son entidades distintas y separadas, las primeras son físicas y las últimas son no-físicas. Si nos fijamos en los *chakras* y sus esferas de experiencia, podemos tener una idea de cómo nos alimentamos, por qué y dónde podemos estar pasando hambre, consciente o inconscientemente. Comenzamos a tener una idea de nuestras prioridades en el ahora y cómo podemos lograr cambios de maneras más creativas y eficaces para satisfacer nuestras necesidades de alimentación y del presente.

Por ejemplo: el primer *chakra* es un centro de energía orientado a mantenernos vivos y funcionando en el plano físico. Si la mente decide que sería excelente hacer un ayuno, pero no lo comunica al cuerpo, hay una gran posibilidad de encontrarse con una resistencia física contra el proyecto. Las respuestas comprensibles de un cuerpo que no está informado como la fatiga, el letargo, incluso el miedo o el pánico, podrían ser el equivalente verbal de "¡Oye, espera un minuto!, ¿Nos estás matando de hambre o qué?" Una conciencia de las necesidades del primer *chakra*, lleno de creatividad, nos puede ayudar en el diseño de un programa de ayuno que limpia y a la vez realza la seguridad. También puede tener en cuenta las necesidades de nuestro *dosha* particular. Por ejemplo, usted puede dejar que su cuerpo sepa lo que está pasando antes de lanzarse a cualquier cambio de dieta que esté considerando. ¿Cómo lo hacemos? Usted puede hacer contacto con su cuerpo, de cualquier manera que se sienta más cómodo, tal vez poniendo la mano sobre el vientre o darse un lugar cómodo para sentarse, un baño caliente, lo que sea. Luego, explique lo que usted tiene en mente: que cree que cambiar la dieta es importante para su salud, la supervivencia a largo plazo, la claridad mental, cualesquiera que sean las razones que usted tenga. Asegúrese de que al menos una de estas razones sea beneficiosa para el cuerpo y para sobrevivir. Si ninguna de estas lo es, es mucho menos probable que el cuerpo coopere con ese plan. Las ideas sobre el glamur y la aceptación social no dejan ninguna impresión en el primer *chakra*. Pruebe el tercer *chakra* si desea obtener apoyo para un plan a ese nivel. Una vez que haya planteado su plan, simplemente, siéntese y espere una respuesta. Si se ha entrenado en técnicas de hipnosis o técnicas de meditación, puede que ya tenga una forma de comunicarse con su cuerpo.

A un nivel tan claro de respuesta como sí o no, estas técnicas funcionan bien. En ocasiones, puede llegar a inventar un plan de alimentación que recibe un fuerte "no" de parte de su cuerpo. En ese caso, yo recomendaría algún tipo de negociación o una mayor exploración de lo que puede estar causando una brecha entre los deseos del cuerpo y las percepciones de su mente. Con demasiada frecuencia, esta brecha se descuida o se ignora. Usted conseguirá una mejor relación cuerpo-mente por medio de solicitudes, en lugar de exigencias.

La energía del primer *chakra* es a menudo mucho más activa durante el embarazo, ya que somos responsables de crear y mantener la vida de dos personas en ese momento. Y a menudo los hábitos alimenticios cambian radicalmente en respuesta a este enfoque que ha sido modificado.

La energía del segundo *chakra* está orientada a aprender más acerca de nuestro mundo a través de la experiencia y la sensación. Usted ve que los bebés exploran mucho con su segundo *chakra*, arrastrándose por el suelo, poniéndose lo que encuentren en la boca: ¿Cómo se sentirá esto? Echemos un vistazo. A nivel de adultos, si tenemos un profundo anhelo de un tipo de sensación particular que no nos permitimos, las energías del segundo *chakra* pueden aparecer en otra área. Una forma muy común de expresar estas energías es a través de los alimentos, utilizándolos para satisfacernos. Esto funciona bien si usted tiene hambre y necesita alimento, pero no si realmente está interesado en un sentido de intimidad física y está tratando de **evitar** comer en su lugar. La comida es un gran espejo para mostrarnos donde nuestra sanación más profunda puede llevarse a acabo. Una forma práctica de comenzar a familiarizarse con esta área es simplemente observar qué tipo de texturas le agradan a su cuerpo. ¿Quiere comida crujiente? ¿Cremosa? ¿O quizás líquida? Considere integrar estas preferencias en lo que usted escoja comer.

A nivel del tercer *chakra*, pueden surgir problemas de vínculos, poder, pertenencia, cuidado y alimentación. La elección de alimentos puede verse muy influenciada por los hábitos de nuestras familias, amigos y maestros. En el diario ayurvédico *Ayurvedic Wellness Journal*, hubo una gran columna sobre una bailarina, que expresó tener esta misma experiencia. Como bailarina profesional en Nueva York, había vivido de lo que la mayoría de sus colegas atletas también habían vivido: alimentos dietéticos, chocolate, estimulantes y tan pocas calorías como fuera posible. Era intensa la presión para elegir una dieta de este estilo. Y finalmente su constitución *Kapha* se fue desequilibrando con demasiado aire (*Vata*): estaba tensa, ansiosa, con ataques de pánico inexplicables y sudoraciones. Cuando consultó a un médico ayurvédico, se sorprendió al oír que le recomendaba los alimentos que había evitado durante años. Este fue un punto crítico para ella, había que confiar en su propio poder de tomar la decisión de cambiar. Al romper con sus hábitos, creó una curación importante para su vida. Sin embargo, solo logro esto al confiar en su propia autoridad y el poder dentro de sí. Una forma útil para permitir que las energías del tercer *chakra* le apoyen es encontrar amigos y miembros de la familia que le acepten independientemente de su dieta y estilo de vida. Si usted tiene esto, es muy afortunado. Dejando eso a un lado, la primera área de trabajo es confiar en su propia autoridad.

Aunque suena muy "pomposo", ¿qué es lo que realmente queremos decir con esto? El poder y los alimentos están muy estrechamente relacionados. Es una ocurrencia común comer para tener poder o para evadirlo. Puede que se sienta más poderoso ser más grande que pequeño, por eso comemos en exceso para alcanzar ese estado. Es posible que tengamos miedo de expresar directamente, lo poderosos que realmente somos, y entonces lo ocultamos dirigiendo nuestras energías hacia comer en exceso o morir de hambre. Puede sentirse más seguro y más simple hacer dieta o comer que enfrentarse a una práctica de meditación retadora, o a ese nuevo trabajo que tanto desea. Se necesita mucha voluntad para mantener un cuerpo en un peso que no es naturalmente la norma. El trabajar con las energías del tercer *chakra* abre el poder de elegir.

¿Qué es lo que estamos eligiendo para nosotros hoy, y cómo vamos a conseguirlo? Si negamos nuestro poder, o se lo damos a otro, esta área clamará por atención, a menudo en formas no verbales que incluyen dificultades en la alimentación y digestión o desequilibrios de azúcar en la sangre. Cuando empezamos a confiar en lo que realmente queremos hacer con nuestras vidas, se inicia el proceso de sanación.

A nivel del cuarto *chakra* las paradojas comienzan a surgir. Esto es apropiado, debido a que aquí es donde empezamos a aprender cómo equilibrar las energías opuestas como hombre/mujer, ligero/pesado, oscuro/brillante, caliente/frío. Aprendemos a convivir con nuestros anhelos, y a darnos un espacio más seguro y saludable para su expresión. Abrimos nuestro corazón a nuestro ser y a los demás. Hay una alegría al poder compartirla con nosotros mismos, nuestra comida, nuestros dones. Si tratamos de reprimir uno de los extremos de una polaridad, el desequilibrio puede ocurrir. He conocido a un número razonable de personas que comen en lugar de expresar su amor. Su amor es tan poderoso que los asusta: quieren manifestarlo, pero no saben cómo ya que todavía no han descubierto la manera de hacerlo. Este tremendo deseo de compartir, puede sentirse especialmente frustrado por comer o consumir drogas, ya que no es lo que el cuerpo y el ser anhelan realmente. A medida que la energía se comienza a abrir y relajar en nuestros corazones, un verdadero florecimiento se puede experimentar en todas las partes de nuestras vidas, sobre todo, en la forma en que nos nutrimos y que nutrimos a los demás. Una manera práctica de comenzar a trabajar en este sector es empezar a notar cuando se dice una cosa y se hace otra. Usted tiene dos cosas diferentes andando aquí. Es interesante. No trate de analizar esto, simplemente sea consciente de la paradoja. Y si puede, siga mirándose a sí mismo, con amor y compasión.

El quinto *chakra* tiene una relación estrecha y frecuente con el segundo *chakra*, ya que es aquí donde expresamos la verdad de nuestra experiencia. Las personas que trabajan con bulimia a menudo buscan un punto de equilibrio en su segundo y quinto *chakra*. Con frecuencia, hay algo importante que necesitan comunicar en el mundo, que está siendo negado o ignorado. Es aquí, donde estamos más interesados en los mensajes simbólicos de la comida y no en su alimento literal. Cuando tenía unos ocho años, tomando clases de ballet en un pueblo junto al nuestro, mi madre y yo teníamos un ritual. Después de que ella me recogía de la clase de baile, nos deteníamos en la farmacia de la esquina, en la cuadra donde está el estudio de danza y comprábamos una barra de dulce. Sentadas en el coche, cuidadosamente la partíamos, la comíamos y hablábamos. Viniendo de una familia numerosa, estos eran momentos raros para estar a solas con mi madre. Y periódicamente, todavía me antojo de una barra, a menudo cuando los momentos de tranquilidad e intimidad han sido cortos en mi vida. Marion Woodman ha escrito algunos libros excelentes sobre este ámbito, en particular para las mujeres, *Addiction to Perfection* y *The Pregnant Virgin*, entre ellos.

El quinto centro consiste en la actividad práctica de recibir el cuidado criador, ser capaz de abrirse a lo que el Espíritu, a menudo en la forma de los demás, tiene que ofrecernos. Como apertura a esta área, usted puede darse cuenta de cuáles son los alimentos que son importantes para usted a un nivel simbólico. Si usted frecuentemente se rehúsa a recibir ayuda en algún nivel, puede experimentar aceptándola, siendo consciente de cómo se siente a medida que lo hace.

La cuestión de la transformación es de suma importancia a nivel del sexto *chakra*. La intuición es un recurso que puede ayudarnos a hacer las elecciones beneficiosas que contribuyan de manera más libre a nuestra propia transformación y a la de los demás. La intuición puede manifestarse en los sueños a través de conocimiento meditativo, de intuiciones repentinas o de un sentido de un "conocimiento" profundo e indiscutible. Una vez más, hay una correspondencia entre la energía del sexto y tercer *chakra*, porque tenemos que ser capaces de confiar en nuestro propio poder para poder confiar en nuestra intuición. El sexto *chakra* puede operar de manera parecida a "Urano", con destellos repentinos de entendimiento profundo en momentos inesperados. Pueden comunicarnos ideas y conceptos sobre como sustentarnos, los cuales son radicalmente diferentes a todo lo que es aceptado en nuestra normalidad. También pueden proveer una base para calmarnos y fortalecernos, indicándonos que estamos en el camino apropiado.

Reconocer, aceptar y actuar sobre nuestro propósito en la vida, tiene un impacto práctico sobre cómo nos alimentamos en el mundo a nivel del séptimo *chakra*. La fuerza motriz de nuestro propósito de vida puede ser un gran motivador y ayudar a que "actuemos juntos", permitiendo que nuestros cuerpos sean plenos y lo suficientemente fuertes para alcanzar nuestros objetivos más elevados. A menudo, cuando pregunto a los clientes cuál es su propósito de vida, responden que no saben. Es una buena cosa para tener en cuenta. Es útil saber lo usted que está haciendo aquí: así es más probable que lo haga. También es útil ser consciente de la ignorancia en este asunto, usted puede comenzar a considerar cómo está utilizando las valiosas energías del planeta en este momento. Aquí llegamos al punto de partida, de vuelta al primer *chakra*, ya que sin esa fuerza vital ofrecida por el primer *chakra* es más difícil de lograr nuestro propósito de vida.

CAMBIOS EN LA DIETA

En verdad, mientras que los *chakra*s se han descrito de una manera lineal, de lo inferior a lo superior, pueden ser percibidos en otro sentido: como una gran sinfonía de energías. Cada uno apoya y nutre a las demás, un poema glorioso de sonido, que fluye a través de cada momento de nuestras vidas. Si imaginamos la interacción de los *chakra*s de esta manera, como una

danza que brilla intensamente, entonces la manera de relacionamos con los alimentos es una bendición, un indicador de cómo estas energías están fluyendo en este momento.
En resumen:

Chakra

7. Trascender: la realización del *ama*, el propósito de la vida y la conciencia cósmica
6. Transformación: intuición, auto-realización
5. Atención: aumento de la comunicación simbólica, recibir crianza
4. Totalidad: amor incondicional, mediación de los opuestos, dando cuidado y servicio
3. Relación: poder, emocional, nutrición, sentido de pertenencia (a un grupo), centro de cerebro-cuerpo
2. Experiencia: la sensación, seguridad, protección
1. Energía: vida, sobrevivencia

La auto-evaluación sobre el estado actual de sus *chakra*s en lo que se refiere a la alimentación:

1. ¿Tengo toda la energía que necesito para hacer lo que quiero hacer? ¿Mi dieta conoce mis necesidades físicas básicas? ¿Estoy recibiendo suficientes calorías, proteínas y nutrientes?
2. ¿Mi dieta es satisfactoria para mí? ¿Tiene buen sabor? ¿Las texturas, los sabores y los olores son atractivos para mí?
3. ¿Se siente alimentado? ¿Cómo me estoy volviendo más fuerte al escoger este alimento?
4. ¿Este es un alimento que podría compartir con otros, dadas las circunstancias adecuadas y la gente? ¿Puede abarcar mis extremos? ¿Qué es lo que yo tengo que ofrecer con este alimento?
5. ¿Cómo puedo recibir este alimento? ¿Cuál es su valor simbólico?
6. Intuitivamente, ¿cómo la forma en que me estoy alimentando ahora contribuye a mi cimiento y al de los demás?
7. ¿Cómo este alimento apoya mi propósito general de vida?

A menudo, cuando nos limitamos a aceptar la información que nos ofrecen nuestros cuerpos, sucede algo valioso. *Susruta*, el médico ayurvédico antiguo, escribió acerca de cómo el deseo puede dejarnos saber lo que necesitamos. Por ejemplo, considere el chocolate, a veces se nos antoja de la nada algo como el chocolate. Lo que muchas personas no saben, es que el chocolate es una fuente excepcionalmente rica de magnesio. Es un nutriente que posee un efecto relajante sobre el cuerpo.

Al responder cada una de estas preguntas, puede observar que algunos alimentos no producen problemas y se digieren con facilidad y con otros parece encontrar obstáculos. A menudo se presenta esta información sobre los grupos de *chakras*. Cuando se le pone a considerar lo que origina gran parte de la conducta alimentaria actual, muchas personas se quejan, y dicen que todo es por el primer *chakra*: "yo simplemente como para sobrevivir". Bueno, para empezar, sobreviviendo a través de la comida, no es una actividad tan terrible. La mayor parte del mundo se relaciona en ella o le gustaría hacerlo ¡ya que es una forma práctica de obtener la energía! No obstante, cuando miramos más profundamente nuestro comportamiento, a menudo no es cuestión de supervivencia. Si comemos con frecuencia "cualquier cosa" para no tener hambre, no estamos pensando en nuestro cuerpo. Es una cuestión de relación con el cuerpo: ¿tiene la misma consideración con su amigo o incluso con su perro? Muchas veces estamos tan lejos de nuestros cuerpos que no escuchamos sus llamados. Tratarnos a nosotros mismos con consideración es una práctica que puede ser fácil y también tratar a los demás con consideración. A menudo, se olvida este cuidado amoroso por nosotros mismos, especialmente aquellos que tienen mucha responsabilidad en el cuidado de otros.

Entonces está nuestra relación con el tiempo. ¿Estamos realmente atados a un bocado de comida para "sobrevivir"? ¿O estamos haciendo esta maniobra de supervivencia porque todavía no hemos elaborado una relación armoniosa con el Tiempo? Teniendo suficiente consideración con nosotros mismos y una apreciación saludable de las exigencias del tiempo, a menudo cambia de un hábito alimentario apresurado a uno verdaderamente nutritivo. Estamos hablando de prioridades. En estos días, culturalmente, se le pone poco valor a las comidas calientes hechas en casa, sobre todo en su preparación. Si usted es un adicto a la comida rápida, o frecuenta restaurantes o vive solo y aborrece cocinar, o todo lo anterior, puede hacer un modesto experimento para empezar: una comida caliente hecha en casa por semana. Si usted es menos "adicto", aunque a menudo mira los escondrijos de su refrigerador y no ve ni un rastro de alimento a la vista, aquí hay otro experimento: organice una cita de dos a tres horas una vez a la semana para preparar comida para sí mismo, un par de litros de sopa hecha en casa, una olla con curry, un plato de cereal cocinado o lo que usted le agrade. Incluso podría hacer que un amigo lo acompañe. Al cocinar de esta manera, usted tiene opciones rápidas, como el queso, yogur o huevos, pero también tiene algunas cosas de preparación casera y también platos ricos en nutrientes. Y su cuerpo empieza a saber si realmente se preocupan por él y están dispuestos a compartir un rato con él. Si usted ha dominado estos cursos, trate de comprar y hacer suficiente comida para la cena, para que tenga buenas sobras para el almuerzo del día siguiente. O navegue este libro de cocina antes de ir a la tienda, para asegurarse que realmente tiene los ingredientes necesarios para hacer los platos que desea.

Con frecuencia, se ve este anhelo en las mujeres inmediatamente antes de sus períodos. En este tiempo, necesitan magnesio en altas proporciones para ayudar a los cólicos menstruales. El chocolate tiene un sabor un tanto dulce y un tanto amargo fuerte, ambos calman a *Pitta* (aunque debido a su contenido en cafeína, el chocolate no es un alimento que equilibra en general a *Pitta)*. El deseo por el chocolate podría indicar la necesidad de magnesio, o de mayor cantidad del sabor amargo y dulce. Aquí ofrecemos la información de los sabores. Cómo se utiliza esta información depende de nosotros. Otras buenas fuentes de magnesio son el brócoli, las verduras de hojas verdes, las nueces y los alimentos ricos en clorofila.

Los sabios ayurvédicos recomiendan un proceso simple para hacer un cambio de dieta. Yo lo pienso como "¼, ¼, ¼...". Se aconseja que cuando tenga claro qué área de su dieta o estilo de vida necesita cambiar, debe comenzar a cambiar el hábito tan pronto como sea posible. La cafeína puede ser un ejemplo: bebe cuatro tazas de café al día, pero le está empezando a afectar el buen dormir durante la noche, a pesar de que lo disfruta. Entonces, lo va disminuyendo en un ¼, o una taza, o más durante la primera semana. Cuando es cómodo beber tres tazas al día, debe reducir su consumo de nuevo a un ¼. Continúe de esta manera, hasta que decida cuál es la cantidad de café que desea consumir, es decir, tal vez una taza por día en lugar de cuatro. Puede utilizar el mismo proceso para aumentar ciertos alimentos o para reducir los dulces u otras sustancias adictivas.

Es una cuestión de principios el hacer los cambios. ¿Hay algún lugar por el cual le gustaría empezar?

COMIENDO CON LAS ESTACIONES

Desde una perspectiva ayurvédica, el equilibrio y el desequilibrio es natural con los cambios de las estaciones. Estos pueden ser aliviados o mitigados por los cambios en la dieta y el estilo de vida. Por ejemplo, a medida que avanzamos, del calor abrasador del verano al clima fresco del otoño, nos movemos de una temporada dominada por *Pitta* a una con preeminencia de *Vata*. Compuesto de aire y éter, *Vata* es frío, ligero, seco y móvil. Cada temporada tiene uno o más elementos y *doshas* predominantes, y en otoño, *Vata* está aumentando. *Vata* es una parte esencial de todos nosotros. Para la persona con *Vata* predominante en su constitución, las cualidades y atributos de su *dosha* pueden ser más notables en el otoño y el invierno que en cualquier otra estación. Los desequilibrios de *Vata* tales como piel seca y agrietada o dolor en las articulaciones, gas digestivo o desórdenes nerviosos tienen más probabilidades presentarse cuando el clima es más frío. Habrán menos picaduras de mosquitos, erupciones en la piel y quemaduras solares *Pitta,* y nos encontraremos con perturbaciones más sutiles: un poco de nervios o ansiedad acerca de la nueva etapa o una lucha con el vértigo según nos orientamos nuevamente después de un verano de mucho movimiento.

La morada de *Vata* está dentro de la pelvis. A nivel energético abarca el primer y segundo *chakra*, relacionados con algunas de nuestras necesidades más básicas como son la supervivencia y la seguridad. El otoño es un buen momento para evaluar cómo estamos cumpliendo con estas necesidades esenciales, tanto a nivel personal como planetario. Aquellos con constitución *Vata* pueden ser muy conscientes de lo que les ayuda a sentirse seguros en el interior de una manera profunda y eficaz, y cómo se debe actuar para lograrlo. El tiempo del equinoccio de otoño se considera especialmente crítico para su salud, presente y futuro, y con frecuencia algún tipo de violencia o crisis física o mental se produce durante este período de transición.

Los individuos *Pitta* y *Kapha* pueden suspirar de alivio que lo peor del calor y la humedad ha pasado, sin embargo, *Vata* puede mirar esto con cierto pesar. Es hora de nutrirnos de las semillas que hemos sembrado durante el año y seguir adelante.

Desde el punto de vista dietético, es un buen momento para evaluar si lo que hemos estado haciendo para nutrirnos realmente está funcionando. De manera independiente a la constitución, se requieren en este momento los alimentos más cálidos, húmedos, bien lubricados, colocando un mayor énfasis en lo dulce, ácido y salado. Afortunadamente, el otoño nos trae un inclinación renovada en muchos de nosotros a cocinar de nuevo después de un verano a la carrera. Esta inclinación es vital para la conexión a tierra de *Vata*, debido a necesidad de las cualidades de la tierra que se encuentran en los cereales cocidos, las verduras y las proteínas ligeras. El cardamomo es una especia agradable para esta temporada por ser dulce, cálida y estimulante.

Conforme nos adentramos en el invierno, una temporada en la que predomina *Kapha* con fuerza, todos los *doshas* deben trabajar juntos para preservar la salud. *Kapha* es la resistencia que nos permite movernos a través de esta temporada, pero necesita las cualidades de ligereza y el movimiento (*Vata*) y la iniciativa (*Pitta*) para hacerlo, ¡de lo contrario es probable que simplemente se arrastren en nuestras cuevas y duerman hasta la primavera! *Kapha* promueve el crecimiento. Así mismo, refuerza y mejora la resistencia y la inmunidad natural. Lubrica las articulaciones, es la esencia del tejido conectivo, promueve la curación, proporciona humedad a la piel y al tracto digestivo, fortalece la memoria y da vitalidad a los pulmones y al corazón. La glándula timo, la cual se encuentra cerca a la ubicación principal de *Kapha*, es responsable de iniciar muchas funciones inmunes a través de sus células T. También, es la glándula responsable de la creación de las hormonas de crecimiento. Al igual que *Kapha*, es muy activa en su fomento de las actividades de crecimiento en la juventud. Mientras *Vata* alienta al desglose de los tejidos y *Pitta* favorece su mantenimiento, *Kapha* es el constructor.

En el invierno, el poder digestivo es mayor, siempre y cuando uno esté sano. La cualidad de contracción del frío en realidad concentra el *agni*, haciéndolo más fuerte. Ahora es el momento en el que puede manejar los alimentos más pesados y en mayor cantidad. A menudo los anhelamos más en este momento. (Esto no es una inclinación poco saludable, ya que *Vata* se puede perturbar si uno no recibe suficiente alimento en el invierno). El clima frío no es el momento para emprender un ayuno. Las bebidas frías, los helados o alimentos congelados están contraindicados. Los alimentos enlatados en casa en el verano y el otoño, ofrecen una opción para remplazarlos por los alimentos congelados en el invierno, sin las sustancias químicas de los preparados comerciales. Es el tiempo para comida caliente de cereales cocidos, especialmente el arroz y la avena, sopas, alimentos ricos en proteínas más pesadas, más frijoles, té caliente, miel y leche caliente. Muchas personas, independientemente de sus constituciones, encontrarán que ganan más de 2 kilos como aislamiento natural para contrarrestar la caída de temperatura que se produce en invierno en muchos países. Esta tendencia puede equilibrarse con la toma de conciencia a fin de no acumular demasiado, ¡especialmente durante las vacaciones!

Esta temporada trae a menudo una gran cantidad de moco, en forma de resfriados, tos y gripe, especialmente en los niños. Si bien puede parecer molesto, incluso, la mucosidad espesa secretada por los pulmones durante un resfriado o la tos, apoyan la función vital. El moco aleja las bacterias y los virus de los pulmones, protegiéndolos. La equinacea es una planta fácil de usar en esta temporada, puesto que refuerza la función de los glóbulos blancos, mejora la quimiotaxis (la capacidad de un glóbulo blanco para descubrir los gérmenes recién llegados) y fortalecer la capacidad del tejido conectivo para repararse y mantenerse. Una hierba amarga, picante y astringente, puede ser muy adecuada para *Kapha*.

Los niños entienden cómo se debe trabajar con este *dosha* natural. En lugar de colocar un muro que los aísle, juegan haciendo peleas con bolas y muñecos de nieve. También, este momento nos ofrece la oportunidad de ir hacia adelante y jugar: burlar así nuestra inercia, atasco o la codicia.

La primavera es un tiempo de nuevos comienzos y de liberación de la energía almacenada en el corazón que se acumuló durante el invierno. Es un momento de plantar las semillas de la salud para el año siguiente. En primavera, el *Kapha* acumulado en el sistema se ha derretido por el calor del sol, y lo adquirido recientemente en la mayor parte del invierno se va con este (¡ojalá!). Esta versión de exceso de *Kapha* en el cuerpo puede alterar el poder de la digestión y generar diversos desequilibrios, como fiebre común, gripes y resfriados de primavera. Ahora es el momento de trabajar para reducir *Kapha* en la elección de la basura, la luz y los alimentos frescos. El clásico "tónico de primavera" de muchas culturas (uso de verduras de hojas verdes) sigue esta idea. Las verduras de hojas verdes como la ortiga o el diente de león (respectivamente bueno para los riñones y el hígado) brindan cualidades de amargo, ligero, picante y seco para esta época bastante húmeda, fisiológicamente. Este tónico mueve la suciedad acumulada en los meses de frío y humedad como una empresa de limpieza de primavera en el hogar. Este es un buen momento para hacer ejercicio, limpiar todos los aspectos y no dormir demasiado. Es ideal prepararse para esta renovación, evitar alimentos pesados y aceitosos, dulces y ácidos. El té de jengibre es una bebida excelente para la primavera y el otoño, calentando el cuerpo y mejorando el *agni*, ya que se debilita.

En el verano toda la fuerza de los rayos del sol se vierten sobre la tierra, se evapora la humedad de la primavera y se crea una gran cantidad de calor y sequedad. Ahora, *Pitta* predomina y las cuestiones de fuego y la digestión han pasado a primer plano. Curiosamente, mientras *Pitta* a menudo está asociado con el poder digestivo, el aumento de calor del verano en realidad perjudica *agni*. Como dice Charaka: "de la misma manera que el agua caliente apaga el fuego, también *Pitta* suprime el poder digestivo (en un clima caliente)". Por esta razón, lo mejor es comer y beber poco, y elegir líquidos y alimentos dulces, frescos y húmedos para aplacar a *Pitta*, al igual que leche, arroz, fruta y queso de soya. El jugo de aloe vera es una alternativa terapéutica para el verano ya que tonifica el hígado y todo el sistema de refrigeración. Los textos ayurvédicos ponen en relieve la necesidad de ser prudente con el alcohol en el verano. Si usted elige consumirlo, lo mejor es diluirlo con abundante agua. Puede perturbar *Pitta* en el calor. Los alimentos calientes, picantes, agrios, grasos o salados pueden tener una acción similar: perjudican a *Pitta* porque son irritantes.

Los sabios observaron que en la época de lluvias, o en momentos de fuertes lluvias, todos los *doshas* pueden ser expulsados. El frío de la lluvia agrava *Vata* y *Kapha*, mientras que la acidez del agua de las lluvias era conocida por desequilibrante *Pitta* y *Kapha*. Esta visión general de la lluvia ácida se ofreció siglos antes de que los recursos industriales produjeran la llegada de la "lluvia ácida". Uno se pregunta qué tan severos son los efectos en las regiones afectadas por la contaminación industrial. Incluso la influencia de las lluvias de finales del verano y principios del otoño, y la habilidad que se tiene para poderlas manejar. Hay que atender a *Vata*, pero también tener en cuenta a *Pitta*. La miel en este momento es un buen edulcorante. Es cálida y tiene cualidades resecas para superar la humedad sin irritar seriamente a *Pitta*. Una taza de té clásico con miel, en un día frío y lluvioso, hace la diferencia. Los cereales también son recomendados en este momento para fortalecer la digestión. La cebada, el trigo y el arroz son particularmente apropiados, así como una nutritiva sopa de verduras.

Y luego, el otoño se aproxima cada vez más, con su frescura. En general, es aconsejable seguir las pautas para la próxima temporada una semana antes de que esta llegue, para darle al cuerpo una oportunidad de alinearse con los nuevos cambios que vienen.

El ciclo de las estaciones apoya nuestra sanación y promueve un alineamiento interno con los ciclos de la tierra. Se recomienda comer de manera muy similar a la tradicional, las formas utilizadas por los pueblos desde hace siglos. No obstante, en el apuro y la sofisticación, el sentido común acerca de las estaciones ha sido olvidado por muchos. Aunque inicialmente atender a la constitución y también a la temporada puede parecer abrumador, vale la pena el esfuerzo en términos de salud. Y con el tiempo se convierte en algo natural tener ese plato caliente de calabaza en el otoño, y el té de menta fresca en el verano. Es una manera agradable de compartir con la tierra y ser conscientes de la sabiduría de las nuevas estaciones.

PREPARÁNDOSE PARA COCINAR

Cocinar es un acto sagrado y de curación. Como cocinero, usted participa en la alimentación y la vitalidad de sí mismo y todos aquellos a su alrededor. Vale la pena poner atención a esta función creadora. Es posible que desee encender una vela a *agni*, la divinidad hindú del fuego, o cualquiera que sea el espíritu de la creatividad y conocimiento. La toma de conciencia aporta a este proceso, la verdadera curación y resultados serán mejores.

Se necesita un espacio limpio y un equipo adecuado. La cocina ayurvédica no tiene mucho equipo complicado. La siguiente lista es todo lo que necesita:

- Una o dos sartenes pesadas, con tapas. De hierro funciona bien.
- Una sartén pequeña, pesada, con tapa. También de hierro.
- Dos o tres cacerolas de tamaño mediano con tapas, de acero inoxidable, cobre o esmalte dependiendo de sus necesidades.
- Una cacerola grande (alrededor de 7.5 lt) con tapa.

- Una olla de presión de 4 a 5.5 litros. Si usted tiene la grande, la puede utilizar para sopas y otros alimentos.
- Una olla de vapor de acero inoxidable.
- Uno o dos tazones para mezclar.
- Uno o dos tazones grandes para medir (8 tazas). Pueden ser de vidrio o plástico. Son útiles para medir y almacenar las verduras a medida que se cortan para preparar un curry o una sopa.
- Dos juegos de cucharas para medir de acero inoxidable.
- Dos o tres cucharas para mezclar y servir de acero inoxidable o madera.
- Un cucharon sopero.
- Una sartén antiadherente. Esto es esencial para los *Kapha*, y útil para aquellos interesados en realizar *masala dosas*.
- Una licuadora.

Si lo único que tiene es una cacerola y una estufa, es necesario perseverar. Usted puede hacer varios platos con esos dos artículos. No necesita una gran cantidad de equipos complicados para cocinar de esta manera. Lo más importante es cocinar con conciencia y usar ingredientes puros con entendimiento.

Para cocinar cualquier determinada receta, simplemente necesita tener a mano cada ingrediente y contar con el tiempo necesario para hacer el plato (este se describe en la parte superior de cada receta).

Muchas de las recetas pueden tomar media hora o menos para prepararse. Unas pocas se demoran horas. Las recetas de frijoles, por lo general, se benefician de un remojo previo en la noche anterior, especialmente si usted va a ser la preparación para un grupo de personas *Vata*.

Usted no tiene que tener cada elemento de la siguiente lista de la compra para comenzar, si se inclina por tenerlos, le dará una mayor flexibilidad para preparar lo que le gusta del libro de cocina, cada vez que lo desee:

- Una libra de semillas de mostaza negra, o una onza (28 gramos) si está cocinando estrictamente para *Pitta* (es más barata en una tienda de especias, de la India, o en tiendas con productos a granel).
- Una libra de semillas de comino entero (en tiendas de especias o de la India).
- ½ libra de raíz fresca de jengibre (se encuentra en la sección de verduras de la mayoría de supermercados).
- 1 manojo de hojas de cilantro fresco (en la mayoría de los supermercados).
- 1 taza de yogur natural regular o bajo en grasa.
- ¼ libra de semillas de cilantro en polvo (28 gramos será suficiente si es todo lo que puedes encontrar). Es mejor que sea fresca que tener grandes cantidades.

- 1 cucharadita de comino molido (ver nota anterior).
- 28 gramos de semillas de hinojo.
- 28 gramos semillas de alholva/fenogreco.
- 28 gramos de canela en polvo.
- 28 gramos de cardamomo, en las vainas, las semillas enteras o en polvo. Si usted puede encontrar las vainas verdes, estas tienen más fragancia, las blancas son las más disponibles.
- ½ libra de coco rallado sin azúcar
- 28 gramos de cúrcuma.
- 28 gramos de curry en polvo (tipo Madras), de alta calidad, de leve a picante, como usted elija.
- 1 libra de frijol mungo seco, preferible partido si lo puede encontrar.
- 1 libra de arroz *basmati* o arroz Texmati.
- 28 gramos o un tarro pequeño de *hing* o asafétida (disponible en tiendas de la india o en la sección alimentos importados del supermercado).
- 28 gramos de polvo pimienta de Cayena o chile rojo.
- 2 o 3 chiles pequeños calientes, chile serrano o jalapeño (en la sección de productos frescos, *Pitta* puede omitirlos).
- 1 cuarto de leche de vaca, de cabra o de soya.
- 1 litro de aceite de girasol, prensado en frío preferiblemente.
- 1 libra de mantequilla sin sal o *ghee*.
- 1 libra de sal marina o sal de roca (la sal Kosher también se puede usar).
- Para *Vata*: ¼ litro de aceite de sésamo/ajonjolí y unos 60 gramos de semillas de sésamo. Las negras son especialmente buenas.
- Para *Kapha*: ⅛ a ¼ de litro de aceite de mostaza.
- Hortalizas frescas.
- Cereales.
- Legumbres.

Una vez que tenga a mano lo que necesita, es hora de prepararse para divertirse o para trabajar, según lo incline su perspectiva. Si usted nunca ha cocinado comida de la India, las largas listas de especias pueden ser terriblemente intimidantes. Un secreto: en verdad no lo son. Usar todos estos condimentos nos toma el mismo tiempo que nos toma medirlos. Una vez que usted se acomode al proceso, todo se torna muy fácil y le proveerá muchas oportunidades para recibir elogios de sus impresionados amigos y familiares. Digo lo siguiente con el riesgo de sonar demasiado presumida, pero estas recetas llegan a gustar incluso a los niños, lo que me sorprendió al principio. Parece que aprecian el equilibrio de los sabores y el sabor general de los alimentos, lo cual es agradable, ya que también es muy bueno para ellos.

En general, los pasos a seguir para las tres cuartas partes de estas recetas, son los mismos: se calienta un poco de aceite en una sartén pequeña o grande, luego, se colocan algunas especias, muy a menudo semillas de mostaza negra, a veces otras especias también. Esta es la única parte difícil: se deben calentar en el aceite las semillas de mostaza, sin tapar, hasta que revienten. Literalmente empezarán a saltar de la sartén, así que debe estar listo para lanzar el próximo ingrediente para calmarlas lo más rápido posible. Si se han movido más rápido de lo esperado, se puede poner una tapa en la olla y disminuir el calor. Lo que no queremos es dejar que se sigan cocinando hasta que estén completamente negras y quemadas, lo cual puede suceder en dos minutos o menos, si el aceite está muy caliente. Así que debe estar prevenido. Una vez supere este paso, de aquí en adelante todo andará sobre ruedas. Si no domina el paso anterior, puede repetirlo, botar las semillas negras y comenzar de nuevo. Es un aprendizaje.

Entonces, a continuación, añadimos el siguiente ingrediente o cadena de ingredientes. A menudo se trata de la cúrcuma o *hing*. Este paso, que consiste en agregar todas estas especias en el aceite se le llama hacer un *vagar*. Después, añada las verduras principales, legumbres o cereales y granos que esté utilizando. Agítelos de manera circular, cubriéndolos de esta manera con el aroma de las especias, este paso es importante para mejorar la digestión. Posteriormente, vierta los líquidos, si los hay, y mezcle de nuevo. De aquí en adelante las recetas difieren, algunas veces agregando una larga lista de sabores como cilantro molido, sal y limón, entre otros. De nuevo no se angustie, simplemente añada los ingredientes uno por uno. Por lo general, no hay prisa en este paso, porque todo lo que usted está cocinando está a fuego lento en sus jugos o agua, y usted puede agregar el resto de los ingredientes tan lento como quiera.

Un último detalle: la gran mayoría de estos platos se conservan bien. Si no es así, esto se mencionará en la receta. Esto significa que usted puede hacer un plato en la mañana, guardarlo en el refrigerador u otro lugar frío, y servirlo para la cena, incluso esto hará que haya un aumento de sabores. Por esta misma razón, también las sobras son buenas para el día siguiente.

¡Entonces está listo para empezar! Busque una receta que le interese. Se le dará el resto de la orientación mientras se prepara para cocinar. En la parte superior derecha, se muestra el número de personas que pueden comer de la receta. A continuación, se enumeran las estaciones del año. Los siguientes símbolos representan las estaciones del año:

Primavera = ✿; Verano =✷; Otoño =❧ ; Invierno =❄.

Esto le permite conocer los momentos más curativos para preparar dicho plato. Claro está, puede preparar un plato de verano, otoño, o servir cualquier cosa, en cualquier momento que usted desee. Sin embargo, esto proporciona una guía de estaciones, si está interesado en preparar conscientemente los alimentos de manera ayurvédica. El tiempo de preparación aparece en la parte superior izquierda. Este es el tiempo que toma para preparar el plato, de principio a fin. Por debajo de esto se describe como el plato afecta a los *doshas*. "-" significa que calma o que ayuda a este *dosha*, "+" significa que aumenta, que lo perturba y "0" significa que tiene un efecto neutro. Luego está la lista de ingredientes, incluyendo aquellos marcados como opcionales. Esto significa que el plato tendrá buen sabor sin estos alimentos, pero si le agradan, los puede añadir. Por lo general, los elementos opcionales son la cebolla, el ajo y los chiles. Estos deben ser evitados por *Pitta*, y como ya mencionamos, las recetas tienen un delicioso sin estos. Sabemos que es difícil para una persona *Pitta* creer que un alimento puede tener sabor sin estimular el calor, pero debe intentarlo y confirmarlo. La eliminación de las cebollas, del ajo y de los chiles también funciona bien para aquellos con estómagos delicados, para los niños y para las madres lactantes. También hay algunas recetas separadas de preparación rápida (ver CONDIMENTOS p. 238) para aquellas personas que anhelan la cebolla y otros condimentos picantes y que los encuentran curativos.

A continuación se describen las instrucciones. Es una buena idea leerlas primero para saber en lo que se está metiendo. Después de eso, por lo general hay una línea de "esto va bien con..." debajo de los **comentarios.** Una vez más, no es necesario seguir ciegamente nuestras sugerencias, sin embargo, esto le permitirá contar con algunas combinaciones sabrosas. A menudo, los aderezos que se dan aquí también son curativos. Así que ¡disfrútelo!

PLANIFICANDO UN MENÚ BALANCEADO Y FÁCIL

Una comida equilibrada no tiene que ser tan imponente como usted lo podría pensar. Una serie de estudios antropológicos y biológicos han encontrado que un equilibrio determinado de nutrientes es la mejor forma de garantizar la salud y la longevidad. Como era de esperar, este modelo ha sido elegido por muchos cuerpos humanos durante siglos. Los alimentos específicos que son utilizados para crear el equilibrio han variado según las diferentes culturas, pero no ha variado el patrón general para la salud. Este patrón incluye: entre 40% y 60% de cereales enteros, 10 a 20% de proteína de alta calidad, y 30 a 50% de las frutas y hortalizas frescas. Para los *doshas* específicos, en un día esto se vería más o menos así:

Vata	***Pitta***	***Kapha***
5-6 porciones de cereales enteros	4-5 porciones de cereales enteros	3-4 porciones de cereales enteros
1-2 porciones de proteínas de alta calidad	1 ½ -2 porciones de proteína de alta calidad	2 porciones de proteína baja en grasa
2-3 porciones frescas verduras cocidas	3, 4 porciones vegetales frescos	4-5 porciones de vegetales frescos
1 porción o más de fruta fresca	1- ½ porciones de fruta fresca o más	1 porción de fruta fresca

¿Qué significa esto? Ilustremos con un ejemplo:

Vata	**Pitta**	*Kapha*
Desayuno:		
2/3 taza de colada de avena con *ghee* y edulcorante con *chapati*	2/3 taza de colada de avena con miel de arce	Fruta fresca (fresas, albaricoques, entre otras) con un té
Almuerzo:		
Dal, 1 taza	Dal, 1 taza	Dal, 1 taza
Arroz *basmati*, 2/3 taza	Arroz *basmati*, 2/3 taza	Arroz *basmati* o cebada, 1 taza
Espárragos al vapor, ½ taza	Espárragos al vapor, ½-1 taza	Espárragos al vapor, 1 taza con *chutney* de cilantro o jengibre seco
Chutney de cilantro	*Chutney* de cilantro	
Merienda:		
Fruta fresca	Fruta fresca o semillas de girasol	
Cena:		
Curry tridóshico de vegetales, 1 taza	Curry tridóshico de vegetales, 1 taza	Curry tridóshico de vegetales, 2/3 taza
(2 vegetales, ½ proteína)	Arroz o bulgur - 2/3 taza	Mijo o cebada, 2/3 taza
Arroz o bulgur - 2/3 taza	1 a 2 chapatis	1 *chapati* de centeno
Papadums	Ensalada mediana	Ensalada grande
Limón encurtido o ciruela umeboshi		
*Refrigerio nocturno: (*opcional)		
Leche caliente con jengibre	Un poco de fruta fresca	

Una comida balanceada incluye una proteína, uno o más carbohidratos y una o más hortalizas. El *Kichadi* es un buen ejemplo de una comida que incluye todo esto. La sopa de cebada y vegetales puede ser otro ejemplo si se agrega tofu o frijoles en la cocción. Las verduras al curry con arroz es una comida fácil de preparar. Las especias y condimentos le añaden un poco de picante a cada comida tanto de manera literal como figurativa. Para algunas ideas sobre el uso de especias como guarnición, vea *CONDIMENTOS*: estos pueden llevar una comida de lo mundano a lo sublime, a menudo en menos de 15 minutos de preparación. Para más ideas, vea los menús que siguen a continuación.

Así como cada uno de los *doshas* tiene un tiempo predominante en el año y en el ciclo de vida, cada uno también tiene momentos de mayor fuerza durante el día y la noche. Al amanecer, o a las 6 de la mañana, *Kapha* se está empezando a acumular y continúa haciéndolo hasta alrededor de 10 a.m. Este es un momento para comer relativamente poco, especialmente para *Kapha*. Note que en el ejemplo los desayunos son los más ligeros. Puede que los *Vatas* deseen variar esto un poco consumiendo un desayuno un poco más amplio. A *Kapha* realmente le va mejor con poca comida durante este tiempo *Kapha*. Alrededor de las 10 de la mañana, *Pitta* empieza a subir. Mis clientes, especialmente las personas *Pitta*, pero no exclusivamente, me dicen que aquí es cuando realmente comienzan a sentir hambre. En el Ayurveda, un almuerzo temprano se podría servir entre las 10 y 11 de la mañana. Como se indica en nuestro ejemplo, esta comida puede ser relativamente sustancial.

Algunos *Vata*s y *Pitta*s encuentran que una merienda alrededor de las 3 o 4 de la tarde los aterriza y ayuda a que su energía fluya sin problemas hasta la cena. Esta merienda sería superflua para *Kapha*.

Vata predomina a desde las 2 p.m. hasta las 6 p.m., momento en el cual *Kapha* nuevamente empieza a subir. El tiempo *Kapha* no es particularmente estimulante para la digestión. Es mejor comer temprano si se puede, alrededor de las 6 p.m. Comer tarde estimula la acumulación de *Kapha*, especialmente para las personas de esta constitución. Los *Vatas* puede que coman una comida más pequeña en el crepúsculo que en el amanecer. Los *Pitta*s pueden comer una cena con su buen apetito habitual. Los *Kapha*s hacen bien al consumir alimentos ligeros, como la ensalada grande de nuestro ejemplo. Desde las 10 p.m. hasta las 2 a.m., *Pitta* predomina nuevamente. En este momento se debe permitir al sistema digestivo asimilar lo que ha recibido durante el día. Al amanecer, el ciclo comienza de nuevo. Como puede ver en el ejemplo, suele haber una pausa de tres horas o más entre las comidas, con el propósito de dar tiempo al tracto digestivo para digerir. Por ejemplo, si come una cantidad muy grande en la tarde, es probable que el fuego digestivo se inhiba en la cena. Una vez más, se trata de directrices basadas en el funcionamiento ideal de los *doshas*. Observe cómo funciona esto en su propia vida.

Los siguientes ejemplos de menús son para las distintas constituciones:

MENU TRIDÓSHICO

DÍA DE VERANO

Desayuno
Ensalada de fruta fresca
Jugo o té
Gacha de arroz caliente
(si tiene mucha hambre)
Almuerzo
Chirivías y zanahorias al curry
Chapatis de trigo integral o centeno, o tortas de arroz
Ensalada mixta de rúgula, lechuga y germinados (con aderezo simple de aceite y vinagre)
Merienda
Bayas dulces y frescas o la fruta de su escogencia
Té de menta fresca
Cena
Soufflé de espárragos
Arroz con azafrán
Calabacín con perejil y eneldo o
Germinados de frijoles mongos al estilo indio # 1
Postre
Delicias de algarroba
(opcional, para ocasiones especiales)
Selección de bebidas
Té de menta fresco
Bebida vigorizante de flor de Jamaica
Té de limonaria, crisantemo o manzanilla
Batido de frutas
Té *bansha* frío
Chai calmante
Jugo de vegetales mixtos

DÍA DE OTOÑO

Desayuno
Amaranto cocinado y leche caliente con especias
Almuerzo
Dal tridóshico # 1
Arroz *basmati*
Bhaji de habichuelas
Chutney de cilantro
Chapatis de centeno o trigo integral
Merienda
Semillas de girasol tostadas
Cena
Curry de verduras tridóshico # 1
Arroz indio "simple"
Ensalada Siciliana caliente
Postre
Dal payasam tridóshico o
Kapha shiro
Selección de bebidas
Té digestivo
Chai calmante
Leches calientes con especias
Leche de soya caliente
Té *bansha* caliente
Jugo de verduras mixtas
Caldo de miso

DÍA DE INVIERNO

Desayuno
Elección de pan tostado de trigo, arroz o centeno con *ghee*
Tofu revuelto o tostada francesa
Té caliente de jengibre
Almuerzo
Sopa de cebada y vegetales (con frijol mongo partido)
Pan rápido de salvia y cebolla
Merienda
Semillas de calabaza tostadas o leche de soya caliente con jengibre
Cena
Aperitivo del Oriente Medio de repollo/col con tofu
Cebada o arroz *basmati* "simple"
Ensalada de puerro, rábano y semillas de girasol
Postre
Tarta de frutas para *Kapha*
Selección de bebidas
Bebida de desayuno rica en hierro
Cidra de manzana caliente
Té digestivo
Chai calmante
Té de cebada o
Brebaje de cebada para el desayuno
Té de *osha*
Té caliente de jengibre #2
Té *bansha* caliente

DÍA DE PRIMAVERA

Desayuno
Gacha de arroz caliente (con jengibre extra al gusto)
Té herbal caliente
Almuerzo
Garbanzos sabrosos o tofu y champiñones
Crema de sopa verde
Ensalada de alverjas
Merienda
Fruta fresca o puré de manzana "sencillo"
Cena
Empanadas de papa y alverja o empanadas de papas al curry con zanahoria
Ensalada de zanahorias con uvas pasas
Postre (opcional)
Estofado de albaricoques
Selección de bebidas
Bebida de desayuno rica en hierro
Cidra caliente
Té digestivo
Té de *osha o ajwan*
Té caliente de jengibre #2
Té *bansha* caliente
Jugo de vegetales mixtos

DÍA RÁPIDO

Desayuno
Elección de los cereales fríos favoritos ya listos para comer (de acuerdo a la constitución)
Leche de vaca, cabra o soya

Almuerzo
Opción de ensalada de huevos sazonados con picante o ensalada de huevos al curry
Sándwiches con pan integral, pan de arroz o de centeno

Merienda
Mezcla de semillas de girasol y calabaza o uvas pasas remojadas

Cena
Tofu al pesto
con
Fideos de trigo sarraceno o de trigo regular
Verdura favorita de hoja verde

Postre (opcional)
Tapioca de arce (preparado con anterioridad con leche de cabra)

Selección de bebidas
¡Cualquier cosa preparada que esté en la estufa o en el refrigerador!

DÍA DE FIN DE SEMANA

Desayuno-almuerzo
Masala dosas con *dal tridóshico* o *dosas* rellenas de fruta
Salsa simple de manzana o arándano

Merienda
Copitos de sol

Cena
Hamburguesas de frijol mongo
Ensalada mixta
Pulao al estilo Gujarati

Postre
Pudin de arroz de la India

Selección de bebidas
Chai calmante
Té digestivo
Lo que elija de las mencionadas anteriormente

MENU PARA VATA

DÍA DE VERANO

Desayuno
Gacha de arroz caliente
Té o leche caliente
Almuerzo
Calabacín y
dal de frijoles mongos
Arroz
Chapatis de trigo integral
Yogur (opcional)
Merienda
Higos frescos, albaricoques,
melocotones o melón
Cena
Suero de leche *kadhi* sobre fideos
Ensalada de camote/ñame
Postre
Macarrones de coco
Selección de bebidas
Té *bansha* frío
Té digestivo
Jugo de zanahoria
Bebida vigorizante de flor de
Jamaica
Té de menta fresco
Limonada
Zumo de fruta
(diluido 1:1 con agua)

DÍA DE OTOÑO

Desayuno
Crema de trigo o de arroz
Leche caliente con jengibre o té
caliente de jengibre # 1 o
leche caliente con especias
Almuerzo
Sopa de cebolla simple
Galletas o pan de trigo integral
Ensalada de espárragos
Merienda
Uvas o semillas de girasol o de
calabaza o té caliente
Cena
Miso tofu
Arroz o fideos
Chirivías (nabo blanco) y
zanahorias al curry
Postre (opcional)
Brownie con sirope de caramelo
Selección de bebidas
Infusiones herbales (bebidas
instantáneas sustitutas del café)[1]
Leche caliente con especias
Té de jengibre
Amasake
Jugo de uva con agua

---

[1] Ejemplos: Nutcracker Sweet[1], Mo's 24, Red Zinger, Orange Zinger, Mandarin Orchard, Red Safari Spice, Roastaroma, Caffix, Pero, Roma

DÍA DE INVIERNO

Desayuno
Avena con especias
Té o leche caliente
Almuerzo
Kichadi básico caliente
Chapatis de trigo integral con *ghee*
Merienda
Nueces de marañón saladas o una naranja o té caliente
Cena
Curry de verduras tridóshico # 1
Bulgur o arroz
Patatas dulces de Mama Ogg o remolacha dulce al vapor
Postre (opcional, para ocasiones especiales)
Khir
Pastel de ahuyama o dulces de ajonjolí
Selección de bebidas
Infusiones herbales[2]
Leche de nueces y semillas
Zumos calientes
Leche caliente con especias

DÍA DE PRIMAVERA

Desayuno
Crema de arroz con *ghee*
Té de jengibre o leche caliente
Almuerzo
Salsa de crema de espárragos sobre arroz *basmati* o fideos
Zanahorias endulzadas
Muffins (pastelitos) de trigo
Merienda
Bayas
Cerezas
Mango o papaya
Cena
Salsa de queso y trigo bulgur o lentejas negras con yogur y arroz
Alcachofas con *ghee*
Postre
(opcional, ocasiones especiales)
Galletas de avena clásicas o *shiro*
Selección de bebidas
Infusiones de hierbas
(manzanilla, rosas, canela)[3]
Jugo o batido de frutas

---

[2] Ejemplos: rosa y canela, jengibre, Mu, Caffix, Pero, Roma, Amasake

[3] Ejemplos: Nutcracker Sweet,Manzanilla-miel- vanilla, Zingers, Blackberry

DÍA LIGERO

Desayuno
Cereal de arroz integral inflado o cereal de trigo
Cereal de avena
Leche de vaca o de soya
Bebida rejuvenecedora de almendras
Almuerzo
Mezcla de aguacate para esparcir con pan
Ensalada de corazones de alcachofa
Merienda
Fruta en temporada o nueces o semillas
Cena
Curry de vegetales de quince minutos
Tortillas de trigo integral o *chapatis*
Arroz indio "simple"
Postre (opcional)
Ensalada de papaya
Selección de bebidas
Lo que está disponible:
Té
Jugo
Leche o
selección de bebidas de soya
Amasake

VARIACIONES

Desayuno
Tortillas de trigo integral
o
Pan integral de trigo tostado y cereal de trigo triturado
o
Huevos revueltos con cebolla sofrita
o
Panqueques de alforfón
o
Pastel de maíz
o
Tostadas francesas
Almuerzo
Vegetales y fideos coreanos picantes
o
Urud dal y arroz
o
Dal tridóshico de Gujarati
Merienda
Yogur con especias
Cena
Soufflé de rúgula
Arroz y patatas picantes
Rodajas de rábano y cohombro en vinagreta simple de aceite y vinagre
Postre (opcional)
Halva de papa dulce

DÍA DE FIN DE SEMANA

Almuerzo
Masala dosas tradicionales
o
Pasteles de queso cottage
o
Crepes con salsa de frutas
o
Huevos al estilo chupadero
Merienda
Sopa de verduras cuatro estrellas
o
Sopa caliente y picante
Cena
Curry de ocra (quingombó)
Arroz integral o arroz *basmati*
(con un poco de arroz silvestre)
Calabaza "simple"
Postre (opcional)
Tapioca de arce
Selección de bebidas
Como se ha recomendado en otros menús *Vata*

EN LA CARRETERA (DE VIAJE)

Desayuno
Avena o crema de trigo
Pan integral tostado, tortillas o muffins
Huevos revueltos o escalfados o en tortilla con queso
Tostadas francesas, gofres o panqueques
Almuerzo
Ensalada de barra: queso cottage, ensalada de macarrones, remolachas cocidas y rábanos
Sándwich de queso o sándwich de ensalada de huevo
Sándwich de aguacate y queso y/o sopa de verdura
Meriendas
(Llévelas usted mismo)
Semillas de girasol o nueces
Fruta, yogur o sopas calientes o la elección de bebidas (en un termo)
Selección de bebidas
Lleve bolsas de té herbal
Té caliente, chocolate
Leche caliente, jugos de frutas
Cena
Vegetales y arroz chinos (con queso de soya, si se tolera bien)
Huevos Fu Yung
Rollos nori
Curris indios suaves, arroz y *chapatis*
Quiche
Burritos vegetarianos o enchiladas de queso con panes integrales y muffins
Postre
Tapioca, pudines, arroz con leche o tarta de calabaza

MENU PARA PITTA

DÍA DE VERANO

Desayuno
Arroz inflado o granola crujiente con las hojuelas de trigo
Leche, leche de soya o leche de coco

Almuerzo
Mezcla de aguacate para esparcir
Galletas de trigo integral o de arroz o *chapatis* o tortillas de trigo integral
Ensalada mixta grande

Merienda
Uvas sin pesticidas, bayas u otra fruta dulce de temporada
o té de menta fresca

Cena
Hamburguesa de mongo # 2
o
Hamburguesa de Tempeh en pan integral con *chutney* de cilantro
Ensalada fresca de repollo/col
Calabacín al eneldo fresco

Postre (opcional)
Macarrones de coco o *khir*

Selección de bebidas
Té herbal: manzanilla, crisantemo, menta, limonaria u ortiga
Zumos de fruta (diluida 1:1 con agua)
Batido de melón
Leche de vaca o de soya
Julepe de menta

DÍA DE OTOÑO

Desayuno
Crema de arroz o trigo o bulgur cocido con amasake o leche de vaca, de cabra, de soya o de girasol

Almuerzo
Crema de sopa verde
Arroz *basmati* o cebada "sencilla"
Ensalada de guisantes

Merienda
Pera, manzana, fruta fresca o cualquier fruta en temporada

Cena
Champiñones en yogurt sobre pasta
Alcachofa
Ensalada de puerro, rábano y girasol

Postre (opcional, ocasiones especiales)
Copitos de ensueño con dátiles o halva de batata

Selección de bebidas
Leche caliente con especias
Leche de Coco
Té de hierbas[4]: Consuelda, menta
Cidra caliente de manzana
Licuado de frutas
Bebida rejuvenecedora de almendras
Bebida de desayuno, rica en hierro

---

[4] También Nutcracker Sweet, Roastaroma, Caffix, Pero o Roma

DÍA DE INVIERNO

Desayuno
Avena con especias o crema de cebada
Leche caliente con especias
Almuerzo
Sopa de vegetales con cebada con frijoles o sopa de alverjas
Pan rápido sin trigo
o
Muffin de trigo integral, *chapatis* o tortilla de trigo integral
Merienda
Mezcla de semillas de girasol con calabaza
y/o té caliente
Cena
Frijoles rojos estilo *rajma* o cajún
Camotes/papa dulce de la Madre Ogg
Su verdura de hoja verde favorita
Pan de maíz
Postre (opcional)
Shiro o pudin de arroz de la India
Selección de bebidas
Leche caliente con especias
Cidra caliente
Té herbal caliente

DÍA DE PRIMAVERA

Desayuno
Granola crujiente con hojuelas de trigo o arroz
Te herbal o té *bansha* o brebaje de cebada para el desayuno
Almuerzo
Sopa de brócoli/coliflor o habas al estilo del este de la India
Chapatis o galletas saladas de trigo integral
Germinados de frijol # 1
Merienda
Garbanzos al curry o Chevado
Cena
Soufflé de espárragos
Arroz y papa picante
Champiñones y alverjas
Postre
(opcional, para ocasiones especiales)
Manzanas o
peras al horno con especias
Selección de bebidas
Jugos diluidos
Té herbal
Leche
Leche de coco

DÍA RÁPIDO

Desayuno
Trigo triturado y/o muffin inglés
Leche
Té digestivo
Almuerzo
Ensalada de huevo al curry con germinados y lechuga
o
Mantequilla de semillas de girasol y mermelada sobre tortas de arroz inflado o pan integral de trigo
Merienda
Fruta fresca
o
Semillas tostadas de calabaza (preparadas previamente)
Cena
Curry de vegetales en 15 minutos
Arroz indio "sencillo"
Chutney de menta
Chapatis de trigo integral
Postre
Galletas clásicas de harina de avena (preparadas previamente)
o
Khir
Selección de bebidas
Lo que tenga disponible
Zumo de fruta
Té
Leche

VARIACIONES

Desayuno
Tofu revuelto y té herbal
o
Muffin de salvado de avena y un Julepe de menta
o
Pan tostado francés y té o leche
Almuerzo
Garbanzos dulces y pan pita
o
Alverjas partidas en mitades, al estilo indio
o
Curry de ocra y arroz
Ensalada de espárragos
Merienda
Naranja, ciruelas pasas, uvas pasas, semillas de girasol tostadas
Cena
Frijoles pinto estilo Santa Fe con tortillas de trigo integral
Aguacate para esparcir
Mazorca o calabacín con comino
Postre
Tapioca con arce
Selección de bebidas
Según se recomienda en otros menús para *Pitta*

DÍA FIN DE SEMANA

Brunch (un desayuno un poco más tarde)
Tortas de cottage, crepes para *Pitta* o *dosas*
con
Arándanos o puré de manzana simple y jarabe de arce
Té caliente
Merienda
Batido de dátiles o higos
Cena
Repollo estilo Oriente Medio con entrada de tofu con arroz o cebada
Colinabos o chirivías al vapor y/o ensalada grande
Postre
Khir
Selección de bebidas
Según se recomienda en otros menús *Pitta*

EN LA CARRETERA (CUANDO ESTÉ DE VIAJE)

Desayuno
Avena, hojuelas de trigo, cereal seco de trigo o de arroz
Tostadas de trigo integral o muffin inglés o panqueques o gofres
Almuerzo
Barra de ensalada: Ensalada con garbanzos y queso cottage
Papa al horno
Bastantes vegetales o burrito de frijoles y ensalada
Merienda (llévela con usted)
Fruta fresca o vegetales cortados y crudos
Jugos de frutas o té
Semillas de girasol o de calabaza o puré de manzana
Cena
Salteado de tofu chino con arroz y vegetales chinos
o
Frijoles rojos y arroz con verduras
o
Ensalada y sopa
o
Papa al horno rellena de brócoli
Postres
Tapioca, pudin, arroz con leche o frutas frescas
Selección de bebidas
Zumo de uva o de manzana
Agua
Té herbal
Leche
Bebidas sin cafeína
Alcohol moderado (dos tragos por semana)

MENU PARA KAPHA

DÍA DE VERANO

Desayuno*
Fruta fresca o granola crujiente
Leche de cabra o soya con cardamomo
Almuerzo*
Kadhi de coliflor
Pan de maíz
Ensalada de guisantes o ensalada mixta
Merienda
Albaricoques, fresas, duraznos y otras frutas *Kapha* en temporada
Cena
Tofu y verduras salteadas
Mijo
Elección de aderezos para ensalada *Kapha* grande
Postre o **merienda****
(ocasión especial)
Palomitas de maíz sin mantequilla o frutas para *Kapha* picadas
Selección de bebidas
Manzana, pera o jugo de granada (diluido con agua)
Té *bansha* frío
Té de hierbas frescas
* Los *Kapha*s a menudo pueden saltarse el desayuno o el almuerzo sin efectos negativos
** Es muy recomendable para *Kapha*s no comer postre o comer el postre antes de las 6:00 p.m. en vez de una comida regular

DÍA DE OTOÑO

Desayuno
Fruta fresca
Brebaje de cebada o mijo inflado o crema de centeno
Té caliente de jengibre
Almuerzo
Sopa de cebolla simple
Galletas de centeno
Ensalada de espinacas
Merienda
Manzana o pera
Cena
Frijoles aduki con jengibre
Cebada y champiñones
Espárragos al vapor simples
Postre
Estofado de albaricoques
Selección de bebidas
Té *bansha* caliente con jengibre
Cidra caliente
Leche de soya o de cabra caliente
Té herbal caliente
(como menta, manzana, durazno, arándanos)

DÍA DE INVIERNO

Mijo con hierbas o cereal caliente de maíz o de amaranto

Té caliente de jengibre #2, té de raíz de loto, Chai calmante, leche de soya caliente o *bansha*

Almuerzo

Sopa de *chana dal* (garbanzos) y *chapatis* de centeno

o

Frijoles de cabeza negra estilo americano y pan de maíz

Espinaca y papa

Merienda

Arándanos en salsa de naranja y/o té caliente

Cena

Garbanzos sabrosos o garbanzos dulces

Amaranto o mijo

Berenjena picante con comino

Postre

Manzana asada con especias o pera

Selección de bebidas

Véase bebidas para el desayuno (anterior)

Cidra caliente de manzana

Té caliente de hierbas

Desayuno

Ensalada de frutas o crema de centeno, mijo, cebada

Té caliente de jengibre # 2 o té *bansha* con jengibre

Almuerzo

Sopa de rábano o sopa caliente y picante

Mijo y papa picante

Vegetales crudos: apio, germinados, lechuga, espárragos o Ensalada de espárragos

Merienda

Fruta para *Kapha* en estación o té herbal caliente

Cena

Soufflé de rúgula

Pan de centeno

Ensalada de zanahoria con pasas de uva

Postre

Estofado de ciruelas pasas o higos o sabrosas barras de ciruelas pasas

Selección de bebidas

Jugos de frutas (diluidos)

Té herbal

Té de *bansha*

Leche de soya

Agua

DÍA RÁPIDO

Desayuno
Fruta fresca
Muffin de salvado de avena
Batido de manzana y bayas
Almuerzo
Frijol negro sobre tortillas de maíz como una tostada o burrito (frijol hecho previamente o enlatado) con germinados, lechuga picada y verduras crudas
Merienda
Té de frutas frescas
Cena
Sopa de brócoli con semillas de girasol con arroz *basmati*
o
Pesto de tofu sobre fideos de alforfón y palitos de zanahoria
Verduras de hoja verde favoritas
Postre
Fruta fresca o manzana simple
Selección de bebidas
Lo que esté disponible

VARIACIONES

Desayuno
Arroz de desayuno o avena inflada o tofu revuelto
Almuerzo*
Sopa de coliflor y brócoli
Berenjenas frescas con eneldo
Pan rápido sin trigo
Merienda
Garbanzos secos y tostados
Tortillas de maíz tostadas
Palomitas de maíz
Cena
Curry de verduras tridóshico # 2
Arroz indio "simple"
Alcachofa
Postre
Shiro para *Kapha*

DÍA DE FIN DE SEMANA

Almuerzo
Panqueques de alforfón con arándanos, miel y *ghee*
Masala dosas
Cena
Fideos y verduras calientes coreanas
Ensalada abundante con germinados
Postre
Ensalada de fruta fresca

Selección de bebidas
Ver otros menús para *Kapha*

EN LA CARRETERA

Desayuno
Granola u otros cereales fríos para *Kapha* (tráigalo usted mismo)
Leche de cabra o de soya (tráigala usted mismo)
o
Fruta fresca
Tés de hierbas (traer bolsas de té y jengibre seco en polvo)
Huevos poché o hervidos ligeramente
Tostadas de centeno
Almuerzo
Salteado estilo chino con salsa de frijol negro y hortalizas chinas
o
Nachos con chiles (sin queso)
o
Sopa y ensalada
o
Tostada de frijoles y ensalada
Merienda
Cualquier fruta *Kapha* de la temporada
Cena
Barra de ensalada con garbanzos, remolacha, un montón de vegetales
Papa al horno o curry de la India con verduras
Postre
Fruta fresca
Selección de bebida
Agua de manantial
Té herbal
Té caliente de jengibre

PLATOS
PRINCIPALES

EL CURRY

El curry es una combinación de especias bien mezcladas, que adicionadas a los alimentos, ayudan a la digestión y tonifican el cuerpo. Se pueden hacer con tan solo tres o cuatro especias, o hasta una docena o más de condimentos. También se conocen como curris a los platos que contienen varias especias. El curry en polvo llegó a existir como una aproximación a los sabores del curry de la India. No obstante, aprender a hacer su propio curry le permite crear un amplio rango de sabores, platos y acciones medicinales. El curry hecho en casa también ofrece un sabor mucho más fresco. Ocasionalmente, emplearemos en nuestras recetas curry en polvo para lograr un sabor particular.

Una forma muy básica para comenzar un curry es calentar una pequeña cantidad de semillas de mostaza negra y semillas de comino en aceite caliente, esto se conoce como vagar. Este paso activa los aceites aromáticos presentes en las semillas, liberando así sus sabores y propiedades curativas sobre la comida a la que se adicionará el aceite. Las semillas de comino y mostaza son hierbas que suben la temperatura, ideales para Vata y Kapha. La mostaza negra, en particular, es picante y ligeramente diurética, por lo que es muy útil para Kapha ya que en general su calor estimula la digestión y el agni. Es beneficiosa para disipar los gases y tiene un gran valor según Ayurveda, para la gota, la artritis y las enfermedades febriles. Para Pitta, se debe utilizar en cantidades mínimas, balanceándolo preferiblemente con cilantro en polvo o en semilla para enfriar. (Sorprendentemente, los estadounidenses cada año consumen más mostaza que cualquier otra especie, con la excepción de la pimienta negra. Por lo general, esta se mezcla con cúrcuma en las salsas de mostaza preparadas. ¡Algo que sabemos hacer es cómo encender nuestro agni con perros calientes y hamburguesas!)

Las semillas de comino enteras, así como el comino molido, se aprovechan mejor cuando están frescos. El almacenar estas especias durante más de un año causa grandes pérdidas de sus propiedades medicinales y digestivas, incluso cuando han sido bien empacadas. El almacenamiento a largo plazo también puede hacer que el comino sepa mucho más que ligeramente amargo. El comino disipa el ama y las toxinas, es un excelente y suave tonificador del tracto digestivo. Algunos escritores respetados en Ayurveda, se han referido al comino como frío pero en mi experiencia no lo es; su sabor picante y cálido es valioso para estimular las funciones anteriormente mencionadas. En combinación con el cilantro y las semillas de hinojo, dos hierbas claramente muy refrescantes, ofrece una ayuda para aliviar el fuego excesivo. Pero, por sí solo, es caliente. Su ligera amargura alivia Pitta, así como Kapha. También es generalmente estimulante para la digestión de Vata.

La cúrcuma es otro condimento fundamental en el curry. Es picante, amarga y levemente astringente. Purifica la sangre y es un excelente antiinflamatorio. Como lo ha señalado el Dr. Vasant Lad en el libro "Ayurveda: la ciencia de curarse uno mismo", la cúrcuma es un complemento ideal para platos de alta proteína, ya que estimula la digestión completa de las proteínas y evita la creación de toxinas. Es buena para disipar la flatulencia y la inflamación. Es muy curativo para el hígado, y su color dorado brillante le da al curry su coloración característica y le agrega un tono atractivo, sobre todo a las combinaciones de vegetales.

Las semillas de cilantro es una de las especias más antiguas en el curry clásico. Se utiliza desde el 5000 a. C., y se pueden encontrar en polvo o enteras. Alivia los gases y tonifica el tracto digestivo. Son picantes pero refrescantes, es una de las mejores especias para calmar a Pitta.Las hojas son empleadas con frecuencia como guarnición refrescante en platos de la India. Las hojas frescas de cilantro se pueden encontrar en secciones de productos mexicanos o chinos, bajo los nombres "cilantro" o "perejil chino". El perejil corriente ni sabe ni actúa de manera comparable con el cilantro y no debe utilizarse como sustituto en estas recetas.

El jengibre también se agrega frecuentemente al curry. Es caliente, picante y estimula tanto a la digestión como a la circulación, es muy apreciado en la medicina ayurvédica para estos fines. La raíz fresca es la mejor opción para Vata, mientras que el polvo seco es más beneficioso para Kapha. El jengibre seco, disipa los gases, en especial cuando se usa con chile. El jengibre fresco es diurético y útil para el alivio de los resfriados y la tos, en especial con jugo. Tanto seco como fresco, estimula el apetito y calma la indigestión. En un curry, se puede utilizar el jengibre ya sea seco o fresco, aunque con frecuencia se utiliza la raíz fresca rallada. El jengibre alivia suave pero de manera eficaz, el estreñimiento y los gases, especialmente en conjunto con otros laxantes suaves como el hinojo. El uso excesivo de jengibre, en particular el seco, puede perturbar a Pitta. Tampoco es recomendable en exceso para las personas con la enfermedad de Bright o con problemas cardiacos crónicos.

El hinojo enfría y endulza el curry, dándole cuerpo. Es útil para aliviar Vata y Pitta. Sus aceites aromáticos estimulan la digestión. Debe usarse cuidadosamente, pues su sabor puede rápidamente dominar un plato. Estimula la transpiración, así como la producción de leche. Es frecuentemente usado como una ayuda digestiva después de una comida.

La pimienta negra le brinda el sabor picante y el calor al curry, encendiendo el agni. También es un valioso estimulante para el apetito y para reducir los gases. En general se añade en pequeñas cantidades, ya sea en grano o molida. Es rica en cromo, lo que la hace útil para prevenir y mitigar la aparición de la diabetes en adultos. En estos días, con frecuencia los comensales rechazan la pimienta, así como la sal, asumiendo que de alguna manera si la sal es mala, la pimienta debe serlo aún más. Al contrario, la pimienta negra es un verdadero asistente para la buena salud y la digestión para la mayoría de la gente. La pimienta negra es nativa de la India, y es una de las razones por las cuales se desencadenaron las guerras de las especias en Europa y se descubrió el Nuevo Mundo.

Otras pimientas también se utilizan en los curris indios, en forma de pimienta cayena, pippali (pimienta larga de la India), chile serrano y chile en polvo. Estos hacen la diferencia entre un curry suave y uno caliente, ya que son bastante picantes y ardientes. Las pimientas estimulan el agni; son muy útiles para Kapha y en pequeñas cantidades para Vata, pero indiscutiblemente empeoran a Pitta. La pimienta larga de la India, o Pippali, es una gran hierba medicinal que favorece la digestión y alivia los gases y el estreñimiento. Se puede obtener en algunas tiendas de comida india. El chile serrano es el nombre en español para los chiles verdes pequeños en la cocina india; usualmente se encuentran en la sección mexicana de algunas tiendas. La parte más caliente de los chiles frescos se encuentra alrededor de sus semillas. Podemos quitar las semillas si queremos un plato más suave o dejarlas para un picante poderoso.

La sal une el curry y lo acentúa. Como dicen los sutras

ayurvédicos "pone de manifiesto la exquisitez de la comida". En los tiempos y lugares donde la refrigeración no es posible fue usada como un conservante que reduce la aparición de bacterias (aún se utiliza de esa manera). Las recetas tradicionales de la India, frecuentemente contienen más sal para preservar de lo que se necesita hoy en día. Hoy en día buscamos la manera de minimizar su uso, pero no para eliminarla, ya que es un condimento valioso que cuando se utiliza con moderación, ofrece energía y fuerza, así como conexión a tierra.

Por lo general, la alholva o fenogreco se utiliza generalmente en forma de semillas, y se encuentra con más frecuencia en los encurtidos de curry indio. Es amarga, picante, dulce, caliente y un buen rejuvenecedor. Se ha utilizado en muchas culturas como un rejuvenecedor femenino, quizás debido a su rica concentración de vitamina B y ácido fólico. Esta hierba estimula el desarrollo de la sangre y las células capilares, así como la pérdida de peso. En Ayurveda, la alholva se utiliza como tónico tanto para las mujeres como para los hombres. En pequeñas cantidades es excelente para fomentar la digestión y para aliviar la tos crónica ¡Tiene un fuerte sabor amargo que puede apoderarse del sabor de un plato si usted es demasiado generoso con su uso!

El hing, o asafétida, es una de las mejores especies para equilibrar Vata. Ayuda enormemente en la digestión de una comida para este dosha, calmando los gases y la inflamación. Es picante y debe calentarse antes de su consumo.

CURRY TRIDÓSHICO DE VERDURAS # 1

Tiempo de preparación: 1 hora — Porciones: 9 - 10

–Vata, – Pitta, – Kapha

1 taza de alverjas/chícharos frescas (si es necesario, usar congeladas)
1 taza de zanahorias en rodajas
1 taza de papas en rodajas
2 tazas de frijoles verdes o espárragos cortados en trozos de 2.5 cm
2 cucharadas de aceite de girasol o *ghee*
2 cucharaditas de semillas de comino
2 cucharaditas de semillas de mostaza negra
1 cucharadita de sal marina

1½ tazas de agua
2 cucharaditas de cúrcuma
1 cucharadita de cilantro en polvo
½ taza de yogur

Caliente el aceite o *ghee* en una sartén grande y pesada. Añada la mostaza y las semillas de comino. Cuando las semillas de mostaza salten, añada la cúrcuma. A continuación, agregue todas las verduras y el agua (si se utilizan alverjas congeladas, no las agregue al resto de los vegetales hasta que no estén casi listos). Tape y cocine hasta que los vegetales estén tiernos, unos 15-20 minutos. Despúes, añada el yogur y el resto de los ingredientes, revolviendo bien. Cocine a fuego lento durante otros 15 o 20 minutos.

Comentarios: Es bueno con RAITA DE PEPINO (p. 246) y con un encurtido de lima para *Vata.* Sirva sobre arroz u otros cereales. Este curry, fácil de preparar, probablemente logre críticas muy favorables. Las cualidades frías de las alverjas y de las papas son compensadas por las cualidades de los otros vegetales y las especias del curry. Esta pequeña cantidad de yogur, diluido con agua, generalmente es bien tolerada por todos los *doshas* y facilita la digestión. Siempre que se pueda, es mejor utilizar las alverjas frescas en vez de las congeladas, ya que traen mayor equilibrio para *Kapha* y *Vata.*

CURRY TRIDÓSHICO DE VERDURAS # 2

Tiempo de preparación: 35 minutos — Porciones: 8 - 10
–Vata, –Pitta, – Kapha

1 taza de habichuelas verdes o espárragos frescos, picados
½ taza de tomates maduros, picados en cuadritos de 1.5 cm (opcional, omita para *Pitta).*
1½ tazas de papas cortadas en cuadritos de 1.5 cm
¼ taza de habas/frijoles lima (opcional)
½ taza de zanahorias en rodajas
½ manojo de espinacas (u otras verduras verdes) bien lavado y picado
1 a 3 cucharadas de aceite de girasol (la menor cantidad para *Kapha)*
1 cucharadita de semillas de mostaza negra
1 cucharadita de comino en semillas
1 cucharadita de cúrcuma
1 cucharadita de curry en polvo (suave)
3 tazas de agua
1 cucharada de semillas de cilantro en polvo

1 cucharadita de sal marina
1 chile picante, picado (como guarnición para *Kapha* solamente)

Lave, seque y corte los vegetales. En una sartén profunda y pesada, caliente el aceite, añada el comino y las semillas de mostaza. Cuando las semillas de mostaza salten, agregue los tomates, el curry y la cúrcuma. Cocine de 3 a 4 minutos a fuego medio. Añada los ingredientes restantes, incluyendo el agua. Mezcle bien y cocine durante 20 a 25 minutos a fuego medio o hasta que estén blandas. Adorne con hojas de cilantro fresco picado si está disponible.

Comentario: Esto va bien con arroz, cebada, bulgur, mijo y una ensalada de setas/champiñones y espinacas.

VEGETALES AL CURRY EN QUINCE MINUTOS

Tiempo de preparación: 15 minutos — Porciones: 5-6
–Vata, – Pitta, 0 *Kapha*

1 taza de zanahorias crudas (2 zanahorias medianas)
1 taza de alverjas frescas o congeladas (454 g)
2 cucharadas de aceite de girasol
⅛ cucharadita de *hing*
½ cucharadita de mostaza negra
1 cucharadita de semillas de comino enteras
½ cucharadita de sal marina
225-454 g de tofu/queso de soya (opcional, omita para *Kapha*)
1 cucharadita de curry en polvo
1 cucharadita de cilantro en polvo
¼ taza de agua
2 cucharaditas de jarabe de arroz integral (½ cucharadita para *Kapha*)
¼ de chile verde, picado (opcional, omita para *Pitta*)
¼ - 1 taza de yogur natural (use la cantidad más pequeña para *Pitta* y *Kapha*)

Caliente el aceite en una sartén pesada. Añada la mostaza y las semillas de comino. Cuando las semillas de mostaza salten, añada curry en polvo, la sal, el tofu y las hortalizas. Cocine sin tapar por 5 minutos a fuego medio, revolviendo ocasionalmente. Agregue el agua y tape, cocinando por 5 minutos más (o hasta que las verduras estén tiernas) a fuego lento. Mueva la cacerola de vez en cuando para evitar que los alimentos se peguen. Añada los ingredientes restantes, mezcle bien y sirva.

Comentario: Use el chile verde y el jengibre seco como guarnición para *Kapha.* Va bien con ARROZ INDIO SENCILLO (p. 143) o pan.

CURRY DE ESPINACAS Y PAPA

Tiempo de preparación: 30 minutos — Porciones: 4-6

*+ ligero Vata, 0 Pitta, - Kapha**

*0 Vata, Pitta, 0 Kapha***

3 papas/patatas medianas o 6 chirivías medianas
1 manojo grande de espinacas frescas (680 g)
1½ cucharada de aceite de girasol
½ cucharadita de semillas de mostaza
⅛ cucharadita de *hing*
½ cucharadita de cúrcuma
2 tazas de agua
1 cucharadita de sal marina
2 cucharaditas de cilantro en polvo
2 cucharadas de jugo de limón
¼ de chile verde, picado (opcional, omita para *Pitta*)
2 dientes de ajo fresco, picados (opcional, omita para *Pitta*)

Macere los dientes de ajo frescos (opcional, omita para *Pitta*). Lave las espinacas y papas. Corte las papas en cuadritos de 2.5 cm; pique las espinacas. Caliente el aceite en una cacerola o sartén y añada las semillas de mostaza y *hing*. Cuando las semillas salten, añada las papas, la cúrcuma y el agua. Revuelva y posteriormente tape y cocine a fuego medio durante 5 a 7 minutos. A continuación, añada las espinacas y los demás ingredientes. Mezcle bien. Tape y cocine por 10 a 15 minutos. Sirva.

Comentarios: Esto va bien con *rotalis* y RAITA DE PEPINO (p. 246) o yogur. El sabor amargo y astringente de las espinacas equilibra bien a *Pitta* y *Kapha* y el efecto frío de la papa equilibra el *vipak* picante de las espinacas para *Pitta,* haciendo que estos dos vegetales sean una combinación excelente.

** Con papa*

*** Con chirivías*

CURRY DE SUERO DE LECHE (*KADHI*)

Tiempo de preparación: 30 minutos — Porciones: 6-8

–Vata, + ligero Pitta, + Kapha

2½ tazas de suero de leche o yogur
3½ tazas de agua
¼ taza de harina de garbanzos (disponible en tiendas de comida de la India y en algunas tiendas naturistas)
3 cucharadas de mantequilla derretida o *ghee*
1 cucharadita de semillas de comino
3 a 4 clavos de olor
1 astilla de canela de 2.5 cm de largo o ½ cucharadita de canela molida
1 cucharadita de sal marina
3 cucharadas de jarabe de malta de cebada o de arroz integral
4 cucharadas de jugo de limón
¼ de chile verde picado (opcional)

Mezcle el suero de leche o el yogur, el agua y la harina de garbanzos en un recipiente grande con un batidor hasta que la mezcla esté completamente suave. En una sartén pequeña, caliente la mantequilla o *ghee y* añada el comino, los clavos y la canela. Caliente hasta que las semillas tomen un color marrón oscuro, pero no se quemen. Añada esto a la mezcla de suero de leche y harina de garbanzo junto con los ingredientes restantes. Caliente a fuego medio hasta el punto de ebullición, revolviendo constantemente para evitar que rebose y hasta que la mezcla se espese ligeramente. Sirva caliente.

Comentarios: Esto va bien con tofu y verduras, o arroz con verduras. Este plato calienta, por lo que se puede servir con alimentos que enfrían, como el tofu, vegetales que enfríen o cebada, para equilibrar mejor a *Pitta* y *Kapha.* Es un excelente plato para *Vata.*

CURRY DE CHIRIVÍAS Y ZANAHORIAS

Tiempo de preparación: 25 minutos Porciones: 4-5
–Vata, – Pitta, + ligero *Kapha**

6 chirivías medianas (680 g)
3 zanahorias medianas (225 g)
2 cucharadas de aceite de girasol o *ghee*
1 cucharadita de semillas de mostaza negra
⅛ cucharadita de *hing*
½ cucharadita de cúrcuma
¼ taza de agua
¼ - 1 taza de yogur natural (la menor cantidad para *Pitta* y *Kapha)*
¼ taza de agua adicional
½ cucharadita de sal marina

¼ cucharadita de canela
½ cucharadita de curry suave en polvo
1 cucharadita de cilantro en polvo
Guarnición: coco rallado sin endulzar y hojas frescas de cilantro picado

Corte las verduras en pedazos de 1 a 2.5 cm y lave. Caliente el aceite o el *ghee* en una sartén grande, y agregue las semillas de mostaza y el *hing*. Cuando las semillas de mostaza salten, añada la cúrcuma, ¼ taza de agua, las chirivías y zanahorias. Revuelva bien. Tape y cocine a fuego medio durante 15 minutos. Luego, añada el yogur, el resto del agua y de las especias. Cocine tapado a fuego lento durante 5 minutos más. Use el coco y las hojas frescas de cilantro como guarnición.

Comentarios: Esto va bien con arroz, cebada o trigo molido. Esta receta también es un buen acompañamiento para un plato de vegetales, si se omite el yogur y se adiciona agua.

** Los Kapha pueden añadir una pizca de jengibre seco en este plato para calmar su efecto.*

CURRY DE OCRA

Tiempo de preparación: 25 a 30 minutos — Porciones: 5-6

–Vata, – Pitta, + Kapha

225g de ocra fresca (2 tazas picadas)
1½ cucharadas de aceite de girasol
1 cucharadita de semillas de mostaza negra
½ cucharadita de semillas de comino
½ cucharadita de cúrcuma
2 tazas de yogur natural fresco o suero de leche
3 tazas de agua
4 cucharadas de harina de garbanzos
1 cucharadita de sal marina
3 cucharadas de jarabe de arroz o malta de cebada
3 cucharadas de jugo de lima o limón
¼ de chile verde picante picado (opcional)

Lave y seque bien la ocra. Corte en pedazos de 1.5 cm, eliminando la parte superior. Caliente el aceite en una cacerola grande (con capacidad de más de 2 litros), añada las semillas mostaza y comino. Cuando las semillas de mostaza salten, añada la cúrcuma y la ocra. Tape y cocine a fuego lento durante 5 minutos. Combine el yogur, el agua y la harina de garbanzos en un recipiente grande. Bata hasta que la mezcla quede suave y añada a esta la ocra y los ingredientes restantes. Hierva sin tapar a fuego medio durante 15 a 20 minutos, revolviendo de vez en cuando para evitar que se pegue.

Comentario: Esto va bien con arroz, *chapati* y un plato de acompañamiento de verdura.

LOS LÁCTEOS

Los huevos, la leche, el yogur y otros productos lácteos, tienen una naturaleza que fomenta la construcción de los tejidos. Requieren un poco más de energía para ser digeridos que los alimentos a base de agua. Las siguientes recetas con lácteos son algunas de las más ligeras y más fáciles de digerir.

Los quesos duros son deliciosos, pero difíciles de digerir en el mejor de los casos. Son demasiado salados y aceitosos para Pitta y Kapha, su gran pesadez los convierte en un reto incluso para el sistema digestivo de Vata. Usted exclamaría, "¡pero son tan fáciles de comer y deliciosos! ¡Es verdad! ¿Qué puedo decir? A menos que tenga una herencia genética que ha comido queso durante siglos, en la mayoría de las ocasiones sírvalo con un toque de especias calientes como las hojas frescas de albahaca, pimienta negra o chile. Tal vez por eso se añade cebolla cruda a los sándwiches estilo delicatesen. Se tiene que comer algo muy caliente para obtener el agni suficiente para manejar los quesos duros.

En Ayurveda, existe el concepto de okasatmya, este término se utiliza para describir las dietas y estilos de vida que se han convertido en no dañinos para el cuerpo a través de su uso regular y habitual. De la misma manera que el veneno de una serpiente se ha convertido en "parte integral de la naturaleza del cuerpo" de tal modo que, a pesar de que sería perjudicial para otro ser, a la misma serpiente no le causa daño alguno. Si usted es descendiente de personas que comen grandes cantidades de algo, puede que tenga una mayor facilidad para metabolizarlo. Alguna vez trabajé con una pareja de descendencia hispana y escandinava, el esposo hispano estaba luchando con un problema de colesterol elevado. Tanto el cómo su esposa habían comido grandes cantidades de queso suizo, pero a ella no se le habían aumentado los niveles de grasa en la sangre en lo más mínimo.

El queso curado no es usualmente parte de la cocina india, así que quizás Ayurveda no le ha dado una justa valoración. "El poder curativo del queso"... bueno, para ser honesta, no puedo imaginarlo. Guárdelo para sus hijos adolescentes hambrientos, voraces y activos y para los Vata cuando necesiten conexión a tierra.

La crema agria es caliente, amarga y pesada. Es buena para calmar Vata ocasionalmente con una papa horneada, aunque el yogur y el queso cottage también pueden cumplir esta función muy bien. El uso regular de la leche evaporada no se recomienda en Ayurveda. El helado, la perdición para Kapha, no es malo para Pitta y es muy frío para Vata. Usted puede tal vez probar helados de yogur. Aunque tiene las mismas cualidades (es húmedo, frío y dulce como el helado) tiene mucha menos grasa. También puede probar los sorbetes o de vez en cuando disfrutar un helado con una buena cantidad de té de jengibre caliente y cardamomo para equilibrarlo. Una opción dudosa.

El suero es ligero, dulce y agrio. El uso regular del suero fresco tonifica el intestino delgado y puede ser útil en el alivio de las hemorroides. Calma y conecta Vata a tierra. Para los Pitta es mejor usarlo diluido y endulzado y no directamente. Su ligereza lo hace una opción ocasional para Kapha, en especial cuando es diluido en agua. No debe hervirse, ya que este proceso hace que sea poco saludable. Cuando hay uso indebido de ghee en la terapia de oleación, el suero se utiliza como un antídoto. La variedad comercial es más ácida y pesada que el casero.

En India, el suero de leche hecho en casa es el líquido que queda después de batir la mantequilla. A menos que quiera hacer su propia mantequilla, es poco probable que tenga acceso al suero de leche, como el que se utilizaba en las antiguas recetas. Un equivalente razonable es diluir yogur fresco uno a uno con agua. Tiene muchos de los mismos efectos tonificantes para el tracto digestivo, y funciona bien con nuestros platos.

El ghee es muy valorado en la curación ayurvédica como un rejuvenecedor y elixir; con leche o solo, es un reconstituyente, especialmente para Vata y Pitta. Es dulce, fresco, ligero y aceitoso. Los Kapha pueden usarlo en pequeñas cantidades. Es más fácil de digerir y ayuda a la absorción de otros nutrientes, lo que regularmente no puede hacer la mantequilla. En la actualidad no se conoce si aumenta los niveles de colesterol o si concentra los químicos encontrados en la mantequilla. Uno puede asumir que tiene colesterol, pero, ha sido utilizado durante siglos como una de las maneras más eficaces para absorber una gran variedad de productos medicinales ayurvédicos. Si bien se puede comprar en tiendas de la India, es más simple y barato hacerlo. El proceso tarda unos 15 minutos y requiere un poco de mantequilla sin sal y una cacerola (ver p. 92).

EL YOGUR

El yogur es un alimento útil y fascinante. Es particularmente calmante para el tracto digestivo, algo que la gente en todo el mundo ya ha descubierto. Puede calmar un caso de diarrea o estreñimiento leve. La adición de especias como la pimienta o el jengibre ayudan a esta función. El uso regular de yogur alivia con frecuencia las inflamaciones prolongadas y restaura el equilibrio bacteriano del colon. Al comienzo tiene un efecto de enfriar. Sin embargo, con el tiempo calienta al cuerpo. Sus cualidades y sabores son: pesado y húmedo, amargo y astringente. Calma especialmente a los Vata, quienes pueden utilizarlo libremente como condimento y plato principal. Para garantizar su equilibrio, los Pitta deben tener cierto cuidado en la preparación de yogur. Si se toma solo, es demasiado caliente y amargo para utilizar de manera regular para Pitta. No obstante, si se diluye con agua y se endulza (con jarabe de arce o malta de cebada o de frutas) es bueno para este dosha de fuego, sobre todo si los Pittas le añaden un poco de jugo de limón, cilantro en polvo o canela. También se puede añadir una pizca de cúrcuma para mejorar la digestibilidad del yogur. Para Kapha es mejor consumir el yogur bien diluido en salsas, como los curris que aquí se ofrecen o endulzado con miel como una bebida (véase LASSI PARA KAPHA, p. 282). La miel, canela, jengibre, pimienta negra y el cardamomo son apropiados para producir un yogur asimilable para Kapha. La miel realza sus cualidades astringentes, mientras que las especias proporcionan un sabor picante. El yogur diluido con agua se puede añadir a muchos de los platos de acompañamiento de verduras, para una comida fácil y rápida servida con arroz.

YOGUR FRESCO

Tiempo de preparación: 1 ½ a 2 días Porciones: 4-6
*–Vata, 0 Pitta, + Kapha**

3 tazas de leche
½ taza de yogur

Caliente la leche en una cacerola grande hasta que hierva, retire del calor y deje afuera a temperatura ambiente. A continuación, mezcle bien la leche con el yogur con una cuchara. Tape la mezcla bien y manténgala en un lugar cálido (sobre el piloto de la estufa o cerca de un calentador) durante ½ a 2 días.

**Preparado como se describe anteriormente.*

GHEE (MANTEQUILLA CLARIFICADA)

Tiempo de preparación: 30 minutos Rinde: unas 2 tazas
–Vata, – Pitta, – Kapha

454g (1 lb) de mantequilla sin sal

En una cacerola mediana, caliente la mantequilla a fuego medio. Continúe la cocción a fuego medio-bajo. A la mantequilla le saldrán burbujas y comenzará a hacer sonidos. Cuando esté casi hecho, los sólidos de la leche se empezaran a acumular en el fondo de la cacerola. Luego de que esto ocurra, al pasar unos 15 a 20 minutos, la mantequilla estará clara y se tornará silenciosa. Rápidamente retire del fuego antes de que se queme, lo que puede suceder muy fácil (si esto sucede, empieza a echar espuma y se pone de color marrón en lugar de color dorado). Deje enfriar un poco. El *ghee* es el líquido dorado claro. Viértalo a través de un colador de metal. Conserve a temperatura ambiente, en un recipiente de vidrio o plástico.

Comentarios: Excelente ayuda para la digestión y la absorción. Si usted no cocina el *ghee* el tiempo suficiente, le puede crecer moho. Si lo cocina demasiado tiempo, se dará cuenta de inmediato ya que se quemará. Un toque dorado, sin embargo, puede dar un sabor agradable. Algunos profesionales no valoran los elementos medicinales de la espuma de leche descremada, mientras que otros sí.

Después de prepararlo una vez, es probable que lo haga una y otra vez, ya que es simple y no es tan difícil como las instrucciones lo hacen ver. El *ghee* comercial que se vende en los mercados con frecuencia se mezcla con aceite y no tienen el sabor dulce del verdadero *ghee*. Además, es costoso.

SOUFFLE DE RÚGULA

Tiempo de preparación: 1 hora — Porciones: 4-6

0 *Vata*, – *Pitta*, – *Kapha**

– *Vata*, *Pitta*, + *Kapha***

1 taza de leche de soya, cabra o vaca
3 cucharadas de *ghee*
3 cucharadas de harina de trigo integral o harina de cebada
1 manojo de rúgula fresca cruda (o berro) (o 1 taza de verduras cocidas)
6 hongos shiitake secos, remojados y finamente picados
1 yema de huevo
½ cucharadita de sal marina
¼ cucharadita de nuez moscada
¼ cucharadita de paprika
Pimienta negra al gusto
4 claras de huevo
⅛ cucharadita de crema tártara

Lave, corte y ponga al vapor la rúgula hasta que esté tierna (5 minutos o menos). Coloque en la licuadora hasta que quede como un puré suave. Derrita el *ghee* en una cacerola mediana y agregue la harina lentamente hasta formar una pasta. De manera gradual, agregue la leche, revolviendo constantemente a fuego medio. Continuando a fuego medio, lleve la mezcla a ebullición. Agregue el puré de verduras y los champiñones picados. Reduzca el fuego y revuelva la yema de huevo con suavidad. Cocine durante 1 a 2 minutos en fuego lento, agregue las hierbas y especias indicadas hasta que se cocinen. Retire del fuego y permita que se enfríe.

Mientras tanto, bata las claras de huevo con la crema tártara en un recipiente limpio hasta que se endurezca (punto de nieve). Obtendrá mejores resultados si no hay yema de huevo en absoluto o grasa en las claras blancas y si están a temperatura ambiente. Adicione suavemente las claras de huevo a la mezcla de vegetales ya fríos y colóquelo en un soufflé o recipiente para hornear sin engrasar. Hornee a 163 °C durante 30 a 45 minutos o hasta que esté firme el soufflé. Es mejor comerlo de inmediato, aunque por lo general mantiene su altura durante unos 10 minutos después de sacarlo del horno.

Comentario: Es bueno con arroz o pan, y una ensalada.

** Usando leche de cabra y harina de cebada*
*** Usando la leche de vaca o soya y harina de trigo integral*

SOUFFLE DE ESPÁRRAGOS

Tiempo de preparación: 1 hora | Porciones: 4-6
0 *Vata*, – *Pitta*, – *Kapha**
Vata, *Pitta*, + *Kapha***

1 taza de leche (de soya, cabra o vaca)
3 cucharadas de *ghee*
3 cucharadas de harina de cebada o de trigo integral
454g de espárragos frescos (alrededor de 1 taza una vez cocido)
1 yema de huevo
½ cucharadita de sal marina
¼ cucharadita de pimienta negra recién molida
4 claras de huevo
⅛ cucharadita de crema tártara
Paprika como guarnición

Lave los espárragos y corte en trozos de 2.5 cm. Cocínelos al vapor hasta que estén tiernos, aproximadamente durante 8 minutos.

Derrita el *ghee* en una cacerola mediana, y poco a poco agregue la harina. Añada la leche gradualmente, batiendo de manera circular y constante a fuego medio. La salsa se espesa mientras se cocina. Lleve la mezcla a ebullición y agregue los espárragos cocidos. Reduzca el fuego a bajo y agregue la yema de huevo. La mezcla se espesa un poco más a medida que se sigue cocinando durante 1 a 2 minutos. Agregue la sal y la pimienta, retire del fuego y deje que la mezcla se enfríe.

Bata las claras de huevo con la crema tártara en un recipiente limpio de cerámica, de esmalte o de acero inoxidable (si usa plástico, el proceso será un poco más lento). Cuando las claras de huevo estén lo suficientemente rígidas para hacer picos de nieve, póngalas con suavidad en la salsa de espárragos fría. Coloque toda la mezcla en un soufflé o recipiente para hornear sin engrasar (que sea aproximadamente 2 veces más ancho que alto). Espolvoree por encima la paprika y hornee a 167 °C durante 30 a 45 minutos o hasta que el soufflé esté firme. Se mantendrá unos minutos sin caerse después de sacarlo del horno, pero es mejor comerlo de inmediato.

Comentario: Va bien con ensalada y pan, o con arroz.

Variación: Para *Vata*, espolvoree ¼ taza de queso parmesano.
* *Cuando se hace con leche de cabra o soya con harina de cebada*
** *Cuando se hace con leche de vaca y harina de trigo*

SALSA DE ESPÁRRAGOS

Tiempo de preparación: 20 minutos — Porciones: 4
*– Vata, + ligero Pitta, + Kapha**

225 g de espárragos frescos
3 cucharadas de *ghee*
2 cucharadas de harina de cebada
2½ tazas de suero de leche
½ cucharadita de sal marina
Paprika como guarnición

Lave los espárragos y córtelos en trozos de 1.5 a 2.5 cm. Caliente el *ghee* en una cacerola o sartén; saltee los espárragos en *ghee* hasta que estén tiernos. Mezcle la harina de cebada en el *ghee,* empujando los espárragos a un lado. Añada mantequilla poco a poco, revolviendo bien con la harina, y mezclándola bien para evitar crear grumos. Cocine a fuego lento hasta que espese y agregue sal. Espolvoree paprika encima al servir.

Comentarios: Va bien sobre arroz, pan tostado o huevos, usándolo como una salsa holandesa. La harina de cebada y la mantequilla eran dos ingredientes que antiguamente se usaban para calmar y tonificar la digestión. Juntos hacen una mezcla fuerte y picante, una salsa con sabor a limón.
* *Bueno para uso ocasional*

SUERO DE LECHE PICANTE

Tiempo de preparación: 15 minutos — Porciones: 3-4
*– Vata, + ligero Pitta, + Kapha**

2 tazas de suero de leche (o 1 taza de yogur natural con 1 taza de agua)
1 cucharadita de aceite de girasol
1 cucharadita de semillas de comino
1 cucharadita de sal marina
½ cucharadita de comino molido
½ cucharadita de pimienta negra recién molida
1 cucharadita de panela/mascabado

Caliente el aceite en una sartén pequeña. Añada las semillas de comino y caliéntelas hasta que se doren. Mezcle bien el resto de los ingredientes en el suero de leche (o yogur y agua). Cocine a fuego lento, hasta que caliente, pero NO DEJE QUE HIERVA (esto arruinaría su digestibilidad y su apariencia).

Comentarios: Tradicionalmente, este plato se sirve sobre *dhokalas, pudas* o *vatas*. Se necesita una salsa excelente en la mayor parte de las verduras al estilo indio ofrecido en la sección de VEGETALES (p. 164) convirtiéndolos rápidamente en platos principales con arroz. Coloque menos sal en la salsa de suero de leche o en las verduras si los combina.

* *Bueno para uso ocasional.*

LOS CHAMPIÑONES/SETAS

Los champiñones son ligeros, secos y frescos, a menos que se coloquen en una salsa húmeda y pesada. Al calentarse y agregarles especias, pueden ser adecuados para Vata. Evidentemente, benefician a Pitta y Kapha. Los hongos shiitake tienen efectos similares, pero tienen más sal y picante en su sabor. Por lo tanto, calientan más que las setas regulares. Mejoran la función inmune de manera significativa. Los hongos secos son más económicos y se pueden mantener a la mano con mayor facilidad para utilizarlas cuando sea necesario. Si se dejan remojar, son beneficiosas para todas las constituciones, en especial para Kapha. Los Vata deben comerlas con moderación ya que en grandes cantidades pueden causar un desequilibrio.

CHAMPIÑONES EN YOGUR

Tiempo de preparación: 15 minutos — Porciones: 3-4

– Vata, + Pitta, + Kapha

2 tazas de champiñones/setas en rodajas (225g)
1½ tazas de yogur natural
2 cucharadas de mantequilla derretida o *ghee*
½ cucharadita de semillas de comino
½ cucharadita de comino molido
½ cucharadita de sal marina

¼ cucharadita de pimienta negra (idealmente recién molida)
¼ cucharadita de nuez moscada

Lave, seque y rebane los champiñones. Caliente el *ghee* o mantequilla en una cacerola mediana, añada las semillas de comino. Cuando se doren, añada los champiñones en rodajas y cocine a fuego lento durante 5 a 7 minutos. Deje que se enfríen y añada el yogur y el resto de los ingredientes. Mezcle bien y sirva.

Comentarios: Este plato sabroso va bien con pan o arroz.

Variación: CHAMPIÑONES EN YOGUR SOBRE PASTA *para Pitta/Vata**: Aumente los champiñones a 4 tazas. Mientras se están cocinando, añada 2 cucharadas de harina de garbanzo. Utilice ¾ de taza de yogur natural y ¾ taza de agua en lugar de 1½ taza. Mezcle el yogur y el agua, y agregue la mezcla a los champiñones. Cocine a fuego lento por 5 minutos o hasta que la salsa comience a espesar. Añada el resto de los ingredientes, más 1 cucharadita de jarabe de arroz integral y 1 cucharadita de semillas de cilantro molidas. Sirva caliente. Va bien sobre una pasta.
*- *Vata - Pitta, + moderado Kapha*

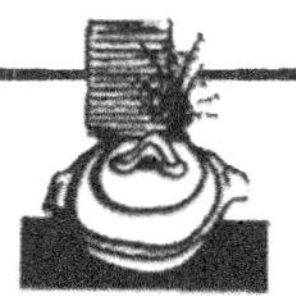

LOS FRIJOLES

Los frijoles, servidos con cereales, constituyen el alimento básico para muchos platos en todo el mundo. En Ayurveda, se utilizan tanto para la limpieza como para la tonificación. No solo son bajos en grasa y altos en fibra, sino que también aportan cantidades significativas de proteínas, hierro, vitaminas del grupo B y otros minerales. Nutren el suelo en lugar de robarle los nutrientes vitales, a través de su función de fijación de nitrógeno. Las bacterias de nitrógeno presentes en el frijol, pueden arrojar más de 45 kilogramos de nitrógeno a la atmósfera por año, por hectárea, y ofrecerlo en forma útil a la tierra en su crecimiento interno, constituyéndose en una valiosa alternativa para los fertilizantes nitrogenados sintéticos, hechos por lo general a partir de aceite o productos de gas natural. Estos últimos tienen efectos severos en la tierra y cada vez se usan menos. El truco, por supuesto, está en cómo digerir los frijoles. Si usted los está empezando a agregar a su dieta recientemente, es bueno que pruebe consumiéndolos no más de una o dos veces por semana, durante las primeras semanas. En promedio, las personas por lo general pueden tolerar las leguminosas tres o cuatro veces por semana, según la costumbre, si hay un buen agni, y su preparación. Si usted espera comer más cantidad que esto, usted se convertiría en el mayor productor de metano digestivo en su comunidad (a menos que haya crecido comiendo frijoles diariamente, lo cual es poco probable). La clave está en descubrir qué tipo de frijoles son más adecuados para usted, y aprender cómo prepararlos para reducir al mínimo la producción de gases. Las siguientes recetas hacen hincapié en esto.

El frijol mungo partido es uno de los alimentos básicos más populares en la India y es muy, muy apreciado en Ayurveda. Son más ligeros y fáciles de digerir que la mayoría de otros granos y se utilizan ampliamente para la curación, especialmente en los platos indios de restauración y limpieza kichadi y dal. Tienden a tener un efecto frío sobre el cuerpo, por lo que los comensales Vata y Kapha que buscan compensar este efecto pueden prepararlos fácilmente con especias que calientan como el jengibre, pimienta negra, el comino y las semillas de mostaza. Son buenos para Pitta tal como son, aunque se pueden servir con especias balanceadas por encima junto con una buena cantidad de cilantro en hojas o polvo. Puede ser difícil encontrar el mungo partido (o mung dal como se le llama) en su área, a menos que haya una tienda de comida de la India. También se vende como "dal amarillo". El frijol mungo entero es un poco más fácil de conseguir, pero no es tan fácil de digerir. Una buena manera de dividirlo es ponerlo en remojo durante la noche y lavarlo frecuentemente. Incluso es mejor que lo remoje hasta que se hidrate, unos tres o cuatro días y enjuagarlos una o dos veces al día. La cáscara puede ser eliminada y usted tendrá el grano partido. Son una excelente leguminosa para todo el año, especialmente en primavera, verano y otoño.

DAL TRIDÓSHICO

Tiempo de preparación: 1 hora — Porciones: 6

*– Vata, – Pitta, 0 Kapha**

1 taza de frijol mungo en mitades
8 tazas de agua
2 tazas de calabaza de verano, partida en trozos de 0.5 a 1.5 cm

1 taza de zanahorias, partidas en trozos de 0.5 a 1.5 cm
⅛ cucharadita de *hing*
2 cucharadas de aceite de girasol o *ghee*
1¼ cucharaditas de cúrcuma
1 cucharada de jugo de lima o limón o 1 cucharada de *amchoor* (polvo de mango deshidratado)
1 cucharadita de sal marina
½ cucharada de raíz de jengibre fresco picado
1 ají verde pequeño finamente picado o ¼ taza de salsa preparada (omita para *Pitta,* y fácil para *Vata)*
1¼ cucharada de semillas de comino
½ cucharadita a 1 cucharada de semillas de mostaza negra (la menor cantidad para *Pitta,* la mayor para *Vata* y *Kapha)*
Guarnición: hojas frescas de cilantro picado y coco rallado sin azúcar

Lave y escurra el agua de los frijoles hasta que esta salga clara. Lave y corte las verduras. Caliente 1 cucharada de aceite o *ghee* en una cacerola grande y pesada. Añada *hing,* la cúrcuma y el jugo de limón y sofrite durante 30 segundos a fuego lento (tenga cuidado, es fácil quemar la cúrcuma). Agregue los frijoles y saltee durante 1 a 2 minutos. Añada las verduras picadas y revuelva por uno o dos minutos.

Agregue el agua, la sal, el jengibre y la pimienta (si las está usando); lleve a ebullición a fuego alto. Luego, cubra y reduzca el fuego a medio-bajo. Deje cocinar por 45 minutos o hasta que los frijoles se hayan disuelto. Caliente la cucharada restante de aceite o *ghee* en una sartén pequeña, añada el comino y las semillas de mostaza y caliente hasta que las semillas de mostaza comiencen a saltar. Añada a la sopa en el momento de servir. Adorne con hojas frescas de cilantro picadas y con coco.

Comentarios: Los *dals* son una manera fácil y popular en la India para recibir una comida nutritiva y rica en proteína. Son buenos con ARROZ INDIO SENCILLO (p. 143) y con un plato de verduras. Este *dal* originalmente evolucionó a partir de la preparación de los Hari Krishna. El *dal* siempre se prepara con algo agrio en el *vagar* (mezcla de especias y *ghee)* para estimular el fuego digestivo. En Bombay, el tamarindo se utiliza con frecuencia, mientras que en la provincia de Gujarat se agrega limón, lima o *amchoor*. Idealmente, se añade en las primeras etapas de cocción.
* *Sirva con condimentos como el cebollín picado, chile verde fresco* o *jengibre seco para calmar Kapha.*

DAL TRIDÓSHICO ESTILO GUJARATI

Tiempo de preparación: Porciones: 6-8
40 minutos más 2 horas en remojo para mungo partido
75 minutos más 2 horas en remojo para mungo entero
– Vata, – Pitta, – Kapha

1¼ tazas de mungo partido o entero
6½ tazas de agua
1 cucharada de aceite de girasol o *ghee*
½ cucharadita de semillas de mostaza
½ cucharadita de cúrcuma
⅛ cucharadita de *hing*
1 cucharadita de sal marina
1½ cucharaditas de jarabe de malta de cebada o de arroz integral
1½ cucharaditas de jugo de lima o limón
1 cucharadita de cilantro en polvo
½ cucharadita de canela en polvo
¼ cucharadita de curry en polvo suave
¼ chile verde picado (opcional, omita para *Pitta*)
1 diente de ajo picado (opcional, omita para *Pitta*)

Remoje los frijoles mungo durante 2 horas, luego escurra. En una cacerola pesada y grande, caliente el aceite o *ghee* y agregue las semillas de mostaza. Cuando salten las semillas, añada la cúrcuma, *hing,* frijoles mungo, el agua y los ingredientes restantes. Mezcle bien, tape y cocine durante ½ hora si es mungo partido y 1 hora si es entero (o hasta que esté bastante suave).

Comentarios: Es sabroso con *chapatis*, CURRY DE SUERO DE LECHE (p. 86), arroz y verduras. El *dal* proviene de la región de Gujarat. El remojo es importante para minimizar los gases. Los frijoles se pueden remojar durante la noche si es más conveniente para usted. *Kapha* debe adornar con chiles y jengibre seco para que esta receta sea adecuada.

TUR DAL

Tiempo de preparación: 2 horas Porciones: 6
– Vata, + + Pitta, - Kapha

Siga la receta para DAL TRIDÓSHICO (p. 98), pero sustituya el frijol mungo por 1 taza de *tur dal* (disponible en el supermercado indio). Siga las instrucciones, añadiendo 2 a 3 dientes de ajo con la sal y el jengibre y la cantidad máxima de las especias en todas las elecciones. Usted puede necesitar hasta 12 tazas de agua para cocinar este *dal* hasta que esté suave. Añada una cucharadita de semillas de cilantro molido antes de servir para calmar y suavizar un poco el sabor de los frijoles y para facilitar la digestión.

Comentarios: El *tur dal* es un frijol ligero, seco y caliente, útil para *Vata* y *Kapha* pero definitivamente perturba a *Pitta.* Es caliente para las personas con inflamación del tracto gastrointestinal. Es fácil de encontrar en la India, pero con excepción de tiendas de la India, esta leguminosa es difícil de encontrar en Occidente. A menudo, se consigue empacada en pequeñas bolsas plásticas luego de añadirle aceite.

DAL DE FRIJOL MUNGO Y CALABACÍN ZUCCHINI

Tiempo de preparación: 1 a 1½ hr, más 2 horas en remojo Porciones: 4-5
– *Vata,* – *Pitta,* – *Kapha* *

1 taza de frijol mungo partido o entero
1½ cucharadas de aceite de girasol
½ cucharadita de semillas de mostaza
½ cucharadita de cúrcuma
⅛ cucharadita de *hing*
1 cucharada de jugo de limón
4 tazas de agua
2 tazas de calabacín cortado en cubitos de 1.5 cm
1 cucharadita de raíz de jengibre fresco, finamente picada
1 cucharadita de sal marina
½ -1 cucharadita de semillas de cilantro en polvo
¼ chile verde picante, picado (opcional, omita para *Pitta)*

Remoje el frijol mungo en 4 tazas de agua durante 2 horas. Caliente el aceite en una sartén pesada y agregue las semillas de mostaza. Cuando salten, añada la cúrcuma, el *hing,* el jugo de limón y los frijoles mungo escurridos. Añada raíz de jengibre fresca y 4 tazas de agua. Tape y cocine a fuego medio durante 20 minutos si el frijol mungo es partido, o una hora o más, si es entero. Añada el calabacín y los demás ingredientes y cocine 15 minutos o hasta que los frijoles estén suaves.

Comentarios: Esto va bien con arroz y *rotali. Pitta* tiene que adornar abundantemente con hojas de cilantro picado o cilantro en polvo para compensar el jengibre.

DAL DE MUNGO CON ESPINACAS

Tiempo de preparación: Con olla a presión, 45 minutos — Porciones: 3-4
Sin olla a presión, 1 hora o más
– Vata, + ligero Pitta, 0 Kapha

1 taza de frijol mungo partido
4¼ tazas de agua (1-2 tazas para chefs que habiten en ciudades altas)
⅛ cucharadita de *hing*
1 cucharada de aceite de girasol
½ cucharadita de semillas de mostaza
1 cucharadita de semillas de comino
3 dientes de ajo picados
1 cucharadita de cúrcuma
1 cucharadita de sal marina
¼ de chile verde picante (opcional, mejor para *Kapha*)
1½ cucharaditas de cilantro en polvo
1 cucharadita de jarabe de arroz integral (opcional, omita para *Kapha*)
1 cucharada de jugo de lima o limón
2 tazas de espinacas frescas, picadas
Guarnición: hojas frescas de cilantro, picado

Lave bien el *dal* y póngalo en la olla a presión con el agua y el *hing*. Una vez llegue a presión, deje cocinar durante 15 minutos. Si utiliza una olla regular, llevar a ebullición, tape y cocine hasta que estén suaves, durante unos 45 minutos. Caliente el aceite en una pequeña sartén, y añada el comino, el ajo y las semillas de mostaza. Cuando salten, revuelva con la cúrcuma y combine la mezcla con el frijol mungo. Añada el resto de los ingredientes excepto las espinacas y cocine durante 10 minutos. A continuación, agregue la espinaca, tape y cocine hasta que estén suaves, 5-10 minutos más a fuego medio.

Comentarios: Va bien con *chapatis* y acompañado con un plato de verduras. Si *Pitta* desea consumirlo, debe omitir las semillas de mostaza y sustituirlas por 2 cucharadas de cebolla o ajo salteada con las especias hasta que queden dulces. Entonces es neutral para *Pitta*.

DAL PARA REDUCIR *AMA*

Tiempo de preparación: 3 días para germinar el mungo, entre 30 minutos y 1 hora para hacer la sopa — Porciones: 5-6
*– Vata, – Pitta, – Kapha**
*– Vata, + Pitta, – Kapha***

2 a 3 tazas de frijol mungo germinado
2 a 3 tazas de vegetales picados (brócoli, zanahorias sin hojas, brotes, habichuelas y espárragos funcionan bien)
1 cucharada de aceite de oliva o *ghee*
2.5 a 5 cms de ajo o raíz de jengibre fresco, pelado y picado finamente
1 a 3 clavos de olor triturados (omita en caso de *Pitta* alto)
½ a 1 cucharadita de semillas de comino
1 cucharadita de semillas de cilantro
½ a 1 cucharadita de cúrcuma
½ cucharadita de pimienta negra recién molida
2 a 3 hojas de laurel
⅛ cucharadita de cada uno: hinojo, *hing,* canela y cardamomo
½ taza de hojas de cilantro fresco picado
Guarnición: hojas de cilantro picado y coco

En una olla a presión, cocine el mungo germinado durante unos dos minutos después de llegar a la máxima presión, o cocine los frijoles en agua en una olla con tapa hasta que estén blandos. Use el agua de la cocción para hacer el puré de frijol mungo en la licuadora. Ponga a un lado.

En una olla de sopa, caliente el *ghee* o el aceite. Añada las especias y mézclelas hasta que estén cocidas y surjan sus aromas. Agregue las verduras picadas a las especias y el aceite y mezcle hasta que estén cocidas. Revuelva durante dos minutos, luego añada 4 a 6 tazas de agua. Mezcle bien y caliente hasta que hierva, cocinando en fuego lento hasta que las verduras estén cocidas. Añada el puré de frijol mungo a la olla de sopa y revuelva. Caliente hasta que hierva de nuevo, reduzca el fuego y deje cocinar por 5 minutos. Añada más agua si desea una consistencia más líquida. Añada sal al gusto.

Comentarios: Esta receta viene de Ivy Blank, Director del Centro de Ayurveda de Santa Fe, basado en un plato hecho por el Dr. Smita y Pankaj Naram de Bombay. Se ha diseñado específicamente para reducir *ama* y brindarle un descanso al tracto digestivo durante la enfermedad, convalecencia o la terapia de rejuvenecimiento. El frijol mungo es frío por naturaleza. No obstante, aquí es caliente por la adición de jengibre y otras especias. Las cantidades de especias y el tipo de verduras utilizadas se pueden ajustar de acuerdo a la persona. Un tira de alga kombu también se puede añadir para reducir los gases y añadir minerales de traza. Es un excelente plato que se puede servir un par de veces cada semana para darle un descanso al sistema, si así lo desea.

NOTA: Si está utilizando este plato durante la terapia *Pancha Karma*, aumente el aceite o *ghee* de 5 a 6 cucharadas para mejores efectos. Durante este proceso se requieren gran cantidad de oleación.
** Sin ajo*
*** Con ajo*

LAS LENTEJAS NEGRAS

Las lentejas negras (urud dal) son especialmente útiles como un restaurador para Vata. Se utilizan en pequeñas cantidades en las últimas etapas de convalecencia de una enfermedad. No obstante, debido a que son pesadas, se requiere ayuda para su digestión. El comino y el hing (asafétida) proporcionan calidez y acción carminativa. La asafétida también actúa para suscitar el agni y desalentar el crecimiento de los parásitos en el intestino grueso. Una pizca de hing se puede agregar a casi cualquier plato de frijoles en las primeras etapas de preparación para que sea más asimilable y traiga mayor equilibrio a Vata.

LENTEJAS NEGRAS CON YOGUR

Tiempo de preparación: 1 hora — Porciones: 4-5
– Vata, + Pitta, + moderado Kapha

½ taza de lentejas negras secas (*urud dal*)
3 tazas de agua
½ cucharadita de sal marina
1 cucharadita de comino molido
⅛ cucharadita de *hing*
1 diente de ajo, finamente picado
1 cucharada de malta de cebada o arroz integral
Guarnición: yogur al gusto

Lave las lentejas. Cocínelas, tapándolas con agua, hasta que estén blandas con *hing,* de 25 a 30 minutos a fuego medio. Añada la sal, el comino, el ajo, y la malta de cebada. Cocine por 20 minutos más.

Comentarios: Va bien con pan y verduras, o con arroz. Es un plato excelente para *Vata* ya que promueve el fortalecimiento. Debe ser usado en cantidades muy pequeñas al principio, ya que es un alimento concentrado. *Pitta* y *Kapha* pueden comerlo de vez en cuando, pero puede causar un desequilibrio si se consume regularmente. Sirva con yogur para *Vata,* o *KADHI* DE COLIFOR (p. 210) para *Pitta* y *Kapha.*

URUD DAL (*DAL* DE LENTEJAS NEGRAS)

Tiempo de preparación: 1 ½ - 2 horas — Porciones: 5-6

– *Vata,* + *Pitta,* + *Kapha*

¾ taza de *urud dal* partido (lentejas negras, de color marfil, disponibles en el supermercado indio)
6 a 8 tazas de agua
⅛ cucharadita de *hing*
1 tira de alga kombu
3 tazas de vegetales frescos (las zanahorias y el calabacín son buenas)
2 cucharadas de aceite de girasol o *ghee*
1 cucharadita de semilla de mostaza negra
1 cucharadita de semillas de comino
1 cucharada de jugo de limón o tamarindo
3 dientes de ajo picado
½ cebolla mediana picada
1 cucharadita de cúrcuma
1 cucharada de semillas de ajonjolí (opcional, calma más a *Vata*)
1 cucharadita de sal marina o de roca
1 cucharada de raíz de jengibre fresco picado
3 cucharadas de hojas frescas de cilantro picado
Chile verde pequeño (opcional)
Guarnición: hojas de cilantro picado, jengibre o yogur

Lave bien el *urud dal* y escurra. Coloque en una cacerola grande el *dal,* el *hing,* la tira de alga kombu y las 6 tazas de agua y lleve a ebullición a fuego alto. Reduzca a fuego medio-bajo y tape. Cocine hasta que el *dal* esté suave, durante 1 hora. Mientras tanto, lave y corte las verduras y la cebolla. Las zanahorias rebanadas en formas de media luna son atractivas (corte la zanahoria en la mitad de su longitud, luego, haga un corte transversal) con el calabacín en rodajas completas. Cuando el *dal* ya esté casi cocido, caliente el aceite o *ghee* en una sartén mediana y agregue la mostaza y las semillas de comino. Cuando la mostaza salte, añada el jugo de limón, la cebolla, el ajo, el ajonjolí y la cúrcuma. Revuelva bien y salte hasta que la cebolla esté tierna. Cuando el *dal* esté suave, mezcle las especias y la cebolla. Añada la sal y las hortalizas picadas. Tape y cocine a fuego medio durante otros 20 minutos. Mientras tanto, licue el jengibre, el cilantro y la pimienta con 1 taza de agua. Diez minutos antes de servir, añada esta mezcla y cocine diez minutos más. Añada más agua si la sopa necesita ser más diluida, debe tener la consistencia de una sopa de garbanzos espesa.

GARBANZOS DULCES

Tiempo de preparación: 20 mins (con garbanzos precocidos) Porciones: 4
+ leve *Vata*, – *Pitta*, 0 *Kapha*

2 tazas de garbanzos cocidos
2 tazas de chirivía rallada (unas 2 chirivías medianas)
1 cebolla grande, rallada
1 a 2 cucharadas de aceite de girasol (la menor cantidad para *Kapha*)
½ cucharadita de *ajwan* (semillas de apio)
⅛ cucharadita de *hing*
½ cucharadita de cúrcuma
½ cucharadita de sal marina
½ taza de agua
Guarnición: hojas frescas de cilantro, picadas

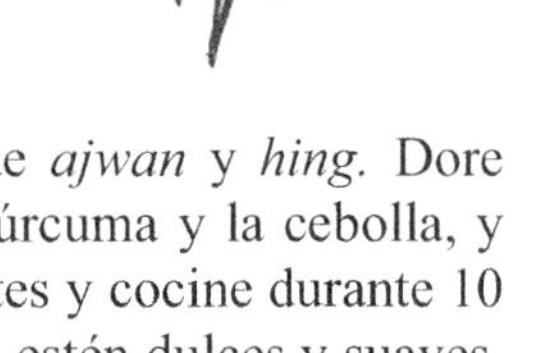

Caliente el aceite en una sartén grande y agregue *ajwan* y *hing*. Dore ligeramente y agregue los garbanzos, la chirivía, la cúrcuma y la cebolla, y saltee unos 5 minutos. Añada el resto de los ingredientes y cocine durante 10 minutos adicionales o hasta que la chirivía y la cebolla estén dulces y suaves. Adorne con las hojas frescas de cilantro picado.

Comentarios: Puede desequilibrar moderadamente a algunos *Vata*. En cuanto más cocidos estén los garbanzos, menor probabilidad de traer un desequilibrio. Es un plato muy delicioso y fácil de preparar. Si usted está haciendo los garbanzos desde cero y tienen una olla a presión, cocine unos 40 minutos adicionales. Combine 1 taza de garbanzos secos, 4½ tazas de agua, 1 tira de alga kombu y ⅛ de cucharadita de *hing* en una olla a presión. Tape la olla de presión y cocine durante 30 minutos.

HAMBURGUESAS DE MUNGO

Tiempo de preparación: ½ horas con una olla a presión Porciones: 5-6
2 horas sin olla a presión
0 *Vata, 0 Pitta,* 0 *Kapha**
– *Vata,* – *Pitta,* + *moderado Kapha***

1 taza de frijoles mungo enteros
4-5 tazas de agua
2 cucharadas de arroz integral o silvestre
1 tira de alga kombu
1/16 cucharadita de *hing*
1 cucharadita de aceite de girasol
½ cebolla mediana, finamente picada
½ cucharadita de semillas de comino
½ cucharadita de orégano seco
2 papas rojas medianas sin pelar
1 clara de huevo
1 cucharadita - 2 cucharadas de mostaza molida (la menor cantidad para *Pitta. Vata* y *Kapha* pueden utilizar hasta el máximo, al gusto)
1 cucharadita sal marina o de roca
¼ cucharadita de pimienta negra recién molida
2 cucharadas de harina de cebada o de trigo integral

***VERSIÓN 1:** Combine el frijol mungo, el agua, el arroz, el kombu y el *hing* en una olla a presión y cocine durante 25 minutos (si le gusta sus hamburguesas un poco crocantes, solo por 20 minutos). Si no está utilizando una olla a presión, ponga los frijoles a hervir con el resto de los ingredientes y luego cubra y cocine a fuego medio durante una hora, o hasta que estén suaves.

Mientras los frijoles se cocinan, lave las papas y córtelas en cuartos y luego en octavos. Pique la cebolla. Caliente el aceite en una sartén grande y agregue el comino, el orégano y la cebolla. Sofría hasta que la cebolla esté tierna y las hierbas estén ligeramente doradas. Ponga a un lado y espere a que los frijoles se cocinen.

Cuando estén cocidos, enfríe la olla en agua fría para bajar la presión, ábrala y añada las papas. Cocine sin tapar hasta que las papas estén suaves, durante unos 20 a 30 minutos. Añada los frijoles y las papas a las hierbas en la sartén y haga un puré. Agregue la clara de huevo, la mostaza, la sal y la pimienta. Si necesita una masa más consistente, añada la harina a las hamburguesas. Forme la hamburguesa y cocine en una sartén antiadherente hasta que se doren, volteando y dorando ambos lados. También puede cocinarlas en una bandeja en el horno a 177 °C durante 20 a 30 minutos. Rinde para 10 hamburguesas de 7.5 a 10 cm.

Comentario: Esto va bien con ENSALADA DE CORAZONES DE ALCACHOFA (p. 227).

** **VERSIÓN 2:** Sustituya una papa grande y dulce por las 2 papas rojas. Lávela, pélela y añádala al mismo tiempo que las papas después de lavar los frijoles cocidos. Omita el orégano y la mostaza y añada 1 cucharadita de raíz de jengibre fresco, picado finamente y 1 cucharadita de curry suave en polvo.

Comentarios: Desaparecen rápidamente cuando se sirven en nuestra casa. Son una opción de hamburguesas sin carne y con cero colesterol.

EMPANADAS DE MATAJI DE PAPA Y ALVERJA

Tiempo de preparación: 1 hora — Porciones: 5-6

+ *moderado Vata, –Pitta, – Kapha*

5 papas rojas medianas
1 cucharada de aceite de girasol
½ cucharadita de semillas de mostaza
1 cucharadita de sal marina
1 cucharada de jugo de limón
½ cucharadita de pimienta negra recién molida
1 cucharada de semillas de ajonjolí
2 cucharaditas de panela/mascabado
3 tazas de alverjas/chícharos congelados

Ponga agua a hervir en una olla grande para las papas. Hierva las papas sin pelar y déjelas enfriar. Mientras que las papas se están cocinando, caliente el aceite en una sartén mediana y añada las semillas de mostaza. Mezcle las alverjas en la licuadora. Cuando las semillas de mostaza salten, añada al aceite las alverjas y la sal. Cocine a fuego lento durante unos 10 a 15 minutos o hasta que toda el agua se absorba. Añada los ingredientes restantes y mezcle bien. Deje enfriar. Tome las papas y hágalas papilla en un recipiente aparte y luego forme 10 a 12 bolas. Luego, aplane la papa para las empanadas, a continuación, agregue la mezcla de alverja en el centro. Doble y cierre, presionando con las manos juntas y dándole forma redonda a las empanadas. Caliente el sartén de hierro y agregue suficiente aceite para evitar que se peguen. Si está haciéndolas para *Kapha*, use una sartén antiadherente sin aceite. Cocine las empanadas a fuego lento hasta que estén doradas por ambos lados. Sirva bien caliente.

Comentarios: Ocasionalmente, puede agregar *ghee* extra como guarnición para *Vata*. Esta receta es una de las favoritas de Mataji, es para chuparse los dedos. Van bienacompañadas de tostada en el almuerzo o servidas con *raita* y un plato de verduras para la cena.

TORTA DE PAPAS AL CURRY CON ZANAHORIAS

Tiempo de preparación: 1 hora — Porciones: 8

– *Vata*, + *Pitta*, – *Kapha*

6 papas rojas grandes u 8 pequeñas
2 zanahorias grandes (2 tazas ralladas)
1½ cucharadas de aceite de girasol
1 cucharada de semilla de mostaza negra
1 cucharada de curry en polvo
1 a 1½ cucharaditas de sal marina (al gusto, la menor cantidad para *Kapha*)
2/3 taza de cebolla verde, finamente picada
½ taza de hojas de cilantro fresco, finamente picado (opcional)

Ponga agua en una olla grande para hervir las papas. Lave bien las papas y déjelas con su cascara. Colóquelas a hervir en el agua hasta que estén suaves, aproximadamente durante ½ hora. Mientras se cocinan, lave y ralle finamente la zanahoria. También, lave y corte finamente las cebollas verdes. Ponga el aceite en una sartén grande y agregue las semillas de mostaza. Cuando salten, agregue la zanahoria rallada y cocine el tiempo suficiente hasta que se deshidraten ligeramente. Agregue el curry en polvo y la sal. Cuando las papas estén listas, escúrralas y deje que se enfríen lo suficiente para manejarlas. Hágalas puré con un tenedor o con las manos, y mezcle el puré con el resto de los ingredientes, incluyendo la cebolla verde cruda y las hojas de cilantro. Agregue la mezcla en las empanadas y cocine en una sartén, dorando durante 1 a 2 minutos por cada lado. Sirva bien caliente. Si está trabajando con *Kapha* o hay *ama*, use una sartén antiadherente sin aceite. Alcanza para 16 hamburguesas de 10 cm.

Comentarios: Esto va bien con RAITA DE PEPINO (p. 246) y un plato de verdura adicional. Use *ghee* adicional como guarnición para *Vata*. Estas deliciosas tortas provienen de Martha Callanan, una chef extraordinaria dueña de un servicio de comida en Santa Fe. Ella proporciona muchos de los platos para la tienda de comestibles gourmet, y está a punto de ofrecer un servicio de catering para personas que buscan cenas equilibradas en casa. Su interés en el Ayurveda y su habilidad creativa se reflejan en esta receta.

Cuando se hace esta receta para un grupo mixto de *Vata* y *Kapha,* usted puede hacer la receta original con un mínimo de aceite y hacer primero las de *Kapha*. Luego puede agregar una cucharada o dos de aceite o *ghee* al resto de la mezcla antes de hacer las de *Vata.*

Los pepinos y las papas son una buena manera de entender cómo Ayurveda ve los alimentos. Ambos son fríos y dulces, y no obstante, el pepino trae equilibrio para *Vata* pero perturba *Kapha,* mientras que la papa tiene un efecto opuesto, perturba a *vata* pero calma a *Kapha.* ¿Por qué? ¿Cómo es que *Kapha* se calma con el almidón de la papa, mientras que el pepino trae equilibrio a *Vata?* Esto se debe al efecto de sus *gunas.* El pepino es húmedo y es lo que necesita *Vata* mientras que la papa es seca y ayuda a *Kapha*. Por consiguiente, *Vata* requiere humedad adicional para sus papas. Lo mejor es probar y ver qué funciona para usted.

GARBANZOS SABROSOS

Tiempo de preparación: 5 horas — Porciones: 6-7
(también se pueden hacer en la olla de cocción lenta)
+ Vata, –Pitta, – Kapha

1½ tazas de garbanzos secos
2½ tazas de agua (hasta 4 tazas en ciudades altas)
2 cucharadas de aceite de girasol
½ cucharadita de semillas de mostaza
1 tomate maduro, cortado en trozos de 1.5 cm (opcional, pero delicioso)
1 cucharadita de curry suave en polvo
2 cucharadas de semillas de ajonjolí
1 cucharadita de sal marina
1 cucharadita de cilantro en polvo
½ cucharadita de cúrcuma

Remoje los garbanzos durante la noche, si es posible. Deseche el agua, y use agua fresca y cocine los garbanzos en la olla a presión (15 libras de presión) a fuego medio durante 25 a 30 minutos. También puede hervirlos en 4 tazas de agua, y dejarlos en remojo en la misma agua durante 3 a 4 horas. Luego debe escurrirlos y añadir 2 tazas de agua fresca. Traiga a ebullición y cocine a fuego medio durante 50 minutos o hasta que estén bien suaves.

Posteriormente, caliente el aceite en una sartén y agregue las semillas de mostaza cuando el aceite esté caliente. Cuando las semillas salten, añada el tomate picado y el curry en polvo. Cocine por 2 a 3 minutos. Agregue las semillas de ajonjolí, los garbanzos, la sal, el cilantro y la cúrcuma. Mezcle bien. Caliente durante 2 a 3 minutos.

Comentario: Esto va bien con *chapatis* y es excelente con arroz. Los garbanzos son las más secas de todas las leguminosas, por lo que son excelentes para la humedad de *Kapha.* Son frescos y secos, necesitan la ayuda del ajo o semillas de mostaza para calentarlos, así como un buen tiempo para cocinar. Una pequeña cantidad de semillas de ajonjolí a menudo se agrega a un plato de garbanzos para hacerlos más untuosos, calientes y lubricados.

Si este plato se prepara con garbanzos de la India *(kala chana,* de color marrón oscuro), hacen una comida muy bonita con pan de maíz y vegetales de colores como el brócoli o zanahoria dulce salteada.

HORTALIZAS CALIENTES Y FIDEOS COREANOS

Tiempo de preparación: 45 minutos Porciones: 3-4

– *Vata, 0 Pitta,* 0 *Kapha*

56 g de fideos de celofán (fideos de frijol mungo. Los harasame o saifun funcionan bien, disponible en tiendas asiáticas o en la sección de alimentos importados)
4-8 hongos shiitake secos
1 cucharada de aceite de girasol
2 cm de puerro fresco cortado en rebanadas finas, o
½ cebolla pequeña picada muy fina
1 diente de ajo sin pelar
1 taza de zanahorias en rodajas finas o ½ taza de guisantes
1 taza de espinacas o brócoli finamente picados
1 taza de calabaza de verano, cortada en rebanadas finas
1 taza de germinados
2 cucharaditas de cilantro en polvo
1 cucharada de tamari
1 cucharadita de panela/mascabado
1 cucharadita de aceite
3 dientes de ajo pequeño picado (omita para *Pitta*)
½ cucharadita de chile rojo en polvo o 1 pimiento rojo chino, seco (omita para *Pitta*)

Remojar los fideos celofán y hongos en un tazón mediano, cúbralos con agua suficiente por ½ hora. Lave y corte las verduras. Escurra bien los fideos y los hongos, y corte finamente los hongos shiitake.

Caliente el aceite en una sartén grande y añada el puerro o la cebolla con el diente de ajo sin pelar. Saltee hasta su punto y luego saque el diente de ajo. Agregue los hongos, las zanahorias, la espinaca, el brócoli y la calabaza de verano y saltee hasta que estén suaves y de color brillantes, durante 3 a 5 minutos. Agregue los germinados y saltee un minuto más. Revuelva los germinados y cocine a fuego medio unos 30 segundos. Añada los fideos, el cilantro, tamari y panela/mascabado y mezcle bien.

Deténgase aquí y sirva ahora si está trabajando con un completo *Pitta.* Si no, cubra y deje el plato a un lado por un momento, y en una sartén pequeña, caliente 1 cucharadita de aceite (1 cucharada si está trabajando con un completo *Vata*) y saltee los ajos picados hasta que estén suaves. Agregue el pimiento rojo si es necesario. Sirva como un adorno en un plato de acompañamiento para *Vata* y *Kapha,* o mezcle en la pasta si no hay un *Pitta* en el grupo.

Comentario: Esto va bien con MISO DE TOFU (p. 113)

EL TOFU/QUESO DE SOYA

El tofu (o queso de soya) y la leche de soya líquida tienden a ser fríos y pesados, pero más grasosos que la mayoría de los productos de otras variedades. Esta calidad de grasoso, así como el tratamiento previo que se le da a las leguminosas, ayudan a la digestión. Al igual que el mungo partido, pueden ser utilizados con relativa facilidad por todos los tipos con algunas modificaciones. Si se comen en exceso, aumentará a Kapha. El calor (temperatura) o las especias como el jengibre, el tamari, el comino, la cúrcuma, la canela o las semillas de mostaza, ayudarán en su digestión. La soya entera puede ser temperamental, aunque si su experiencia no coincide con las descripciones dadas aquí, confíe directamente y en primera instancia en su propia experiencia. Algunas personas tienen dificultad para digerir el tofu en casi cualquier forma, lo que puede indicar una alergia a la soya.

En los años sesenta y setenta era popular servir el tofu frío, picado en cubitos y era normal verlo en las barras de ensalada en los restaurantes de comida saludable. Esta es la forma más difícil de consumir un alimento como este. Pruebe el tofu marinado, cocinado con especias y, a continuación, decida si lo puede digerir bien.

MISO DE TOFU

Tiempo de preparación: 15 a 20 minutos — Porciones: 2-3

–Vata, – Pitta, – Kapha

1 caja (454 g) de tofu
1 cucharada de aceite de girasol
½ cebolla mediana, finamente rebanada (opcional)
⅛ cucharadita de pimienta negra
1 cucharada de cebada miso o de miso blanco suave
1 cucharada de tamari
¾ taza de agua
3 hongos shiitake secos (opcional, sabroso)

Ponga a remojar en agua los honjos. Caliente el aceite en una sartén pesada y sofría la cebolla hasta que esté suave, aproximadamente 5 minutos. Escurra el tofu y córtelo en cubos de 2.5 cm. Agregue la cebolla saltée durante 5 minutos, espolvorearle pimienta negra por encima. Escurra los hongos, guardando el agua para el próximo paso. Agregue los champiñones al tofú salteado. En una sartén, mezcle el miso y el tamari con el agua, y vierta el tofú. Cocine otros 3 minutos y sirva.

Comentarios: Para equilibrar *Vata* se necesita adornar con raíz de jengibre fresco rallado. *Kapha* debe adornar con una pizca de jengibre seco. El cocinar, el miso y el tamari calientan al tofu con cualidades frias. Se debe mantener la sal al mínimo mediante la adición de cantidades mínimas de miso y tamari, pero lo suficiente como para mejorar *agni* y hacer el tofu más fácil de digerir para *Vata*. Los hongos shiitake dan sabor y fortalecen el sistema inmunológico.

ENTRADA DE COLES Y TOFU DE ORIENTE MEDIO

Tiempo de preparación: 45 minutos, más el tiempo necesario para congelar y descongelar durante la noche — Porciones: 4

+ ligero Vata, – Pitta, – ligera Kapha

1 caja (454g) de tofu congelado (o 2 tazas de garbanzos cocidos)
1 cebolla grande picada
2 cucharadas de *ghee* o aceite de girasol
¼ cucharadita de pimienta de Jamaica
⅛ cucharadita de semillas de hinojo
½ cucharadita de cúrcuma
1 chirivía picada
1 col pequeña (3 tazas picada y cruda)
1 tomate grande o 1 taza de puré de tomate (opcional, omita para un *Pitta* elevado)
¾ cucharadita de sal de marina
2 cucharadas de semillas de girasol
1 cucharada de nueces de piñón (opcional)
½ cucharadita de yerbabuena seca

Retire el tofu del congelador y descongele (si usted no ha congelado tofu antes, todo lo que necesita hacer es colocar el paquete de tofu en el congelador durante una noche o más. Esto le genera una textura masticable diferente, favorable en este plato).

Lave la chirivía y córtela en pedazos de 1.5 cm. Ponga el *ghee* en una sartén grande y agregue la cebolla picada. Agregue pimienta y sofría por 1 minuto. Añada la cúrcuma y el hinojo, entonces adicione la chirivía picada. Revuelva y continúe cocinando hasta que la cebolla esté tierna y dulce (no debe estar picante) y agregue el tomate. Desborone el tofu más o menos en trozos de 1.5 a 7.5 cm y revuelva en la salsa. Tape y cocine a fuego lento durante 20 minutos. Mientras que el plato se cocina, lave y corte la col en trozos de 2.5 cm. Después que el plato se ha terminado de cocinar a fuego lento, agregue el repollo. Tape y cocine por otros 10 minutos. Agregue el resto de ingredientes y cocine a fuego lento de 2 a 3 minutos.

Comentarios: Va muy bien sobre el ARROZ INDIO SENCILLO (p. 143). Es un plato muy sabroso. Si desea calmar fuertemente a *Kapha,* utilice únicamente 1 cucharadita de *ghee* o de aceite y agregue una taza de agua en lugar del resto del *ghee* o aceite. Ademas, omita las nueces y decore con bastante pimienta negra.

Al usar tofú congelado, *Vata* debe añadir un poco de *ghee* extra y pimienta negra o jengibre seco para conseguir un mejor equilibrio.

TOFU Y HONGOS

Tiempo de preparación: 50 minutos — Porciones: 3-4

*– Vata, – Pitta, – Kapha**

1 paquete de tofu (454 g)
6 hongos shiitake secos (disponible en las tiendas de comida asiática o la sección internacional de alimentos en almacenes y en muchas tiendas de alimentos naturales)
2 tazas de agua
¼ cucharadita de pimienta negra
1 cucharada o más de tamari (salsa de soya natural)

Remoje los hongos en agua durante 20 minutos. Mientras están en remojo, corte el tofu en cubos de 2.5 cm. Ponga el tofu, los hongos y el agua del remojo en una sartén grande y pesada. Cocine tapado a fuego medio-bajo por 25 minutos. Agregue la pimienta negra y el tamari, y sirva.

Comentarios: Es bueno con el arroz, la cebada o el mijo y con guarnición de verduras. Fortalece el sistema inmune y ayuda a centrar suavemente la mente.

**Cuando se sirve con jengibre para Vata y Kapha. Los Vatas deben consumir los hongos shiitake de manera moderada.*

TOFU PESTO

Tiempo de preparación: 15-20 minutos — Porciones: 4-6

*–Vata, + Pitta, - Kapha**
*–Vata, – Pitta, - Kapha***

1 paquete (454g) de tofu
1 manojo de albahaca fresca picada (28 g o 1 taza ligeramente llena)
2 cucharadas de aceite de oliva
1-2 dientes de ajo fresco, picado (opcional, omita para *Pitta*)
1 cucharada de miso de cebada o miso blanco
2 cucharadas de tahini de sésamo/ajonjolí
3 cucharadas de agua

Escurra y cocine el tofu al vapor durante 5 minutos a fuego alto. Luego córtelo en 4 pedazos. Licue la albahaca y el aceite en bajo durante ½ minuto. Agregue el resto de los ingredientes y mezcle hasta que la combinación quede suave. No licue demasiado ya que esto puede dañar el delicado sabor de la albahaca.

También puede moler la albahaca con el aceite en un *suribachi* (un mortero y una maja Oriental) y luego incorporar el resto de los ingredientes moliéndolos hasta que la mezcla quede suave.

Comentarios: Esta es la mejor manera que hemos encontrado para preparar un pesto sin aumentar el calor en *Pitta* o aumentar la grasa en *Kapha*. También tiene menos grasa y es más rico en proteínas que la mayoría de los pestos, sin perder la riqueza del sabor del plato. Hace un plato de fiesta elegante y simple, o una cena rápida después de un largo día.

Esta preparación es relativamente gruesa y se puede utilizar para esparcir sobre galletas o verduras crudas. Para servir sobre pasta (espaguetis), se le puede agregar a la mezcla un poco de agua durante la preparación para obtener la consistencia deseada. *Vata* puede añadir aceite adicional, si lo desea. Esto ayuda a sanar los nervios y la digestión.

* *Con ajo*

** *Sin ajo*

TOFU Y VERDURAS SALTEADAS

Tiempo de preparación: 30-40 minutos — Porciones: 2-4

*– Vata, – Pitta, – Kapha**

*+ ligero Vata, – Pitta, + Kapha***

Utilice cualquiera de los platos favoritos de vegetales mencionados en este libro de cocina, como setas y alverjas, ocras salteadas, espinaca y papa, o coliflor y papas. A las verduras que se están cocinando, añada una caja (454 g) de tofu fresco o congelado, escurrido y cortado en cubitos. Cocine hasta que el queso de soya ha tomado el aroma de las especias en el plato (15 a 20 minutos). Esto se puede servir con arroz o mijo como plato principal o con una salsa usando SUERO DE LECHE PICANTE (p. 95) o CURRY DE SUERO DE LECHE (p. 86).

Comentarios: El tofu congelado ofrece más textura que el fresco y recoge más los sabores de una salsa. No obstante, es mejor usarlo solo de manera ocasional para *Vata* y *Kapha,* es decir, una o dos veces al mes, ya que su uso regular puede ser excesivamente frío. El tofu fresco y bien

condimentado se puede utilizar con frecuencia sin que esto genere daño alguno, siempre y cuando sea bien tolerado.
** Con tofu fresco (dependiendo de las verduras)*
*** Con tofu congelado. Para equilibrar este efecto, adorne con jengibre seco para Kapha y con jengibre fresco rallado para Vata.*

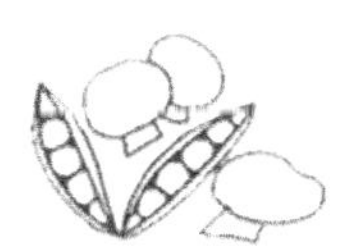

EL FRIJOL ADUKI

Los frijoles aduki parecen frijoles rojos diminutos, y son bien conocidos por su capacidad para reconstruir la función suprarrenal y la energía del riñón. Son un poco más fáciles de manejar para Vata que muchos granos de mayor tamaño. Pueden ser un alimento básico y delicioso para Pitta y Kapha. Sin embargo, siendo de naturaleza fría, seca y pesada, requieren remojo, ser cocinados abundantemente y tener una condimentación caliente para optimizar su digestión. El jengibre y el tamari son buenos para esto, y la cebolla y el ajo se pueden agregar para hacerlos un plato sabroso.

FRIJOLES ADUKI CON JENGIBRE

Tiempo de preparación: con olla a presión, 45 minutos más el tiempo de remojo durante la noche. Sin olla a presión, 3 horas más el tiempo de remojo durante la noche.

Porciones: 5-6

+ ligero Vata, – Pitta, – Kapha

1 taza de frijoles secos aduki
6 tazas de agua
1 tira de alga kombu
⅛ cucharadita de *hing*
1 cucharadita de ralladura de jengibre fresco
1 cucharada de tamari (salsa de soya natural)
½ cebolla mediana, finamente picada (opcional, puede omitirse para *Pitta*)
1-2 dientes de ajo fresco, picado (opcional, omitir para *Pitta*)
1 cucharada de aceite de girasol o sésamo (opcional, omitir para *Kapha*)
½ cucharadita de hojas trituradas de *neem* (curry), si está disponible

Escoja los frijoles y póngalos a remojar durante la noche. Después del remojo, escurra y ponga los frijoles en la olla a presión con agua fresca, el kombu y *hing* y cocine a 15 libras de presión a fuego medio durante 25 minutos o hasta que estén bien suaves. Sin olla a presión, de igual manera, remoje los frijoles durante la noche, y enjuáguelos periódicamente para que no produzcan gases. Ponga los frijoles escurridos en una olla grande con agua fresca, el *hing* y el kombu. Ponga a hervir y luego reduzca a fuego medio. Cocine por 2 a 3 horas hasta que estén bastante suaves.

En una sartén grande, caliente el aceite, el ajo, la cebolla y el jengibre. Agregue los frijoles cocidos y el neem, revuelva salteando durante 10 a 15 minutos. Añada el tamari en los últimos minutos de cocción antes de servir (si se omiten el aceite, la cebolla y el ajo, caliente 3 cucharadas de agua en la sartén, añada el jengibre y cocine por 3 minutos, luego agregue los frijoles y cocine la mezcla a fuego lento durante 10 a 15 minutos, nuevamente, añadiendo el tamari en los últimos minutos de cocción).

Comentarios: Esto va bien con ARROZ INDIO SENCILLO (p. 143) y los VEGETALES FAVORITOS DE HOJAS VERDES (p. 171). El *neem,* siendo amargo, es bueno para calmar *Pitta* y también beneficioso para *Kapha*. *Vata* puede comer esto solo en pequeñas cantidades.

FRIJOLES PINTO SANTA FE

Tiempo de preparación: con olla a presión, 45 minutos. Sin olla a presión, de 9 a 10 horas, se puede hacer en una olla de cocción lenta.

Porciones: 6-8

*+Vata, – Pitta, – Kapha**

1½ taza de frijoles pintos secos
6 tazas de agua
¼ a ½ cebolla mediana, finamente picada (la menor cantidad para *Pitta*)
1 a 2 dientes de ajo picados (omita para *Pitta*)
½ a 2 cucharaditas de chile en polvo (la menor cantidad para *Pitta*)
1 hoja de laurel
½ cucharadita de orégano seco (2 cucharaditas frescas si está disponible)
½ cucharadita de albahaca seca (2 cucharaditas frescas si es posible)
½ cucharadita de semillas de comino entero
⅛ cucharadita de *hing*
1 cucharadita de cilantro en polvo
1 cucharadita de yerbabuena, fresca si está disponible
Sal al gusto, aproximadamente 1 cucharadita

Escoja y lave los frijoles, remójelos toda la noche si es posible. Coloque todos los ingredientes excepto el cilantro, la yerbabuena y la sal en una olla a presión, lleve a 15 libras de presión, cocine a fuego medio durante 30 minutos. Retire del fuego, agregue el cilantro, la yerbabuena y la sal y cocine por 10 minutos a fuego medio.

O, remoje al menos por 4 horas, lavándolos seis veces para reducir la rafinosa que se encuentra en la parte externa de los frijoles, la cual produce gases. Coloque los frijoles en una olla grande con agua fresca, póngalos a hervir y cocine durante dos minutos. Luego, escúrralos desechando el agua de cocción y añada 6 tazas de agua fresca. Deje reposar 2 horas en esta agua. Añada todos los ingredientes excepto el cilantro, la menta y la sal, lleve a ebullición en una olla regular o de cocción lenta, tape y baje el fuego a medio-bajo. Cocine tapado durante 3 a 4 horas o hasta que los frijoles estén bien blandos. Agregue el resto de los ingredientes, cocine 10 minutos a fuego medio. Revuelva y sirva.

Comentarios: Este plato va bien con tortillas de trigo o maíz, o pan de maíz y una ensalada o verduras frescas. La sal no se debe añadir hasta el final, ya que hace que el grano permanezca duro. El *hing,* kombu y comino ayurdan sustancialmente a *Vata* a digerir este plato. La yerbabuena ayuda a la digestión y contrarresta con un efecto refrescante a las otras hierbas y especias para *Pitta.* Es excelente para *Kapha.*

* *Si está bien remojado y es servido con ghee o aceite, esto puede ser bien tolerado por Vata en pequeñas cantidades.*

Los frijoles Santa Fe se pueden utilizar en una amplia variedad de platos, entre ellos:

BURRITOS DE FRIJOLES

+ ligero Vata, – Pitta, – Kapha

Caliente una tortilla de trigo integral (para *Vata* y *Pitta)* con ½ cucharadita de mantequilla o aceite en una sartén. Voltee para que ambas partes se calienten. Los *Kapha* pueden calentar una tortilla de maíz en una sartén antiadherente sin aceite. Coloque la tortilla sobre un plato y sobre esta ponga suficientes frijoles calientes: una cantidad sustancial pero manejable (½ taza para tortillas de harina, ¼ de taza para tortillas de maíz). Coloque cualquier aderezo que usted desee, y enrolle la tortilla con la mezcla caliente como una crepa, asegurándola, si usted desea, con un palillo. Es un buen almuerzo o una buena cena rápida y es muy popular entre niños y adultos.

Aderezos: Queso rallado *(Vata)*, yogur o crema agria *(Vata)*, salsa de chile verde *(Vata y Kapha)*, queso cottage *(Pitta y Vata)*, salsa de chile rojo *(Vata* y *Kapha)*, cebollas salteadas *(Vata* y *Kapha)*, lechuga y verduras ralladas *(Pitta* y *Kapha)*, setas al vapor *(Pitta* y *Kapha)*, aguacate picado *(Vata* y *Pitta)*, cebolla picada cruda *(Kapha)*.

TACOS

*+ ligero Vata, – Pitta, – Kapha**

Compre tacos preparados (simplemente tortillas de maíz pre-tostadas y pre-dobladas) o haga sus propios tacos con tortillas de maíz amarillo o azul. Caliente las tortillas por ambos lados en una sartén con aceite para *Vata* y *Pitta*, doble por la mitad al retirarlas, déjelas enfriar un poco en una toalla de papel. Rellene. Manténgalas suaves para *Vata* y *Pitta* calentándolas rápidamente. Cocine lentamente con menos temperatura en una sartén antiadherente sin aceite, para que queden crujientes para *Kapha*. El relleno debe incluir definitivamente los frijoles y los vegetales crudos, triturados y luego cualquiera de los aderezos mencionados anteriormente.

** A menos que en gran medida use guarnición de queso, yogur, crema agria o salsa, en cuyo caso aumenta ligeramente Vata.*

QUESADILLAS

– Vata, + Pitta, + Kapha

Caliente un lado de la tortilla de harina (ideal de trigo integral) en una sartén con aceite. Gírela y añada de ½ a 2 cucharadas de queso rallado. Reduzca el fuego a lento, tape y cocine hasta que el queso se derrita. Es una merienda sabrosa y rápida.

Las alverjas (chícharos o guisantes) partidas, al igual que los frijoles aduki, son a veces más fácil de digerir para Vata, aunque no todos los Vata encontrarán que esto es cierto. Estas tienden a ser más bajas en proteínas que muchos de los granos y mayor en almidones. Ambos Pitta y Kapha pueden beneficiarse de su uso, y pueden sustituir en las recetas el frijol negro (urud) o lentejas comunes.

ALVERJAS ESTILO INDIO

Tiempo de preparación: 1 hora y 20 minutos, más tiempo de remojo toda la noche — Porciones: 8-10

+ ligero Vata, – Pitta, – Kapha

❄ ❧ ✿

2 tazas de alverjas/chicharos verdes secos y partidos en mitades
8 a 11 tazas de agua
1 a 2 cucharadas de aceite de girasol (la menor cantidad para *Kapha*)
½ cucharadita de semillas de mostaza
1 tomate fresco tamaño medio, picado en cuadritos (opcional, sabroso, pero no lo incluya si quiere calmar *Pitta*)
½ cucharadita de curry suave en polvo
2 cucharadas de jugo de limón
2 cucharadas de coco rallado
1 cucharadita de sal marina
½ cucharadita de cúrcuma
1½ cucharaditas de semillas de cilantro en polvo
1 cucharadita de raíz de jengibre fresco picado o ¼ - ½ cucharadita de jengibre seco en polvo
Pimiento verde picado (opcional)

Guarnición: hojas de cilantro fresco picadas

Remoje las alverjas durante la noche para reducir el tiempo de cocción y propensión a la formación de gases. A continuación, lave y cocine una hora con agua. En una sartén pequeña, caliente el aceite y agregue las semillas de mostaza. Cuando salten, añada el tomate, curry en polvo y la cúrcuma. Mezcle bien y añada a la olla de las alverjas. Agregue el resto de los ingredientes y cocine a fuego medio durante 15 minutos.

Comentario: Esto va bien con el arroz *basmati,* cebada o *chapatis.*

FRIJOLES DE CABEZA NEGRA ESTILO AMERICANO

Tiempo de preparación: con la olla a presión, 15 a 30 minutos. Sin olla a presión, de 4-5 horas. Porciones: 5-7
+ *Vata, – Pitta, – Kapha*

½ taza de frijoles de cabeza negra
6 tazas de agua
1 cebolla grande picada
1 diente de ajo picado (debe ser omitido al cocinar para *Pitta*)
1 hoja de laurel
Sal y pimienta negra fresca al gusto
1¼ cucharada de caldo de vegetales o polvo de condimentos

Escoja y lave los frijoles. Colóquelos en la olla a presión con agua, cebolla, ajo y hoja de laurel. Cocine a 15 libras de presión durante 20 minutos a fuego medio. O remoje los frijoles durante la noche o durante un mínimo de 4 horas, lávelos en seis ocasiones. Entonces, colóquelos en una olla grande con la cebolla, el ajo y la hoja de laurel y 6 tazas de agua fresca. Ponga a hervir, luego baje el fuego a medio-bajo y cocine tapado por 45 minutos a 1 hora o hasta que los guisantes estén bien blandos. Cuando haya terminado, agregue la sal (aproximadamente 1 cucharadita), pimiento (¼ de cucharadita) y el caldo de vegetales. Revuelva y sirva.

Comentario: Agregue una cucharadita de *ghee* o aceite para la porción de *Vata* o ayudar a la digestibilidad significativamente (como lo sabían en el sur de EE.UU).

FRIJOLES MUNGO ENTEROS PICANTES

Tiempo de preparación: con olla a presión, 45 minutos, más el tiempo de remojo en la noche.
Sin olla a presión, mínimo de 3 horas
0 *Vata*, – *Pitta*, – *Kapha*

Porciones: 8-9

1½ tazas de frijoles mungo enteros
9 tazas de agua
1 cucharadita de sal marina
1 cebolla mediana picada
1 zanahoria picada finamente
2½ cucharadas de jugo de limón
½ cucharadita de curry suave en polvo
2 cucharaditas de cilantro en polvo
1 cucharada de raíz de jengibre fresco picado
1 a 2 cucharadas de aceite de girasol (la menor cantidad para *Kapha*)
½ cucharadita de semillas de mostaza
½ cucharadita de semillas de comino
1 cucharadita de cúrcuma
⅛ cucharadita de pimienta negra
½ pimiento verde picado (opcional, omita para *Pitta*)

Remoje los frijoles durante la noche. Escurra y cocine con 6 tazas de agua en una olla a presión durante 20 minutos o hasta que estén blandos. Sin olla a presión, remoje los frijoles no menos de 2-3 horas. Lave, a continuación, coloque en una olla grande con 9 tazas de agua y cocine por 40 a 50 minutos o hasta que estén blandos.

En una sartén pequeña, caliente el aceite. Añada la mostaza y las semillas de comino. Cuando las semillas de mostaza salten, añada la cúrcuma, y luego agregue las especias al frijol mungo cocido. Añada los ingredientes restantes y mezcle bien. Cocine por 15 minutos a fuego medio.

Comentarios: Esta va bien con la cebada y verduras al vapor, o *rotali* y arroz. También puede servirse como una sopa. Guarnición: cayena (*Vata* y *Kapha),* yogur (*Vata*), cantidades generosas de coco y hojas de cilantro picado *(Pitta).*

Algunos *Vata* pueden encontrar el frijol mungo entero difícil de digerir; el partido es generalmente mucho mejor para *Vata.*

EL FRIJOL ROJO

El frijol rojo es específico para Pitta (¡y nadie más!). Los Pitta se pueden perder en el corazón de Luisiana, sede de los frijoles rojos yel arroz blanco donde son bien preparados. No es la dieta para Vata o Kapha, aunque el tradicional calor de las especias de Cajun ayuda.

FRIJOLES ROJOS ESTILO CAJÚN

Tiempo de preparación: 1 hora en olla a presión
4-5 horas sin olla a presión
+ *Vata,* – *Pitta,* + *Kapha*

Porciones: 4-6

2 tazas de frijoles rojos secos
8 tazas de agua
¼ cucharadita de *hing*
2 hojas de laurel
1 ramita de kombu (alga marina)
2 cucharadas de aceite de girasol o de nuez
2 hojas de *neem,* si está disponible
½ cebolla mediana finamente picada

½ cucharadita de semillas de comino entero
1 cucharadita de tomillo fresco (½ cucharadita seco)
1 cucharadita de sal marina
1 jalapeño pequeño picado (opcional)
1 cucharada de cilantro en polvo

Ponga los frijoles rojos, el agua, *hing*, la hoja de laurel y el kombu en la olla a presión. Cocine a presión durante 30 minutos, o coloque los mismos ingredientes en una cacerola grande y lleve a ebullición. Reduzca el fuego y cocine a fuego medio hasta que estén blandos, alrededor de 3 a 4 horas. Caliente el aceite en una sartén grande y agregue la cebolla, el comino, el tomillo y la hoja de *neem* y el laurel. Saltee por 1 a 2 minutos. Agregue los frijoles cocidos, sal, jalapeño y cilantro, y cocine a fuego lento durante otros 20 a 30 minutos.

Comentarios: Esto va bien con ARROZ INDIO SENCILLO (p. 143). Para obtener los mejores resultados, después de la comida mastique semillas de hinojo tostadas. Aun así, algunos *Pittas* tendrán que renunciar a los jalapeños para mantener su fuego calmado. El *hing,* kombu, comino, laurel y cilantro ayudan a la digestión, por lo que este plato es una opción ocasional para *Vata* y *Kapha.* El tomillo aporta un poco de sabor picante, adicional al sabor de los frijoles de Nueva Orleans.

RAJMA

Tiempo de preparación: ½ hora con olla a presión — Porciones: 6
3 horas sin olla a presión
+ Vata, – Pitta, + Kapha

1 taza de frijoles rojos secos
5 tazas de agua
½ tira de alga kombu
1/16 cucharadita de *hing*
1 cebolla mediana picada
1 cucharadita de raíz de jengibre fresco rallado (omita si *Pitta* está alto)
1 cucharada de *ghee*
1 cucharada de semillas de comino
¼ cucharadita de semillas de hinojo
½ cucharadita de cúrcuma
⅛ cucharadita de jengibre en polvo seco
½ cucharadita de sal marina
1¼ cucharada de panela/mascabado (opcional)

1 cucharada de ralladura de naranja orgánica
1 cucharadita de cilantro en polvo

Ponga los frijoles, el agua, kombu y el *hing* en la olla a presión o una cacerola grande. Si los está cocinando a presión, cocine durante 30 minutos. Si no, ponga a hervir los frijoles, luego baje el fuego a medio y tape y cocine los frijoles hasta que estén blandos durante ½ a 2 horas. (Puede que tenga que agregar más agua al cocinar de esta manera más lenta).

Vierta el *ghee* en una sartén de tamaño mediano y agregue el comino y el hinojo. Caliente a fuego medio hasta que el comino esté ligeramente dorado, durante unos 2 a 3 minutos. Agregue la cúrcuma y revuelva bien. Añada la cebolla y el jengibre y cocine a fuego lento hasta que la cebolla esté dulce y tierna, aproximadamente 5 minutos. Coloque los frijoles cocidos y cocine sin tapar a fuego medio hasta que el exceso de agua se haya evaporado. Añada el resto de los ingredientes y mezcle bien. Cocine a fuego medio de 5 a 10 minutos.

Comentarios: Me enamoré por primera vez del *rajma* cuando viaje por el norte de la India, donde se sirve *chapatis* calientes y a veces con un estofado de chiles verdes. Esta versión un poco ortodoxa, ha sido diseñada expresamente para los *Pittas,* ya que son quienes se benefician de las leguminosas. Es mejor comer un plato concentrado en pequeñas cantidades acompañado con comino, cilantro e hinojo. Tradicionalmente, se añadiría una pizca de clavo, lo que da un sabor agradable. No obstante, la mayoría de *Pittas* no tienen necesidad de añadir este accesorio (los clavos son muy calientes).

HABAS AL ESTILO DEL ESTE DE LA INDIA

Tiempo de preparación: con olla a presión 1 hora, además de 1 hora para remojar. Sin olla a presión 75 minutos, más el 3 horas de remojo

Porciones: 8-10

+Vata, – Pitta, 0 *Kapha*

✿ ✸ ❄

1½ tazas de habas secas (fríjol lima)
7½ -10 tazas de agua
2 cucharadas de aceite de girasol (esto se puede reducir a 1 cucharada de *Pitta* y *Kapha,* si asi lo desea)
½ cucharadita de semillas de mostaza
1 cucharada de semillas de ajonjolí
½ cucharadita de cúrcuma

2 cucharadas de arroz de cebada de malta o jarabe de arroz integral
2 cucharadas de jugo de limón
1 cucharadita de sal marina
3 cucharadas de coco rallado
1 cucharada de raíz de jengibre fresco rallado
1 cucharadita de curry en polvo
½ cucharadita de canela

Guarnición: hojas de cilantro frescas y picadas, si están disponibles

Remoje las habas en agua en una olla a presión sin tapar por 1 hora. Escurra, añada 7½ tazas de agua fresca, tape y lleve a 15 libras de presión. Cocine a fuego medio hasta que los frijoles estén muy suaves, unos 25 minutos.

Sin olla a presión, remoje los frijoles durante 3 horas. Escurra, añada 10 tazas de agua fresca, lleve a ebullición, reduzca a fuego medio, tape y cocine hasta que estén suaves, unos 45 a 50 minutos.

Cuando estén cocidos, caliente el aceite en una sartén pequeña. Añada las semillas de mostaza. Cuando estas revienten, agregue las semillas de sésamo y la cúrcuma. Agregue esta mezcla en frijoles cocidos. Añada los ingredientes restantes a los frijoles y mezcle bien. Cocine de 15 a 20 minutos a fuego medio sin cubrir hasta que los granos se espesen. Cuando esté listo para servir, adorne con hojas de cilantro picado.

Comentarios: Va bien con ARROZ INDIO SENCILLO (p. 143), y CURRY TRIDÓSHICO DE VERDURAS # 2 (p. 83). Este delicioso platillo es probable que traiga recuerdos a aquellos que han viajado por el sur de la India. Si desea crear una comida tridóshica sencilla usando esta receta, solo tiene que añadir el tofu en los últimos 15 a 20 minutos de cocción. Se puede cortar una caja (454g) de tofú en 8 trozos grandes y añadirlo con los ingredientes restantes. Los comensales *Vata* pueden comer el tofú picante, mientras que los *Kaphas* deben comer las habas. Los *Pittas* puede elegir entre los dos (0 *Vata* - *Pitta, Kapha* 0).

KICHADIS

LOS *KICHADIS*

Los kichadis son el núcleo de la sanación nutricional ayurvédica. Se trata de un estofado relativamente sencillo de arroz basmati y frijol mungo[1] *partido, los cuales son adecuados para casi cualquier dosha. Los kichadis tienen una infinidad de variaciones dependiendo de las hierbas, especias y vegetales usados en ellos. Por su fácil digestión y asimilación, son el alimento principal en* **pancha karma**, *la terapia de limpieza ayurvédica. Los kichadis que se verán a continuación están diseñados para propósitos específicos. Es mejor si se consumen frescos cuando se usan para fines terapéuticos. Permita que su propio gusto por las hierbas y su constitución lo guíen mientras usted está creando sus propias modificaciones curativas.*

***Formato básico**:*
Ghee: para la lubricación y asimilación.

Para calentar el kichadi con especias utilice cualquiera de las siguientes:
Ajo: calienta, fortalece y reduce el ama.
Asafétida (hing): calma Vata, contribuye a la asimilación y es un carminativo potente.
Azafrán: enfría, es tonificante, digestivo y equilibra todos los doshas.
Canela: calienta y endulza, es digestivo.
Cardamomo: calma y estimula la digestión.
Clavos: calienta bastante y son digestivos.
Comino: carminativo, digestivo y equilibra todos los doshas.
Cúrcuma: tridóshico, ayuda a la digestión de proteínas.
Fenogreco: calienta, es digestivo, tonificante y reduce los tejidos.
Hinojo: enfría, endulza, es digestivo y tonificante para el estómago.
Jengibre: calienta, potente estimulante digestivo.
Kombu (alga): no es tradicional, digestiva y remueve metales pesados.

[1] Mung dal es la manera de referirse al frijol mungo en oriente

Laurel: calienta y es digestivo.
Neem (hojas de curry): frías y amargas, limpian y remueve desechos.
Pimienta negra (granos): calienta, es digestiva y carminativa.
Semillas de cilantro: refrescante, calmante, carminativo y digestivo.
Semillas de mostaza negra: digestivo, calienta de manera pronunciada.

Combine esto con: *Frijol mungo partido, arroz basmati y vegetales. Esto algunas veces varía; otros frijoles y cereales pueden ser utilizados para propósitos curativos específicos, si están muy bien cocidos. Por ejemplo, aquí usamos frijoles aduki en el KICHADI DE RIÑÓN, ya que los aduki tienen una habilidad excepcional para apoyar a los riñones. Del mismo modo, utilizamos hierbas o especias no tradicionales cuando son especialmente útiles; por ejemplo, la raíz de diente de león para promover la excreción de fluidos, o la raíz de bardana para enfriar y purificar la sangre. De nuevo, permita que su intuición y autoconocimiento le guíen en estas aventuras.*
Al cocinar: *Cocine hasta que los frijoles y cereales estén suaves, pero no pegajosos.*

KICHADI REFRESCANTE

Tiempo de preparación: 2 horas — Porciones: 5-6
0 *Vata,* – *Pitta,* – *Kapha* — ✸ ✿

½ taza de arroz *basmati*
¼ taza de frijol mungo partido
½ raíz de badana (cerca de 20 cm)
1½ tazas de habichuelas/ejote
2 cucharadas soperas de *ghee*
½ cucharadita de semillas de hinojo
1 cucharadita de semillas de comino
1 cucharada de amaranto (opcional)
1 tira de alga kombu
6 a 10 tazas de agua
½ cucharadita de sal marina
1 cucharada de semilla de cilantro en polvo

Guarnición: hojas picadas de cilantro

Lave y escurra el arroz y los frijoles mungo hasta que el agua esté clara. Lave la raíz de bardana y pélela, luego rebane en rodajas de 2.5 cm como una zanahoria. Lave las habichuelas y corte en trozos de 2.5 cm.
Caliente el *ghee* en una sartén mediana. Añada el hinojo y las semillas de comino y saltee de 1 a 2 minutos. Agregue el arroz y los mungos y saltee por otro par de minutos. Agregue la bardana y las habichuelas inmediatamente después del arroz y los frijoles, mezcle y saltee 1 minuto. Añada 6 tazas de agua y lleve a ebullición. Agregue a la misma vez el kombu, el amaranto y la sal, una vez que el kichadi haya hervido y reduzca el fuego a medio-bajo. Cubra y cocine hasta que esté suave, de 1 a 1 ½ horas, agregando agua según se necesite para mantener la mezcla húmeda. Antes de servir, agregue el cilantro en polvo y revuelva bien. Adorne con hojas picadas de cilantro fresco.

Comentarios: Este plato es un potente purificador de la sangre. La bardana aclara los riñones y la sangre, mientras que las habichuelas actúan como un diurético. Es una buena receta para cuando hay brotes en la piel durante las vacaciones de verano o para cuando hay retención excesiva de agua. Es útil para la diabetes, así como para los estados de aumento de *Pitta*.

KICHADI CALIENTE BÁSICO

Tiempo de preparación: 2 horas — Porciones: 2-3
–Vata, + Pitta, – Kapha

½ taza de arroz *basmati*
¼ taza de frijol mungo partido
6 tazas de agua
1 cucharada de *ghee*
1 cucharadita de semillas de comino
⅛ cucharadita de *hing*
1 cucharadita de semillas de cilantro
¾ de cucharadita de semillas de cardamomo
1 cucharadita de pimienta negra entera
1 hoja de laurel
2 cucharadas adicionales de *ghee*
¾ cucharadita de canela
¼ cucharadita de clavo de olor molido
1 cucharadita de cúrcuma
¾ cucharadita de sal, de ser posible sal de roca

1 cucharada de raíz de jengibre fresco rallado
½ cebolla pequeña picada
1-2 dientes de ajo (opcional)
½ cucharadita de comino molido
2-4 tazas de vegetales frescos cortados como zanahoria, verduras de hoja verde, habichuela o calabacín picado
2 tazas más de agua, según sea necesario

Si bien esta es una lista imponente de ingredientes, en realidad es tan fácil de hacer como todos los otros *kichadis.* Lave el arroz y el frijol mungo partido, hasta que el agua salga clara. Caliente una cucharada de *ghee* en una cacerola mediana y agregue las semillas enteras de comino y *hing*, dore ligeramente. Agregue el arroz, el frijol mungo y el agua y deje hervir. Deje cocer durante unos 45 minutos.

Caliente las últimas 2 cucharadas de *ghee* en una sartén pequeña. Agregue el cilantro, el cardamomo, los granos de pimienta, el laurel y saltee de 2 a 3 minutos. Luego agregue el resto de las especias y la cebolla (y el ajo, si lo desea). Ponga las especias salteadas en la licuadora con un poco de agua (½ taza o menos) y licue bien. Vierta esta mezcla de especias sobre el arroz y los frijoles mungo. Enjuague la licuadora con las últimas 2 tazas de agua y agréguelas también al *kichadi.* Añada las verduras. Cocine por 20 minutos o más.

Comentarios: Esta preparación curativa también es buena para estimular la digestión y la circulación y es fácil de comer. Su condimentación está basada en las proporciones de un *garam masala* de Punjabi en su condimentación.

KICHADI DE ESPÁRRAGOS CON AZAFRÁN

Tiempo de preparación: 1½ horas — Porciones: 4
–Vata, – Pitta, – Kapha

⅛ cucharadita de azafrán
2 cucharadas de *ghee*
½ cucharadita de semillas de comino
¼ de cucharadita de semillas de fenogreco
3 a 4 hojas de *neem* (hojas de curry, frescas si es posible, disponibles en tiendas de la India)
1 cucharada de cebolla finamente picada
⅛ cucharadita de *hing*

½ taza de frijol mungo partido
¾ taza de arroz *basmati*
454g (entre 2 y 3 tazas) de espárragos frescos picados
1 cucharadita de sal marina
6 tazas de agua
¼ cucharadita de comino molido

Tueste en seco el azafrán en el fondo de una cacerola pesada. Añada el *ghee,* el comino y las semillas de fenogreco y caliente a fuego lento hasta que el comino esté café. Agregue el *neem,* la cebolla y el *hing* y revuelva. Saltee lentamente por un minuto o dos, hasta que la cebolla esté tierna. Lave los frijoles mungo y el arroz hasta que el agua salga clara, escurra y añada a la mezcla de especias. Agregue el agua y la sal y cocine hasta que estén tiernos, aproximadamente durante una hora. Mientras que el *kichadi* se cocina, lave y corte los espárragos en rodajas de 2.5 cm. Quince minutos antes de servir, cocine al vapor los espárragos (véase p. 161) y revuelva, agregue el comino molido en el *kichadi.* Si se trabaja solo con *Vata,* los espárragos pueden saltearse en una cucharada adicional de *ghee* hasta que estén tiernos, y luego se agregan al *kichadi.*

Comentarios: Este platillo sutil está diseñado específicamente para tonificar tanto el sistema reproductor femenino como el masculino. Es útil para la fertilidad y la sanación de la potencia y problemas menstruales. Es especialmente bueno durante el verano.

KICHADI PARA EL BAZO Y PÁNCREAS # 1

Tiempo de preparación: 2 horas — Porciones: 4-5

–Vata, 0 *Pitta,* – *ligero Kapha* ✿ ✱ ❧ ❄

1 cucharadita de aceite de girasol
¼ cucharadita de granos de mostaza negra
¼ cucharadita de semillas de comino
½ cucharadita de cúrcuma
¾ cucharadita de sal marina
3 hojas de *neem* (hojas de curry disponibles en tiendas indias)
1 cucharadita de raíz de jengibre fresco rallado (o al gusto)
¼ taza de frijol mungo partido (*dal* amarillo)
½ taza de arroz texmati, arroz *basmati* o bulgur
½ cebolla finamente picada
3 zanahorias en rodajas
6 tazas de agua

Guarnición: hojas picadas de cilantro fresco (opcional)

Caliente el aceite en una sartén mediana, agregue las semillas de mostaza negra y el comino. Caliente hasta que las semillas de mostaza salten, a continuación, añada la cúrcuma, la cebolla, la sal, el *neem* y el jengibre. Revuelva bien y saltee la cebolla hasta que esté tierna. Lave los frijoles y los granos hasta que el agua de enjuague esté clara. Añada a la mezcla y saltee, revolviendo bien. Añada agua, lleve a ebullición y deje cocer a fuego medio durante una hora o más. Agregue las zanahorias y cocine otros 15 minutos. Adorne con hojas de cilantro picado para mejorar la digestión.

KICHADI PARA EL BAZO Y PÁNCREAS # 2

Tiempo de preparación: 2 horas — Porciones: 4-5

0 *Vata*, – *Pitta*, 0 *Kapha*

Las mismas especias de arriba hasta la raíz de jengibre
½ taza de frijol mungo partido
1 taza de cebada perlada seca
1 cebolla picada
2 chirivías picadas
1 taza de habichuelas picadas
½ tira de alga kombu
8 tazas de agua
Guarnición: cebolla verde picada (opcional)

Preparar las especias como en la receta anterior. Sofría la cebolla con las especias hasta que esté tierna. Nuevamente, lave los frijoles y la cebada hasta que el agua de enjuague esté clara. Revuélvalos con la cebolla salteada y las especias. Agregue el agua, deje hervir y añada el resto de los ingredientes, excepto la cebolla verde. Cocine tapado por 1¼ horas. Decore con la cebolla verde.

KICHADI PARA PULMONES # 1

Tiempo de preparación: 2 horas — Porciones: 2-3

–*Vata*, + *Pitta*, – *Kapha*

Siga la receta para el KICHADI CALIENTE BÁSICO (p. 130) con las siguientes modificaciones:

Lave 2 papas dulces de tamaño mediano y córtelas en trozos de 1 a 2.5 cm. Añada ½ cucharadita de *ajwan* y saltee con el comino y *hing*. Añada el camote, más 1 tira de alga kombu cuando agregue el frijol mungo, el arroz y el agua. Una vez más, cocine por unos 45 minutos.

Omita la hoja de laurel y el jengibre fresco y reduzca el cardamomo a ¼ de cucharadita (aprox. 1 vaina). Reduzca el *ghee* o el aceite en la segunda etapa a 1 cucharada y añada el cilantro, el cardamomo, los granos de pimienta y ¼ cucharadita de jengibre seco. Saltee por 2 a 3 minutos. Luego agregue el resto de las especias y la cebolla y 4 dientes de ajo. Siga el resto de la receta tal como se describe. Si lo desea, puede agregar 1 cucharada de linaza en los últimos 15 minutos de cocción para mejorar la limpieza de los pulmones. Simplemente mezcle dentro del *kichadi* mientras se está cocinando.

Comentarios: Este es un *kichadi* para combatir los resfriados de invierno, las gripes y la bronquitis violenta. También es lo suficientemente sabroso para ser servido como cena. El *ajwan* y el jengibre trabajan para descongestionar los pulmones, mientras que la cebolla y el ajo, que son calientes, estimulan el sistema inmune y la circulación. El camote es rico en vitamina A, la cual suaviza las membranas pulmonares y los bronquiolos, y apoya al sistema inmunológico. El alga kombu ayuda a eliminar metales pesados como el plomo, si usted está viviendo en un ambiente contaminado o urbano. El plato es relativamente caliente y picante.

KICHADI PARA LOS PULMONES # 2

Tiempo de preparación: 1½ horas — Porciones: 4-5

0 *Vata*, 0 *Pitta*, – *Kapha*

½ taza de garbanzos secos
6 tazas de agua
⅛ cucharadita de *hing*
1 a 2 cucharadas de *ghee*
½ cucharadita de semillas de mostaza negra
1 cucharadita de semillas de comino
1 cucharadita de cúrcuma
1 cebolla grande picada
2 dientes de ajo picados (omita para *Pitta*)
1 cucharada de salvia seca desmoronada
1 taza de arroz *basmati*
2 a 4 tazas más de agua (según se necesite)

½ tira de alga *kombu*
1 chirivía picada (opcional)
1 zanahoria picada
1 taza de repollo/col o brócoli picado (omita para *Vata*)
¾ cucharadita de sal marina
1 cucharadita de semillas de cilantro molida
1 cucharada de semillas de sésamo/ajonjolí

Lave los granos y el arroz. Ponga los garbanzos, el agua y el *hing* en una olla a presión y cocine. Cocine durante 30 minutos a temperatura media. Mientras se cocinan los friojoles, caliente el *ghee* en una sartén mediana y agregue las semillas de mostaza y de comino. Cuando las semillas de mostaza salten, agregue la cúrcuma, la cebolla, el ajo y la salvia. Revuelva a fuego lento durante 2 a 3 minutos. Añada el arroz y remueva. Ponga a un lado hasta que los garbanzos estén listos.

Cuando los garbanzos estén cocidos, abra la olla a presión y agregue la mezcla de arroz con especias. Agregue el kombu, la chirivía y el agua sobrante. Cocine por 45 minutos o hasta que el arroz esté suave. Añada el resto de los vegetales y especias y cocine cubierto a fuego lento por otros quince minutos.

Comentarios: El garbanzo enfría y seca los pulmones irritados e inflamados. La salvia seca el exceso de secreción mucosa pulmonar, mientras que calienta un poco. La zanahoria y la col/brócoli añaden vitaminas A y C respectivamente. Es bueno para los pulmones expuestos a productos químicos irritantes o contaminación, o para un cuerpo que se está recuperando de un resfriado o tos. Es bueno para los niños.

KICHADI DIGESTIVO

Tiempo de preparación: 1½ hora — Porciones: 3-4
*–Vata, + Pitta, – Kapha**

½ cucharadita de semillas de comino
2 cucharadas de *ghee* o aceite de girasol
3 hojas de laurel
1 cucharadita de semillas de cilantro
½ cucharadita de cúrcuma
1 cucharadita de orégano seco
½ cucharadita de sal marina
1 tira de alga kombu

1 cucharadita de raíz de jengibre fresco rallado
½ taza de arroz *basmati*
¼ taza frijol mungo partido en mitades
4 a 6 tazas de agua
3 tazas de vegetales frescos como zanahorias, zucchini, o calabacín picado en cubitos

Lave el arroz y los frijoles hasta que el agua esté limpia.

Caliente el *ghee* en una sartén mediana. Añada el comino, las hojas de laurel y el orégano. Dórelas ligeramente, hasta que aromaticen (que pueda olerlas). Mezcle la cúrcuma, el arroz y los frijoles mungos. Añada el agua, sal, kombu y jengibre. Cocine a fuego lento cubriendo la sartén hasta que los frijoles y el arroz estén suaves (durante 1 hora). Limpie y corte los vegetales en cuadritos, añádalos y cocine durante unos 15 a 20 minutos.
**Pitta puede utilizar como guarnición un poco de cilantro fresco picado para neutralizar el efecto. Si Kapha está haciendo este kichadi para sí mismo únicamente, se puede utilizar la mitad de aceite. Se puede añadir ghee adicional al servir para otros doshas, en particular para Vata.*

KICHADI PARA LOS RIÑONES

Tiempo de preparación: 1 ½ horas con olla a presión — Porciones: 5-6
–Vata, – Pitta, – Kapha

1 raíz de bardana (30 cm) (disponible en la sección de vegetales en las tiendas naturales o de comida asiática)
½ taza de frijoles aduki secos
½ tira de alga kombu
6 tazas de agua
2 cucharadas de *ghee*
1 cucharadita de semillas de comino
¼ cucharadita de semillas de hinojo
1 cebolla grande cortada
1 cucharadita de cúrcuma
2 hojas de laurel
⅛ cucharadita de *hing*
3 hojas de curry (también conocidas como *meetha neem*, disponibles en tiendas de comida hindú, opcional si las consigue)
⅛ cucharadita de canela
2 zanahorias (o un calabacín)

1 taza de arroz *basmati*
3/4 cucharadita de sal marina
***2* tazas de agua (en caso de ser necesario)**

Limpie y pele la raíz de bardana. Córtela en rodajas de 1 a 1.5cm. Limpie los frijoles aduki y colóquelos con las 6 tazas de agua, la bardana y la kombu en una olla a presión. Cocine por 25 a 30 minutos (si no tiene una olla a presión necesitará 2 horas y media adicionales). Mientras se cocinan los frijoles, caliente el *ghee* en una sartén mediana y añada las semillas de comino e hinojo. Luego añada la cebolla, la cúrcuma, las hojas de laurel, *hing*, las hojas de curry y la canela. Saltee hasta que la cebolla esté suave y coloque a un lado.

Lave la zanahoria (o el calabacín) y pártalo en pequeños pedazos (1.5 cm para las zanahorias y 1.3 cm para el calabacín). Lave el arroz muy bien. Saltee el arroz y los vegetales con la cebolla y especias por 1 a 2 minutos.

Cuando los frijoles estén listos, coloque la mezcla de arroz y vegetales con especias en la olla (ya sin presión). Añada las 2 tazas de agua adicionales. Comience nuevamente a cocinar en fuego lento durante unos 20-30 minutos, sin tapar la olla. Añada sal y sirva.

Comentarios: Adorne con jengibre seco y yogur para *Vata* y hojas de cilantro o leche de soya para *Pitta*. Suena raro, pero sabe delicioso. Si lo está haciendo de manera estricta para *Kapha*, reduzca el *ghee* a 1 cucharadita.

KICHADI PARA EL HÍGADO Y VESICULA BILIAR

Tiempo de preparación: 1½ horas — Porciones: 5-6
0 *Vata*, – *Pitta*, – *Kapha*

1 cucharada (o menos) de aceite de girasol o *ghee*
1 cucharadita de semillas de comino
½ cucharadita de semillas de mostaza
½ cucharadita de semillas de cilantro enteras
1 cucharadita de cúrcuma
1/3 taza de frijol mungo en mitades (*dal* amarillo)
1 taza de cebada perlada seca
15 cm de raíz de bardana pelada y cortada (disponible en la sección de vegetales en las tiendas naturales o de comida asiática)
1 chirivía cortada (opcional)

1 cucharadade raíz de diente de león seco (opcional, hierba disponible en algunos supermercados)
1 cucharadita de jengibre fresco y rallado
½ tira de alga kombu
225g de brócoli fresco y/o
1 manotada de verduras de hoja verde
(Son ideales las hojas de diente de león si las puede conseguir)
¾ cucharadita de sal marina
1 cucharada de semillas de cilantro en polvo

Caliente el *ghee* en una olla de 4 litros. Añada el comino, la mostaza y las semillas de cilantro. Saltee hasta que las semillas de mostaza comiencen a saltar. Añada la cúrcuma y los frijoles mungo, y saltee por unos 30 segundos. Agregue las 6 tazas de agua y la cebada, luego la bardana, diente de león, jengibre y kombu. Permita que hierva y cocine cubierto por 50 minutos o hasta que la cebada esté suave. Añada más agua (unas 4 tazas) para que el *kichadi* permanezca húmedo, revolviendo ocasionalmente para prevenir que se pegue al fondo. Lave y corte el brócoli o las verduras de hoja verde. Unos 15 minutos antes de servir, añada los vegetales, la sal y el polvo de semillas de cilantro. Revuelva y cubra, cocinando por unos 10 a 15 minutos más.

Comentarios: Este *kichadi* es un poco laxante y diurético, además de ser un colagogo (estimula el hígado y la bilis). Si está en una dieta sin grasa, las especias y el frijol mungo pueden ser asadas en seco antes de añadir el agua y los demás ingredientes. Se pueden agregar hongos shiitake si se está recuperando de una infección. Las chirivías hacen que el plato sea más refrescante y dulce.

CEREALES

LOS CEREALES

Los cereales son el alimento principal para gran parte del mundo. Desde una perspectiva nutricional occidental, los cereales deben complementarse con, al menos, una pequeña cantidad de proteína para poder ser considerado como plato principal. Sin embargo, en gran parte del mundo, si uno tiene acceso a una cantidad suficiente de cereal como para satisfacer el apetito, esto se considera una comida perfectamente nutritiva y buena. Si se añade un poco de proteína, es por lo general en forma de frijoles o lácteos. También pueden ser proporcionadas por los frutos secos o las semillas, vegetales apropiados, como los verdes, o la carne de los animales. Desde el punto de vista ayurvédico, lo que es más apropiado dependerá de su constitución, sus necesidades y preferencias.

En la antigüedad, los cereales eran la columna vertebral de una gran variedad de gachas curativas en Ayurveda. El arroz se utilizaba como una preparación ligera, con especias y alimentos específicos agregados para tratar la enfermedad en cuestión. Los cereales secos también fueron utilizados en la curación. El libro clásico ayurvédico Charaka Samhita recomienda un plato ligero de harina de maíz tostada, agua, miel y ghee con especias para contrarrestar comer en exceso, la mala digestión y la memoria y el intelecto nublado. Ver CEREAL PARA LA MAÑANA DESPUÉS (p. 314 para la réplica en tiempos modernos). Otra gacha de cebada en polvo mezclada con suero de leche se utilizaba para "erradicar el dolor de estómago".

En general, los cereales tienen un sabor dulce y un vipak dulce. Este atributo dulce, lo puede descubrir uno mismo masticando lentamente casi cualquier cereal cocido y sin endulzar. Al masticar, se disuelven los lazos que mantienen juntos los azúcares simples del cereal, lo que permite probar su dulzura verdadera. Esta dulzura hace que los cereales integrales sean útiles para conectarse a la tierra. En muchas ocasiones nos sentimos atraídos por los cereales precisamente por sus cualidades calmantes y de conexión a tierra. Los investigadores occidentales han encontrado que cuando se come una ración generosa de cereales, una hora o dos más tarde se elevan los niveles del aminoácido triptófano en el cerebro. El cerebro utiliza de manera segura el triptófano para producir el compuesto serotonina, entre otras cosas. Este compuesto produce una sensación de bienestar y tranquilidad en el cuerpo.

Las siguientes recetas están diseñadas para usarse con los cereales integrales, no con cereales refinados, ya que los enteros son más nutritivos y equilibrados. Los cereales cocinados enteros y sin diluir, tienden a ser feculentos con solo un poco de proteína en ellos. También son una fuente rica en vitaminas del complejo B, minerales y fibra. Los Vata y Pitta se beneficiarán más de porciones considerables de cereales enteros, mientras que los Kapha deben ser más moderados con ellos. Todos los doshas se equilibran con algunos cereales enteros cocidos y calientes cada día, para conectarse a tierra y para un funcionamiento suave del metabolismo.

Cada cereal tiene cualidades únicas que son útiles en la curación. El arroz basmati blanco es el único cereal que es tridóshico; puede ser consumido por todas las constituciones, obteniendo beneficios. Es ligeramente frío, dulce, ligero y húmedo. Es útil para calmar un intestino irritado o inflamado. Debido a que es más ligero que muchos de los otros cereales, puede ser ingerido por Kapha en pequeñas cantidades. Su frescura, suavidad y humedad son valiosas para Pitta y sus atributos dulce y húmedo balancean Vata. Es muy fácil de digerir. El texmati es un buen sustituto para el arroz basmati indio en Estados Unidos. Es un cruce entre el basmati indio y el arroz blanco de grano largo. Se pueden añadir dos clavos de olor a la cazuela al cocinar el arroz basmati o texmati. Esto calienta con suavidad el frescor ligero del grano. La precocción, una parte de la preparación del basmati para el mercado, reduce su contenido en vitamina B en comparación con el arroz integral. No obstante, este mismo proceso hace al cereal más fácil de digerir y menos propenso a producir gas. El arroz basmati integral es una variedad de arroz comercial que en realidad está más cerca del arroz integral regular en cuanto a sus atributos. El texmati americano y el basmati integral no se han precocido antes de la comercialización, según lo que sabemos.

El arroz integral no tiene los mismos efectos que el arroz basmati, es una especie diferente de arroz y se ha preparado de manera distinta. Su cáscara se ha dejado intacta, esto le da un efecto más caliente, pesado, húmedo y áspero. Tiene una naturaleza dulce y astringente. Estas cualidades le permiten equilibrar Vata; conecta a tierra, calienta y humedece. Estas mismas cualidades traen un ligero desequilibrio a Pitta y Kapha. A veces la aspereza del arroz integral puede irritar al intestino en comparación con el basmati. Algunos médicos ayurvédicos utilizan el arroz integral muy poco y prefieren el basmati. Yo lo uso muy a menudo. En mi experiencia, su alto contenido de fibra y la abundancia de vitaminas B alivian el estreñimiento, especialmente en nuestra cultura, donde el consumo de fibra puede ser esporádico. También, es uno de los que más conectan a tierra, sin tener la notable pesadez del trigo. Preparado mitad y mitad con cebada, el arroz integral puede ser un cereal apropiado para Pitta. Tanto el arroz como la cebada tienen fama en la práctica ayurvédica de disipar la fatiga.

El arroz silvestre es similar al arroz integral en sus cualidades y efectos. Sin embargo, es 50% más alto en proteínas, lo que hace que su acción sea un poco más caliente.

ARROZ INDIO SENCILLO

Tiempo de preparación: 20 minutos usando arroz *basmati*. 45 minutos usando arroz integral

Porciones: 3-4

*– Vata, + ligero Pitta, + ligero Kapha**

*– Vata, –Pitta, 0 Kapha***

1 taza de arroz *basmati* o integral sin cocinar
1 cucharadita de aceite de girasol
½ cucharadita de semillas de mostaza
½ cucharadita de semillas de comino
3½ taza de agua
1 cucharadita de sal marina
¼ cucharadita de pimienta negra recién molida

En una sartén mediana, caliente el aceite y añada las semillas mostaza y comino. Cuando las semillas de mostaza comiencen a saltar, agregue el agua, el arroz y la sal. Lleve a ebullición, cubra y reduzca a fuego bajo. Cocine por 15 minutos el arroz *basmati* y 35 a 40 minutos el integral. Agregue la pimienta negra, mezcle bien y sírvalo.

Comentario: Muy bueno y muy simple.

Variación: ALVERJA Y ARROZ: Añada una taza de alverjas verdes frescas o congeladas cuando agrugue el arroz *basmati*, el agua y la sal.
+ ligero Vata, – Pitta, 0 Kapha

* *Con el arroz integral*
* * *Con arroz basmati*

ARROZ DE AZAFRÁN

Tiempo de preparación: 30 minutos — Porciones: 4
*– Vata, – Pitta, 0 Kapha**

⅛ de cucharita de azafrán
1 cucharadita de semillas de comino
1 taza de arroz *basmati*
3 tazas de agua
½ cucharadita de sal marina

Lave el arroz. En una sartén mediana, ase en seco el azafrán y el comino durante 2-3 minutos para aflorar su sabor. Añada el arroz, el agua y la sal, lleve a ebullición y reduzca el fuego a bajo. Cocine hasta estar listo, aproximadamente unos 15 minutos.

Comentarios: Este plato le puede inspirar a crecer la planta de donde proviene el *Crocus sativa.* Tiene un sabor sutil y ligero que va muy bien con sopas *dal*, con un vegetal simple de acompañamiento como brócoli al vapor. No es para aquellos con un presupuesto ajustado, un paquete pequeño de 1 cucharadita de azafrán vale unos $7 US o más. La cantidad de azafrán en esta receta da un exquisito sabor de la manera que se prepara aquí. Si desea un color amarillo más fuerte, duplique la cantidad recomendada.
* *Cuando se come en cantidades moderadas por Kapha.*

PULAO

Tiempo de preparación: 30 minutos, con arroz *basmati* — Porciones: 5-6
1 hora con arroz integral
*– Vata, – Pitta, 0 Kapha**
*– Vata, + Pitta, + Kapha***

1 taza de arroz *basmati* o arroz integral sin cocinar
¼ taza de *ghee* o mantequilla
3 tazas de agua

1 cucharada de aceite de girasol
½ cucharadita de semillas de mostaza
1 cucharadita de cúrcuma
1 taza de alverjas/chirivías
½ taza de pimentón verde, cortado (opcional)
⅛ taza de nuez marañón, cortada o ⅛ taza de semillas de calabaza
¼ taza de uvas pasas
½ cucharadita de sal marina
1½ cucharadita de curry suave en polvo

En una sartén mediana, caliente el *ghee* o la mantequilla. Añada el arroz. Revuelva con cuidado constantemente en fuego lento durante 3 minutos. Cuando brille un poco y esté bien cubierto, añada el agua. Cocine hasta que esté suave: 15 minutos para el *basmati* o 35 a 45 minutos para el arroz integral. Deje enfriar en el sartén.

En una sartén mediana, añada el aceite y las semillas de mostaza. Cuando empiecen a saltar, agregue la cúrcuma y los vegetales. Cocine por 3 a 4 minutos. Agregue las nueces y las uvas pasas y mezcle bien. Añada el arroz ya frío, utilizando un tenedor para soltarlo un poco. Agregue la sal y el polvo de curry. Mezcle bien y sirva.

Comentarios: Esto combina bien con yogur y con una porción de berenjena, es especialmente bueno para *Vata.*
**Con arroz basmati y semillas de calabaza*
**Con arroz integral y nuez de marañón*

ARROZ PICANTE CON YOGUR

Tiempo de preparación: 10 minutos — Porciones: 4-5
*– Vata, + Pitta, + Kapha**
*– Vata, – Pitta, 0 Kapha***

2 tazas de arroz *basmati* o arroz integral cocido
2 tazas de yogur, o ½ taza de yogur y ½ taza de leche de soya sin sabor
1 a 2 cucharadas de aceite de girasol (la cantidad menor para *Kapha*)
½ cucharadita de semillas de mostaza
½ cucharadita de semillas de comino
⅛ cucharadita de *hing*
1 cucharadita de sal marina
½ cucharadita de pimienta negra
½ cucharadita de canela

¼ chile verde picante cortado (opcional)
Guarnición: ⅛ taza de almendras crudas (opcional)

Caliente el aceite en una sartén mediana. Añada las semillas de mostaza y de comino. Cuando las semillas de mostaza empiecen a saltar, añada el arroz y el yogur. Luego añada todos los ingredientes (con excepción de las almendras) y mezcle bien. Traiga al punto de ebullición. Sirva caliente.

Comentarios: Este es un plato delicioso y muy sencillo para el almuerzo o la cena si tiene el arroz preparado de antemano. Si lo hace con todo el yogur, es un excelente plato para *Vata*. Hecho con leche de soya, es más ligero y más frío que con yogur, y es apropiado para *Pitta* o *Kapha*.

* *Con dos tazas de yogur*
** *Con ½ taza de yogur y ½ taza de leche de soya*

ARROZ CON PAPAS

Tiempo de preparación: 30 minutos, con arroz preparado previamente. 45 a 75 minutos incluyendo la preparación del arroz.

Porciones: 4-5

– Vata, 0 Pitta, + Kapha

1 taza de arroz *basmati* o arroz integral (3 tazas cocinadas)
3 papas medianas
3 cucharaditas de aceite de girasol
1 cucharadita de semillas de mostaza
1 cucharadita de cúrcuma
½ taza de agua
1 cucharadita de sal marina
1 manotada de vegetales de hoja verde cortados (opcional)
1½ cucharadita de jugo de limón
½ chile verde picado (opcional, omita para *Pitta*)
1 cucharadita de miel
Guarnición: hojas frescas de cilantro picado

Cocine el arroz en dos tazas de agua y luego deje enfriar. Mientras se cocina el arroz, corte las papas en pedazos de ½ cm, lávelas dos veces con agua, escurriéndolas cada vez. En una sartén grande, caliente el aceite con las semillas de mostaza. Cuando las semillas comiencen a saltar, añada la cúrcuma, las papas, las verduras de hoja verde, ½ taza de agua y ½ cucharadita de sal. Mezcle bien. Cocine en fuego bajo por unos 15 minutos hasta que las papas estén suaves. Combine el arroz con las papas cocinadas. Añada el jugo de limón, la pimienta y el resto de sal y mezcle bien. Cocine por 3 minutos más, y después añada la miel, esparciéndola bien sobre el plato y mezclando bien. Decore con cilantro fresco.

Comentarios: Sirva como almuerzo o como una cena ligera. Añada jugo de limón adicional para *Vata* como guarnición. Esta es una receta que permite que *Vata* disfrute las papas felizmente. Esta preparación calienta y humedece las papas.

ARROZ PICANTE CON PAPAS

Tiempo de preparación: 10 a 15 minutos — Porciones: 2-4

*–Vata, + leve Pitta, + leve Kapha**

*– Vata, 0 Pitta, 0 Kapha***

1½ taza de arroz *basmati* o arroz integral cocinado
1 papa mediana bien limpia
¼ chile verde picante cortado (opcional, omita para *Pitta*)
2 cucharadas de aceite de girasol
⅛ cucharadita de *hing*
½ cucharadita de semillas de mostaza
3 cucharadas de agua
½ cucharadita de sal marina
½ cucharadita de polvo de curry
1 cucharadita de jengibre fresco, rallado o cortado
Guarnición: Hojas frescas de cilantro picadas

Corte las papas. Caliente el aceite en una sartén y añada las semillas de mostaza y el *hing*. Cuando las semillas comiencen a saltar, añada las papas y el polvo de curry. Añada el agua y cocine a fuego lento por 5 a 7 minutos, revolviendo ocasionalmente para que no se pegue. Añada el arroz cocinado y todos los demás ingredientes. Mezcle bien y retire del fuego.

Comentarios: Va muy bien con yogur o con un curry de vegetales. La cualidad húmeda del arroz y el aceite tiende a equilibrar el efecto seco de la papa para *Vata*.

* *Con arroz integral*

** *Con arroz basmati*

AVENA Y ESPÁRRAGOS

Tiempo de preparación: 1 o 2 horas con remojo por la noche (la mayoría desatendido) Porciones: 3-4

– *Vata,* – *Pitta,* + ligero *Kapha*

1 taza de sémola de avena, seca
6 a 8 tazas de agua
1 cucharada de *ghee* o aceite de girasol
¾ cucharadita de semillas de comino
⅛ cucharadita de *ajwan*
1 cucharada de semillas de cilantro
½ cucharadita de sal marina
Pimienta negra al gusto
225 g de espárragos frescos

Lave la sémola de avena y enjuague hasta que el agua salga limpia. Colóquela en una sartén mediana con agua y lleve a ebullición. Mientras tanto, caliente el *ghee* o el aceite en una sartén pequeña y añada las semillas de comino, *ajwan* y cilantro. Caliente por 1 a 2 minutos o hasta que el comino esté ligeramente dorado. Añada las especias con la sal a la avena, cubra y cocine a fuego medio hasta que esté suave (1 hora si estuvo remojando o 2 horas si no).

Diez minutos antes de servir, limpie y corte los espárragos. Cocínelos al vapor por unos 5 a 8 minutos. Mézclelo con la avena y sirva.

Comentarios: Esta receta medicinal es muy calmante para una vejiga irritada. La cebada también funcionaría muy bien como sustituto de la avena. Inténtelo con SOPA DE FRIJOL NEGRO (p. 214) para una cena suave y tonificante para la vejiga.

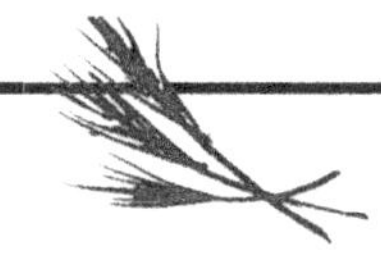

LA CEBADA

Los atributos de la cebada son: frío, ligero y seco. Inicialmente me confundí con los atributos ayurvédicos de la cebada, ya que parecía ser un cereal húmedo, casi pegajoso cuando se cocina. Entonces empecé a investigar cómo afecta al cuerpo y descubrí que es un diurético y laxante. Trae un poco de agua al cuerpo, pero después vuelve a sacar una cantidad aún mayor. Entendiendo su acción dinámica, pude ver por qué sería tan beneficiosa para Kapha y no tan útil para Vata. Enfría y conecta a tierra, por lo que es útil para Pitta. También es muy útil para prevenir el estreñimiento, en especial para los de tendencia Pitta y Kapha. También puede curar la diarrea crónica con mucosidad. La cebada puede ser utilizada para aliviar Vata cuando está bien condimentada con hierbas medicinales como hinojo y cálamo y humedecida con aceite y vinagre. Delicioso, ¿no? Diluida como una bebida de cereal deliciosa (ver TÉ DE CEBADA, p. 295) se puede tomar para bajar la fiebre y calmar las vías urinarias inflamadas. Es también un alimento nutritivo para los niños.

CEBADA SAZONADA

Tiempo de preparación: 1 hora — Porciones: 4-5

+ ligero *Vata, – Pitta, – – Kapha** ✿ ❄

1 taza de cebada seca
6 tazas de agua
1 raíz de bardana (30. 5 a 38 cm)
½ cucharadita de sal marina
1 cebolla picada (opcional)
½ tira de alga kombu
1 cucharadita de salvia seca
Pimienta negra y *ghee* al gusto

Lave y pele la raíz de bardana, píquela finamente. Coloque todos los ingredientes excepto la salvia, la pimienta negra y el *ghee* en una sartén mediana y deje hervir. Cubra y reduzca el fuego a medio-bajo. Cocine hasta que estén tiernos, unos 50 minutos. Añada la salvia, la pimienta negra y el *ghee* y cocine a fuego lento otros 5 minutos.

Comentarios: Este plato es especialmente útil para la colitis ulcerosa, mucosa o nerviosa, o las combinaciones entre estas.
** Aumenta Vata si se usa regularmente (adecuado para uso ocasional).*

Variación: En vez de salvia, agregue ½ cucharadita de tomillo, ½ cucharadita de orégano, ¼ de cucharadita de ajedrea, todos secos y ⅛ cucharadita de pimienta negra. Esta fórmula funciona más en el tracto digestivo superior, mejorando la digestión en el estómago. Es bueno servido con tamari.

CEBADA "SENCILLA"

Tiempo de preparación: 1 hora | Porciones: 4-5
+ moderado *Vata, – Pitta, – Kapha**

1 taza de cebada sin cocinar
5 tazas de agua
½ cucharadita de sal marina
2 cucharadas de perejil fresco picado
1 cucharadita de comino molido

Ponga la cebada, el agua y la sal en una olla mediana y deje hervir. A continuación, tape y reduzca el calor a medio-bajo y cocine hasta que la cebada esté lista (suave), como unos 50 minutos. Añada el perejil y el comino.
**Para Vata, sirva con ghee para calmar su efecto, así solo traerá un leve desequilibrio y será apropiado para uso ocasional. Se puede usar durante todo el año para Kapha y Pitta.*

CEBADA Y HONGOS

Tiempo de preparación: 1 hora 15 minutos | Porciones: 4-5
+ ligero *Vata, – Pitta, – Kapha*

1 taza de cebada seca
3 tazas de agua
½ taza de hongos shiitake
3 cucharadas de mantequilla o *ghee* (reducir a 1 cucharada para *Kapha*)
1 cucharadita de semillas de mostaza
1 cucharada de semillas de ajonjolí/sésamo

2 clavos
1 cucharadita de sal marina
¼ cucharadita de pimienta negra recién molida
3 cucharadas de perejil fresco picado finamente
Guarnicion: *Ghee*, semillas de sésamo y clavo adicional para *Vata*.

Ponga la cebada con agua en una olla grande. Permita que hierva sin tapa, luego cúbrala, baje a fuego lento y cocine hasta que esté hecho, aproximadamente unos 50 minutos a 1 hora. Mientras se cocina la cebada, remoje los hongos shiitake en agua suficiente para cubrirlos, por lo menos durante 15 minutos. Escurra los hongos y córtelos en rodajas.

Cuando la cebada esté lista, caliente la mantequilla o el *ghee* en una sartén pequeña. Añada las semillas de mostaza, cuando estas comiencen a saltar, agregue las semillas de sésamo, los clavos y los shitaakes en rodajas. Cocine a fuego lento de 4 a 5 minutos. Luego agregue el resto de los ingredientes junto con la mezcla de hongos salteados a la cebada y mezcle muy bien. Cocine de 2 a 3 minutos.

EL CENTENO, EL MIJO Y EL TRIGO SARRACENO

El centeno, el mijo y el trigo sarraceno son cereales calientes, ligeros y secos. Por este motivo, son ideales para Kapha. El centeno y el mijo son cereales particularmente buenos para equilibrar Kapha, al igual que la cebada. Sus cualidades secas y ligeras los hacen inadecuados para Vata si se comen solos. El vipak dulce del mijo, el centeno y el trigo sarraceno equilibran su calor en cierta medida para Pitta, haciendo que desequilibren menos, si se preparan con humedad adicional. Curiosamente, el centeno y el trigo sarraceno por lo general han sido servidos con trigo de generación en generación. Esto le da la oportunidad al trigo que es frío, pesado y húmedo para equilibrar a los otros cereales con calidades opuestas de ligereza y sequedad, esta combinación es útil para Pitta y Vata. Estos dos (Pitta y Vata) con frecuencia pueden asimilar un pan de centeno y harina de trigo con más facilidad que un pan 100% de centeno. No es así

para Kapha, al que le va mejor con el producto completamente de centeno, preferible si está tostado. Las galletas hechas 100% de centeno son valiosas para Kapha. Los fideos 100% de trigo sarraceno (soba) también son útiles para el Kapha que extraña las alegrías de la pasta tradicional. Se pueden encontrar en tiendas de comestibles asiáticos y en tiendas de alimentos saludables. Los panqueques de trigo sarraceno comercial, aunque deliciosos, con frecuencia tienen más trigo que trigo sarraceno. Es irónico, pero benefician más a Pitta y Vata que a Kapha. Vea PANQUEQUES DE TRIGO SARRACENO (p. 306) en DESAYUNOS, para mantener a Kapha más tranquilo.

PAPAS Y MIJO PICANTES

Tiempo de preparación: Con cereal pre-cocido, 10-15 minutos, con cereal fresco, 40-55 minutos

Porciones: 2-4

+ Vata, 0 Pitta, – Kapha ✿ ❄

1½ taza de mijo cocido
1 papa mediana, bien limpia
2 cucharadas de aceite de girasol
⅛ cucharadita de *hing*
½ cucharadita de semillas de mostaza
½ cucharadita de curry en polvo
1 cucharadita de jengibre fresco picado o ⅛ cucharadita en polvo
½ cucharadita de sal marina

Guarnición: hojas picadas de cilantro fresco, si está disponible

Lave y corte la papa en cuadritos. Caliente el aceite en una sartén mediana y agregue el *hing* y las semillas de mostaza. Cuando las semillas de mostaza salten, añada las papas y el curry en polvo. Revuelva y cocine a fuego lento durante 5 a 7 minutos. Añada el mijo cocido y todos los demás ingredientes. Mezcle bien y retire del fuego.

Comentario: Esto va bien con el yogurt de cabra y curry de verduras.

MIJO A LAS HIERBAS

Tiempo de preparación: 35 minutos Porciones: 4
*+ Vata, + Pitta, – – Kapha**

1 taza de mijo seco
2½ a 3 tazas de agua
¼ cucharadita de sal marina
½ cebolla pequeña finamente picada
3 dientes de ajo, pequeños y sin pelar (o uno pelado y picado)
1 cucharadita de salvia

Ponga todos los ingredientes en una olla mediana y deje hervir. Cubra y reduzca el fuego a bajo. Cocine 30 minutos o hasta que el mijo haya absorbido toda la humedad del agua. Es una buena idea revisar a los 20 minutos, ya que a veces el mijo se cocina rápidamente.

Comentarios: Esta va bien con TÉ DE AJWAN (p. 299) o TÉ DE OSHA (p. 295), especialmente en las mañanas o tardes nubladas cuando una noche fría está por venir.

Un buen desayuno o plato de cena. Añada la mayor cantidad de agua si se quiere una consistencia cremosa o si está trabajando para calmar *Vata,* menor si lo prefiere como una cena de cereales. Es un buen plato en tiempos de lluvia.

**Bueno para uso ocasional de Vata y Pitta: utilice la mayor cantidad de agua para Vata y evite el ajo para Pitta.*

POZOLE DEL SUROESTE

Tiempo de preparación: de un día para otro, más 3 horas (unos 15 minutos de preparación real) Porciones: 4
+ Vata, ++ Pitta, – Kapha

2 tazas de maíz seco pozolero amarillo o azul (alrededor 354 ml disponible principalmente en tiendas de comida mexicana)
8 tazas de agua
1 cebolla grande picada
2 dientes de ajo picados
1 cucharada de aceite de girasol (opcional)
1 cucharadita o más de chile rojo en polvo o 3 vainas de chile rojo
1 cucharadita de orégano
1 cucharadita de sal marina

1 cucharada de semillas de cilantro
½ cucharadita de semillas de comino

Remoje el pozole en agua durante la noche, luego enjuague bien y escurra. Pongalo con el agua en una olla grande y lleve a ebullición. Cubra y reduzca el fuego a medio y cocine por 2½ horas. Añada el resto de los ingredientes y cocine por otra ½ hora o hasta que el pozole esté tierno. Revuelva ocasionalmente. Puede preparase en una olla de cocción lenta

Comentarios: Esto va bien con los FRIJOLES PINTO SANTA FE (p. 118) y una ensalada. Esta receta está incluida porque tiene buen sabor y trae equilibrio para *Kapha.* Muy a menudo, los *Kapha* evitan el almidón, habiendo sido instruidos desde su infancia que es "malo" para las personas fornidas. En realidad, las pequeñas cantidades de carbohidratos complejos son muy útiles para *Kapha* y mantienen los mecanismos de la insulina funcionando a la perfección. Obviamente, si no ha visto que este es su caso, no tome mi palabra para ello, pruebe un poco y vea cómo le afecta.

Otras opciones de almidones saludables para *Kapha* incluyen los fideos soba 100% de trigo sarraceno, buenos con perejil picado y *ghee* o verduras al vapor, tortillas de maíz, palomitas de maíz y fideos de patatas silvestres jinenjo. Estos últimos suelen tener algo de trigo en ellos, por lo que deben ser utilizados de forma ocasional y no regularmente. No obstante, son muy sabrosos y una pasta suave para aquellos que buscan opciones con poco o nada de trigo.

POZOLE VERDE CON CHILE: Agregue ½ taza de chiles verdes cocidos a la receta anterior, al agregar las otras especias.

POZOLE CON PAVO O POLLO: El pozole tradicionalmente lleva carne roja. Una opción con menos grasa pero no-vegetariana es agregar al pozole 454g de carne magra de pollo o pavo, cortada en cubitos, en la última hora de la cocción. Es popular aquí en las montañas de Nuevo México.

EL TRIGO

El trigo es el cereal más ampliamente utilizado en nuestra cultura, y también es el más pesado y húmedo. Esta es su fuerza y su desventaja. Es excelente para equilibrar un grano seco como el garbanzo. Por ejemplo, puede ser usado para hacer pan de pita con falafel o humus. Ayuda a conectar a tierra cuando se sirve con algo fresco y húmedo como el queso. Es el mejor cereal para usar si usted está interesado en aumentar de peso (siempre y cuando no sea alérgico a él). Probablemente usted llegue a pensar, gracias a esta discusión que el trigo es excelente para Vata y propenso a desequilibrar a Kapha. ¡Esto es cierto! También le da equilibrio a Pitta, ya que es refrescante, así como pesado.

La sensibilidad al trigo está muy extendida en este momento, tal vez debido parcialmente a las prácticas de alimentación infantil de la generación anterior. Hemos introducido los cereales a los niños tan pronto como a las tres semanas de vida, con la creencia bien intencionada pero muy errada de que los bebés necesitan este alimento extra. En realidad, la mucosa intestinal no está preparada para asimilar los cereales a una edad tan temprana. En cambio, a esta edad, los alimentos pueden parecerse a una sustancia extraña, y ser tratados como tal. Pueden surgir anticuerpos hacia los cereales sin digerir, resultando en alergias. Los síntomas de sensibilidad a los cereales, van desde lentitud después de consumirlos, hasta indigestión, dolor de cabeza, dolor en las articulaciones y mal humor. Si usted es sensible al trigo o a cualquier otro cereal, evítelo, sin importar lo que aquí se recomiende en las listas ayurvédicas para su constitución. A veces, esta sensibilidad puede ser sanada y se puede reintroducir la comida en la dieta. Apoyar el agni y evitar el alimento causante de la alergia durante un tiempo, además de la asistencia profesional en la mejora del poder inmune y digestivo, es de lo más eficaz en la curación de las alergias.

ROTALIS O CHAPATIS

Tiempo de preparación: 2 horas — Porciones: 20-25

–Vata, – Pitta, + Kapha ✿ ✷ ❧ ❄

2 tazas de harina de trigo integral
2 cucharaditas de aceite de girasol
1 taza de agua tibia
¾ taza de harina de trigo integral en un tazón aparte
Ghee

En un tazón profundo mezcle la harina y el aceite con las manos, luego agregue agua y prepare una masa (esta masa es más suave que otras). Tape y deje reposar durante una hora. Añada 1 cucharadita adicional de aceite y mezcle bien para que penetre profundamente la masa.

Prepare 20 a 25 bolas pequeñas de la masa. Apriete y amase entre las manos. Cubra las bolas con harina seca, y aplane con un rodillo sobre una tabla de madera para hacer círculos de 7.5 cm a 10 cm. Espolvoree de nuevo con harina seca, a continuación, aplane cada *rotali* a su tamaño completo de alrededor de 15 cm de diámetro.

Transfiera cada *rotali* a una plancha caliente a fuego medio. Voltéelo después de ½ minuto o cuando vea pequeñas burbujas. Deje cocer otro ½ minuto. Luego traslade a la llama directa de la estufa hasta que se hinche como un globo. Pase a un plato extendido y esparza *ghee* sobre este.

Comentarios: Esto va bien con el arroz y la sopa o cualquier preparación de verduras, este es el clásico pan plano de la India. Es una buena alternativa sin levadura para el pan ordinario. También se pueden añadir a la masa de una cucharadita de semillas de comino y granos de pimienta negra para un sabor más picante que estimule la digestión (- *Vata, -Pitta, + moderado Kapha).*

Para los niños, puede utilizar jarabe de arroz y mantequilla de maní y enrollar los *chapatis* como un tronco. Una opción popular (- *Vata, +Pitta, + Kapha).*

CHAPATIS DE CENTENO

Tiempo de preparación: 30 minutos o menos — Rinde: 5 *chapatis*
+ moderado *Vata,* + moderado *Pitta, – Kapha*

½ taza de harina de centeno
½ cucharadita de *ghee*
⅛ taza de agua fría

Frote el *ghee* en la harina de centeno con la punta de sus dedos. Agregue el agua. Mezcle y amase hasta obtener una consistencia suave. Divida la masa en 5 bolas de igual tamaño. Ruede las bolas en harina de centeno en una superficie bien enharinada. Con un rodillo aplane las bolas hasta alcanzar 14 cm a 15 cm de diámetro.

Cocine en una sartén caliente y seca de 15 segundos a 1 minuto o hasta que aparezcan burbujas en la parte superior. Una sartén antiadherente funciona bien para esto. Gire el *chapati* y cocine otros 15 segundos a 1 minuto o hasta que el *chapati* esté dorado. Si usted tiene una estufa de gas, termine cocinando los *chapati* directamente sobre la llama sin sartén. El *chapati* se inflará. Tan pronto como lo haga, darle vuelta una vez para completar la cocción. Después de cocinar, cubra un lado con un poco de *ghee.* Si una estufa eléctrica está disponible, utilice una segunda sartén ligeramente cubierta con aceite. Cocine un poco el *chapati* por ambos lados.

PAN DE MAÍZ

Tiempo de preparación: 45 minutos — Rinde: 1 pan o 9-12 cuadros

Vata, Pitta, Kapha (véase más adelante) ✿ ✻

1 taza de harina de maíz
1 taza de harina de cebada o arroz
1 cucharadita de sal marina
2½ cucharaditas de polvo de hornear (2 cucharaditas a gran altura)
2 claras de huevo o 1 huevo
1½ a 4 cucharadas de aceite de girasol o *ghee*
1 cucharada de edulcorante: concentrado de manzana, jarabe de arce o jarabe de arroz integral
1 taza de leche (vaca, cabra o soya)

Precaliente el horno a 205 °C. Engrase ligeramente un molde para hornear de 20 cm por 20 cm y ponga en el horno a calentar durante 5 minutos. Cierna bien los ingredientes secos. (Este paso es importante, sobre todo si usted está haciendo pan de maíz para *Kapha,* con el mínimo de aceite. Esto mantiene el pan más ligero). Bata un poco las claras de huevo o el huevo y agregue el resto de los ingredientes líquidos. Revuelva las dos mezclas, batiendo con una cuchara. Vierta la mezcla en el molde caliente y hornee de 25 a 30 minutos o hasta que esté listo (un palillo de dientes clavado en el centro del pan debe salir limpio). Sírvase bien caliente.

Para *Vata:* use harina de arroz, claras de huevo o un huevo, 4 cucharadas de grasa, jarabe de arce o jarabe de arroz y leche de vaca.
(- *Vata, - Pitta, + moderado Kapha)*
Para *Pitta:* use cebada o harina de arroz, claras de huevo, 2 a 4 cucharadas de grasa, cualquiera de los edulcorantes y cualquiera de las leches.
(0 *Vata - Pitta, + moderado Kapha)*
Para *Kapha:* use harina de cebada, claras de huevo o huevo, tan poco aceite como usted pueda disfrutar, concentrado de manzana y leche de cabra o de soya.
(+ *Vata, - Pitta, - Kapha)*
Tridosha: use cualquiera de las harinas, claras de huevo, 3 cucharadas de grasa, jarabe de maple o de arroz integral, y leche de soya o ½ taza de leche de vaca diluida con ½ taza de agua.
(- *Vata - Pitta, 0 Kapha)*

Comentarios: El truco aquí es adicionar suficiente grasa para hacer el pan de maíz delicioso sin agregar tanta grasa que ya no calme a *Kapha.* Al hacer el pan de maíz para este libro de cocina, empecé a darme cuenta de que la mayoría de los panes de maíz comerciales no ayudan a *Kapha,* sino que lo perturban. Irónicamente, la mayoría usan por lo menos ¼ de taza de grasa, lo que calma y suaviza el pan a largo plazo, y es más adecuado para *Vata o Pitta.* Si usted hace esta receta con el mínimo de aceite y necesita calentar el pan de maíz para volver a servirlo, COCINE AL VAPOR, NO LO TUESTE. El vapor da mayor humedad, mientras que tostarlo seca demasiado a un pan que ya es seco por sí solo. En todos los casos, *Vata* y *Pitta* lo pueden servir con mantequilla *o ghee* y edulcorante adicionales para calmar su efecto seco y caliente.

PAN DE MAÍZ SIN HUEVO

Tiempo de preparación: 2 horas, la mayor parte sin vigilancia

Rinde: 1 pan o 9-12 cuadros

+ moderado *Vata, 0 Pitta, – Kapha*

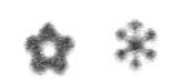

1 taza de harina de maíz
½ taza de harina de cebada
½ taza de harina de avena
½ cucharadita de sal marina
1 cucharadita de polvo para hornear (3/4 cucharadita a gran altura)
1½ tazas de suero de leche, o ½ taza de yogurt natural bajo en grasa y 1 taza de agua
1 cucharada de concentrado de manzana

Cernir los ingredientes secos juntos. A continuación, mezcle todos los ingredientes en un recipiente. Deje reposar cubierto durante una hora. Precaliente el horno a 177 °C. Hornee en un molde para pan bien engrasado o bien en un molde para hornear de 20 cm por 20 cm, de 40 a 45 minutos. Sirva inmediatamente.

Comentarios: Esta masa de pan húmedo y de sabor ligeramente amargo es fácil para aquellos que buscan evitar los huevos. Si lo desea, puede hervir una taza de agua y vertirla sobre el pan de maíz antes de añadir el resto de los ingredientes. Esto calma la amargura leve de la harina de maíz y le aflora un poco de dulzura. *Pitta* y *Vata* pueden equilibrar esta receta adicionando *ghee* o un edulcorante apropiado.

MUFFINS DE BANANO

Tiempo de preparación: 35 minutos — Rinde: 6 muffins grandes

–Vata, 0 Pitta, + Kapha

2 bananos/plátano grandes maduros
¼ taza de aceite de girasol
¼ taza de jarabe de arce
½ cucharadita de cardamomo molido
½ cucharadita de canela
2 dátiles picados
1¼ tazas de harina decebada y arroz indio (mitad y mitad) o 1¼ tazas de harina de trigo integral
1 ½ cucharaditas de polvo de hornear (1 cucharadita a gran altura)
½ cucharadita de sal marina

Precaliente el horno a 176 °C. Triture el banano en un tazón mediano y agregue el aceite y el jarabe. Agregue las especias y los ingredientes secos. Vierta en un molde para muffins bien aceitado y hornee por 25 minutos o hasta que esté hecho.

Comentarios: Muy bueno y fácil. Siempre intentamos ver si estos muffins se conservan bien, pero nunca tenemos la oportunidad, los consumimos demasiado rápido.

Variación: Sustituir con un ¼ de taza de mermelada de fruta azucarada el jarabe de arce. Las mermeladas de albaricoque o naranja funcionan bien. Estas mermeladas no tienen azúcar y están endulzadas con jugo de fruta concentrado. Se pueden encontrar en la mayoría de los grandes almacenes o en las tiendas de alimentos naturales.

EL SALVADO DE AVENA

El salvado de avena se ha popularizado recientemente como una fuente de fibra y como una manera de reducir los niveles de colesterol en la sangre. Es mucho más ligero y más seco que la avena regular. Equilibra mas a Kapha, sirve como un cereal de desayuno frío en forma de hojuelas de salvado de avena. Es neutral para Pitta. A menos que esté bien humedecido, sin duda puede desequilibrar a Vata. Vata puede obtener el beneficio de la fibra de manera natural presente en el salvado de avena en hojuelas de avena cocidas. El salvado de avena también se puede añadir a las recetas de bollos o pan para aligerar sus efectos y añadir fibra (ver PANECILLOS DE SALVADO DE AVENA a continuación). Siendo lo suficientemente acertado, en el Ayurveda, los alimentos secos como el salvado de avena son muy apreciados como una forma de contrarrestar los efectos de consumir demasiados alimentos dulces y pesados, como la carne, el vino, el queso y los dulces.

MUFFIN DE SALVADO DE AVENA

Tiempo de preparación: 45 a 50 minutos Rinde: 12 muffins de 7.5 cm
+ Vata, – Pitta, – Kapha

2 tazas de salvado de avena (o alrededor de 4 tazas de hojuelas de avena)
1 cucharadita de sal marina
2 cucharaditas de polvo para hornear
½ cucharadita de canela
¼ cucharadita de clavos molidos
⅛ cucharadita de jengibre en polvo seco
2 tazas de leche de cabra
½ taza de higos secos o ½ taza de puré de manzana sin azúcar
½ taza de uvas pasas
¼ taza de *ghee* o aceite de girasol
1 huevo (o 2 claras de huevo, si usted está buscando cero colesterol)
½ taza de semillas de girasol (opcional)

Precaliente el horno a 218 °C y engrase la bandeja para hornear muffins. Si se utilizan hojuelas de avena, licuelas en seco para darles la textura de polvo desmenuzable del salvado de avena. El volumen de las hojuelas de avena se reducirá de 4 tazas de salvado de avena a 2 tazas cuando esté molida.

Mezcle el salvado de avena o la avena molida con la sal, el polvo para hornear, las especias y las semillas de girasol en un tazón grande. Licue un poco de leche de cabra tibia, junto con todos los ingredientes húmedos, excepto las pasas, hasta que los higos queden finamente picados y el huevo se mezcle. Vierta el líquido a los ingredientes secos y mezcle rápidamente, con un mínimo de movimientos para evitar que los panecillos se endurezcan. Agregue las pasas. Ponga la mezcla en los moldes engrasados a 2/3, 3/4 de su capacidad. Hornee a 218 °C durante 20 a 25 minutos o hasta que estén listos (un cuchillo clavado en el centro saldrá limpio cuando esté cocido).

Comentarios: Es bueno con *ghee* y té caliente. *Pitta* puede sustituir la leche de soya o de vaca en esta receta si así lo desea. Sin embargo, la astringencia de la leche de cabra es beneficiosa tanto para *Pitta* como para *Kapha*.

Variación: Sustituya 2 tazas de hojuelas de avena y 1 taza de harina de trigo integral por el salvado de avena. Triture las hojuelas de avena como se indica. Utilice leche de vaca en lugar de leche de cabra y añada ½ taza de edulcorante: jarabe de arce, jarabe de arroz o panela/mascabado en lugar de los higos o el puré de manzana (- *Vata*, - *Pitta*, + *Kapha*).

PAN RÁPIDO SIN TRIGO

Tiempo de preparación: 40 minutos Porciones: 6-8

| ligero *Vata,* | ligero *Pitta,* – *Kapha**

1½ tazas de salvado de avena
¾ taza de harina de maíz
1 cucharadita de sal marina
2 cucharaditas de polvo de hornear (1½ cucharaditas a gran altura)
2 tazas de leche de soya o de leche de vaca (soya para *Kapha)*
1-2 cucharadas de jarabe de arce (en mayor cantidad para *Vata* y *Pitta,* menos para *Kapha,* o como dicte su gusto)
1 huevo grande batido
1 cucharada de aceite de girasol o *ghee*
¼ taza de semillas de girasol (opcional)

Precaliente el horno a 218.3 °C.
En un recipiente para mezclar de tamaño mediano mezcle juntos los ingredientes secos: el salvado de avena, la harina de maíz, la sal y el polvo de hornear. En otro tazón, bata el huevo y luego agregue la leche de soya, el jarabe de arce y el aceite. Añada los ingredientes húmedos a los secos, con un mínimo de movimientos. La consistencia de la mezcla será espesa como una sopa. Vierta sobre un molde para hornear cuadrado de 20 cm y cocine por 20 a 25 minutos o hasta que esté listo (que al insertar un cuchillo en el centro, este salga limpio). Alcanza para 16 cuadrados de 5 cm o una docena de muffins.

Comentarios: Las ventajas de este pan es que es húmedo, se mantiene unido y tiene buen sabor. Esto es raro en un pan libre de trigo, como sabrán aquellos que hayan intentado preparar uno. Funciona bien como un pan de frutas rápido, con puré de banano, duraznos o dátiles añadidos en lugar de alguno de los líquidos.

**Tanto Vata como Pitta pueden mejorar esta excelente opción añadiendo mantequilla y mermelada o ghee y endulzante.*

Variación: PAN DE CEBOLLA Y SALVIA: Saltee en una cucharada de aceite una cebolla pequeña picada. Omita el edulcorante y añada una cucharadita de salvia seca. Mezcle esto con los ingredientes líquidos y proceda como se indicó anteriormente. Sabroso y ligero.
+ ligero Vata, + Pitta, - Kapha

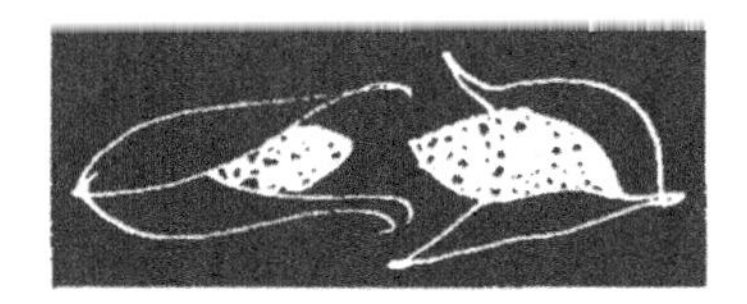

VEGETALES

LOS VEGETALES

Las verduras son una manera deliciosa de aligerar una comida y de equilibrar el sabor para su constitución o la de su familia. Ricas en vitaminas y bajas en calorías, ofrecen nutrición sin masa pesada. Siendo ligeras y húmedas, en general, son una de las comidas más sencillas de digerir cuando son preparadas de manera adecuada. Combinan bien con la mayoría de los alimentos, incluyendo proteínas, cereales y grasas. Los vegetales tienen un amplio rango de sabores, desde dulce (calabaza), amargo (hojas verdes oscuras), astringente (espárragos) y picante (berros), hasta salado (apio). Esto significa que pueden utilizarse para una amplia variedad de formas para sanar. Como la mayoría de los alimentos en el Ayurveda, los vegetales se clasifican en fríos o calientes, ligeros o pesados. Los vegetales calientes tienden a ser más ventajosos para Vata y Kapha, y los que enfrían para Pitta. Las raíces pesadas son usadas para equilibrar al ligero Vata y los vegetales de hojas verdes son frecuentemente aconsejados cuando hay Kapha substancial.

El espárrago es uno de los pocos vegetales que puede ser consumido por todos los doshas sin alterarlos. Es dulce, astringente y amargo, refrescante, ligero y húmedo, es ideal para Pitta. Estabiliza Vata, siendo fácil de digerir y aligera y estimula Kapha. Puede cocerse al vapor y comerse así, o utilizarse en una amplia variedad de curris, kichadis y platos principales. Se utiliza medicinalmente en Ayurveda como laxante suave, sedante cardíaco y nervioso, tónico, afrodisíaco y demulcente. Tranquilice a su angustiada pareja (o a usted mismo) después de un largo día de trabajo con este vegetal revitalizante. Es un pariente menos potente de la preparación rejuvenecedora de la India, Shatavari.

ESPÁRRAGOS SIMPLES AL VAPOR

Tiempo de preparación: 15 minutos o menos — Porciones: 3-4

–Vata, – Pitta, – Kapha

454g de espárragos frescos
1 taza de agua
1 cucharada de *ghee* o mantequilla

Ponga agua en una sartén pesada de tamaño mediano, caliente a fuego medio. Lave y corte los espárragos, quitando cualquier extremo leñoso (si lo desea estos se pueden guardar para su uso en un caldo). Deje enteros los tallos de los espárragos. Cuando hierva el agua, ponga los espárragos en el sartén y cubra. Deje cocer hasta que estén tiernos, durante 5 a 8 minutos (un tenedor pasará por ellos fácilmente cuando estén tiernos). Escurra y sirva con *ghee* o mantequilla.

ESPÁRRAGOS Y CHIRIVÍAS

Tiempo de preparación: 30 minutos — Porciones: 4-5

–Vata, – Pitta, 0 Kapha

340g de espárragos frescos (2½ a 3 tazas picados)
3 chirivías medianas (2 a 2½ tazas picadas)
1 a 2 cucharadas de aceite de girasol o *ghee* (la mayor cantidad para *Vata* y *Pitta*, y la menor para *Kapha*)
½ taza de agua
½ cucharadita de semillas de fenogreco
¼ cucharadita de mostaza negra en grano (omita para *Pitta*)
⅛ cucharadita de *hing*
½ cucharadita de cúrcuma
½ cucharadita de sal marina o de roca
½ cucharadita de comino molido
¼ cucharadita de pimienta negra recién molida
1 cucharada de semillas de cilantro en polvo
Guarnición: chile verde pequeño y picado (para *Kapha* y un poco para *Vata*) y pimienta picada y jengibre seco (para *Kapha*)

Lave bien los espárragos y las chirivías. Seque y corte los espárragos en trozos de 2.5 cm y las chirivías en cubos de 1.5 cm. Ponga a calentar la mitad del aceite en una sartén grande, y añada las semillas de fenogreco y de mostaza. Cuando las semillas de mostaza salten, agregue el *hing*, la cúrcuma y las chirivías picadas. Mezcle bien. Agregue el agua y tape, cocine a fuego medio durante unos 4 minutos. Caliente aparte el resto del aceite en una sartén y saltee los espárragos hasta que tomen sabor, de 5 a 8 minutos. Añada los ingredientes restantes a las chirivías y revuelva bien. Cocine a fuego lento durante otros 5 a 10 minutos. Justo antes de servir, mezcle los espárragos salteados con las chirivías.

Comentarios: Esto combina bien con CURRY DE SUERO DE LECHE (p. 86) y arroz. Este sabroso plato está basado en un plato de ocra y papas al estilo Gujarati. Si usted quiere preparar el original, utilice 340 g de ocra fresca en lugar de los espárragos y 2 papas pequeñas en lugar de las chirivías. Este plato también es bueno con habichuelas/ejotes sustituidas por los espárragos. Tal y como está, los espárragos y las chirivías son un plato bueno para tonificar el sistema reproductivo en hombres y mujeres.

LAS ALCACHOFAS Y EL OCRA

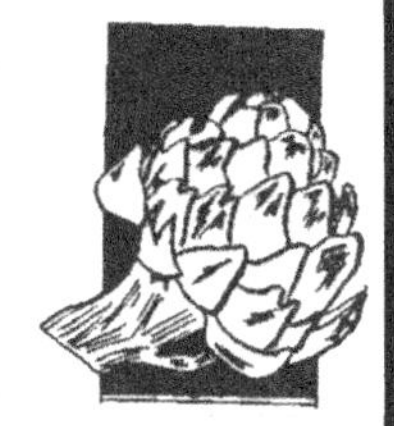

Las alcachofas son casi tan tridóshicas como los espárragos. Al igual que los espárragos, enfrían y son ligeras, húmedas, dulces y astringentes. Les falta la amargura ligera de los espárragos, por lo que no alivian tanto a Kapha y Pitta. Aún así, son un alimento que puede ser consumido por todos los tipos sin perder el equilibrio. Deben estar bien cocidas, y acompañadas con hierbas para que sean asimilables para Vata.

La ocra se utiliza con más frecuencia en la India que en Occidente, aunque crecen bien en temperaturas tropicales. Este vegetal resbaladizo, el "hibisco comestible", alivia Pitta, tiene un efecto neutral sobre Kapha y aumenta a Vata levemente. Enfría, es diurético, calmante y suavizante. Cocinado para incrementar sus cualidades humectantes, es muy bien tolerado por todos los doshas. Actúa como antiinflamatorio en la cistitis, la garganta irritada, las fiebres, la bronquitis y el intestino irritable.

ALCACHOFAS

Tiempo de preparación: 50 minutos sin olla a presión. Con esta, 15 minutos (8 minutos si son alcachofas pequeñas) *

Porciones: 2

–Vata, – Pitta, – Kapha

2 alcachofas grandes saludables
3 tazas de agua
1 hoja de laurel
¼ cucharadita de sal marina (opcional)

Lave las alcachofas y corte la base. Ponga agua en una olla grande y deje que hierva, agregue sal y laurel. Cuando el agua esté hirviendo, añada las alcachofas. Cubra y cocine a fuego medio hasta que estén tiernas, alrededor de 45 minutos.

Si está usando olla a presión, ponga todos los ingredientes en esta y tape. Ponga la olla a 10 libras de presión y cocine 12 minutos (8 minutos si está usando alcachofas pequeñas) o hasta que estén tiernas. Deje enfriar y sirva.

Comentarios: La hoja de laurel calienta y facilita la digestión de *Vata* y *Kapha*. Un plato agradable para un hígado atormentado. Son buenas servidas con limón, *ghee*, mayonesa o RAITA DE PEPINO (p. 246).

* *En zonas altas, cocine las alcachofas* 3 a 5 *minutos.*

OCRAS SALTEADAS

Tiempo de preparación: 30 minutos — Porciones: 4-5

–Vata, – Pitta, + Kapha

454g de ocra fresca
4 cucharadas de aceite de girasol o *ghee*
½ cucharadita de semillas de fenogreco
½ cucharadita de cúrcuma
⅛ cucharadita de *hing*
½ cucharadita de sal marina
2 cucharaditas de semillas de cilantro en polvo
¼ cucharadita de pimienta negra
¼ cucharadita de comino molido

Lave la ocra y extienda sobre una toalla de papel absorbente o tela para que se seque por completo. En seguida, córtela en piezas de 1.5 cm, eliminando la parte superior de la misma.

En una sartén pesada, caliente aceite y agregue las semillas de fenogreco. Cuando estén doradas, añada la cúrcuma, el *hing*, la sal y la ocra. Mezcle bien, tape y cocine a fuego lento durante 10 minutos. Cocine sin tapar otros 10 minutos a fuego muy lento, revolviendo de vez en cuando para evitar que la ocra se pegue. Añada los ingredientes restantes y mezcle bien. Sirva.

Comentario: Esto va bien con los ALVERJAS ESTILO INDIO (p. 120) y con el ARROZ INDIO SENCILLO (p. 143).

BHAJI DE HABICHUELA/EJOTE

Tiempo de preparación: 45 minutos Porciones: 4-6
–Vata, – Pitta, – Kapha

4 tazas de habichuela/ejote fresco
1 cucharada de aceite de girasol o *ghee*
½ cucharadita de mostaza en grano negro
⅛ cucharadita de *hing* (opcional, útil para *Vata*)
1 cucharadita de cúrcuma
2 a 6 cucharadas de agua
½ cucharadita de sal marina
2.5 cm de raíz de jengibre fresco picada
1 pimiento verde pequeño fresco (omita para *Pitta*)
½ taza de hojas de cilantro fresco picadas
Guarnición: coco rallado sin azúcar, hojas de cilantro picadas

Lave los ejotes/habichuelas y corte en pedazos de 2.5 cm. Entre más frescos, habrá menos probabilidades de que perturben a *Vata,* y *Pitta* o *Kapha* no se opondrán. Caliente el aceite o *ghee* en una sartén grande con tapa.

Agregue las semillas de mostaza y caliente hasta que salten. Añada la cúrcuma y el *hing* y revuelva bien. Agregue los ejotes/habichuelas picados junto con 2 a 3 cucharadas de agua. Tape y cocine a fuego lento hasta que los frijoles estén tiernos (unos 15 a 30 minutos).

En la licuadora, ponga el resto del agua y los ingredientes restantes (sal, jengibre, chile, cilantro y coco) y licue. Vierta sobre los ejotes/habichuelas cocidos y mezcle bien. Cocine a fuego lento de 1 a 2 minutos o hasta que estén bien mezclados. Adorne con más cilantro y coco.

Comentario: Esto va bien con *dal* y arroz *basmati.* Adorne liberalmente con coco y cilantro para *Pitta,* agregue *ghee* adicional para *Vata* y sea ligero con el coco para *Kapha.*

Esto hace un plato de acompañamiento y es una manera fácil de introducir a la gente a la cocina ayurvédica. Le debo el sabor de este plato a Usha Lad, esposa del Dr. Lad. Cuando yo estaba inicialmente tratando de aprender sobre la cocina de la India, tuve un buen número de fracasos, y este fue uno de los primeros. Los frijoles eran suaves, pero muy desabridos. No sabía cómo proceder. Usha dijo, "Aquí, mira..." y sacó el chile, el jengibre y el coco del refrigerador, y los puso en la licuadora, con un poco de agua. ¡Aah! Mucho mejor, y un delicioso ejemplo de la cocina del sur de la India.

EJOTES/HABICHUELAS ESTILO PUNJABI

Tiempo de preparación: 1 hora
Porciones: 5-6

*–Vata, – Pitta, – Kapha**

454 g de ejotes/habichuelas frescos
2 cucharadas de aceite de girasol
½ cucharadita de semillas de mostaza
½ cucharadita de cúrcuma
⅛ cucharadita de *hing*
¾ cucharadita de sal marina
1 taza de agua
1 cucharada de semillas de cilantro
1-2 dientes de ajo (opcional, omita para *Pitta*)
1 cucharadita de semillas de comino
5-6 granos enteros de pimienta negra
1 cucharadita de jarabe de arroz
½ cucharadita de curry suave en polvo
½ pimiento verde picante picado (opcional, omita para *Pitta*)
Guarnición: hojas frescas de cilantro picadas

Lave y seque los ejotes. Corte a lo largo y luego en pedazos de 2.5 a 5 cm, alrededor de 4 a 5 cortes por habichuela. Caliente el aceite en una sartén grande y agregue las semillas de mostaza. Cuando salten, añada la cúrcuma, el *hing,* las habichuelas y la sal. Revuelva, mezclando bien. Agregue 1 taza de agua, tape y cocine a fuego medio durante 15 a 20 minutos.

Mientras que los frijoles se cocinan, caliente 1 cucharadita de aceite en una sartén pequeña y agregue las semillas de comino, de cilantro y los granos de pimienta negra. Saltee por unos 3 minutos. Enfríe y mezcle en la licuadora. Deje esta mezcla en la licuadora y agregue el pimiento verde picante y el resto del agua (½ taza). Licue de nuevo. Añada la mezcla y los ingredientes restantes a las habichuelas y cocine unos 5 minutos adicionales sin cubrir. Adorne con hojas de cilantro fresco.

Comentarios: Esto va bien con la SOPA DE *CHANA DAL* (p. 213) y *chapatis.* Este platillo tarda un tiempo relativamente largo para prepararlo, pero vale la pena. Solamente cortar las habichuelas consume cerca de un cuarto de hora, pero cuando se cortan así absorben las especias de una manera maravillosa. Es un platillo de lujo justo para tener compañía, o cuando se sienta con ganas de jugar en la cocina. Entre más frescos y jugosos

sean las habichuelas, y más tiempo se cocinen, será más probable que calmen *Vata*. Las habichuelas secas o mal cocidas sin duda incrementarán *Vata*.
* *Pitta tiene que adornar con cilantro y coco para equilibrar.*

VERDURAS DE HOJA VERDE

Como dice el Dr. Vasant Lad, "¡Amargo es mejor!" y las verduras de hojas verdes son una de las mejores maneras de conseguir un sabor amargo de manera agradable. Nos hemos encontrado a nosotros mismos recomendando las verduras de hojas verdes con mucha frecuencia, como una manera excelente de contrarrestar la pesadez y la falta de nutrición en gran parte de la dieta occidental. Ligeras, picantes y ricas tanto en vitaminas como en minerales, las hojas verdes como la col rizada, la rúgula, el diente de león, la achicoria, la mostaza y las hojas de nabo, son específicamente curativas para el hígado y el sistema inmunológico. También proporcionan un apoyo excelente para la piel, los ojos y las membranas mucosas. Preparadas de forma correcta, también son fáciles de digerir y estimulan la eliminación. Se pueden comer tanto como tres o cuatro veces por semana o más debido a sus propiedades curativas. Hacen un tónico de primavera especialmente bueno. La mayoría de las hojas verdes tienen un vipak picante, por lo que la mejor manera de prepararlas es con una cantidad generosa del refrescante cilantro en polvo.

Las hojas de espinacas, acelgas y las hojas de remolacha, son un poco diferentes. Aunque se cocinan rápido, son una fuente concentrada de ácido oxálico, este compuesto se une con el calcio, impidiendo su absorción. Una comida ocasional de estos vegetales no hace daño, pero es mejor no comerlos con tanta regularidad como las otras hojas verdes que se recomiendan arriba.

Las espinacas refrescan, nutren y suavizan, con atributos secos y ligeros y un vipak picante. En grandes cantidades agravan Pitta y Vata, y son mejores si se sirven a Kapha. En pequeñas cantidades son bien toleradas por todos, y son medicinalmente útiles para tratar los desórdenes de los pulmones y el hígado.

Algunas hojas verdes son obviamente más picantes que otras: por ejemplo, las hojas de mostaza son más picantes que la col rizada. Especialmente los Pitta deben tener en cuenta el sabor al elegir sus hojas verdes. Las más picantes, mostaza verde, rúgula, hojas de nabo, berro son más fáciles de catabolizar para la mayoría de los Kaphas y Vatas, y es mejor reducirlas al mínimo para los Pittas. A Vata le hace bien comer sus vegetales bien cocidos, no crudos. Pitta y Kapha lo pueden manejar.

VEGETALES FAVORITOS DE HOJAS VERDES

Tiempo de preparación: 10 a 20 minutos　　Porciones: 2-4
*–Vata, – Pitta, – Kapha**　　✿ ✸ ❧ ❄

1 manojo de hojas verde oscuro: hojas de col rizada, mostaza, nabo o diente de león
½ a ¾ taza de agua
1 cucharadita de aceite de girasol o *ghee*
½ cucharadita de semillas de comino entero
1 cucharadita de semillas de cilantro en polvo

Lave y corte las verduras, quitando el tallo en el proceso. Ponga a hervir agua en una sartén profunda. Ponga en ella las hojas picadas, cubra y ponga a cocer a fuego lento. Cocine a esa temperatura durante 7 a 15 minutos o hasta que las hojas estén suaves. Escurra, guardando el agua, no muy amarga, para utilizarla como caldo de sopa. Caliente el aceite en una sartén pequeña a fuego bajo. Añada las semillas de comino. Cuando comiencen a dorarse, agregue el cilantro. Dórelas pero tenga cuidado de no quemarlas. Vierta esta mezcla sobre las hojas escurridas, mezclando bien. Sirva de inmediato.

Comentarios: Este es un plato ideal para introducir a sí mismo o a los demás a los vegetales de hojas verdes. Como alguien dijo, "es de uso amigable". Nutritivas y fáciles de digerir, las especias quitan el exceso de sabor generalmente amargo de las hojas verdes.

Tradicionalmente, las verduras se cocinan por largos períodos de tiempo y el agua no se guarda para su uso posterior. Esto todavía es muy apropiado cuando se trabaja con verduras silvestres, tales como cenizo/espinaca silvestre o verdolagas (cuyo sabor es delicioso preparado de esta manera, por cierto). Las hierbas silvestres tienden a tener cualidades medicinales más potentes. El efecto de las hojas verdes cultivadas es mucho más suave, aunque ofrecen excelentes cantidades de vitamina A, complejo B, hierro, magnesio y calcio, algunos de los cuales acaban en el agua de cocción. Este plato es bueno para el hígado, piel y colon.

Con frecuencia, encontrará un lote de hojas verdes tan amargas, que estas cantidades de hierbas no las calmarán. En este caso, aumente la semilla de cilantro en polvo hasta una cucharada. Si todavía es demasiado amargo, agregue 2 cucharadas de yogurt natural antes de servir.

* *Mejor para Pitta y Kapha, una opción ocasional para Vata*

LAS PAPAS Y LA FAMILIA DE LAS SOLANÁCEAS

Las solanáceas como el tomate, la papa blanca, la berenjena, los pimientos y el tabaco se utilizaron en el Nuevo Mundo durante siglos con poca dificultad. Pero su concepción para el Viejo Mundo ha sido un poco problemática. Se las conoce con el nombre inglés de nightshades (sombras de la noche), reciben su nombre por una razón definida: estas concentran alcaloides venenosos en varias partes de su anatomía, particularmente en sus hojas. Esta es la razón por la que masticar una hoja de papa o de tomate nunca es recomendable. Cuando la papa fue inicialmente descubierta en Norteamérica y enviada a la Reina Isabel I para su consumo, su chef lamentablemente cometió un error y le sirvió la hoja y el tallo de la papa, ¡y desecho la raíz! La Reina no quedó muy impresionada. Y las papas no se volvieron un alimento básico en Europa por otros doscientos años. Las hojas de las hortalizas nocturnas se usaron, trituradas junto a hongos venenosos, como un repelente para las moscas en el Viejo Mundo. No obstante, se desconfiaba mucho de sus frutos. ¿Son todas peligrosas? No estamos seguros. Los alcaloides en ellas seguro lo son. A menudo se recomienda evitar la familia de las solanáceas, si usted está tratando de eliminar una condición de artritis reumatoide.

Las papas blancas enfrían, son ligeras y secas; por lo tanto, desequilibran a Vata, ayudan a Kapha, y esencialmente tienen un efecto neutral en Pitta. Son una de las pocas que pueden acumular suficientes toxinas en su porción comestible como para ser tóxicas de manera marcada. Afortunadamente, es relativamente fácil saber si lo han hecho. Si una papa tiene una sombra verde sobre su piel, es sospechosa. Los alcaloides tóxicos solanina y chaconina, se acumulan cerca de la superficie de la piel en esas áreas, en especial si a las papas se les deja en la luz, o si son almacenadas en lugares muy fríos o calientes. Un lugar de almacenamiento fresco y oscuro es lo mejor para las papas. Cocerlas no elimina estas toxinas. Es suficiente cortar la parte verde, por lo general medio centimetro o menos de la superficie. Además del color verde, otro signo de niveles excesivos de alcaloides es una sensación filosa y de ardor en la lengua al comer la papa.

La preparación de la humilde papa tiene mucho que ver para saber si calmará o irritará a un dosha determinado. Si bien la papa es beneficiosa para Kapha, las papas a la francesa, las papas fritas o las papas al horno con crema agria, no lo son. Cada una de ellas contiene mucho aceite, por su preparación la inherentemente papa ligera, ha sido convertida en pesada. Del mismo modo, muchos Vata pueden manejar una papa al horno en ocasiones, si tiene generosas cantidades de ghee, yogur o crema agria en ella (aunque mucha crema agria puede provocar en Vata ruidos amenazadores en el tracto digestivo). A los Pitta y Kapha les va mejor con las papas hervidas o cocidas, no fritas. Las papas al horno son buenas para Pitta si no se exceden en condimentos grasosos. Los Vata necesitan sus papas bien condimentadas y humedecidas, como se indica en la siguiente receta. Las papas, al ser ricas en vitamina C, han sido utilizadas en Ayurveda por siglos como cura para el escorbuto. También, son recomendadas como un almidón fácil de digerir para aquellos con indigestión nerviosa o indigestión relacionada con debilidad del hígado.

PURÉ DE PAPAS TRIDÓSHICO

Tiempo de preparación: 45 minutos — Porciones: 4

0 *Vata,* – *Pitta,* – *Kapha*

8 papas con piel
½ taza de leche de cabra caliente

¼ taza (4 cucharadas) de *ghee*
1 cucharadita de sal marina
1 cucharada de perejil fresco picado (opcional)
1 cucharadita de orégano fresco picado (opcional)
Guarnición: agregue libremente *ghee* para *Vata*

Ponga de 2 a 3 cuartos de agua en una olla mediana y ponga a hervir (debe ser lo suficiente como para cubrir las papas). Mientras el agua se está calentando, lave las papas, frotando bien. Cuando el agua haya hervido, ponga las papas, enteras. Hierva hasta que estén tiernas, unos 20 minutos. Escurra el agua y coloque las papas en un tazón grande. Machaque con un tenedor o un machacador de papas, agregando y revolviendo la leche de cabra caliente y el *ghee* mientras machaca. Sazone con sal y hierbas al gusto. Muy bueno.
Comentario: El *ghee* y la leche calientan y humedecen las papas secas.

LAS ALVERJAS/CHÍCHAROS

Las alverjas (también conocidas como chícharos o guisantes) se comportan como las leguminosas que son, refrescantes y pesadas, dulces y astringentes. Alivian bien a Pitta y a Kapha. Son mejor si se sirven bien condimentadas para Vata, si no, pueden estimular el gas. El siguiente platillo es rápido y riquísimo con hongos shiitake.

CHAMPIÑONES Y ALVERJAS

Tiempo de preparación: 15 minutos — Porciones: 3-4
+ ligero *Vata*, – *Pitta*, *0 Kapha**
+ *Vata*, – *Pitta*, + *Kapha***

225g de champiñones frescos o 6 hongos shiitake grandes y secos
3 cucharadas de *ghee* o mantequilla
½ cucharadita de semillas de comino
½ cucharadita de comino molido
½ cucharadita de sal marina
½ cucharadita de pimienta negra recién molida
2 tazas de alverjas frescas (también se pueden utilizar congeladas)

Si se utilizan champiñones frescos, lave y séquelos bien, y corte en rodajas. Con hongos shiitake, sumérjalos en ½ a 1 taza de agua en un tazón pequeño; remoje por 10 minutos o más. Escurra y corte en rodajas. Cocine al vapor las alverjas frescas, si los está utilizando. Deje a un lado.

Caliente *ghee* o la mantequilla en una sartén de tamaño mediano. Añada las semillas de comino, cuando se doren, añada los champiñones rebanados y saltee hasta que estén suaves. A continuación, agregue la sal, el comino molido y la pimienta negra. Mezcle bien. Añada las alverjas cocidas al vapor y revuelva. Si se utilizan alverjas congeladas, añadálas directamente a la mezcla en la sartén y revuelva hasta que estén cocidas y verdes, unos 3 minutos. Sirva.

Comentario: Esto va bien con arroz y *dal.*

* *Entre más frescas las alverjas, más suave será el efecto en Vata*

** *Alverjas congeladas*

MEZCLA JARDINERA

Tiempo de preparación: 30 minutos — Porciones: 6-8

–*Vata,* + ligero *Pitta,* – *Kapha* ✿ ✷ ❧ ❄

1 cucharadita a 2 cucharadas de aceite de girasol o aceite de oliva (en menor cantidad para *Kapha,* mayor cantidad para *Vata*)
1 cebolla mediana
½ cucharadita de semillas de comino
1 cucharadita de hojas de orégano fresco (½ cucharadita si son secas)
1 ramita de ajedrea fresca (½ cucharadita si está seca)
1 cucharada de perejil
1 hoja de menta fresca
4 tomates (opcional)
3 calabacines zucchini pequeños
1 berenjena pequeña
1 calabaza amarilla mediana
1 cucharada de caldo de verduras o condimento (en polvo)
¼ cucharadita de pimienta negra
1 cucharadita de cilantro en polvo

Corte la cebolla en cubos. Caliente el aceite en una olla grande; añada la cebolla, el comino, el orégano, la ajedrea y el perejil y cocine a temperatura baja durante 2 a 3 minutos. Luego, añada la menta y el tomate y cocine por otros 2 o 3 minutos. Lave y corte el calabacín zucchini, la berenjena y la calabaza amarilla en rodajas de 1.5 cm. Agregue a la olla y cocine a fuego medio durante 15 minutos o hasta que estén tiernos. Coloque los ingredientes restantes y mezcle muy bien. Sirva.

Comentarios: Si usted es omnívoro, este es un plato fácil al que se puede agregar pescado o aves. Añada 225 g de pollo o pavo ya cocidos, corte en pedazos de 2.5 cm, al mismo tiempo que se añade la calabaza. Si utiliza pescado, corte en trozos de 2.5 cm cuando esté crudo y agregue en los últimos 8 minutos de cocción. Hace un buen estofado.

**Con tomates, definitivamente +Vata, +Pitta*
Con pollo o pavo, -Vata, + ligero Pitta, 0 Kapha
Con pescado de mar, -Vata, +Pitta, +Kapha
Con pescado de agua dulce, -Vata, + ligero Pitta, 0 Kapha

EL CALABACÍN

Los calabacines (zuchini, escalopinas) son ligeros, refrescantes y fáciles de digerir. Son perfectos para aliviar a Pitta, en especial en un día caluroso de verano. Y con especias calientes como el ajo, las semillas de mostaza, la cebolla o el comino, equilibran a Kapha y Vata.

CALABACÍN ZUCCHINI CON COMINO

Tiempo de preparación: 15 minutos — Porciones: 4
–Vata, – Pitta, – Kapha

2 calabacín zucchini medianos
3 hongos shiitake secos (omita para *Vata*)
2 cucharadas de *ghee* o mantequilla
½ cucharadita de semillas de comino enteras

Remoje los hongos shiitake en una taza de agua durante 10 minutos o hasta que estén suaves. Caliente la mantequilla o el *ghee* en una sartén pesada de tamaño mediano. Añada las semillas de comino y caliéntelas hasta que se doren. Lave el zucchini y córtelo. Escurra y rebane los hongos. Añada el zucchini y los hongos a la mezcla de *ghee* con comino y revuelva. Cocine durante 5 minutos a fuego medio.

Comentarios: Si cocina para un grupo de personas con distintos *doshas*, puede incluir los hongos en la preparación, y que *Vata* evite comerlos, dan buen sabor, pero son muy secos.

ZUCCHINI FRESCO AL ENELDO

Tiempo de preparación: 20 minutos Porciones: 4-6
– –*Vata,* – – *Pitta,* + ligero *Kapha* ✸

2 calabacín zucchini medianos
1 manojo de eneldo fresco
2 cucharadas de aceite de girasol
½ cucharadita de cúrcuma
⅛ cucharadita de *hing*
½ taza de agua
1 cucharada de malta de cebada o jarabe de arroz integral
2 cucharadas de jugo de limón
1½ cucharadita de semilla de cilantro en polvo

Lave y pique finamente el eneldo. Lave los calabacines y corte en rebanadas de 2.5 cm de grosor. Caliente el aceite en una sartén de tamaño mediano. Añada la cúrcuma, el *hing,* los calabacines y el agua. Tape y cocine por 5 minutos. A continuación, agregue el resto de los ingredientes y cocine por otros 5 minutos más.

Comentario: Es bueno servido con un poco de yogurt.

CALABAZAS DE INVIERNO CON PEREJIL Y ENELDO

Tiempo de preparación: 20 a 30 minutos Porciones: 3-4
–*Vata,* – *Pitta,* 0 *Kapha** ✸

4 calabazas amarillas pequeñas o una grande
½ cebolla pequeña
1 diente de ajo sin pelar
3 cucharadas de *ghee* o mantequilla
½ cucharadita de sal marina
¼ cucharadita de pimienta negra recién molida

1 cucharadita de eneldo fresco (o ½ cucharadita si está seco)
1 cucharada de perejil fresco

Lave y seque la calabaza y corte en rodajas finas. Pique la cebolla, el eneldo y el perejil, manteniendo por separado. Caliente el *ghee* o mantequilla en una sartén mediana, agregue la cebolla y el ajo sin pelar. Saltee 2 a 3 minutos. Agregue las rebanadas de calabaza y cocine sin tapar a fuego medio durante 5 a 10 minutos, o hasta que estén tiernos. Agregue los demás ingredientes, tape y cocine a fuego medio durante otros 10 minutos. Retire el ajo.
**Reduzca el ghee a 1 cucharada para calmar a Kapha*

CALABAZA PICANTE Y *CHANA DAL*

Tiempo de preparación: más o menos 45 minutos, además de remojar toda la noche — Porciones: 4-6
\+ moderado *Vata, – Pitta, – Kapha*

1 calabaza blanca grande o 2 calabazas amarillas pequeñas
½ taza de *chana dal* (remojada durante la noche)
3 tazas de agua
1 a 2 cucharadas de aceite de girasol (la menor cantidad para *Kapha*)
1 cucharadita de semillas de mostaza (½ cucharadita para *Pitta*)
⅛ cucharadita de *hing*
½ cucharadita de cúrcuma
3/4 cucharadita de curry en polvo
1 cucharada de jarabe de salvado de arroz
½ a 1 cucharadita de sal marina
1 cucharada de semilla de cilantro en polvo
1 cucharada de jengibre fresco, rallado
¼ de pimiento verde picante, picado (opcional, omita para *Pitta*)
1 diente de ajo, picado (opcional, omita para *Pitta*)

Remoje en agua el *chana dal* durante toda la noche. Escurra y bote el agua. Ponga 3 tazas de agua fresca más al *chana dal* en una olla mediana y deje hervir. Reduzca el fuego a medio y cocine hasta que estén suaves, unos 30 minutos. Ponga a un lado. Lave y corte la calabaza en cubos de 2.5 cm. Caliente el aceite en una sartén pesada, agregue las semillas de mostaza. Cuando las semillas salten, agregue el *hing*, la cúrcuma y la calabaza. A continuación, agregue los ingredientes restantes. Tape y cocine a fuego medio durante 5 minutos. Añada el *chana dal* y cocine cinco minutos más.

Comentarios: Esto va bien con arroz y pan. Este platillo bien condimentado y caliente puede ser también un plato principal rápido y bueno.

EL REPOLLO/COL

La familia del repollo (también conocida como col) es un grupo de vegetales que Vata debe evitar, ya que son fríos y pesados. Al igual que los frijoles, necesitan energía y fuego para ser digeridos. Se incluye la col, el brócoli, la coliflor, las coles de Bruselas, el colinabo y la col rizada. Los colinabos y los nabos son primos lejanos. De ellos, el brócoli al vapor es el mejor para la mayoría de los tractos digestivos, siendo el más ligero y fácil de manejar, así como el más rico en vitaminas A y C. Si Vata se aventura en experimentos culinarios con la col, lo más prudente será tomarla bien cocida y bien condimentada como se explica aquí, en vez de cruda. Algunos Kaphas encontrarán a la familia de la col goitrogénica, es decir, que retarda la tiroides. Pero la mayoría de los Kaphas y Pittas la encontrarán beneficiosa, con la ventaja añadida de su acción preventiva contra el cáncer.

BRÓCOLI AL ESTILO DEL SUR DE LA INDIA

Tiempo de preparación: 30 minutos o menos — Porciones: 4-5
0 *Vata*, – *Pitta*, – *Kapha*

1 manojo de brócoli fresco (6 tazas si está picado)
1 cucharada de aceite de girasol o *ghee*
½ cucharadita de semillas de comino
½ cucharadita de semillas de mostaza negra
1 cucharadita de *urud dal* seco
⅛ cucharadita de *hing*
1 cucharada de cebolla finamente picada
1 cucharada de semillas de ajonjolí/sésamo

Lave y corte el brócoli en trozos de 2.5 cm. Caliente el aceite o *ghee* en una sartén grande y agregue el comino y las semillas de mostaza. Cuando las semillas de mostaza salten, agregue el resto de los ingredientes, excepto el brócoli y cocine a fuego medio durante 1 a 2 minutos. Añada el brócoli y revuelva. Cocine hasta que esté tierno y tome un color verde brillante. Sirva con una cucharada extra de *ghee* para *Vata* o *Pitta*.

BRÓCOLI SALTEADO

Tiempo de preparación: 20 minutos Porciones: 5-6
+ ligero *Vata*, – *Pitta*, – *Kapha**

2 cabezas grandes de brócoli (aproximadamente 5 tazas ya picado)
1 cucharadita a 3 cucharadas de *ghee* (menos para *Kapha*, más para *Pitta* y *Vata*)
½ cucharadita de semillas de mostaza
¼ cucharadita de semillas de comino
⅛ cucharadita de *hing*
1 diente de ajo picado (opcional, omita para *Pitta*)
1 cucharadita de cúrcuma
2 cucharaditas de semillas de cilantro en polvo
¾ cucharadita de sal marina
1 cucharada de jugo de lima o limón

Lave y sacuda ligeramente el brócoli para secarlo. Corte en trozos de 1.5 cm. Caliente el *ghee* en una sartén pesada de tamaño mediano; agregue las semillas de comino y mostaza, el *hing* y el ajo. Cuando las semillas de mostaza comiencen a saltar, añada la cúrcuma y el brócoli. Revuelva bien. Añada los ingredientes restantes mientras el brócoli se cocina, mezcle bien. Cocine sin tapar hasta que el brócoli esté tierno, pero aún verde brillante, revolviendo ocasionalmente, alrededor de 10 a 15 minutos en total.

Comentario: Esto va bien con arroz y sopa.

**Sirva con ghee extra y/o limón encurtido para mitigar su efecto para Vata*

REPOLLO/COL SIMPLE AL ESTILO INDIO

Tiempo de preparación: 15 minutos Porciones: 4-5
+ moderado *Vata*, – *Pitta*, – *Kapha*

1 col mediana
1-2 cucharadas de aceite de girasol (en menor cantidad para *Kapha*)
½ cucharadita de semillas de mostaza
½ cucharadita de semillas de comino entero
⅛ cucharadita de *hing*

½ cucharadita de cúrcuma
1 cucharadita de sal marina
1½ cucharadita de semillas de cilantro en polvo
1 cucharada de jugo de limón
1 cucharadita de miel o jarabe de arce
¼ pimiento verde picado (opcional)
Guarnición: hojas de cilantro fresco picado (opcional)

Lave y pique la col/repollo en tiras pequeñas (1.5 cm). Caliente el aceite en una sartén grande y pesada, agregue las semillas de mostaza, las semillas de comino y el *hing*. Cuando las semillas de mostaza salten, añada la cúrcuma, el repollo y los ingredientes restantes, excepto la miel si usted la está usando. Cocine de 5 a 10 minutos. Después de quitar la col del fuego agregue la miel, si la está usando. Sirva.

Comentarios: Esto va bien con cualquier tipo de sopa, cereal y *rotali.* Esta es la manera de comer col si usted es *Vata*, ya que el *hing* calma a *Vata* y las semillas de mostaza y comino ayudan a la digestibilidad. Sin embargo, no es el vegetal para equilibrar *Vata*, es ideal para otras constituciones.

COLIFLOR ESTILO GUJARATI

Tiempo de preparación: 15 minutos — Porciones: 4-5
+ *Vata*, – *Pitta*, – *Kapha* — ✿ ✸ ❄

1 coliflor mediana (5 tazas ya picada)
1 cucharada de aceite de girasol
½ cucharadita de semillas de mostaza
1 cucharadita de cúrcuma
½ cucharadita de sal marina
½ cucharadita de curry en polvo suave
¾ taza de agua
1 cucharada de cilantro en polvo

Corte la coliflor en trozos pequeños de entre 1 a 1.5 cm y lávelos. En una sartén mediana caliente el aceite a fuego medio y agregue las semillas de mostaza. Cuando salten, añada la cúrcuma, la sal y la coliflor. Mezcle bien. Tape y cocine durante 5 minutos a fuego medio. A continuación, agregue el resto de los ingredientes, incluyendo el agua. Cocine tapado durante 5 minutos más a fuego lento.

Comentario: Esto va bien con el arroz y *dal.*

COLIFLOR CON PAPAS

Tiempo de preparación: 15 minutos — Porciones: 4-6

+ moderado *Vata*, – *Pitta*, – *Kapha*

1 coliflor pequeña
2 papas medianas
3 cucharadas de aceite de girasol
½ cucharadita de semillas de mostaza
⅛ cucharadita de *hing*
1 cucharadita de cúrcuma
1 cucharadita de sal marina
1½ cucharadas de cilantro en polvo
¼ cucharadita de canela
½ cucharadita de curry en polvo
1 cucharada de jarabe de arroz integral o malta de cebada

Lave bien la coliflor y las papas; escurra y corte en trozos pequeños (1.5 cm). Caliente el aceite en una sartén mediana. Añada las semillas de mostaza. Cuando salten, añada la cúrcuma y las papas; revuelva bien. Tape y cocine 7 a 8 minutos a fuego medio. A continuación, agregue la coliflor y la sal. Tape y cocine otros 5 minutos. Agregue el resto de los ingredientes, mezcle bien y sirva.

Comentario: Esto va bien con SOPA DE ARROZ Y HABAS (p. 216).

LOS TOMATES

Los tomates (también conocidos como jitomates) son ligeros y calientes y perturban a Pitta y en menor grado a Kapha. Tienen un vipak agrio, lo que hace indeseable su consumo en exceso a largo plazo para Kapha o Pitta. Por lo general, Vata se ve perturbado por su piel y semillas y, por ende, pueden manejarlo mejor como pasta, salsa o jugo en cantidades muy modestas. Las salsas de tomate son una excelente manera de incrementar Pitta. Nativo de los Andes de América del Sur, el tomate fue llevado a México para su cultivo y encontró su camino a Europa a principios del siglo XVI. Las sospechas del Viejo Mundo acerca de esta fruta vegetal se ven reflejadas en su nombre latino: Lycopersicon esculentum, "melocotón comestible de lobo".

Su actual nombre proviene del una lengua indígena nativa de de México. Los tomates son una rica fuente de vitaminas A y C, y fueron muy defendidos por Thomas Jefferson, quien los cultivó en grandes cantidades en su plantación de Virginia. Sus compatriotas estadounidenses no estaban tan seguros acerca de esta práctica; nos tomó unos buenos 150 años antes que estuviéramos listos para abrazar la pizza, la salsa para espagueti y la salsa de tomate.

CALABACÍN ZUCCHINI Y TOMATE

Tiempo de preparación: 15 minutos Porciones: 4-5

*–Vata, + Pitta, – Kapha**

2 cucharadas de aceite de girasol
2 tomates medianos cortados en cubos
1 cucharadita de hojas de orégano
1 cucharadita de semillas de cilantro en polvo (hasta 1 cucharada para *Pitta*)
1 cucharadita de sal marina
4 tazas de calabacín zucchini picado
2 a 4 cucharadas de agua
3 a 4 hojas de laurel

Caliente el aceite en una sartén. Agregue los tomates, las hojas de laurel, el cilantro en polvo, la sal y el orégano. Cocine a fuego lento 3 a 4 minutos. Añada el zucchini, revuelva bien y cocine durante 5 minutos a fuego lento. Agregue el agua, tape y cocine a fuego medio-bajo por 10 minutos más y sirva.

Comentarios: Delicioso servido con ARROZ Y LENTEJAS o *PULAO* (p. 144). Excelente plato rápido veraniego, con productos de la huerta.

**Pitta puede utilizar las hojas de cilantro fresco como guarnición, pero sigue siendo un plato que calienta por lo que no se recomienda su consumo de forma regular para Pitta.*

LA REMOLACHA

La remolacha (también conocida como betabel) endulza, calienta, humedece y agrega masa. Es una manera encantadora de calmar a Vata en el otoño. Como jugo, en pequeñas cantidades, es particularmente terapéutica para las condiciones de Pitta con fiebre. En exceso, aumenta el fuego. La remolacha es mejor para Vata y Kapha, y ocasionalmente para Pitta. La remolacha se utiliza de manera terapéutica en Ayurveda para trastornos uterinos, estreñimiento y hemorroides. Su rico contenido de ácido fólico puede ser parte de su beneficio para el sistema reproductivo femenino.

REMOLACHA DULCE AL VAPOR

Tiempo de preparación: 30 minutos — Porciones: 4-6
*–Vata, 0 Pitta, – Kapha**

4 tazas de remolacha cruda (5 a 6 remolachas medianas)
2 cucharadas de *ghee* o mantequilla
2 cucharadas de jugo de limón (o jugo de lima)
1 cucharada de cilantro en polvo

Lave y corte la remolacha en rebanadas de ½ cm. Vierta 2.5 cm de agua en el fondo de una olla mediana pesada, introdúzcala dentro de una vaporera de acero inoxidable, y permita que hierva el agua. Coloque la remolacha en rodajas en la vaporera y deje hasta que estén tiernas, de 20 a 25 minutos. Escurra. Derrita el *ghee* o la mantequilla en una cacerola pequeña. Coloque la remolacha cocida al vapor en un recipiente para servir y rocíe sobre este el *ghee* o la mantequilla y el jugo de limón. Añada el cilantro en polvo y mezcle bien. Sirva.

Comentarios: Esta es una forma muy agradable para que cualquier persona coma remolacha. Esta se considera generalmente mejor para *Vata* y *Kapha* porque calienta. El cilantro aquí enfría la remolacha, haciéndola apropiada para *Pitta*. Y el vapor alivia la cualidad un poco pesada de la remolacha, haciéndola más digerible.

**Uso ocasional solo para Pitta*

BERENJENA PICANTE CON COMINO

Tiempo de preparación: 15 minutos Porciones: 4-5
+ moderado *Vata,* + moderado *Pitta,* + moderado *Kapha*

1 berenjena mediana pelada
1 pimiento verde picado (opcional)
4 cucharadas de aceite de girasol
¾ cucharadita de semillas de comino
½ cucharadita de semillas de mostaza
½ cucharadita de cúrcuma
⅛ cucharadita de *hing*
1 cucharadita de sal marina
½ taza de harina de garbanzo
1 cucharada de cebolla picada (opcional)
½ cucharadita de chile en polvo
2 cucharaditas de cilantro en polvo

Lave y pele la berenjena; corte en cubos de 2.5 cm. En una sartén pesada, caliente el aceite y añada las semillas de mostaza y de comino. Cuando las semillas salten, agregue la cúrcuma, el *hing*, la cebolla y el pimiento (si se está utilizando). A continuación, agregue la berenjena y la sal, y mezcle muy bien. Tape y cocine 5 minutos a fuego medio. La berenjena se pondrá muy suave. Retire la tapa y agregue la harina de garbanzo y los demás ingredientes. Mezcle bien y cocine sin tapar de 5 a 7 minutos a fuego medio. Mezcle ocasionalmente para que la harina no se pegue ni se queme.

Comentarios: Esto va bien con el *bhakari* picante, *dal* y arroz, cebada o mijo. Aunque sea tan delicioso, es mejor si se consume solo ocasionalmente. A pesar de lo refrescante la harina de garbanzo, la berenjena y el cilantro, este platillo es sobre todo caliente debido al chile en polvo y a la mostaza; es útil para *Kapha*, pero no para *Pitta*. La harina de garbanzo, aunque bien balanceada con las especias, puede causar un incremento de *Vata*. *Pitta* puede omitir la mostaza y el chile para un plato equilibrado, mientras que *Kapha* debe mantener el aceite al mínimo.

EL PIMIENTO MORRÓN Y LA BERENJENA

Los pimientos verdes son dulces, ligeros, aceitosos y calientes. Son mejores para calmar Kapha. Cocinados, a menudo pueden ser tolerados por Vata, aunque esto parece tener que ver con un efecto idiosincrático: a algunas personas les va bien con ellos, a otras no. Los pimientos verdes perturban ligeramente a Pitta, con su calor leve y vipak picante.

La berenjena en cambio, es dulce, ligera, aceitosa y refrescante. La manera en que se prepara es crítica en su efecto sobre los doshas. Al calentarla y condimentarla con un poco de aceite, puede ser tolerada por Vata. Al servirla con un mínimo de aceite y una cantidad justa de especias calientes, beneficia a Kapha. Al servirla nuevamente con escasez de aceite, balancea Pitta (vea a continuación la BERENJENA FRESCA CON ENELDO para saber más sobre esto). Este es uno de los pocos nativos de la familia de las solanáceas que no son originarios del Nuevo Mundo, sino de la India.

BERENJENA FRESCA CON ENELDO

Tiempo de preparación: 25 a 30 minutos — Porciones: 5-6
\+ ligero *Vata, – Pitta, 0 Kapha* ✿ ✸

1 manojo de eneldo fresco
1 berenjena mediana
3 cucharadas de aceite de girasol
½ cucharadita de cúrcuma
⅛ cucharadita de *hing*
1 taza de agua
¾ cucharadita de sal marina
1 cucharadita de curry en polvo
2 cucharadas de miel o malta de cebada
2 cucharadas de jugo de limón
¼ de pimiento verde picado (opcional)
1 cucharadita de cilantro en polvo

Lave el eneldo y pique finamente. Lave y pele las berenjenas; corte en trozos de 2.5 cm. Caliente el aceite en una cacerola de tamaño mediano. Añada la cúrcuma, el *hing,* la berenjena, el eneldo y el agua. Tape y cocine 10 minutos a fuego medio. Agregue el resto de los ingredientes y cocine por 5 minutos más.

Comentarios: Existe un cierto desacuerdo en los círculos ayurvédicos sobre el efecto de la berenjena en *Pitta.* Las berenjenas disponibles son refrescantes y ligeramente aceitosas en efecto. La manera cómo se preparan es fundamental. Servidas con el refrescante eneldo, nuestra berenjena brinda equilibrio. Fritas o servidas con salsa de tomate como en la berenjena a la parmesana, calienta y perturba a *Pitta.* En la India las berenjenas son claramente diferentes, siendo pequeñas, redondas, verdosas y calientes en efecto. Aquí se encuentra la fuente de la confusión: la ligereza y la sutil astringencia de la berenjena, tanto india como americana, hace que sea útil para *Kapha,* cuando se cocina con un mínimo de aceite.

LAS ZANAHORIAS

Las zanahorias son un vegetal fácil y nutritivo para comer, con 10 000 i.u de vitamina A en cada zanahoria. Oriundas de Kashmir, Afganistán y los Himalayas occidentales, estas son más recomendadas para Vata y Kapha: a *primera vista pueden parecer un alimento ideal para Pitta; son de sabor dulce, amargo y astringente, con un virya frío. No obstante, su acción general o vipak es picante y caliente. Así que, a largo plazo y en grandes cantidades las zanahorias perturbaran a Pitta y aliviarán a Vata y Kapha. He visto que esto ocurre con personas Pitta que han escogido hacer ayunos de jugo de zanahoria impuestos por ellos mismos. Al beber el aparente jugo frío y dulce de la zanahoria, su fuego se incrementa. Unas pocas zanahorias en jugos frescos de vegetales está muy bien para Pitta cuando se equilibra con grandes cantidades del refrescante apio, pepino cohombro o lechuga. De vez en cuando una zanahoria presente en ciertos platos no va a perturbar a Pitta de manera significativa. Los Vata y Kapha pueden consumir cuantas zanahorias quieran. Las zanahorias purifican la sangre y tonifican los riñones.*

ZANAHORIAS ENDULZADAS

Tiempo de preparación: 15 minutos — Porciones: 5-6

–*Vata,* + moderado *Pitta,* – *Kapha*

4 tazas de zanahorias cortadas en rodajas (4 zanahorias medianas)
1 cucharada de aceite de girasol
½ cucharadita de semillas de mostaza
½ cucharadita de cúrcuma
⅛ cucharadita de *hing*
½ cucharadita de sal marina (o menos)
1 cucharadita de semillas de cilantro en polvo
¼ pimiento verde caliente, picado (opcional, omita para *Pitta*)
3 cucharadas de agua
1 cucharadita de jarabe de arce

Lave y rebane las zanahorias. Caliente el aceite en una sartén pesada y agregue las semillas de mostaza. Cuando las semillas salten, agregue la cúrcuma, el *hing*, las zanahorias, la sal, el cilantro y el pimiento. Cocine sin tapar a fuego medio, revolviendo con frecuencia de 2 a 3 minutos. Agregue el agua y el jarabe de arce; cubra y cocine por 5 minutos más a fuego lento.

Comentarios: Es un buen plato para acompañar los FRIJOLES ADUKI CON JENGIBRE (p. 117).

LAS CHIRIVÍAS

Las chirivías (también conocidas como zanahorias blancas) fueron un alimento básico muy popular en Europa y América antes de la introducción de la papa blanca. Ahora se ha vuelto cada vez más rara su aparición en los mercados, al menos aquí en Occidente. Miembro de la familia de las zanahorias, sus cualidades incluyen la frescura, la dulzura, la pesadez y la humedad. Son muy calmantes para Vata y beneficiosas para Pitta. Incrementan ligeramente a Kapha. Las chirivías a menudo se pueden sustituir en las recetas por papas con buenos resultados.

CHIRIVÍAS AL VAPOR

Tiempo de preparación: 20 minutos Porciones: 3-4

–Vata, – Pitta, + Kapha

3 chirivías grandes (aproximadamente 454 g)
4 cucharadas de *ghee*
1 cucharada de jarabe de arce
Sal y pimienta al gusto

Lave las chirivías, fregando bien. Corte en tiras de aproximadamente 1.5 cm de ancho. Coloque de 2.5 a 5 cm de agua en una cacerola grande cubierta, introduzca la vaporera y permita que hierva. Ponga las chirivías cortadas en la bandeja de vapor y reduzca el fuego a medio. Continúe cocinando al vapor, tapado, hasta que estén tiernas, unos 15 minutos. Retire del fuego, coloque en un recipiente y rocíe con *ghee* y jarabe de arce. Las chirivías se pueden servir como están, en rodajas o en puré.

Comentario: Este plato ligeramente dulce va bien con platos como los GARBANZOS SABROSOS (p. 110).

LA CALABAZA

La calabaza se considera dulce, caliente y pesada en sus atributos. Por esta razón, desde una perspectiva ayurvédica es mejor si es utilizada por Vata. Algunos dicen que debido a que la calabaza es de núcleo hueco y de cualidad pesada, puede incluso incrementar Vata. Preparada caliente y con especias como se presenta aquí, es probable que esto no suceda.

CALABAZA Y HABICHUELAS/EJOTES

Tiempo de preparación: 40 minutos Porciones: 6-8

–Vata, + ligero *Pitta, + moderado Kapha*

2 tazas de habichuelas (225 g)
3 tazas de calabaza (454 g)
½ taza de agua
3 cucharadas de aceite de girasol

½ cucharadita de semillas de mostaza
½ cucharadita de semillas de fenogreco/alholva
⅛ cucharadita de *hing*
1 diente de ajo
¾ cucharadita de sal marina
2 cucharaditas de cilantro en polvo
1 cucharada de jarabe de arroz integral
½ cucharadita de curry en polvo

Lave y seque las habichuelas y cortelas en trozos de 2.5 cm. Lave la calabaza y cortela en trozos de 2.5 cm, quitando la piel. Caliente el aceite en una sartén grande y agregue las semillas de mostaza y alholva. Cuando las semillas de mostaza salten, agregue el *hing*, el ajo completo sin cortar y los ejotes. Cocine a fuego medio durante unos 5 minutos. A continuación, añada la calabaza picada, sal y agua. Tape y cocine por otros 15 minutos a fuego medio. Añada los ingredientes restantes y mezcle bien.

Comentario: Esto va bien con cualquier tipo de sopa y con pan.

EL CAMOTE

El camote (también conocido como batata o papa dulce) y el ñame son con frecuencia menospreciados como miembros potenciales de la familia de las solanáceas. No pertenecen en absoluto a la familia de las solanáceas, son parientes de las convolvulaceae. A menudo pueden ser comidas por aquellos que tienen dificultades con las papas blancas. Los ñames, aunque tienen escasez de ciertos nutrientes, sirven bien como antihelmínticos y antihemorroidales. Otras variedades de ñame se utilizan como cataplasma para reducir la hinchazón.

CAMOTES ESTILO "MAMA OGG"

Tiempo de preparación: 45 minutos — Porciones: 4-6
–Vata, – Pitta, + Kapha

4 camotes de tamaño grande
3 a 4 cucharadas de *ghee*
2 cucharadas de harina de cebada o trigo

2 astillas de canela
½ cucharadita de raíz de jengibre fresco rallado
2 tazas de leche de cabra
½ cucharadita de sal marina
¼ cucharadita de pimienta negra

Lave y limpie bien los camotes y corte cada uno en 4 a 5 piezas aproximadamente. Ponga a hervir una cacerola mediana con agua (aprox. 2 cuartos). Añada los camotes y cocine a fuego medio hasta que estén suaves, unos 20 a 30 minutos. Escúrralos. Derrita el *ghee* en una cacerola grande o sartén. Pique los palitos de canela en un número reducido de piezas grandes y agregue junto con el jengibre al *ghee*. Fría durante 2 a 3 minutos, revolviendo. Añada los camotes, machacando ligeramente con el *ghee* y las especias, con un tenedor o machacador de papas. Haga un espacio al centro de la sartén y agregue la harina hasta que se mezcle bien con el *ghee*. Machaque esta mezcla con las papas. Poco a poco agregue la leche, revolviendo a medida que avanza. Caliente y añada sal y pimienta. Retire la canela antes de servir.

Comentarios: Esta va bien con los FRIJOLES ROJOS ESTILO CAJÚN (p. 123) y con arroz. Hierva los camotes antes de sazonarlos porque así se destaca su dulzura con más fuerza. Los camotes son de naturaleza caliente y pesada. Los camotes y los ñames vendidos en Occidente (los cuales en realidad también son camotes) tienen abundante cantidad de beta caroteno (vitamina A), a diferencia de los verdaderos ñames, los cuales se encuentran en Africa, India y el Caribe y no tienen vitamina A. Entre más brillante sea el color del camote, contiene más nutrientes. De naturaleza ligeramente laxante, pueden crear gases. La canela y el jengibre en esta receta previenen considerablemente esta posibilidad.

CALABAZA BELLOTA SIMPLE

Tiempo de preparación: 45 minutos — Porciones: 6
–Vata, – Pitta, + Kapha

3 calabazas bellota
3 tazas de agua

Ponga agua a hervir en una olla grande con tapa. Lave las calabazas bien y corte a la mitad a lo largo. Coloque las calabazas en agua hirviendo. Tape, reduzca el fuego a medio y cocine hasta que estén tiernas, 35 a 40 minutos. Sirva con *ghee* y jarabe de arce, o sola con sal y pimienta negra.

Comentarios: La calabaza bellota es gentilmente caliente, dulce y pesada. Al igual que los camotes son una rica fuente de betacaroteno y son nutritivos para las membranas y la piel. Promueven la conexión a tierra, por lo que son un buen vegetal dulce para *Vata* y *Pitta*. Si se comen en exceso, es decir, diariamente, su calor podría perturbar a *Pitta*.

COLINABOS

Tiempo de preparación: 15 a 20 minutos — Porciones: 4-6

–*Vata*, – *Pitta*, +ligero *Kapha*

4 colinabos medianos (454 g)
1 taza de agua

Lave y pele los colinabos (la piel tiende a ser amarga). Ponga agua en una cacerola mediana y coloque una vaporera; permita que el agua hierva. Rebane los colinabos en trozos de 1.5 cm y cocine al vapor. Cubra y reduzca el fuego a medio-bajo y cocine hasta que estén tiernos, unos 15 minutos. Sirva con *ghee* (y limón si lo desea).

Comentarios: Este vegetal dulce, amargo y astringente es ideal para *Pitta*, siendo medianamente caliente para *Vata*. Es muy pesado y dulce para *Kapha* si lo usa con regularidad, pero bueno si se usa ocasionalmente. Su nombre *rutabaga* del antiguo nórdico significa "raíz abultada", con acierto suficiente.

CHAMPIÑONES AL VAPOR

Tiempo de preparación: 15 minutos — Porciones: 3-4

+ moderado *Vata*, – *Pitta*, – *Kapha*

454 g de champiñones frescos, en buen estado

Lave bien los champiñones y corte los tallos si es necesario. Caliente una sartén grande con tapa pesada y ajustada a fuego lento. Cuando esté caliente, ponga los champiñones enteros y deje que se cocinen al vapor cubiertos a fuego lento en su propio jugo hasta que estén listos, unos 10 minutos. Sirva caliente.

FRUTAS

LAS FRUTAS

Es mejor comer la fruta sola o al principio de la comida. La fruta se digiere tan fácilmente que merece ser la primera en la lista del estómago. De lo contrario, se fermenta al ser atrapada por el efecto en capas que se produce en el estómago. Lo primero que llega al estómago es lo primero que se digiere, y marca la pauta para el resto de la comida que sigue. Las grasas y proteínas se digieren mucho más lento que la mayoría de las frutas y hortalizas. Si las frutas se comen después de pan con mantequilla y frijoles, por ejemplo, se ven obligadas a esperar en el estómago durante todo el tiempo que sea necesario para que estos alimentos pesados de digerir puedan ser procesados. Este retraso en un ambiente ácido, caliente y húmedo provoca fermentación, gas y eructos innecesarios.

Las frutas son uno de los alimentos más valiosos y purificadores. Utilizadas en la proporción adecuada y en el momento apropiado, son clave para calmar los doshas y despejar el sistema de ama. Para tener este efecto, las frutas deben estar maduras y sin pesticidas, de otra manera crearán ama por sí mismas. Desafortunadamente, la mayoría de los productos que se venden en los mercados occidentales hoy en día no están maduros ni libres de químicos. El fruto se recoge cuando está verde, a menudo con un residuo importante de plaguicidas y otros materiales sintéticos. Esta fruta no debe ser usada para limpiar; de hecho, no debe comerse en absoluto. La ingestión de químicos puede causar una gran variedad de enfermedades, incluyendo erupciones de la piel, dolores de cabeza, fiebre y diarreas.

La fruta cultivada sin interferencia química es la más deseable. Esto se puede hacer cultivando su propia fruta o comprando en los supermercados la fruta orgánica certificada. O puede ser fruta recogida de árboles viejos y arbustos en su área. Una cosecha propia de fruta es en realidad mucho más fácil de producir de lo que parece. Plantar un árbol frutal requiere de un pedazo de suelo soleado y bien preparado, unas horas de trabajo duro y uno o dos remojos de agua a la semana. Y paciencia: es probable que el árbol tome dos años o más en comenzar a dar fruta en cantidades substanciales. Cuando lo haga,

usted tendrá una excelente fuente de comida en la cual podrá confiar. Al mismo tiempo, su árbol(es) estará contribuyendo a aumentar el muy necesitado oxígeno de la biosfera, compensando el daño causado por los automóviles y la tala de árboles. Un árbol puede parecer una contribución muy pequeña. Sin embargo, siete árboles, plantados en horas extra, alimentarán a una familia de cuatro personas y harán contribuciones significativas para el medio ambiente. Si usted vive en una zona húmeda y caliente, un árbol de mango es una gran opción para plantar. Los mangos maduros son de equilibrio para los tres doshas, y son una rica fuente de vitamina A y C. La vitamina A, como los mangos por sí mismos, es calmante y regenerativa del estómago y la garganta. Este nutriente también está siendo explorado por su efecto preventivo de cancer por el Insituto Nacional del Cáncer (EE.UU.). Es útil en la tonificación de la piel y de todos los tejidos suaves. Una vez más, el mango se ha utilizado ayurvédicamente durante siglos para estos fines. También se ha utilizado para el escorbuto, los nemátodos intestinales, la diarrea y la disentería crónica. El mango sin madurar es otro asunto: su sabor agrio en lugar de dulce agrava fuertemente Pitta y Kapha y puede irritar el estómago de muchos. Muchos chutneys de mango se preparan con mangos verdes. Usted puede hacer su propio chutney de mango fresco, si gusta, con las recetas incluidas aquí (p. 240). Una forma de utilizar bien el mango verde es en forma de amchoor en un dal. Este polvo seco de mango proporciona estimulación para la digestión cuando se cocina con los alimentos en pequeñas cantidades, de manera similar a lo que hace la lima, el limón o el tamarindo.

Si usted es un Kapha o Pitta que vive en un área templada, debería considerar plantar uno o dos árboles de manzanas dulces, ligeras y refrescantes; los manzanos pueden vivir entre 75 y 100 años, apoyando entre tres a cinco décadas durante ese tiempo. Un manzano enano saludable puede ser apropiado para la vida urbana y puede producir de 25 a 68 kilos de fruta por año. Los Vatas pueden unirse a los Kaphas y Pittas en sus festines si la fruta está bien cocida y sazonada (ver la PURÉ DE MANZANA SENCILLO, p. 204). Las manzanas son útiles para la limpieza, particularmente en los ayunos otoñales, para reducir los dolores en las articulaciones, la sinusitis y los dolores de cabeza relacionados con el ama.

Los árboles de albaricoque/chabacanos son otra posibilidad. Los albaricoques son dulces y astringentes, pero con un virya caliente y un vipak dulce. Esta inesperada cualidad caliente, hace al albaricoque dulce e ideal para Vata y Kapha. Ya que el sabor dulce es refrescante y el amargo es caliente, los albaricoques dulces pueden utilizarse para Pitta, mientras que los ácidos no. La cereza dulce es otra fruta ligera bien manejada por todos los doshas, al ser dulce, fresca, ligera y húmeda, es fácil de digerir si se toma con moderación. En cantidades grandes pueden provocar que el intestino se mueva de una manera que la mayoría de los comensales no desearían. Un albaricoque o cereza ácida perturbará a Pitta y no ayudará mucho a Kapha. Los albaricoques dulces y las cerezas, específicamente, calman a Pitta y Vata y son lo suficientemente ligeros para ser bien manejados por Kapha.

Los melocotones y las nectarinas son más pesadas que las cerezas o los albaricoques, lo que las hace más difíciles de digerir. Y siendo pesadas, pueden incrementar Kapha sutilmente. Los antiguos sabios ayurvédicos recomendaban comer las frutas más pesadas en cantidades más pequeñas que las ligeras, con lo que se soluciona este dilema. Un durazno o nectarina ocasional no dañará a Kapha en absoluto. No obstante, para un ayuno, será mejor que Kapha elija entre las frutas ligeras: arándanos dulces o agrios, albaricoques, cerezas dulces, manzanas y fresas, a menos que un profesional de confianza indique lo contrario. Los duraznos dulces y las nectarinas equilibran a Vata y, con moderación, son bien tolerados por Pitta.

La mayoría de las bayas son dulces, ácidas y ligeras. Su ligereza las hace adecuadas para Kapha, mientras que su sabor equilibra a Vata. Pocas bayas no agravarán a Pitta, pero su ligereza ácida hace que no sean la mejor fruta para que ellos consuman en exceso.

Las uvas moradas dulces son un alimento que puede ser consumido con moderación por todos los doshas. Mejores para Vata y Pitta, son lo suficientemente ligeras para ser comidas por Kapha en pequeñas cantidades con beneficios. Las uvas son una fruta que ha sido rociada en gran medida con químicos por los cultivadores comerciales. Es importante conocer su origen y considerar los efectos que estos productos químicos tienen sobre las personas que trabajan con ellos en el campo. Esos productos son mortales. Por estas razones, las uvas y pasas orgánicas son especialmente una buena elección de salud, para todo aquel interesado. Las uvas pasas son uno de los alimentos más antiguos. Cuando se dejan remojar en agua, equilibran a cada dosha. Tanto las uvas como las pasas son muy apreciadas en la medicina ayurvédica para una amplia variedad de condiciones debilitantes y tóxicas.

Los kiwis son una nueva adición popular, aunque con frecuencia costosa, en la escena de frutas de América. Sin embargo, no tienen por qué ser costosas. También conocidas como grosellas asiáticas (o Siberianas), pueden ser producidas de manera prolífica en el jardín de la casa cuando están bien regadas. Son una rica fuente de vitamina C y se almacenan bien en lugares frescos por meses. Al igual que muchas otras bayas, son dulces, ligeras y frescas, con solo un sabor amargo y astringente ligero. Mejor si son usadas por Vata y Pitta, Kapha puede comerlas con moderación. ¿Por qué solo con moderación, pregunta Kapha, si son una baya? Debido a que son mucho más húmedas que la mayoría.

En Ayurveda los limones y limas se ven a menudo en las listas "no" de Pitta y Kapha. Aunque en la mayoría de los casos, no recomendaría un ayuno con jugo de limón o lima ácido para Pitta o Kapha, una pequeña cantidad de lima o limón añadido a un platillo después de la cocción puede estimular el agni, limpiar el ama y despejar el paladar. Aunque tiene un sabor amargo, el limón y la lima tienen un virya refrescante y un vipak dulce. El limón es especialmente útil, ya que tiende a ser más ligero que la lima en sus efectos sobre el cuerpo. Por lo tanto, no perturba tanto a Pitta o Kapha y es conveniente para Vata.

Los cítricos son mejores para Vata. Las naranjas, en particular, con su dulzura húmeda, alivian mucho a Vata. Purifican la sangre, estimulan el apetito y son recomendados para las personas con debilidad del hígado. Curiosamente, los cítricos fueron en un inicio cultivados en la India, así como en China y Japón. Es mejor que Pitta evite otros cítricos, al menos que sean muy dulces. Ni los sabores dulces ni los amargos son beneficiosos para Kapha, por lo que a pesar de la ligereza de la mayoría de los cítricos, incluyendo la toronja y la mandarina, perturbarán a Kapha a largo plazo. Mientras que las naranjas tienen miles de años de antigüedad, la popular toronja roja vendida en los supermercados de hoy en día fue descubierta como una mutación no planeada, sesenta años atrás en el sur de Texas. Esto pone de manifiesto la amplia diferencia en la experiencia práctica de estos alimentos. Para que un alimento tenga valor en la curación ayurvédica, no necesita haber sido usado por siglos; sus propiedades simplemente tienen que quedar claramente entendidas. Sin embargo, la adición continua de nuevos alimentos a nuestra dieta reta las habilidades de evaluación de un buen médico ayurvédico. La toronja roja es buena para tranquilizar Vata.

Los plátanos/bananos son más curativos cuando se les permite madurar en el tallo. Cuando se recogen verdes, como es el caso de la mayoría de los bananos importados, son claramente menos saludables. Son dulces y pesados y tienen un virya refrescante, como era de esperarse de una fruta muy dulce. De cualquier manera, su efecto a largo plazo (vipak) es ácido. Esta influencia ácida hace a los bananos inapropiados para Kapha y en exceso para Pitta. La pesadez agridulce de los bananos es calmante para Vata y específicamente útil para subir de peso. El banano es utilizado de manera terapeútica para las resacas, la mala absorción intestinal, el tracto gastrointestinal inflamado, la acidez estomacal, los gases y la menstruación dolorosa. Debido a su parecido con el almidón, sirve para calmar la inflamación de todo tipo.

Exteriormente agria y astringente, la granada tiene un vipak inesperadamente dulce. Esta fruta es más útil para Pitta; contrarresta los efectos nocivos del consumo de demasiados alimentos ácidos, azúcar o sal. Asimismo, equilibra a Kapha y perturba de forma moderada a Vata. Medicinalmente es beneficiosa en el tratamiento de la diarrea crónica, la tenia y la debilidad gastrointestinal.

Los higos son una paradoja. Si bien los secos y guisados se utilizan con frecuencia en Ayurveda como específicos para el estreñimiento, los higos frescos y maduros son nutritivos, pero son pesados y, por lo tanto, retrasan la digestión. Los frescos son mejores para Vata y Pitta, mientras que Pitta y Kapha utilizan los secos con mayor eficacia. Los frescos son especialmente un buen tónico para la gente en estado de debilidad que está experimentado labios partidos o divisiones en la boca o lengua: se utilizan tanto a nivel interno como externo en forma de cataplasma.

Las peras, un miembro de la familia de las rosáceas, son consideradas fuertes y secas y, por consiguiente, difíciles de digerir para Vata. Su pesadez es, usualmente, bien manejada por el agni imperturbable de Pitta, mientras que su sequedad le va bien a Kapha. La familia de la rosa ha contribuido con muchos frutos para la humanidad, incluyendo manzanas, peras, albaricoques, cerezas, fresas, frambuesas, moras, duraznos y ciruelas.

Los melones están en realidad vinculados a la familia de la calabaza, como muchos jardineros podrían suponer por el aspecto de las plantas. La sandía es la más grande y generalizada de los melones; ha sido parte de la cocina india desde tiempos prehistóricos. Se disfrutó en las mesas de Egipto tan temprano como desde el año 4000 a. C.

Ocupa un lugar destacado en varios cuentos didácticos ayurvédicos. Su pesadez refrescante puede retar en particular el tracto gastrointestinal de Vata. El antídoto ayurvédico para esto es servir sandía con un poco de sal y chile, para encender el agni. La mayoría de los melones, al ser dulces, son adecuados para Pitta y Vata. El melón cantelupo en particular es una excelente fuente de vitaminas A y C, las cuales fortalecen el sistema inmune. Enmohece rápidamente, por lo que debe ser utilizado cuando todavía está fresco para obtener mejores beneficios. Los melones, siendo frescos, dulces, pesados y húmedos, aumentan las cualidades de Kapha.

La papaya calienta y endulza, proporcionando humedad y pesadez. Se utiliza en Ayurveda para tratar una amplia variedad de condiciones incluyendo el agni deteriorado, la menstruación escasa o retrasada, la indigestión, las hemorroides, la diarrea crónica, la disentería amebiana y los nemátodos intestinales. Es mejor para Vata, desequilibra ligeramente a Kapha y definitivamente perturba a Pitta. La papaya madura si se come a diario es excelente para corregir el estreñimiento crónico en Vata. Las semillas y el jugo lechoso de la papaya verde son una de las mejores maneras de eliminar lombrices intestinales en los niños. La papaya seca con sal se utiliza para reducir el agrandamiento del bazo y el hígado.

LAS FRUTAS TRIDÓSHICAS

Ciertas frutas pueden ser utilizadas por todas las constituciones, como se ha mencionado anteriormente. La preparación y las combinaciones adecuadas son el camino en el uso de la curación tridóshica. Los mangos maduros son bien tolerados por todos los doshas. Las uvas pasas estofadas o remojadas son apropiadas para *cualquiera de las constituciones. Las manzanas dulces, uvas, cerezas dulces, albaricoques dulces y las bayas frescas y dulces pueden ser disfrutadas con moderación por todos. La piña cruda y dulce, es mejor para Vata y Pitta, pero puede ser consumida con moderación por Kapha. Calma la gastritis y al hígado hiperactivo y actúa como un antihelmíntico. Para adaptarse a todos los doshas, las manzanas y las peras se pueden cocer u hornear con líquidos. El banano maduro está bien para Vata si se sirve solo. Se puede preparar con una pizca de jengibre seco para Kapha y un poco de cúrcuma para Pitta. Los higos secos se pueden cocinar y servir tanto para Pitta como para Vata; los Kaphas pueden comerlos con una pizca de jengibre o nuez moscada como una decoración que balancea. Los arándanos agrios se pueden endulzar con naranja dulce y canela para que sean viables para todos los doshas, pero en pequeñas cantidades.*

ENSALADA DE PAPAYA

Tiempo de preparación: 5-10 minutos Porciones: 2
–Vata, + Pitta, + Kapha

1 papaya madura
1 cucharada de jugo de limón
Sal marina al gusto

Lave la papaya y córtela por la mitad, retirando las semillas. (En la India las semillas se utilizan junto con el jugo fresco y lechoso para expulsar gusanos en los niños. Son amargas y picantes con un toque extra de sabor picante). Corte la papaya en trozos, quitando la cáscara en el proceso. Corte los trozos en pedazos de 2.5 cm o del tamaño que desee. Agréguele un poco de sal pero de manera homogenea y vierta el jugo de limón sobre esta.

Comentarios: Comer con el estómago vacío. Muy bueno para estimular la digestión de proteínas, así como para la eliminación del exceso de mucosidad del tracto gastrointestinal. ¡Aunque... es tan buena ensalada que no necesita realmente una razón para disfrutarla!

ENSALADA FRESCA DE PIÑA

Tiempo de preparación: 15 minutos — Porciones: 4-5
–*Vata*, 0 *Pitta*, + *Kapha*

1 piña fresca, madura y dulce
½ a una 1 taza de dátiles sin semilla
¼ taza de coco rallado sin azúcar
1 cucharada de hojas de menta fresca

Pele la piña, córtela en trozos de 2.5 cm. Corte los dátiles y mezcle todos los ingredientes en un tazón mediano. Puede ser consumido inmediatamente o puede guardarse en el refrigerador durante 6 a 8 horas.

Comentario: La piña debe ser dulce en esta receta para que funcione y tranquilice a *Pitta* al igual que a *Vata*.

ARÁNDANOS ROJOS EN SALSA DE NARANJA

Tiempo de preparación: 25 minutos — Porciones: 4-6
+ *Vata* ligero, + *Pitta* ligero, – *Kapha*

336 g de arándanos rojos crudos
3 naranjas frescas o 1 taza de jugo de naranja concentrado
½ taza de agua
2 cucharaditas de canela
2 clavos de olor
¼ cucharadita de jengibre seco

Mezcle todos los ingredientes en una cacerola mediana y cocine sin tapar a fuego lento por 15 a 20 minutos. Sirva. Puede licuarse si desea hacer una salsa.

ENSALADA DE FRUTAS FRESCAS

Tiempo de preparación: 10 minutos Porciones: 3-4

–Vata, + ligero *Pitta,* – *Kapha* ✿

½ taza de arándanos dulces
½ taza de albaricoques/chabacanos dulces
½ taza de duraznos
½ taza de fresas frescas
1 cucharada de jugo de limón o lima
1 cucharada de miel (opcional)
Guarnición: Hojas de menta (opcional, excelente para *Pitta*)

Corte la fruta grande en piezas de 2.5 cm. Corte a la mitad las fresas y deje los arándanos como están. Ponga toda la fruta en un tazón y rocíe el jugo y la miel. Mezcle bien y sirva, adorne con las hojas de menta como se desee.

Comentario: Es bueno como un primer plato para el almuerzo o cena en verano. Decórelo generosamente con menta, omita la miel y más bien use jarabe de arroz integral o de arce (o azúcar) y usted tendrá un plato neutral para *Pitta.*

SALSA DE ARÁNDANOS DULCES

Tiempo de preparación: 15 minutos Rindc: 3-4, o para 2 personas muy golosas

–Vata, 0 Pitta, – Kapha ✿ ❧ ❄

2 tazas de arándanos dulces
¼ taza de agua (o jugo)
2 cucharadas de miel

Ponga los arándanos en el agua en una olla pequeña y caliente a fuego medio durante 10 minutos. Vierta los arándanos calientes y el líquido en la licuadora. Agregue la miel. Licue hasta que quede suave.

Comentarios: Esta salsa de sabor brillante es buena con paqueques, crepas, gofres y otros postres. Utilice un edulcorante calmante para *Pitta*, como el jarabe de arce, si un *Pitta* quiere disfrutarlo.

COMPOTA DE HIGOS O CIRUELAS PASAS

Tiempo de preparación: 20 minutos Porciones: 2
–*Vata,* – *Pitta,* – *Kapha*

¼ taza de higos secos o ciruelas pasas
1 taza de agua hirviendo

Coloque los higos o ciruelas pasas en una taza o tazón resistente al calor. Vierta el agua hirviendo sobre los frutos secos. Déjelos remojar 15 minutos, cúbralos de ser posible. Sirva.

Comentarios: Puede utilizarse regularmente por *Pitta* y *Kapha* por largos periodos de tiempo. Excelente limpiador. Es mejor que los *Vata* lo utilicen por periodos cortos de tiempo (10 días o menos). Es bueno para comenzar el desayuno.

PERAS ESPECIADAS

Tiempo de preparación: 20 minutos Porciones: 4
–*Vata,* – *Pitta,* – *Kapha*

5 peras medianas maduras (alrededor de 4 tazas partidas)
½ taza de néctar de albaricoque/chabacano
¼ taza de agua
⅛ cucharadita de jengibre seco en polvo (omita para *Pitta*)
3 clavos de olor (omita para *Pitta*)
3 semillas de cardamomo (aproximadamente 1 vaina)
1/16 cucharadita de sal marina

Lave, parta en cuatro y quite el corazón a las peras. Corte en piezas de 1.5 cm. Ponga todos los ingredientes en una cacerola mediana y cocine sin tapar a fuego medio durante 15 minutos o hasta que estén blandas. Sirva caliente o tibio.

COMPOTA DE ALBARICOQUES /CHABACANOS

Tiempo de preparación: 15 a 30 minutos Porciones: 2
0 *Vata,* – *Pitta,* – *Kapha*

1½ tazas de albaricoques secos sin conservantes
2 tazas de agua

1 taza de jugo de manzana o albaricoque
1 cucharadita de jugo de limón (opcional)
1 cucharada de concentrado de manzana (opcional, agregue si es necesario para endulzar una tarta de albaricoques)
2 clavos (omita para *Pitta*)

Cocine a fuego lento todos los ingredientes en una cacerola pequeña hasta que los albaricoques estén tiernos. Sirva caliente o frío.

PURÉ DE MANZANA SENCILLO

Tiempo de preparación: 30 minutos — Porciones: 4
0 *Vata,* – *Pitta,* – *Kapha*

6 manzanas crudas (la variedad orgánica y dorada funciona muy bien)
1 taza de jugo de manzana
¼ cucharadita de canela (*Kapha* y *Vata* pueden agregar más si lo desean)

Lave y corte las manzanas en cubos de 2.5 cm, descorazonar. Hierva el jugo de manzana en una olla mediana. Ponga la canela y las manzanas inmediatamente. Reduzca el fuego a medio-bajo y cocine a fuego lento durante 20 minutos o más. Sirva caliente o frío.

Comentarios: Este plato funciona bien como aperitivo, postre o como entrada para el desayuno. La canela calienta la receta y se puede utilizar generosamente por *Kapha*. Las manzanas "doradas" son especialmente ricas en pectina, tienen una fibra suave que es excelente para estimular la eliminación. Muchas variedades de manzanas saben bien con esta receta. El jugo endulza el platillo sin necesidad de añadir edulcorantes.

LOS JUGOS DE FRUTAS

Los jugos de frutas tienen un alto contenido de dulce y es mejor utilizarlos terapéuticamente. En general, tendrán los mismos efectos medicinales de las frutas utilizadas. La mayoría calman a Vata y Pitta, pueden aumentar Kapha a menos de que se diluyan. Kapha debe preferir infusiones de hierbas o jugos diluidos en una proporción de 1 a 5 o con más té de hierbas o agua mineral con una pizca de jengibre. En particular, el jugo de mora/zarzamora es un buen antídoto astringente para la diarrea, mientras que el consumo excesivo de jugo de manzana puede causar diarrea, gases o estreñimiento, ya que empuja a Vata fuera de equilibrio en el sistema.

La mejor opción con las frutas es relajarse, disfrutar y comerlas enteras y, por lo general, solas. ¡Buen provecho!

SOPAS

LAS SOPAS

Las sopas son una comida usualmente fácil de preparar pero excelente y nutritiva. Si lo prefiere, pueden prepararse de antemano y calentarse, para un buen almuerzo, cena o desayuno. Las sopas claras son fáciles de digerir y son menos retantes para el agni. Son especialmente buenas en otoño y en invierno, sirven como apoyo en convalecencia, en la vejez y en cualquier edad. Ofrecen una buena manera para comenzar a tonificar los intestinos y el sistema nervioso que han sido traumatizados o descuidados por muchas comidas rápidas. Las sopas a base de leche son consideradas un poco más difíciles de digerir, por lo que se recomiendan para momentos cuando el fuego digestivo es bueno.

SOPA DE VEGETALES CUATRO ESTRELLAS

Tiempo de preparación: 30-60 minutos Porciones: 2-3
–*Vata*, + ligero *Pitta*, *0 Kapha*

1 cucharadita de aceite de girasol (se puede utilizar hasta 1 cucharada si lo desea)
½ cucharadita de semillas de comino
⅛ cucharadita de *hing*
1½ cucharaditas de semillas de cilantro
2 cucharadas de lenteja *urud dal* seca
2 dientes de ajo picados (omita para *Pitta*)
1 cucharadita de jengibre fresco rallado
1 zanahoria rebanada
1 calabacín zucchini rebanado
1 taza de otros vegetales: espárragos, calabacín, ejotes/habichuelas, cebolla o verduras verdes
4 tazas de agua
1 cucharadita de sal, de preferencia sal de roca

Caliente el aceite en una cacerola de tamaño mediano. Agregue el comino, las semillas de cilantro, el *hing* y saltee hasta que estén doradas, 3 a 5 minutos. Agregue las lentejas, el ajo y el jengibre y saltee por otros 2 o 3 minutos. Añada las verduras y mezcle. Vierta el agua y lleve a ebullición.

Reduzca a fuego medio y cocine durante ½ hora o más. Entre más tiempo se cocine, será más suave. Agregue la sal y sirva.

Comentario: Es bueno con *chapatis* y RAITA DE PEPINO (p. 246). Esta sopa llena su nariz con los olores de la cocina del sur de la India. Es una buena manera de introducir lentejas negras a *Vata*, ya que están en una pequeña cantidad y son muy sabrosas para comer. En el sur de la India esta leguminosa se utiliza para dar sabor y aroma, además de ser muy nutritiva. Se acoplan invariablemente con *hing* para reducir el gas, y también casi siempre se sirve con ajo. Una buena sopa para tonificar la digestión y la energía vital.

SOPA DE VERDURAS Y CEBADA

Tiempo de preparación: 1½ horas — Porciones: 12

0 *Vata*, – *Pitta*, – *Kapha*

¾ taza de cebada sin cocer
1 cucharada de aceite girasol o de oliva
2 cucharaditas de semillas de comino
½ cebolla roja o amarilla de tamaño mediano picada
1 diente de ajo picado (omita para *Pitta*)
3 tallos de apio picados
7 tazas de agua
1 taza de alverjas/chícharos frescos o congelados
3 papas nuevas en cubos de 1.5 cm
1 zanahoria grande, corte a la mitad longitudinalmente y luego en rodajas
¼ de manojo de perejil fresco picado
1 taza de ejotes/habichuelas, en cortes de 1.5 cm
3 hongos shiitake grandes y secos
½ cucharadita de comino molido
¼ cucharadita de pimienta negra recién molida
1½ cucharadita de sal marina

Caliente el aceite en una cacerola grande. Agregue el comino entero y dore poco a poco. Agregue la cebolla, el ajo y el apio y saltee de 3 a 4 minutos, hasta que estén suaves. Agregue el agua y lleve a ebullición. Lave y corte las verduras. Cuando el agua esté hirviendo, ponga la cebada y los vegetales (si usa alverjas congeladas, no las agregue hasta que la sopa esté casi lista). Desmorone los hongos secos en pequeños trozos en la sopa para darle sabor. Tape y cocine a fuego lento durante 1 hora o hasta que la cebada y las verduras estén tiernas. Esto hará a la sopa espesa, agregue más agua si prefiere un caldo más ligero. Cuando la cebada esté suave, agregue las alverjas congeladas, el comino molido y la sal. Cocine a fuego lento por 5 minutos más. Sirva con una cucharadita de *ghee* en cada plato de sopa, si lo desea.

Comentarios: Se puede agregar una ½ taza de frijol mungo crudo o un paquete de tofu (454g) en cubos cuando se incorpore la cebada, si usted quiere hacer una comida de un solo platillo. Sirva con caldo extra y una guarnición de *ghee* para calmar a *Vata*.

SOPA DE CEBOLLA SENCILLA

Tiempo de preparación: 1 hora — Porciones: 6-8

–*Vata*, + ligero *Pitta*, – *Kapha*

2 cucharadas de *ghee*
3 cebollas grandes, cortadas en cuartos y luego en rodajas finas
2 dientes de ajo picados
1 cucharada de harina de cebada
7 tazas de agua
½ manojo de perejil fresco picado
3 cucharadas de miso de cebada
Rebanadas de limón para decorar

Ponga el *ghee* en una cacerola grande y agregue las cebollas y el ajo. Lentamente, saltee las cebollas en el *ghee* a fuego lento hasta que estén tiernas y dulces, aproximadamente unos 45 minutos. Revuelva ocasionalmente para evitar que se peguen. Agregue la harina y revuelva con el *ghee* (esto será más fácil si deja un espacio en el centro de las cebollas para que la harina y el *ghee* se pueden mezclar fácilmente, sin tratar de mezclar la harina con la cebolla). Añada poco a poco el agua, revolviendo la mezcla de harina con *ghee* y cocinando a fuego lento. Suba el fuego y deje que la sopa hierva. Ponga el miso junto con 3 tazas de la mezcla de sopa en una licuadora. Añada la mitad del perejil picado. Revuelva la mezcla con el resto de la sopa, agregue el resto del perejil, caliente por 2 minutos y sirva.

SOPA DE COLIFLOR Y BRÓCOLI

Tiempo de preparación: 20-30 minutos — Porciones: 4-6

+ *Vata*, – *Pitta*, – – *Kapha*

2 tazas de brócoli fresco picado
2 tazas de coliflor fresco picado
3 tazas de agua
½ taza de cebolla picada
1 taza de espárragos (opcional)
1 cucharadita de *ghee* o aceite de girasol
1 cucharadita de semillas de comino
½ cucharadita de semilla de mostaza negra
2 cucharaditas de jengibre fresco picado
1 cucharadita de sal marina

Ponga al vapor el brócoli, la coliflor y la cebolla hasta que estén tiernas; hágalo puré en la licuadora. Ponga los espárragos al vapor, cortados en rodajas de 2.5 cm por separado. Caliente el *ghee* en una sartén pequeña y agregue el comino y las semillas de mostaza. Cuando la mostaza comience a saltar, agregue el jengibre y revuelva durante 30 segundos. Ponga estos ingredientes, más la sal en el puré de verduras y revuelva. Añada los espárragos al vapor. Adorne con cebollín picado (para *Kapha*) o con hojas de cilantro fresco picado (para *Pitta*).

KADHI DE COLIFLOR

Tiempo de preparación: 30 minutos — Porciones: 3
+ Vata, 0 Pitta, – Kapha

1 taza de coliflor en cubitos
3 cucharadas de hojuelas de avena
¼ a 1 taza de cebolla picada (a *Pitta* le va mejor con menos)
3 tazas de agua
½ cucharadita de semillas de fenogreco
1 cucharada de *ghee* o aceite de girasol
½ cucharadita de semillas de mostaza negra
2 clavos de olor enteros
½ cucharadita de semillas de comino
½ cucharadita de cúrcuma
4 a 5 hojas de curry frescas, si usted puede conseguirlas
½ cucharadita de raíz de jengibre fresco rallado
1 cucharadita de sal marina
1 cucharadita de jugo de lima o limón
Guarnición: hojas de cilantro fresco picado

Ponga la coliflor, la avena, la cebolla y el agua en una cacerola mediana y cocine a fuego lento hasta que se suavice, unos 10 minutos. Mientras se cocina, prepare el *vagar* calentando el *ghee* o aceite en una sartén pequeña y agregando el fenogreco, la mostaza, los clavos y el comino. Cuando las semillas de mostaza salten, agregue la cúrcuma y las hojas de curry, caliente durante 30 segundos más. Vierta las verduras mezcladas nuevamente en la cacerola y añada todos los ingredientes. Revuelva bien. Hierva sin tapar de 10 a 15 minutos, revolviendo ocasionalmente. Adorne con hojas frescas de cilantro picado.

Comentarios: Bueno para *Kapha, Pitta-Kapha, Kapha-Vata* y otras almas káphicas. La mostaza, el clavo, el jengibre y el fenogreco, lo hacen demasiado caliente para *Pitta*, pero el resto de los ingredientes calman a *Pitta* lo suficiente como para que el platillo en general tenga un efecto neutro, sin causar un desequilibrio.

SOPA CALIENTE Y PICANTE

Tiempo de preparación: 25-30 minutos Porciones: 6

0 *Vata*, + *Pitta*, – *Kapha*

5 tazas de agua
2.5 cm de raíz fresca de jengibre
1/3 taza de arroz *basmati*
1 clavo
3 granos de pimienta
1 zanahoria mediana rebanada
1 taza de col cruda, picada o 1 taza de verduras frescas
1 ciruela umeboshi
1 hongo shiitake grande (opcional, *Vata* puede dejar de comerlo, pero es bueno para darle sabor)
1/16 de cucharadita de *pippali* (pimienta larga) o pimienta cayena
1 cucharada de tamari
1 cucharadita de miel cruda (opcional)

Hierva el agua en una olla mediana. Pele y corte el jengibre en 4 o 5 piezas. Añada al agua hirviendo, tape y cocine en fuego bajo. Deje que hierva a mientras lava y drena el arroz. Añada a la sopa y suba el fuego a medio, tape de nuevo. Lave y corte la zanahoria y la col. Añádalos al caldo. Cocine a fuego lento 10 minutos más. Añada la pimienta de cayena o *pippali*, el tamari y la miel antes de servir.

Comentarios: Esto va bien con MISO DE TOFU (p. 113). Una mezcla agradable para beber durante un resfriado, gripe, tos o para la rinitis. Calienta el cuerpo y fortalece el sistema inmunológico. La col es una fuente rica de vitamina C, y la zanahoria aporta gran cantidad de vitamina A (si también utiliza hojas verdes, le darán una dosis extra de ambas vitaminas). El jengibre estimula la circulación y la digestión.
** Vata puede decorar con semillas de sésamo o gomasio (condimento a base de semillas de ajonjolí y sal).*

SOPA DE BRÓCOLI Y GIRASOL

Tiempo de preparación: 15 minutos — Porciones: 4
+ moderado Vata, – Pitta, – Kapha

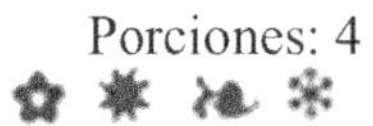

4 tazas de brócoli picado (alrededor de 1 racimo)
2 tazas de agua
1 cucharada de miso
¼ taza de semillas de girasol peladas
2 a 3 dientes de ajo (omita para *Pitta*)
2 cebollines finamente picados (omita para *Pitta*)
½ cucharadita de orégano seco
Pimienta negra al gusto

Lave y corte el brócoli y los cebollines. Ponga el brócoli en una olla al vapor. Cubra y cocine al vapor hasta que esté suave y de color verde brillante, unos 5 minutos. Mientras tanto, muela las semillas de girasol en la licuadora hasta obtener un polvo fino. Déjelas ahí. Cuando el brócoli esté listo, ponga el agua cocinada, más el resto de los ingredientes en la licuadora con el puré de las semillas de girasol. Sirva inmediatamente.

Comentario: Un buen almuerzo rápido en un día frío.

CREMA DE SOPA VERDE

Tiempo de preparación: 30 minutos — Porciones: 2-3
*–Vata, – Pitta, + Kapha**
0 *Vata, – Pitta, – Kapha***

1 manojo de hojas verdes picadas
2 cucharadas de *ghee*
¼ cucharadita de mostaza negra en grano
½ cebolla pequeña picada

1 taza de champiñones frescos rebanados
2 cucharadas de harina de cebada o de trigo integral
2 tazas de leche (de soya, de cabra o de vaca)
1 cucharadita de sal marina
¼ cucharadita de pimienta negra

Aplaste las hojas verdes y córtelas en trozos de 2.5 cm. Póngalas en una olla al vapor sobre agua hirviendo. Cubra y cocine al vapor hasta que estén tiernas de 5 a 8 minutos. Mientras tanto, saltee las semillas de mostaza en el *ghee* hasta que comiencen a saltar. Agregue la cebolla y los champiñones cortados y saltee hasta que la cebolla esté dulce. Añada la harina y vierta lentamente una taza de leche, revolviendo a medida que avanza para crear una salsa cremosa y suave. Cuando las hojas verdes estén listas, escúrralas y póngalas en la licuadora (no hay necesidad de ahorrar el agua de cocción aquí). Añada la última taza de leche a la licuadora y mezcle las verduras y la leche y suba la velocidad. Mezcle el nuevo puré con crema en la cacerola y deje hervir por un minuto o dos.

Comentarios: Esto va bien con *chapatis* o pan tostado. Es rico en minerales y betacaroteno y es fácil de digerir.
** Con harina integral de trigo y leche de vaca*
*** Con harina de cebada y leche de soya o de cabra*

SOPA DE *CHANA DAL*

Tiempo de preparación: 1-2 horas — Porciones: 8-10
+ Vata, – Pitta, – Kapha

1½ taza de chana dal seca (lentejas, frijoles o chícharos secos)
7 tazas de agua
1 cucharada de aceite de girasol
½ cucharadita de semillas de mostaza
1 cucharadita de sal marina
1½ cucharada de jarabe de arroz
1½ cucharada de jugo de limón
2 cucharaditas de semilla de cilantro en polvo
¼ pimiento verde picante picado (opcional, omita para *Pitta*)

Lave y escurra el *chana dal*. Cocínelo en agua en una cacerola de tamaño mediano a fuego medio hasta que esté suave, unos 45 minutos a 1 hora, dependiendo del *dal*. En una sartén pequeña, caliente el aceite de girasol y añada las semillas de mostaza. Cuando las semillas de mostaza salten, mezcle el aceite con las semillas y las lentejas cocidas. Añada los ingredientes restantes y mezcle bien. Cocine 10 minutos adicionales. Sirva.

Comentarios: Esta va bien con pan indio o arroz y un plato de verduras al lado. Este platillo picante y caliente es bueno para *Pitta* y *Kapha* en el otoño y el invierno.

SOPA DE FRIJOL NEGRO

Tiempo de preparación: 1 hora y 20 minutos con olla a presión de 4 horas sin ella — Porciones: 6-8

+ ligero *Vata,* – *Pitta,* – *Kapha*

2½ tazas de frijoles negros secos
⅛ cucharadita de *hing*
9 tazas de agua
3 cucharadas de *ghee*
½ cebolla mediana picada
1 diente de ajo (opcional, omita para *Pitta*)
3 hojas de laurel
1 tallo de apio finamente picado
¼ cucharadita de semilla de cilantro en polvo
2 cucharaditas de sal marina
Pimienta negra al gusto
Guarnición: jugo de limón fresco y *ghee*

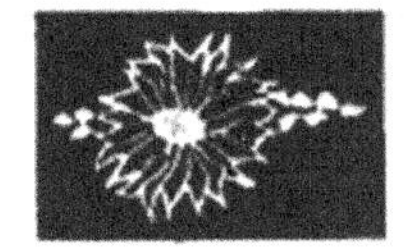

Coloque el frijol negro, el *hing*, el agua y una hoja de laurel en una olla a presión de 6 litros (llénela a más de la mitad) y llévela a 15 libras de presión. Cocine por 30 minutos a fuego medio o hasta que los frijoles estén tiernos. Mientras que los frijoles se cocinan, saltee la cebolla, el ajo, el apio, y las dos hojas de laurel restantes en el *ghee*. Añada los ingredientes salteados a los frijoles. Agregue la sal, y la semilla de cilantro y cocine a fuego lento durante otros 40 minutos, o hasta donde quiera desarrollar el sabor. Se puede servir con rodajas de limón.

Comentarios: Decore con limón y *ghee* para *Vata*, con una rodaja de cáscara de limón fresco para Pitta y Kapha.

CREMA DE GIRASOL

Tiempo de preparación: 30 minutos — Porciones: 4-6

–*Vata,* – *Pitta,* + *Kapha**

0 *Vata,* – – *Pitta,* 0 *Kapha***

8-10 alcachofas de Jerusalén (3 tazas en cubos)
2 cucharadas de *ghee*
1 cucharadita de mejorana seca
1 hoja de laurel
3 cucharadas de cebada o harina de trigo integral
3 tazas de leche de vaca o de soya
1 cucharadita de panela/mascabado (opcional para *Kapha*)
½ cucharadita de sal marina
Pimienta negra al gusto
Guarnición: 2 cucharadas de perejil fresco picado

Lave las alcachofas y córtelas en cubos en 1.5 cm. Caliente el *ghee* en una olla mediana a fuego lento, añada el orégano, la hoja de laurel y revuelva. Saltee 1 minuto. Agregue la harina de cebada, revolviendo muy bien. Luego agregue los cubos de alcachofas, mezcle bien con el *ghee*, las hierbas y la harina. Saltee durante un minuto. Poco a poco agregue la leche, revolviendo la sopa hasta que espese. Cuando haya añadido toda la leche, cocine a fuego medio hasta que la sopa esté del espesor deseado. Añada la panela/mascabado, la sal y la pimienta. Adorne con perejil picado. Se puede disfrutar con una ensalada ligera de lechuga, de col o rúgula.

Comentarios: Esta sopa es buena para un almuerzo nutritivo o una cena relajante (con leves beneficios tonificantes para el aparato reproductivo). No obstante, si usted tiene planes para servirla en su próxima cena elegante, piénselo nuevamente. ¡Tiene toda la apariencia y el estilo de una salsa!

** Con leche de vaca y harina de trigo integral*
*** Con leche de soya y harina de cebada*

SOPA *KICHADI* "SENCILLA"

Tiempo de preparación: 45 minutos — Porciones: 4-5
–Vata, – Pitta, 0 Kapha ✿ ✷ ❧ ❄

½ taza de arroz basmati
¼ taza de frijol mungo en mitades (*dal* amarillo)
1 cucharada de *ghee*
½ cucharadita de semillas de comino
½ cucharadita de sal marina
½ cucharadita de comino molido
6 tazas de agua
Guarnición: hojas frescas de cilantro picado

Caliente el *ghee* en una sarten mediana. Agregue las semillas de comino y saltee durante 1 a 2 minutos o hasta que se doren ligeramente. Lave bien el arroz y el *dal* (hasta que el agua esté clara), añada el *ghee* y revuelva. Saltee un minuto más. Agregue el agua, deje hervir, tape y cocine a fuego medio-alto por 30 minutos. Este será más como un caldo que el estofado tradicional de *kichadi*. Añada la sal y el comino molido y adorne con cilantro y sírvalo.

Comentarios: El encurtido de limón es una buena guarnición para *Vata*. Se pueden añadir verduras al gusto en el proceso. Una pizca de jengibre seco es apropiada para *Kapha* y *Pitta* puede decorar con coco y cilantro para refrescar.

SOPA DE ARROZ Y HABAS

Tiempo de preparación: 20-25 minutos — Porciones: 5-6

+ moderado Vata, – Pitta, – Kapha 

¼ taza de arroz *basmati*
½ taza de habas
1-2 cucharadas de aceite de girasol (la menor cantidad para *Kapha*)
½ cucharadita de semillas de mostaza
½ cucharadita de cúrcuma
2 tazas de zanahorias picadas
4 tazas de agua
1 pimiento verde picado (opcional, omita para *Pitta*)
2 cucharaditas de semilla de cilantro en polvo
1 cucharadita de sal de mar

En una cacerola, caliente aceite y agregue las semillas de mostaza. Cuando estas salten, añada la cúrcuma y las zanahorias. Cocine durante 3 a 4 minutos. A continuación, añada el arroz, las habas, el agua y los ingredientes restantes. Hierva durante 15 minutos a fuego medio. Sírvalo caliente.

Comentarios: Buena receta para usar las sobras. Funciona bien para una comida rápida o para la cena.

SOPA DE ALVERJAS

Tiempo de preparación: 2 horas 10 minutos — Porciones: 8-10

+ moderado Vata, – – Pitta, – – Kapha 

2 tazas de alverjas/chícharos secas
10 tazas de agua

3 zanahorias grandes en rodajas
2 tallos de apio finamente picado
1 cebolla grande picada
1 cucharadita de sal marina (o al gusto)
½ cucharadita de pimienta negra recién molida
1 cucharadita de miso de cebada (*mugi*)

Ponga las alverjas y el agua en una olla grande y traiga a ebullición. Agregue las zanahorias, el apio y la cebolla, y cúbrala. Ponga a fuego lento durante 2 horas o hasta que las alverjas se disuelvan en una sopa espesa. Añada la sal, la pimienta negra y el miso. Sírvalo bien caliente.

Comentarios: Es bueno como plato de almuerzo o como una cena abundante con pan sin levadura. Las zanahorias, la cebolla y las especias calientan mientras que las alverjas enfrían, dando vida a ellas y mejorando la digestión. A algunas personas *Vata* les va a ir bien con esta receta. Pruébelo y verá.

SOPA DE GARBANZO Y HOJAS VERDES

Tiempo de preparación: Porciones: 8-10
Con olla a presión, 1 hora, más remojo la noche anterior
Sin olla a presión, 3 a 4 horas más la noche de remojo
+ *Vata*, – *Pitta*, – *Kapha*

1½ taza de garbanzos secos
6 a 9 tazas de agua
2 cucharadas de aceite de girasol
1 cucharadita de semillas de mostaza
1 cucharadita de cúrcuma
2 cucharaditas de sal marina
2 cucharaditas de semillas de ajonjolí
1½ cucharadas de malta de cebada
3 cucharadas de jugo de limón
1 cucharada de semillas de cilantro en polvo
1 manojo de hojas verdes frescas picadas (col rizada, la col silvestre, hojas de mostaza, nabo verde, el diente de león o las espinacas)
Guarnición: hojas de cilantro picado

Si utiliza una olla a presión, remoje los frijoles durante la noche. A continuación, póngalos en la olla con 6 tazas de agua y cocine a 15 libras de presión por 35 minutos o hasta que estén blandos. Si no utiliza una olla a presión, remoje los frijoles en 9 tazas de agua durante 4 a 5 horas o toda la noche. Escurra, añada 6 tazas de agua. Deje hervir, tape, reduzca el fuego a medio y cocine, aproximadamente, durante 1 hora o hasta que los frijoles se pongan muy suaves.

En una sartén pequeña, caliente el aceite y agregue las semillas de mostaza. Cuando las semillas salten, añada la cúrcuma. Combine esta mezcla con los frijoles en una olla de cocción. Añada los ingredientes restantes. Revuelva bien. Cocine por 15 minutos a fuego medio. Adorne con hojas de cilantro.

Comentario: Esto va bien con *chapatis* o arroz.

SOPA DE RÁBANO JAPONÉS

Tiempo de preparación: 1 horas Porciones: 2

–*Vata,* + leve *Pitta,* – *Kapha*

½ rábano japonés grande (454 g, 2 tazas rallado)
2 cucharaditas de ajonjolí tostado
½ cucharadita de raíz de jengibre fresco pelado y rallado
¼ cucharadita de semillas de comino
2½ tazas de agua
½ cucharadita de sal marina o 1½ cucharadita de tamari (salsa de soya)
1 cucharada de perejil fresco picado
2 cucharadas de cebolla finamente picada (opcional)

Lave el rábano japonés (conocido también como daikon) y rállelo. Pógalo a un lado. Coloque el aceite de ajonjolí en una olla mediana a fuego lento. Agrege el jengibre y las semillas de comino (cebolla si usted lo desea) y salteelo por 1 minuto. Añada el rábano y sofría lentamente durante 10 minutos, moviendo ocasionalmente. Agregue el agua, tape y cocine a fuego medio durante 30 a 45 minutos o hasta que el rábano esté suave. Añada sal o tamari y el perejil. Sírvalo bien caliente.

Comentarios: Esta sopa se basa en un antiguo brebaje para curar las hemorroides. También es buena para el hígado.

SOPA DE LENTEJAS ROJAS

Tiempo de preparación: 30 minutos con olla a presión, 2 horas sin olla a presión — Porciones: 5-6

0 *Vata*, + *Pitta*, – *Kapha**

1 taza de lentejas rojas secas
6 tazas de agua
1 cucharada de aceite de girasol
½ cucharadita de semillas de mostaza
¼ de pimiento verde picado (opcional)
1½ cucharadita de sal marina
2 cucharaditas de cilantro en polvo
3 cucharadas de jugo de limón
2 cucharadas de malta de cebada
1 cucharada de raíz de jengibre fresco picado

Lave las lentejas. Cocine en una olla a presión con 3 tazas de agua hasta que estén suaves (unos 10 minutos). Sin olla a presión, remoje las lentejas durante una hora, escurra y cocine con 4 tazas de agua unos 30 minutos.

En una sartén pequeña, caliente el aceite y agregue las semillas de mostaza. Cuando salten, añada la cúrcuma. Combine con lentejas cocidas en una olla a presión abierta o en una olla grande. Agregue 3 tazas de agua y los ingredientes restantes. Cocine 10 minutos más a fuego medio.

Comentarios: Esto va bien con un plato de verduras y *rotalis*. Esta sopa ligera y sabrosa hace un excelente platillo de entrada para una cena o de plato principal para un almuerzo ligero. Algo que debe saber: las lentejas son ricas en ácido úrico y son calientes, lo que puede desequilibrar indirectamente pero de manera efectiva un caso de gota.

** Pitta puede adornar con hojas de cilantro para compensar este efecto, hasta cierto punto.*

CALDO DE MISO BÁSICO

Tiempo de preparación: 5 minutos — Porciones: 1

–*Vata*, + *Pitta*, + *Kapha**

1 cucharadita de pasta de miso amarillo, blanco o rojo
1 taza de agua
Cebollín (opcional para decorar para *Kapha*)

Ponga el agua a hervir. Coloque el miso en una taza o tazón pequeño. Vierta un poco de agua en el miso, hágalo puré con una cuchara hasta formar una pasta suave. Agregue el resto del agua y revuelva bien.

* *El miso se puede reducir a ½ cucharadita por taza de agua para un caldo que tenga un efecto neutro para Pitta y Kapha. Es excelente para los nervios y tranquiliza el estómago de Vata. Caliente y tranquilizante para un día frío. Es la base de muchas sopas de vegetales sencillas, y puede añadir verduras al vapor y un poco de arroz cocido o fideos soba.*

ENSALADAS

LAS ENSALADAS

Las ensaladas son una manera fresca y ligera para equilibrar una comida, en particular para Pitta y Kapha. A los Vata les va mejor consumir sus ensaladas tibias, o al menos un poco cocidas. Los marinados y los aderezos hacen las ensaladas accesibles y brindan conexión a tierra para Vata.

Las hojas de lechuga, la endivia y la escarola alivian de manera más activa a Kapha, debido a que son muy ligeras. Su humedad también las hace un alimento adecuado para Pitta. Si bien la lechuga tiene atributos ligeramente sedantes y emolientes, puede ser atractiva para Vata, pero puede incrementarlo modestamente. El aceite y el vinagre, o aderezos a base de lácteos, calmarán sustancialmente este efecto para Vata, pero muchas personas encuentran que si su Vata está desequilibrado, tolerarán poco las ensaladas. La lechuga romana es una de las más nutritivas, siendo más rica en ácido fólico y vitamina A que la mayoría. La rúgula, los berros y las hojas de capuchina son más calientes que la lechuga debido a que su principal sabor es el picante. Los berros en particular, son estimulantes y diuréticos, un valioso tónico de primavera. Las semillas de berro tienen una amplia variedad de usos en la medicina Ayurveda, ya que son consideradas como restauradoras.

Los brotes frescos se comportan muy parecidos a la lechuga, pero con algunas de las cualidades de sus semillas originales. Por lo tanto, los brotes de mungo tienen un toque frío como el frijol mungo. Los brotes de soya, al vapor o cocidos, tienen un efecto neutro en todos los doshas. Crudos, son mejor tolerados por Kapha y Pitta. Los brotes de alfalfa y de soya son un poco perturbantes para Vata, y necesitan ser enraizados con un aderezo a base de aceite. Los brotes de rábano son más picantes y también son mejores para Kapha y Vata, aunque sacan de equilibrio a Pitta.

El perejil es caliente y trae beneficios diuréticos para Kapha. Puede desequilibrar ligeramente a Pitta. En pequeñas cantidades puede ser utilizado por Vata.

El pepino es considerado fresco, suave, nutritivo, pesado y húmedo.

Es por esto que aunque se recomienda como un alivio tanto para Vata como para Pitta, algunos Vata lo encuentran difícil de digerir (debido a su pesadez). Elimine las semillas grandes y sírvalo con un poco de pimienta negra, jengibre o limón.

ALGUNAS COMBINACIONES PARA ENSALADAS TRIDÓSHICAS

Lechuga y espárragos al vapor
Lechuga, berros y corazones de alcachofa marinados y en rodajas
La calabaza de verano en rebanadas y lechuga
Lechuga, alverjas/chícharos, remolacha fresca
Lechuga, coles, zanahoria y remolachas
Lechuga, coles, zanahorias, espinacas y lechuga
Lechuga, coles, calabacines, pepino, remolacha y corazones de alcachofa
Pepino y espinacas, coles, zanahorias y rábanos

LOS ACEITES

El ghee (mantequilla clarificada) es la grasa preferida en la medicina Ayurveda: es ligero, fácil de digerir y potencializa muchos de los alimentos con los que se sirve. Sin embargo, no es una gran opción en la mayoría de las ensaladas. El aceite de girasol es una alternativa razonable y menos costosa. Ofrece menos beneficios medicinales, pero es una fuente rica en ácidos grasos esenciales y no tiene colesterol. Al igual que el ghee, es aceptable para todos los doshas.

El aceite de ajonjolí es especialmente recomendado cuando se necesita un efecto de calentamiento. Enraíza a Vata, tonifica el sistema reproductivo femenino y se utiliza para una amplia variedad de otras condiciones. El aceite de ajonjolí tostado da mayor sabor. El ajonjolí puede ser caliente y pesado y no se recomienda para Pitta o Kapha.

El aceite de nuez del nogal es una buena opción para los aderezos de ensaladas, y puede ser utilizado tanto como el aceite de oliva.

Puede ser un inconveniente su corta vida. Terapéuticamente hablando, es útil para fortalecer el hígado y la vesícula, y se puede tomar internamente como un laxante suave para expulsar la solitaria. El aceite de nuez se puede aplicar a los ojos para fortalecer la visión borrosa.

El aceite de oliva, como es caliente y pesado, también estimula la limpieza del hígado y la vesícula. Es terapéutico en desequilibrios de ambos órganos, y es mejor para Vata.

Mientras que el aceite de cártamo ha sido muy popular debido a su contenido en grasas poliinsaturadas, Ayurveda no lo considera particularmente bueno. Se recomienda usarlo de manera ocasional, en lugar de habitualmente, ya que a largo plazo puede inhibir la longevidad. Es curioso que un estudio realizado en el Instituto Linus Pauling, en esta última década, indique lo mismo: las ratas alimentadas diariamente con este aceite tuvieron una esperanza de vida más corta que aquellas alimentadas con otros.

La gran mayoría de los aceites son cálidos y pesados en calidad, incluyendo el ajonjolí, almendra, albaricoque, maíz, oliva, maní, cártamo, soya, ghee, ricino y la mantequilla salada. La mantequilla sin sal, el aceite de coco, aguacate y girasol tienen una acción refrescante; el girasol y el aguacate son más leves. Los aceites fríos, con la excepción del girasol, no se recomiendan para Kapha y pueden aumentar las condiciones káphicas tales como los niveles altos de colesterol. Ghee es la única grasa que se considera ligera en el tracto digestivo según las normas de Ayurveda. Debe mantenerse a un mínimo para Kapha, siendo una grasa y un buen colesterol. La mayonesa es en principio refrescante, pero en última instancia, es caliente y pesada, debido a los huevos y al aceite que están en su composición. La margarina es fría y difícil de digerir y no suele ser recomendada por los profesionales ayurvédicos.

ENSALADA DE ZANAHORIA Y PASAS

Tiempo de preparación: 20 minutos — Porciones: 4-5

*– Vata, + Pitta, 0 Kapha**

0 *Vata, + Pitta ligero, – Kapha***

5 a 6 zanahorias grandes (4 tazas de zanahoria rallada)
½ taza de pasas

½ taza de agua hirviendo
2 cucharadas de vinagre de arroz
1 cucharada de eneldo seco
¼ cucharadita de sal marina
1 cucharada de concentrado de manzana
¼ taza de aceite de girasol
2 cucharadas de mayonesa (solo para *Vata*, omitir para *Pitta* o *Kapha*)

Vierta el agua hirviendo sobre las pasas en un tazón pequeño a prueba de calor. Déjelas remojar durante 10 minutos. Lave, pele y ralle las zanahorias. (No es esencial pelar las zanahorias, pero si lo hace, el plato será más dulce y menos amargo). Mezcle el aderezo en un tazón pequeño, revolviendo el eneldo, la sal y el concentrado de manzana en el vinagre antes de añadir el aceite. Escurra las pasas, desechando el agua y revuélvalas en la ensalada. Agregue la mayonesa, si usted está sirviendo en un grupo en donde todos son *Vata*. De lo contrario, sirva la mayonesa a un lado como un adorno para *Vata*.
* *Con mayonesa*
** *Sin mayonesa*

ENSALADA FRESCA DE COL

Tiempo de preparación: 15 minutos — Porciones: 4-6
+ *Vata*, – *Pitta*, – *Kapha* ✿ ✱

½ col fresca grande (4 tazas rallada)
½ zanahoria mediana (para dar color)
2 cucharadas de vinagre de arroz o jugo de limón
1 cucharada de eneldo seco
¼ cucharadita de sal marina
Pimienta negra al gusto
¼ taza de aceite de girasol
1 cucharada de concentrado de manzana
Guarnición: 1 cucharada de hojas de cilantro fresco picado (opcional)

Lave y parta la col y la zanahoria finamente en tiras. En un tazón pequeño, bata juntos el vinagre, el eneldo y la sal con un tenedor. Añada la pimienta negra. Agregue el aceite y el concentrado de manzana. Vierta el aderezo sobre todo las verduras ralladas.

ENSALADA DE PUERRO, RÁBANO Y GIRASOL

Tiempo de preparación: 10 minutos Porciones: 2-4

*–Vata, 0 Pitta, – Kapha**

½ a 1 puerro fresco (la menor cantidad para *Pitta*)
13 a 15 cm de rábano japonés lavado (1 taza rallado)
2 cucharadas de semillas de girasol crudas
1 cucharada de aceite de girasol
1 taza de brotes de girasol
1 cucharadita de vinagre de arroz
Pimienta negra al gusto

Lave bien todas las verduras, corte el puerro y ralle el rábano. Caliente el aceite en una sartén mediana y añada el puerro. Saltee hasta que esté tierno. Añada el rábano y las semillas de girasol y saltee por otros 2 o 3 minutos, hasta que el rábano esté tierno pero no crujiente. Coloque los brotes de girasol en una ensaladera y vierta la mezcla salteada sobre esto. Agregue el vinagre, la pimienta y revuelva.

Comentarios: Esta ensalada engañosamente simple obtiene un sabor único de las verduras. Es altamente recomendada.

** Cuando se utiliza una menor cantidad de puerro y un poco de rábano japonés. Si el rábano es muy picante podría incrementar a Pitta.*

ENSALADA DE ALVERJAS Y RAÍCES CHINAS

Tiempo de preparación: 10 minutos Porciones: 2-3

*+ Vata, – Pitta, – Kapha**

*– Vata, 0 Pitta, 0 Kapha***

2 tazas de alverjas/chícharos frescos
4 tazas de raíces chinas/brotes de frijol mungo

Lave y quite el tallo a las alverjas/chícharos, cocine al vapor de 3 a 5 minutos. Enjuague los brotes y coloque sobre las alverjas en la vaporera, cúbrala y déjela otros dos minutos más. Mezcle con el ADEREZO DE JENGIBRE Y MANÍ (p. 236).

** Sin aderezo*

*** Con aderezo*

ENSALADA DE CORAZONES DE ALCACHOFA

Tiempo de preparación: 10 minutos Porciones: 2-3
+ ligero *Vata, – Pitta, – Kapha*

1 tarro (168 g) de corazones de alcachofa marinados
1 taza de alverjas/chícharos frescos (o congelados)

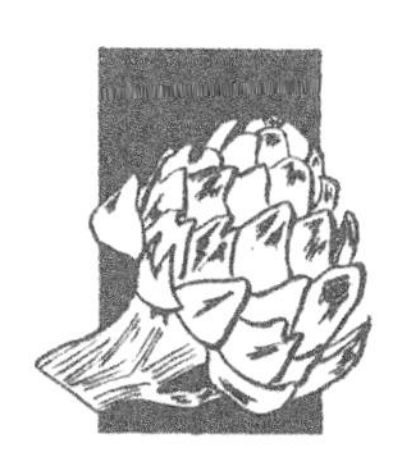

Lave las alverjas/chícharos. Colóquelas al vapor hasta que estén tiernas, unos 5 minutos. Mézclelas con los corazones de alcachofa y sírvalas. Si usted tiene los corazones de alcachofa sin marinar, simplemente use el ADEREZO DE VINAGRE Y ACEITE SENCILLO (p. 235) como aderezo.
** Leve + Vata, especialmente si con alverjas congeladas*

ENSALADA DE ESPÁRRAGOS

Tiempo de preparación: 15 minutos Porciones: 4
–Vata, – Pitta, – Kapha

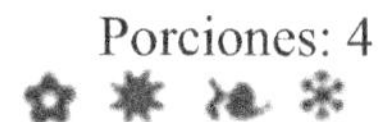

454 g de espárragos frescos

Siga las instrucciones para ESPÁRRAGOS AL VAPOR SENCILLOS (p. 164). Mientras que los espárragos se cocinan al vapor, prepare el ADEREZO DE VINAGRE Y ACEITE SENCILLO (p. 235). Cuando los espárragos estén suaves, retire del fuego, escurra y sirva con la vinagreta.

Comentario: Acompaña bien casi todo.

BRÓCOLI MARINADO CON CASTAÑAS DE AGUA

Tiempo de preparación: 15 minutos, 1 hora para marinar Porciones: 4
0 Vata, 0 *Pitta, – Kapha*

225 g de brócoli fresco (2 tazas en rodajas)
8-10 castañas de agua (unos 110g)
3 cucharadas de vinagre de arroz
1 cucharada de tamari (salsa de soya)
¼ cucharadita de jengibre seco
1 cucharada de miel
2 cucharadas de aceite de girasol

Lave el brócoli y corte el tallo y la cabeza en láminas finas. Ponga 1 a 5 cm de agua en una cacerola grande. Coloque en una vaporera y lleve el agua a ebullición. Coloque el brócoli al vapor y tápelo, cocinando por 3 a 5 minutos o hasta que adquiera un color verde brillante, que esté tierno pero crujiente (NO debe quedar suave e insípido). Retire del fuego. Escurra las castañas y córtelas por la mitad.

En un tazón pequeño, mezcle el tamari, la miel y el jengibre con el vinagre de arroz. Ponga el brócoli al vapor y las castañas de agua en un recipiente hondo pequeño y vierta el aderezo sobre ellos. Tape y deje reposar por una hora (o más) a temperatura ambiente para realzar los sabores.

Comentarios: Si bien esto se considera un marinado, si usted necesita una ensalada deliciosa y rápida, se puede servir inmediatamente, sin tener que esperar una hora para disfrutarla. Si está trabajando con un grupo *Pitta*, puede sustituir la miel por una cantidad igual de jarabe de arroz integral o arce. Sin embargo, es poco probable que esta pequeña cantidad de miel pueda perturbar gravemente *Pitta*. El cocinar al vapor uno o dos dientes de ajo con el brócoli hace una buena combinación para *Vata* o *Kapha*.

BROTES DE MUNGO AL JENGIBRE

Tiempo de preparación: 10 minutos — Porciones: 4-5

–Vata, + leve Pitta, – Kapha

4 tazas de brotes de frijol mungo (½ taza secos si usted los está germinando)
2 cucharadas de aceite de girasol o sésamo
½ cucharadita de aceite de ajonjolí/sésamo tostado
1 cucharada de raíz de jengibre fresco picado
2 cucharadas de tamari (salsa de soya)
¼ taza de almendras crudas (opcional)
1 cucharadita de miel (opcional)

Caliente el aceite, agregue el jengibre picado y los brotes. Revuelva bien a fuego medio-alto durante 2 minutos. A continuación, añada el tamari y las almendras. Cocine por un minuto más. Quite del fuego y agregue la miel, si lo desea (es excelente con o sin esta).

Comentarios: Esto va bien como una ensalada caliente con arroz y MISO DE TOFU (p. 113) o TOFU Y HONGOS (p. 115).

Si lo prepara para un *Pitta*, utilice el aceite de girasol y deje la miel, entonces tendrá efecto neutral para *Pitta*.

BROTES DE FRIJOL MUNGO AL ESTILO INDIO # 1

Tiempo de preparación: 30 minutos Porciones: 4-5
–*Vata*, – *Pitta*, – *Kapha* ✿ ✷

4 tazas de brotes (½ taza en seco, si usted está germinando)
2 cucharadas de aceite de girasol
1 cucharadita de sal marina
½ cucharadita de cúrcuma
⅛ taza de agua
2 cucharaditas de semillas de cilantro en polvo
¼ cucharadita de curry en polvo
2 cucharaditas de jarabe de arroz integral
⅛ pimiento verdes picados (opcional, omita para *Pitta*)

Lave los brotes en agua fría. Caliente el aceite en una sartén y añada los brotes. Agregue la sal, el agua y la cúrcuma. Tape y cocine durante 20 minutos a fuego lento. Cuando los brotes estén suaves, añada los ingredientes y mezcle completamente. Cocine por 10 minutos.

Comentario: Esto va bien con CURRY DE SUERO DE LECHE (p. 86) y arroz.

BROTES DE FRIJOL MUNGO AL ESTILO INDIO # 2

Tiempo de preparación: 5 minutos Porciones: 4-5
0 *Vata*, – *Pitta*, – *Kapha* ✿ ✷

1 taza de brotes mixtos: frijol mungo, lentejas, garbanzos o amaranto
1 cucharada de aceite de girasol o de oliva
⅛ cucharadita de *hing*
½ cucharadita de cúrcuma
¼ cucharadita de sal marina
1 a 2 cucharadas de jugo de limón (o al gusto)

Caliente el aceite en una sartén. Añada las especias y los brotes. Saltee 3 a 4 minutos. Agregue el jugo de limón y sirva caliente.

ENSALADA SICILIANA CALIENTE

Tiempo de preparación: 30 minutos (o menos) Porciones: 4
0 *Vata*, – *Pitta*, – *Kapha* ✿ ✷ ❧ ❄

1 manojo grande de col fresca
2 papas rojas medianas
1 zanahoria mediana
1 cucharada de vinagre de arroz
1½ cucharaditas de orégano seco
1 cucharadita de albahaca seca
½ cucharadita de tomillo (opcional)
¼ cucharadita de romero seco
½ cucharadita de sal marina
Pimienta negra al gusto
½ a 2 cucharaditas de concentrado de manzana
2 cucharadas de aceite de oliva

Lave las verduras. Vierta aproximadamente 2.5 cm de agua en una sartén mediana, deje hervir a fuego alto. Corte las papas en cubos de 1 cm, dejando la cáscara. Colóque las papas en el agua hirviendo, tape y reduzca el fuego a medio. Cocine durante 5 minutos. Mientras se están cocinando, rebane las zanahorias en cubos de 1 a 5 cm y corte la lechuga en secciones de 2.5 cm de ancho. Agregue la zanahoria y la lechuga a las papas y deje cocer durante 7 minutos cubierto, y déjelo a fuego medio.

Mientras que las verduras se cocinan, puede preparar el aderezo. O relájese durante unos minutos y reconozca su dominio. Esta es una receta fácil. Cuando esté listo, ponga el vinagre en un tazón pequeño y bata las hierbas, la sal, la pimienta y el concentrado de manzana, en este mismo orden. Agregue el aceite de oliva. Cuando las verduras estén cocidas, es decir, suaves pero no flácidas, escúrralas. Vierta el aderezo sobre la ensalada y mezcle. Enfríe o sirva a temperatura ambiente, lo que prefiera (en general las preferirán a temperatura ambiente).

Comentarios: Es muy buena y tal vez imposible de encontrar en Sicilia. Esta receta está basada en una sopa muy querida que un viejo amigo Siciliano- Americano me preparaba hace algunos años en Carmel. Si no está intentando equilibrar a *Pitta*, puedes agregar 2 dientes de ajo en la cocción de las verduras para obtener un sabor agradable. Pero es muy sabrosa tal cual.

ENSALADA DE PAPA CALIENTE

Tiempo de preparación: 45 minutos — Porciones: 3-4

–Vata, + Pitta, + Kapha

6 papa nuevas o rojas
½ taza de vinagre de arroz

1 cucharada de mostaza molida
1 cucharada de hierbabuena seca
1 cucharadita de eneldo
½ cucharadita de sal marina
½ taza de aceite de oliva
½ taza de mayonesa
Guarnición: pimienta negra recién molida

Hierva las papas hasta que estén suaves durante 20 a 30 minutos. Mientras tanto haga el aderezo: bata la mostaza, las hierbas y la sal en el vinagre. A continuación, agregue el aceite y la mayonesa (el orden es esencial para obtener un mejor sabor). Escurra las papas, déjelas enfriar lo suficiente como para cortarlas en rodajas y en cubos. Colóquelas en un molde engrasado, cubra y mezcle con el aderezo. Cocine por 20 minutos o hasta que esté caliente. Decore con pimienta negra recién molida.

Comentarios: ¿Me preguntan por qué ofrecemos una receta tentadora sin esperanza de ser consumida por *Pitta* o *Kapha*? Bueno, los pobres *Vatas* deben poder disfrutar sus papas de alguna manera. Hablando en serio, si hay alternativa para *Pitta* y *Kapha*. Para *Pitta* puede reducir el vinagre y la mayonesa a la mitad, dejando que el plato tenga un efecto neutro. También puede hacer el aderezo para la ENSALADA SICILIANA CALIENTE (p. 229) y proceda como se indica aquí. Muy buena y solo perturba ligeramente, muy ligeramente, a *Vata*.

ENSALADA DE CAMOTE

Tiempo de preparación: 30 minutos — Porciones: 3-4
–*Vata,* + leve *Pitta,* + *Kapha*

3 a 4 camotes/batatas medianas (3 tazas picadas)
2 cucharadas de mayonesa
2 cucharaditas de semillas de mostaza molida
1 cucharada de vinagre umeboshi
1 cucharada de vinagre de arroz
2 cucharadas de agua
¼ cucharadita de comino molido
¼ cucharadita de pimienta negra recién molida
Guarnición: perejil fresco picado

Lave y pele los camotes y córtelos en rodajas de 1.5 cms. Póngalos en una olla al vapor hasta que estén tiernos, durante unos 15 minutos. Mientras tanto, mezcle el resto de los ingredientes. Enfríe el camote ligeramente, lo suficiente como para cortarlos en cubos de 5 centímetros. Mezcle con el aderezo y sírvalo. Adorne con perejil si lo desea.

Comentario: Si desea que calme *Pitta*, omita la mostaza por completo.

ALCACHOFAS DE JERUSALÉN

También conocidas como tupinambo o papa de Jersusalén. Estas ofrecen frescura, luminosidad y humedad. En exceso pueden hacerle mal a Vata, pero con moderación están bien. Equilibran a Pitta y brindan ligereza pronunciada a Kapha, al igual que su alto contenido de inulina, es un almidón rico en fructosa en lugar de la glucosa. La fructosa es similar a la que existente en la miel y en muchas frutas. Tiende a perturbar el azúcar en la sangre mucho menos que la glucosa, trayendo equilibrio a Kapha. Son nativas de Norteamérica, fueron comidas por los indios durante siglos hervidos al horno o crudos. Fueron enviados a Europa en los años 1600, como la "papa canadiense" y regresaron como "alcachofas de Jerusalén", por razones históricas desconocida,s ya que no tienen origen en Medio Oriente. Su remitente pensó que sabía algo así como una alcachofa, mientras que los italianos reconocieron su ascendencia al girasol llamándolo un "girasole". Es muy apreciada por el Dr. K. M. Nadkarni, autor de Indian Materia Médica, como un afrodisíaco y potenciador de la producción de esperma.

ENSALADA DE ALCACHOFAS DE JERUSALÉN

Tiempo de preparación: 20 minutos — Porciones: 2-3

+ leve *Vata*, – *Pitta*, – *Kapha* ✿ ✷ ❄

8 alcachofas de Jerusalén (alrededor de 2 tazas en rodajas)
3 cucharadas de aceite de oliva
¼ cucharadita de sal marina
3 cucharadas de perejil fresco picado
1 cucharadita de ajedrea fresca picada o ½ cucharadita seca
Pimienta negra al gusto

Lave bien las alcachofas y colóquelos en agua hirviendo hasta que estén tiernos, unos 15 minutos. Este es un paso que requiere cierta atención ya que los alcauciles pueden quedar duros de nuevo si se cocinan excesivamente. Escúrralos y córtelos en rodajas o cubos. Colóquelos en un tazón con el resto de los ingredientes y dejé reposar 15 minutos o más. Sirva caliente o frío.

ENSALADA DE HUEVOS ENDIABLADOS # 1

Tiempo de preparación: 20 minutos, cocinando los huevos Porciones: 1-2
–*Vata,* + *Pitta,* + *Kapha*

2 huevos
1 cucharada de mayonesa
1 cucharadita de semilla de mostaza molida
Sal marina y pimienta negra al gusto
Guarnición: paprika

Hierva los huevos hasta que queden duros. Enfríelos en agua y pélelos. Aplástelos en un tazón pequeño con un tenedor y añada el resto de los ingredientes. Espolvoree con paprika como digestivo y sirva con pan, galletas o *chapatis*. Es una buena comida rápida.

ENSALADA DE HUEVOS ENDIABLADOS # 2

Tiempo de preparación: ½ hora Porciones: 1
0 *Vata,* + *Pitta,* – *Kapha*

1 huevo
1 cucharadita de semillas de mostaza molida
1 cucharada de perejil fresco picado
2 cucharadas de vegetales crudos frescos finamente picados (espinaca, berro o calabaza)
Pimienta negra al gusto

Siga las instrucciones de la receta anterior. Es ligero y bueno.

ENSALADA DE HUEVOS AL CURRY

Tiempo de preparación: 20 minutos, cocinando los huevos Porciones: 1-3
0 *Vata,* – *Pitta,* – *Kapha**
–*Vata,* + *Pitta,* – *Kapha***

4 huevos

2 cucharadas de aceite de girasol
1 cucharadita de vinagre de arroz
½ cucharadita de comino molido
½ cucharadita de curry suave en polvo
2 cucharadas de hojas frescas de cilantro picado
2 cucharadas de verduras frescas picadas (como pepino o calabacín)

Hierva los huevos hasta que se pongan duros, enfríelos y pélelos. Si va a preparar este platillo para *Pitta* separe las yemas y utilícelas para otra cosa (por ejemplo como adorno de ensalada para *Vata*). Para los otros *doshas*, se pueden dejar las yemas. Machaque los huevos con el resto de los ingredientes y sirva.

Comentarios: Se puede añadir una pizca de azafrán para un efecto más refrescante para *Pitta*, es un gesto extravagante, sin duda.
** Sin yemas*
*** Con yemas*

AGUACATE PARA UNTAR

Tiempo de preparación: 10 minutos o menos — Porciones: 2
–Vata, 0 *Pitta,* + *Kapha*

1 aguacate maduro
1 cucharada de jugo de lima o limón (aproximadamente ½ limón fresco)
⅛ cucharadita de ajo en polvo (opcional, omitir para *Pitta*)
⅛ cucharadita de pimienta negra recién molida
1 cucharada de hojas de cilantro fresco picado

Machaque todos los ingredientes en un tazón pequeño.

ADEREZO CREMOSO DE AGUACATE

Tiempo de preparación: ½ hora — Porciones: 2-3
–Vata, 0 *Pitta,* + *Kapha*

Use los mismos ingredientes de la receta anterior, omitiendo el cilantro si lo desea. Añada los siguientes dos ingredientes:
4 cucharadas de jugo de limón
4 cucharadas de agua (al gusto)

Mezcle bien y sirva inmediatamente.

ADEREZO DE VINAGRE Y ACEITE SENCILLO

Tiempo de preparación: 10 minutos Porciones: 6-8
–Vata, + Pitta, + Kapha

¼ taza de vinagre de arroz
½ cucharadita de sal marina
¼ cucharadita de pimienta negra recién molida
1 diente de ajo (sin pelar si hay un *Pitta* en el grupo, picado si no)
½ cucharadita de albahaca seca
1 cucharadita de jarabe de arroz integral, miel o concentrado de manzana
½ taza de aceite: el de oliva o nuez son sabrosos, el girasol funciona bien

Bata todos los ingredientes excepto el aceite en un tazón pequeño. Añada el aceite y mezclelo bien. Puede utilizarlo inmediatamente o dejarlo reposar hasta que lo vaya a utilizar. Rinde para ¾ de taza de aderezo para ensalada.

Utilice jarabe de arroz integral si está cocinando para *Vata* o *Pitta*, o miel si está cocinando para *Kapha* o *Vata*, y concentrado de manzana para *Pitta* o *Kapha*. El aceite de girasol y la miel se puede utilizar para un aderezo tridóshico.

Comentario: Muy sabroso.

ADEREZO DE PEREJIL Y SEMILLAS DE CALABAZA

Tiempo de preparación: 10 minutos Porciones: 2 tazas
–Vata, – Pitta, – Kapha

1 manojo de perejil fresco (3 tazas picadas)
¼ taza de semillas de calabaza
½ taza de agua
½ cucharadita de sal marina
2½ cucharadas de jugo de limón
1 diente de ajo (omitir para *Pitta*)
1 cucharada de aceite de girasol (si cocina solo para *Vata* añada una cucharada más)

Lave y pique el perejil. Licue todos los ingredientes hasta que quede una pasta suave. Mézclelo con la ensalada.

Comentario: Este aderezo para ensalada es ligero y nutritivo, excelente para aquellos que tienen desafíos pulmonares, vejiga o próstata.

ADEREZO DE JENGIBRE Y MANÍ

Tiempo de preparación: 10 minutos Porciones: 3-4

*–Vata, + Pitta, + Kapha** ❄

*–Vata, 0 Pitta, 0 Kapha***

2 cucharadas de maní/cacahuates
1 cucharadita de raíz de jengibre fresca pelada y picada
¼ taza de agua
2 cucharaditas de salsa de soya
1 cucharadita de tahini

Licue todos los ingredientes.

* *Efecto al servir el aderezo solo*
***Efecto al servir con la ENSALADA DE ALVERJAS Y RAÍCES CHINAS (p. 226)*

CONDIMENTOS

LOS CONDIMENTOS

El uso de condimentos y la hospitalidad es fundamental en la cocina de la India. Afortunadamente, en una comida ayurvédica, también son una forma inteligente de traer equilibrio. Los condimentos son generalmente simples y fáciles de preparar, no obstante, dan un aspecto de elegancia a una comida. Sírvalos en pequeños recipientes en el comedor. Una comida no tiene por qué tener sabores de la India para que usted pueda disfrutar de los placeres de los condimentos.

Los pimientos, la cebolla en rodajas, los rábanos, la remolacha, la zanahoria, el encurtido de limón y la pimienta negra molida, todos calientan la comida y estimulan el agni. La sal, la salsa de soya, el miso y el jengibre encurtido tendrán el mismo efecto.

Las hojas frescas de cilantro picadas, el coco rallado sin azúcar, los pepinos, la menta, las uvas pasas y la lechuga cruda o los germinados frescos enfrían una comida trayendo a Pitta a una zona normal.

El yogur natural enfría al inicio pero calienta a largo plazo. Es bueno para calmar el paladar durante o después de un plato picante. Posteriormente, enciende el agni. Las raitas preparadas con yogur y verduras frescas ralladas y especias pueden proporcionar calor o frescura de acuerdo a sus ingredientes.

Muchas de las recetas mencionan condimentos adecuados para mantener el equilibrio.

Las nueces, las semillas de ajonjolí, las aceitunas negras y las verdes se agregan a menudo como condimentos. Si bien son calientes, también son pesadas, y por lo general no estimularán el agni de la forma que la mayoría de los alimentos calientes lo haría. Exigen energía para ser digeridos. Las semillas de calabaza y de girasol tienden a ser un poco más ligeras y más fáciles de digerir. También pueden ser utilizadas como condimentos, pero una vez más, no ayudan a la digestión.

Las algas marinas son otra guarnición posible. Aunque rara vez se ven en una comida típica de la India, son de uso medicinal en Ayurveda, y son una buena adición a una comida saludable y ecléctica. El musgo irlandés rojo o caragenano se utiliza para reforzar la vejiga y los riñones, y como apoyo en el pecho y problemas bronquiales. El dulse (alga roja) pertenece a la misma familia y puede ser usado para los mismos fines. El hijiki (alga japonesa) es una rica fuente de calcio y puede ser mezclado con hortalizas como la zanahoria y otros tubérculos, con buenos resultados. El fuco se utiliza específicamente como auxiliar en la obesidad y en los desequilibrios de la tiroides y los riñones. Las algas, ricas en yodo y minerales, sirven con eficacia para los preparados y combinaciones de condimentos a base de hierbas. Si se aplican solas en polvo a los alimentos ¡su sabor se asemeja demasiado al de un pez muerto para el gusto del autor! La mayoría de las algas marinas por ser saladas apaciguan Vata. Lo mejor es utilizarlas bien enjuagadas y en pequeñas cantidades para Pitta y Kapha.

El alga espirulina y las algas verdes-azules presentes en el mercado de hoy en día son de agua dulce en lugar de agua salada. Son ricas en beta-caroteno, así como en proteína y B-12 y calientan y brindan equilibrio a Kapha. En exceso pueden perturbar a Vata o Pitta. Debido a su sabor y textura, son más susceptibles de ser utilizadas como un suplemento alimenticio que como condimento. Sin embargo, algunos espíritus aventureros pueden añadirlos a las sopas en polvo, legumbres o mezclarlas en licuados de frutas.

LISTA DE POSIBLES CONDIMENTOS

Cualquiera de los siguientes se puede servir en función de sus necesidades y las de sus invitados o familiares. Póngalos en tazones pequeños:

coco rallado sin azúcar	*- Vata*	*- Pitta*	*+ Kapha*
uvas pasas hidratadas	*0 Vata*	*- Pitta*	*- Kapha*
semillas de girasol tostadas	*- Vata*	*0 Pitta*	*0 Kapha*
semillas de ajonjolí tostadas y molidas	*- Vata*	*+ Pitta*	*+ Kapha*
semillas de calabaza, crudas o tostadas	*- Vata*	*0 Pitta*	*0 Kapha*
brotes	*+ Vata*	*- Pitta*	*- Kapha*
lechuga picada	*0 Vata*	*- Pitta*	*- Kapha*
chiles enteros o picados, rojos o verdes	*- Vata*	*+ Pitta*	*- Kapha*
	El exceso podría + *Vata*		
rodajas de cebolla cruda	*+ Vata*	*+Pitta*	*- Kapha*
rábano crudo en rodajas, regular o	*- Vata*	*+Pitta*	*-Kapha*

japonés			
limón encurtido	- *Vata*	+ *Pitta*	+ *Kapha*
pimienta recién molida	- *Vata*	0 *Pitta*	- *Kapha*
sal	- *Vata*	+ *Pitta*	+ *Kapha*
hojas de cilantro picado	- *Vata*	-*Pitta*	-*Kapha*
hojas de menta fresca picada	-*Vata*	- *Pitta*	- *Kapha*
	El exceso podría +*Vata*		
pepino cohombro en rodajas	-*Vata*	- *Pitta*	+ *Kapha*
yogur natural, queso cottage o *raita*	- *Vata*	- *Pitta*	+ *Kapha*
almendras, anacardos u otra nuez	- *Vata*	+ *Pitta*	+ *Kapha*
chutney de mango (efecto general)	- *Vata*	+ *Pitta*	+ *Kapha*
caldo vegetal en polvo	0 *Vata*	- *Pitta*	- *Kapha*
miel u otro endulzante	Depende del endulzante		
hijiki	- *Vata*	+ *Pitta*	+ *Kapha*
enjuagado	- *Vata*	0 *Pitta*	0 *Kapha*
dulse	-*Vata*	+*Pitta*	+ *Kapha*
enjuagado	- *Vata*	0 *Pitta*	0 *Kapha*

CHUTNEY DE CILANTRO FRESCO

Tiempo de preparación: 5 minutos — Rinde: 1 taza

– *Vata*, – *Pitta*, – *Kapha*

1 manojo (113 g) de cilantro fresco hojas y tallos
¼ taza de jugo de limón fresco
¼ taza de agua
¼ taza de coco rallado
2 cucharadas de raíz de jengibre fresco picado
1 cucharadita de malta de cebada o miel
1 cucharadita de sal marina
¼ cucharadita de pimienta negra recién molida

Licue el jugo de limón con el agua y el cilantro fresco hasta que el cilantro esté bien picado. Añada los ingredientes restantes y mezcle de nuevo hasta que quede como una pasta. Puede ser almacenado en el refrigerador, tapado, hasta una semana.

Comentarios: Excelente con *dal*, legumbres, curry o pan. Use con moderación. Excelente condimento para *Pitta*, es mejor preparárselo con malta de cebada. La cantidad de edulcorante es muy pequeña por porción, sin embargo, la miel o la malta de cebada podrían ser utilizadas para *Pitta* o *Kapha* sin daño alguno.

El Dr. Robert Svoboda recomienda que para una salsa deliciosamente sedosa se deben utilizar solo las hojas y dejar de lado los tallos. Yo soy moderada, corto un poco de los tallos superiores dejando a un lado los tallos más gruesos de abajo. Tiendo a ser un poco perezosa, pero también me encanta la suavidad.

CHUTNEY DE MENTA

Tiempo de preparación: 10-15 minutos — Rinde: ¾ taza

–Vata, – Pitta, – Kapha

1 taza de hojas de menta fresca suelta
2 cucharadas de coco rallado
1 cucharada de semillas de ajonjolí (opcional, se puede omitir para *Pitta*)
1 cucharada de jugo de limón
½ cucharadita de sal marina
1 cucharada de raíz de jengibre fresco rallado
1 cucharadita de malta de cebada o miel
¼ taza de agua

Lave las hojas de menta, escúrralas y píquelas. Licue todos los ingredientes hasta que estén suaves como un puré o una pasta. Póngalos en un recipiente cubierto y almacénelos en el refrigerador. Úselo con moderación. Se conserva por 4 a 5 días.

Comentario: Es bueno para retocar el sabor de una comida sencilla, como el de TOFU Y VERDURAS SALTEADAS (p. 116).

CHUTNEY DULCE DE MANGO CON CÁSCARA DE NARANJA

Tiempo de preparación: 20 minutos o más — Rinde: 1 taza

–Vata, 0 Pitta, – Kapha

1 taza de mangos deshidratados
1 taza de agua caliente
¼ cucharadita de cardamomo
¼ cucharadita de jengibre en polvo
¼ cucharadita de clavo de olor en polvo
1 cucharadita de cilantro en polvo

2 cucharaditas de cáscara de naranja orgánica rallada

Remoje los mangos en el agua caliente durante 15 minutos (emplee más tiempo si se requiere), luego haga un puré en la licuadora con el resto de los ingredientes. *Vata* puede añadir un poco de jugo de lima o limón.

Comentarios: Puede ser una buena jalea de mango que se puede untar en pan tostado, galletas saladas o *chapatis*. Es un buen chutney digestivo que estimula el *agni*.

Esto puede hacerse con mangos frescos si los tiene. Donde yo vivo puede ser bastante difícil encontrarlos, por lo que utilizamos mangos secos. Son preferibles las frutas frescas y maduras. Si las utiliza en esta receta, perturba menos a *Vata* y es más fácil de digerir. Sustituya 2 mangos frescos por los secos y omita el agua. ¡Buen provecho!

CHUTNEY PICANTE DE MANGO

Tiempo de preparación: 15 minutos — Rinde: 1 taza
– – Vata, + Pitta, + leve Kapha

2 mangos maduros
½ cucharadita de jengibre en polvo
⅛ cucharadita de sal marina
3 cucharadas de jugo de lima o limón
⅛ cucharadita de cúrcuma (opcional, ayuda a digerir las proteínas y añade sabor amargo y astringente)
2 cucharaditas de jarabe de arroz integral o panela/mascabado
¼ cucharadita de pimienta negra recién molida
⅛ cucharadita de *pippali* (o 1/16 cucharadita de pimienta cayena)

Lave y pele los mangos. Córtelos y póngalos en la licuadora con el resto de los ingredientes y haga un puré.

Comentarios: Este es un chutney excelente para estimular el *agni*, la digestión y eliminación. También es ligeramente diurético. Tiene un sabor picante. Es preferible si usted puede obtener *pippali* en vez de cayena. Mientras que ambas pimientas estimulan el *agni*, *pippali* también es rejuvenecedora pero la cayena no.

CHUTNEY DE NUEZ DE LA INDIA/MARAÑÓN

Tiempo de preparación: 10-15 minutos Rinde: ½ taza
–Vata, + Pitta, + Kapha

½ taza de nueces de la India/marañón crudo, entero o en trozos
½ cucharadita de sal marina
½ cucharadita de cilantro en polvo
1 cucharada de jugo de limón o lima
½ cucharadita de raíz de jengibre fresco rallado
¼ chile verde picado (opcional)

Pique las nueces finamente. Agregue el resto de los ingredientes y mezcle bien.

Comentario: Esto va bien con ensaladas, granos o con curry.

CHUTNEY DE YERBABUENA

Tiempo de preparación: ½ hora Rinde: ½ taza
–Vata, – Pitta, + leve *Kapha*

3 cucharadas de hojas secas de yerbabuena/menta verde desmoronadas
6 dátiles, finamente picados
¼ cucharadita de pimienta negra
½ a 1 cucharadita de sal marina
4 cucharadas de uvas pasas
1 cucharadita de comino molido
3 cucharadas de jugo de lima o limón
½ taza de coco rallado sin azúcar

Mezcle bien todos los ingredientes. Sírvalo como guarnición de ensaladas de fruta fresca. Manténgalo refrigerado durante un máximo de 2 semanas.

Comentarios: ¡Intenso pero delicioso! Fue originalmente inspirado por una sugerencia del *Indian Materia Medica* del Dr. Nadkarni.

LAS CEBOLLAS

Son uno de esos alimentos que sorprende por sus cualidades. Si bien su sabor es fuerte, no es cálido para el tracto digestivo de la misma manera que otros alimentos picantes lo son. Su acción inusual o prabhav es su virya frío: tiene un efecto de enfriar el tracto digestivo, por lo que inhibe la digestión. Aquellas personas que tienen dificultad para consumir cebollas crudas deben saber esto. Y es por eso que las cebollas crudas no están en la lista de comidas para Vata. Cocinar las cebollas las endulza y aligera, logrando así un equilibrio para Pitta como para Vata en pequeñas cantidades. El sabor picante de la cebolla en todas sus formas hace que sea muy apropiado para Kapha.

CEBOLLAS CRUDAS

Tiempo de preparación: 5 minutos — Rinde: 1 taza
+ Vata, + Pitta, – Kapha

1 cebolla grande
1 limón
½ cucharadita de sal marina
¼ cucharadita de pimienta negra recién molida

Corte y coloque la cebolla en un tazón pequeño, exprima el jugo de limón sobre ella. Agregue la sal y la pimienta. Es picante y antiséptico, estimula la digestión de *Kapha*.

Comentarios: Un plato de acompañamiento estándar para *Kapha*. Puede ser utilizado en cualquier momento.

CEBOLLAS ROSTIZADAS

Tiempo de preparación: 1 hora — Rinde: 2 tazas
–Vata, 0 Pitta, – Kapha

2 cebollas grandes
1 cucharadita de semillas de comino
1 cucharadita de panela/mascabado
1 ½ cucharadas de *ghee*

Precaliente el horno a 149 °C. Engrase un molde para horno cubierto con mantequilla clarificada. Rebane o pique finamente la cebolla, como usted lo prefiera. Mezcle todos los ingredientes en el molde engrasado, cubra y hornee por 50 minutos o hasta que la cebolla esté tierna.

Comentarios: Esto va bien con la mayoría de los *dals*, platos fuertes a base de frijoles, o con comidas que requieran ese toque o chispa extra. Este plato emoliente y calmante es también un viejo remedio ayurvédico para las hemorroides. Cuando se consume, estimula la circulación que necesita el intestino para sanar.

EL PUERRO Y EL AJO

El puerro y la chalota son parientes de la cebolla y se comportan en muchos casos de la misma manera, pero con una acción un poco más ligera. Son buenos en sopas, en especial como un tónico de primavera.

El ajo, por el contrario, es caliente y se mantiene caliente durante todo su recorrido por el sistema gastrointestinal. Es fuerte, estimulante, desparasitante y elimina gases. Cuenta con los seis sabores, excepto el ácido. En climas fríos, se utiliza en Ayurveda como preventivo para la artritis y para los desórdenes nerviosos. Calma Vata, Kapha y perturba a Pitta. Es excelente tanto crudo como cocido para la bronquitis, neumonía, asma, gripes y otras afecciones pulmonares. En el pasado, el aceite de ajo fue utilizado como un inhalante eficaz para aliviar los síntomas agudos de tos ferina en niños de la India. El aceite es el mejor medio para recibir sus efectos terapéuticos, por lo que es mejor sofreírlo antes de usarlo con estos fines. El ajo, crudo o salteado, se puede ofrecer como condimento en las comidas ayurvédicas.

RAITA DE BANANO

Tiempo de preparación: 10-15 minutos — Porciones: 4-5

–Vata, + Pitta, + Kapha

2 tazas de yogur natural

1 cucharadita de mantequilla o *ghee*
1 cucharadita de semillas de comino
1 cucharadita de cardamomo molido
1 cucharadita de comino en polvo
2 bananos/plátanos maduros
¼ taza de uvas pasas (opcional)

En una sartén mediana derrita la mantequilla o el *ghee*. Agregue las semillas de comino. Cuando se doren, añada el yogur y apague. Añada el resto de las especias. Corte los plátanos en cubos de 1.5 cm o en rodajas de 6 cm. Añada el yogur a la mezcla revolviéndolo bien.

Comentarios: Esta rica salsa va bien con la sopa, el arroz o cereal. Excelente para *Vata*, bastante extravagante para los demás.

RAITA DE REMOLACHA

Tiempo de preparación: 15 minutos | Porciones: 5-6

–Vata, + Pitta, + Kapha

3 tazas de remolachas crudas y ralladas
1 hoja de laurel
1 cucharada de aceite de girasol
½ cucharadita de semillas de mostaza
1 cucharadita de sal marina
1 cucharada de miel, jarabe de maple o malta de arroz
2 tazas de yogur

Ponga 2.5 cm de agua en una vaporera grande de acero inoxidable. Coloque las remolachas ralladas al vapor, ponga el agua a ebullición, tape y cocine durante 2 a 3 minutos a fuego medio. Caliente el aceite en una sartén pequeña, agregue las semillas de mostaza y desmorone la hoja de laurel. Cuando las semillas de mostaza salten, quite la sartén del calor. Coloque las remolachas cocidas al vapor, el aceite, las especias y el resto de los ingredientes en un tazón mediano y mézclelo bien. Listo para servir. Puede estar refrigerado si así lo desea.

Comentario: Excelente para decorar el pan, sopa, arroz o verduras. Si *Kapha* reduce el yogur a 1 taza, le traerá equilibrio.

RAITA DE PEPINO

Tiempo de preparación: 10 minutos — Porciones: 4

–Vata, + leve Pitta, + Kapha

1 taza de yogur fresco
¼ taza de pepino cohombro pelado y picado finamente
1 cucharada de cebollín fresco finamente picado
¼ cucharadita de jengibre en polvo seco o 1 cucharada de raíz de jengibre fresco pelado y rallado finamente
⅛ cucharadita de cúrcuma
¼ cucharadita de pimienta negra
⅛ cucharadita de canela (opcional)
¼ taza de hojas de cilantro fresco

Combine todos los ingredientes en un tazón mediano. Esto va bien con la mayoría de los curris, *dals* y platos de la India. Las demás hortalizas, como el rábano japonés rallado o zanahoria, también pueden ser utilizadas.

**Bueno para un uso ocasional de Pitta y Kapha.*

MERMELADA DE JENGIBRE

Tiempo de preparación: 20 a 25 minutos — Rinde: 1 taza

– Vata, + Pitta, – Kapha

1 raíz grande de jengibre fresco (1 taza rallada)
1½ tazas de agua
½ taza de concentrado de manzana
1 cucharada de cáscara de lima o limón orgánico rallado
½ cucharadita de jengibre en polvo seco

Pele y ralle el jengibre. Combínelo con el agua, el concentrado de manzana, la cáscara de limón y el jengibre seco y cocine a fuego medio-bajo hasta que espese, durante unos 10-12 minutos. Se puede mantener en el refrigerador por 3 a 4 días. Sirva con té y tostadas o *chapatis*, o como guarnición a su curry.

Comentarios: Muy bueno para estimular el *agni* y la digestión en general.

Variación: Añada 5 hilos de azafrán y ¼ de cucharadita de clavo molido, nuez moscada y cardamomo después de la cocción. Mézclelo bien. Bueno para los resfriados, la tos y el asma. Basado en las sugerencias del Dr. Nadkarni en *Indian Materia Medica.*

GARAM MASALA DE MATAJI

Tiempo de preparación: 40 minutos — Rinde: 1¾ tazas
–Vata, + Pitta, – Kapha

✿ ❧ ✻

5 astillas de canela de 7 a 8 cm de largo
⅛ taza de clavos de olor
½ taza de semillas de comino
1 taza de semillas de cilantro
⅛ taza de granos de pimienta negra entera

Pre-caliente el horno a 93.3 °C. Mezcle todos los ingredientes y póngalos en un recipiente para asar. Hornee durante 30 minutos en el estante inferior del horno. Revuelva ocasionalmente. Deje enfriar. Mezcle en la licuadora, revuelva un poco y mezcle de nuevo hasta lograr un polvo. Guarde en un frasco hermético.

Comentarios: Esta mezcla de especias calientes se utiliza en sopas y verduras. ¡Úselo con moderación! Muy caliente. Estimula la digestión.

MERIENDAS

LAS MERIENDAS

Las meriendas (o bocadillos) no son parte normal del programa ayurvédico antiguo. Una o dos comidas al día se consideraban ideales, y se decía que comer mucho entre comidas era una excelente manera de arruinar el tono digestivo y crear ama. Para algunas personas con desequilibrios de azúcar en la sangre u horarios erráticos para comer: las meriendas (a ciertas horas) toman incluso el lugar de las comidas. Estas recetas se ofrecen para estómagos verdaderamente hambrientos. La mayoría de las recetas bajo el capítulo de frutas (p. 194) también constituyen meriendas excelentes.

LAS NUECES Y SEMILLAS

Las nueces y semillas son una merienda simple y sabrosa. La medicina ayurvédica se refiere a la mayoría de los frutos secos como reconstituyentes, nutritivos y calientes en su acción. Todos los frutos secos son también dulces, pesados y grasos, con la excepción del coco seco y los huesos de albaricoqueque siguen siendo dulces y pesados, pero secos.

Los más grasos y que causan mayor desequilibrio para Kapha y Pitta son las nueces. Las nueces del Brasil, nueces de macadamia, maní/cacahuetes, pecanas, piñones, pistachos y las nueces de Castilla/nogal son buenos ejemplos. Para Vata, la mayoría de las nueces tienen atributos fuertes, por eso es mejor comerlas en pequeñas cantidades. A menos que la nuez sea fresca y seca, como el coco, entonces lo mejor es que Pitta omita su consumo.

Al igual que muchos otros alimentos, los frutos secos son valorados por su actividad medicinal. Las avellanas y las nueces de Castilla se consideran afrodisíacos. Las avellanas se utilizan también como un tónico general de fortalecimiento para el estómago. Se dice que los pistachos sedan y tonifican el sistema, y son benéficos en condiciones de debilidad. Las nueces de Brasil se utilizan específicamente como laxantes, para el alivio del estreñimiento y las hemorroides, para lo cual deben ser bien masticadas y se deben comer menos de 28 gramos a la vez.

El maní/cacahuete es considerado nutritivo, laxante y emoliente, es rico en vitaminas del complejo B, vitamina E, hierro, proteínas y zinc. Tenga cuidado si usted es poseedor de un hígado o vesícula biliar perezoso. No obstante, como la grasa del cacahuate es noble, lo más probable es que solo le haga sentirse peor. También puede promover con bastante facilidad gases en Vata.

Las almendras son las más valiosas: son reconstituyentes, nutritivas y tonificantes, en general y para los nervios. En las recetas terapéuticas aquí mencionadas, se utilizan almendras para estimular de manera efectiva al tracto digestivo lento.

El coco es refrescante, dulce, nutritivo, emoliente y laxante. ¡Es especialmente bueno para Pitta! Su grasa puede elevar los niveles de colesterol indirectamente, es mejor evitar si tiene niveles altos de colesterol.

Las semillas de calabaza sirven para todas las constituciones, son ricas en zinc, hierro y fibra. También se utilizan ayurvédicamente para eliminar la solitaria.

Las semillas de ajonjolí, como el aceite de ajonjolí, son pronunciadamente calientes. Son buenos como guarnición o mezclados con otras semillas. Equilibran la ingesta de legumbres para Vata, hasta cierto punto.

Las semillas de girasol son más nutritivas que medicinales en acción, siendo una generosa fuente de potasio y zinc. Pueden ser utilizadas por todas las constituciones con beneficio.

La semilla de chía no solo promueve la resistencia y la fuerza, sino que también calienta y ayuda a centrar.

Las semillas de linaza son una fuente rica de ácidos grasos esenciales. Mientras que desde una perspectiva ayurvédica son consideradas como calientes, tienen una acción antiinflamatoria tanto interna como externa, siendo más notable para Vata. Estas calman y alivian inflamaciones secas asociadas a las articulaciones y la piel. También pueden ser útiles para aliviar la congestión bronquial de Kapha. Las semillas de psyllium se adaptan mejor a Pitta, siendo más frescas, húmedas y pesadas. También tienen un efecto antiinflamatorio, principalmente en el tracto digestivo. El psyllium y las semillas de linaza se usan para estimular la eliminación. Ambos necesitan tomarse con cantidades adecuadas de líquidos y seguidos de estimulantes digestivos para ser más eficaces en esta función. De hecho, la cáscara de psyllium es más eficaz que las semillas enteras para este fin. Los estimulantes digestivos simples como clavo de olor, canela, cardamomo, semillas de mostaza negra, están en orden si usted está utilizando estas semillas en forma regular, ya que, especialmente el psyllium, inhibe el agni.

GARBANZOS SECOS Y TOSTADOS

Tiempo de preparación: 40 minutos Rinde: 2 tazas
–Vata, + Pitta, – – Kapha ✿ ❄

2 tazas de garbanzos cocidos
½ cucharadita de ajo en polvo
½ cucharadita de sal marina

Precaliente el horno a 177 °C. Mezcle todos los ingredientes y extienda sobre un papel para hornear ligeramente engrasado. Cocine a fuego lento durante 30 minutos o hasta que los garbanzos estén crujientes en el exterior y un poco tiernos por dentro.

Comentarios: Esta es una vieja fórmula ayurvédica para restaurar la energía sexual agotada, sobre todo en los hombres (el ajo fresco también se puede utilizar para asar los garbanzos). También se utiliza para aliviar los gases y estimular la eliminación de orina. El Dr. Nadkarni recomienda que los consuman por la noche, seguido de un vaso de leche caliente, para aliviar la bronquitis.

Variación: La siguiente modificación se basa en las especias de GARBANZOS SABROSOS (p. 110). (Proporciona una opción para *Pitta* buscando deliciosos aperitivos crujientes y con poca grasa).

GARBANZOS ASADOS AL CURRY

Rinde: 2 tazas
–Vata, – Pitta, – Kapha ✿ ❄

2 tazas de garbanzos cocidos
1½ cucharadita de semillas de cilantro en polvo

1 cucharadita de curry suave en polvo
1 cucharadita de sal marina
½ cucharadita de cúrcuma

Combine todos los ingredientes y prepare igual que la receta anterior para GARBANZOS SECOS Y TOSTADOS (p. 253).

SEMILLAS DE GIRASOL TOSTADAS

Tiempo de preparación: 20 minutos — Rinde: 2 tazas
–Vata, 0 Pitta, 0 Kapha

2 tazas de semillas frescas de girasol crudas

Caliente una sartén grande y pesada (de preferencia de hierro) a fuego lento. Después de 2 minutos, agregue las semillas de girasol. Tueste de 15 a 20 minutos, revolviendo ocasionalmente. Deje enfriar y sirva.

Comentarios: Esta es una golosina nutritiva para todo uso; guarnición deliciosa en ensaladas, verduras y platos principales. Rico en potasio y zinc.

MARAÑONES CON SAL

Tiempo de preparación: 5 minutos — Rinde: 1 taza
–Vata, + Pitta, + Kapha

1 taza de marañón (o nueces de la India), enteras o en trozos
½ a 1 cucharadita de sal marina
1 cucharadita de semillas de cilantro en polvo

Mezcle los ingredientes bien y sirva.

Comentarios: Este es un sustituto sabroso de los frutos secos fritos preparados comercialmente, pero más fácil de digerir. Es bueno para las fiestas. Sin embargo, ¡es adictivo!

SEMILLAS SECAS DE CALABAZA TOSTADAS

Tiempo de preparación: 10 a 15 minutos — Rinde: 1 taza
–Vata, 0 Pitta, 0 Kapha

1 taza de semillas de calabaza crudas
½ cucharadita de comino molido

1 cucharadita de semillas de cilantro en polvo
¼ cucharadita de cúrcuma
½ cucharadita de sal marina

Mezcle todos los ingredientes en una sartén grande sin aceitar y cocine a fuego lento hasta que las semillas comiencen a saltar, aproximadamente durante diez minutos. Revuelva, cocinando 1 a 2 minutos más. Deje enfriar.

Comentarios: Las especias se añaden para mejorar la digestión de las semillas. Al tostar, las semillas de calabaza toman un color verde brillante.

MEZCLA DE SEMILLAS DE GIRASOL Y CALABAZA

Tiempo de preparación: 20 minutos — Rinde: 2 ½ tazas

–Vata, 0 Pitta, 0 Kapha

Prepare las semillas de calabaza tostadas y secas igual que en la receta anterior y tueste ½ taza de semillas de girasol peladas, al mismo tiempo en una sartén aparte. Cuando ambas estén listas, mézclelas.

BOLITAS DE SEMILLAS DE GIRASOL

Tiempo de preparación: 20 minutos — Rinde: 2 docenas

*–Vata, – Pitta, 0 Kapha**

½ taza más 2 cucharadas de semillas de girasol tostadas (véase SEMILLAS DE GIRASOL TOSTADAS, p. 253)
½ taza de coco sin azúcar picado (omita para *Kapha*)
2 a 3 cucharadas de pasas de uvas pasas (omita para *Vata*)
¼ taza de mantequilla de girasol
1 cucharada de jarabe de arce
1 cucharadita de extracto de almendra
½ cucharadita de semilla de cilantro en polvo

Licue las semillas de girasol logrando una harina gruesa. Mezcle todos los ingredientes en un recipiente y forme bolas de 2.5 cm.

Comentario: Este es un buen aperitivo para las tardes. Vea BOLITAS DE SEMILLAS DE GIRASOL DULCES (p. 254).

** Se puede agregar un poco de jengibre seco para Kapha*

ALMENDRAS REMOJADAS

Tiempo de preparación: Una noche — Rinde: 2 tazas

–Vata, + Pitta, + Kapha

225 g de almendras crudas, orgánicas si puede conseguirlas
2 tazas de agua

Coloque las almendras en un tazón pequeño. Vierta el agua sobre estas y deje reposar durante la noche. Al día siguiente, escurra el agua y retire la piel de las almendras. Esto hace que se mantengan firmes aun estando crudas.

Comentario: Los *Pitta* pueden ingerir unas pocas sin daño alguno.

Variación: Si se tiene prisa, puede pelar las almendras. Hierva el agua y sírvala sobre las almendras en un tazón pequeño a prueba de calor. Deje reposar durante 5 minutos, luego retire la piel. Esta se desprenderá con facilidad. Sin embargo, la alta temperatura altera el aceite de las almendras, por lo que no resultan calmantes para *Vata* ni tan fáciles de digerir.

YOGUR CON ESPECIAS

Tiempo de preparación: 5 minutos — Rinde: 1 taza

*– –Vata, – Pitta, + moderado Kapha**

1 taza de yogur natural
1 a 2 cucharaditas de melaza
¼ cucharadita de extracto de vainilla

Mezcle todos los ingredientes y sirva.

Comentarios: Las cualidades de calor, grasa y humedad de la melaza hacen de este platillo bueno para calmar a *Vata*. Al mismo tiempo que ofrece una mezcla de minerales y vitaminas, es una mezcla rica para calmar los nervios (es rico en calcio, hierro, azufre y vitaminas B). Es bueno como un aperitivo o con MUFFINS DE BANANO (p. 159) para un almuerzo rápido.

CHEVADO

Tiempo de preparación: 10 minutos Rinde: 5 tazas
–Vata, –Pitta, + moderado Kapha

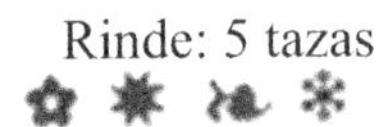

1 taza de hojuelas de cereal listo para comerse (hojuelas de trigo, copos de avena, amaranto, arroz)
2 tazas de cereal listo para comer con textura (trigo rallado, etc)
2 cucharadas de aceite de girasol (*Vata* puede aumentar hasta 6)
2 cucharadas de semillas de cilantro
5 cucharadas de coco rallado sin azúcar (omita para *Kapha*)
4 cucharadas de semillas de ajonjolí (para *Vata* solamente)
½ taza de uvas pasas
½ taza de semillas de calabaza o girasol, o 1 cucharada de marañón
½ cucharadita de cúrcuma
1/6 cucharadita de *hing*
½ cucharadita sal marina
½ cucharadita de curry en polvo
½ cucharadita de canela
2 cucharaditas de panela/mascabado (omita para *Kapha*)

Caliente el aceite en una cacerola grande a fuego lento. Agregue las semillas de cilantro. Caliente 30 segundos a fuego medio, agregue el coco, las semillas de ajonjolí, las pasas, el marañón y la cúrcuma. Mezcle bien.

Añada los cereales y los ingredientes restantes. Caliente a fuego lento durante 3 a 5 minutos. Mezcle bien y déjelo enfriar. El chevado se mantendrá fresco durante unas dos semanas si se almacena en un envase bien cerrado para protegerlo de la humedad.

Comentarios: Esto va bien con una bebida caliente o como una merienda. Es una merienda deliciosa para *Pitta* y *Vata*. Ajustado según se describe más abajo, también puede ser una buena merienda para *Kapha*. Las cualidades ligeras y secas pueden causar desequilibrio a *Vata*, por lo que se recomienda más aceite para este *dosha*. Para una merienda tridóshica sabrosa, utilice cereal de arroz, 2 cucharadas de aceite de girasol, cilantro, semillas de girasol y calabaza, uvas pasas, cúrcuma, *hing*, sal, polvo de curry y canela. *Vata* y *Pitta* pueden endulzar con panela/mascabado o como se prefiera, y *Vata* también puede agregar semillas de ajonjolí, si desea.

** Cuando todos los ingredientes están incluidos. Use amaranto, avena, maíz o copos de centeno, y no use coco, semillas de ajonjolí, marañón o panela/mascabado,*
+ moderado Vata, 0 Pitta, - Kapha.

CHEVADO DE AVENA

Tiempo de preparación: 15 minutos — Rinde: 1 ½ tazas
+Vata,+ Pitta, –Kapha

1 taza de hojuelas de avena seca
1 cucharada de aceite de girasol
½ cucharadita de cúrcuma
1 cucharada de semillas de girasol crudas
¼ cucharadita de sal marina
½ cucharadita de curry en polvo
½ taza de pasas de uvas pasas
⅛ cucharadita de pimienta o *pippali* (opcional, pero ideal)

Caliente el aceite en una sartén grande. Añada la cúrcuma, la avena y las semillas de girasol y cocine a fuego lento durante 10 a 15 minutos revolviendo de vez en cuando a fin de evitar que se pegue. Añada los ingredientes restantes y mezcle bien.

Comentario: Una merienda extraña y seca pero muy nutritiva.

POSTRES

LOS POSTRES Y EDULCORANTES

En la India, los dulces se utilizan para alabar a lo Divino. El prasad es un tipo de dulce de la India que se reparte entre los devotos al terminar las ceremonias hindues, así como el vino y el pan se reciben en el ritual de la comunión cristiana. Los dulces son algo especial, son una ofrenda de amor y una manera de mimar a un invitado y reconocer el carácter especial de la ocasión. Paradójicamente, el Ayurveda es bastante práctica cuando se trata de postres. Aunque existen numerosas recetas dentro de las líneas antiguas relacionadas con pequeñas golosinas de manera terapéutica, cuando se trata de postres, Charak no se equivoca: "Después de haber comido alimentos, uno nunca debe tomar cosas pesadas como tortas, arroz endulzado [...]incluso cuando se tiene hambre estos alimentos se deben ingerir solo en cantidades apropiadas". La razón, por supuesto, es que el Ayurveda se preocupa por el bienestar físico, y un maravilloso dulce pesado después de una comida pesada inhibe la digestión, puede crear ama y aumentar el peso. Los sabios fueron inminentes maestros del sentido común. Si usted también es un maestro, depende de usted mismo, por supuesto.

Nuestro enfoque aquí es seguir un camino intermedio. En gran medida hemos tratado de ofrecer dulces ligeros, fáciles de digerir, junto con algunos postres escandalosos para esas celebraciones especiales. Es mejor que las personas que sufran cualquier tipo de infección por hongos o levaduras eviten los dulces, ya que pueden desequilibrar su condición. Si está trabajando con una enfermedad grave como el cáncer, enfermedades cardíacas o diabetes, se recomienda evitar esta sección por completo. Si no es así, entonces, confíe en su sentido común. Todas las recetas aquí ofrecen una alternativa al azúcar, y muchas de ellas son libres de trigo, por si es necesario evitarlos.

La mayoría de los edulcorantes tienen atributos fríos, pesados y húmedos, siendo beneficiosos para Vata y Pitta, y muy desequilibrantes para Kapha. La miel es una excepción, ya que es caliente, seca y astringente. Es útil para Kapha empleada con moderación y sin cocinarla. El concentrado de manzana es otra alternativa para Kapha, siendo un poco más ligero y seco que la mayoría de los edulcorantes. Es frío por naturaleza, haciéndolo adecuado para Pitta.

Existen pocos edulcorantes calientes, entre ellos está la azúcar morena y la melaza. Sentimos que el Sucanat, la azúcar granulada orgánica de la caña de azúcar desarrollada en Suiza, es un poco caliente pero tendremos que seguir trabajando con ella en los próximos años, antes de poder asegurarlo. El jarabe de arroz integral, el jarabe de malta de cebada, jarabe de maple y la azúcar blanca de mesa tienen por naturaleza un efecto frío. Nos hemos inclinado en las recetas a utilizar edulcorantes naturales en vez de azúcar, basándonos en nuestra experiencia personal. Estos tienen pequeñas cantidades de minerales, un poco de vitamina B y parecen provocar reacciones menos fuertes en los mecanismos del azúcar en la sangre, que la favorita azúcar blanca concentrada. Si tiene desequilibrios de azúcar en sangre, incluso los naturales pueden ser no tolerados. En estos casos, debe aprovechar la dulzura que contienen los cereales enteros, las zanahorias salteadas, las patatas dulces y las cebollas.

Se proporcionará más información acerca de los edulcorantes que se utilizan aquí. ¡Buen provecho!

COPOS DE SUEÑO DE DÁTILES

Tiempo de preparación: 45 minutos — Rinde: 20 a 30 bolitas

– Vata, – Pitta, + Kapha

1 taza de dátiles secos enteros y deshuesados (alrededor de 225g)
2 cucharaditas de agua
2 cucharaditas de jarabe de arroz integral
1 cucharadita de vainilla
1 cucharada de cáscara de mandarina o naranja orgánica
¼ taza de almendras peladas y picadas
¼ taza de azúcar de dátil (o menos)

Pique finamente los dátiles. Mézclelos junto al agua, jarabe de arroz, vainilla y la ralladura de mandarina en una sartén pesada y pequeña. Cocine a fuego lento durante 10 a 15 minutos o hasta que toda el agua se evapore y los dátiles se vuelvan una masa espesa. Cuanto más espeso esté, será más fácil para trabajar. Agregue y revuelva las almendras y deje enfriar. Cuando la masa esté fría, forme bolitas de 2.5 cm (se puede engrasar las manos con un poco de *ghee*, pero aún así estarán pegajosas). Luego, ruede las bolitas en el azúcar de dátil (para conseguir que se sequen lo suficiente como para poder servirlas).

Comentarios: Es un rejuvenecedor muy suntuoso y bueno. En la antigua India, se consideraría como una clase de afrodisíaco. Son deliciosos.

En general, los dátiles calman el *Vata*, *Pitta* y *Kapha* desequilibrado. Por sus cualidades, los dátiles frescos son considerados medianamente calientes, por lo que son los mejores para *Vata*. Los dátiles secos no son tan calientes como los frescos. El azúcar de dátil es mucho más frío que cualquiera de los anteriores; ambos pueden ser utilizados por *Pitta* con muy buen beneficio. En el Ayurveda, los dátiles se utilizan para fortalecer el hígado y son indicados en casos relacionados con el alcoholismo. También son reconocidos como tonificante integral y son utilizados terapéuticamente para calmar las inflamaciones del pulmón, vejiga, escalofríos y fiebres.

LA MIEL

Era muy estimada por los antiguos gracias a sus propiedades curativas. Tanto los indios como los egipcios, la utilizaban en una amplia variedad de condiciones. Uno de los usos era como cataplasma aplicado directamente a las heridas para promover la curación. Al ser un volátil dulce en presencia de calor, se puede disolver cuando se utiliza externamente. Por esta razón, es mejor usar la miel fría o a temperatura ambiente. Cuando se deja en lugares calientes se fermenta, y si se utiliza cocinada puede crear ama. Si va a agregar la a un plato caliente o una bebida, hágalo al final de la preparación, inmediatamente antes de servir.

En la India se dice que los efectos de la miel cambian con el tiempo, la miel fresca tiene menos de seis meses. La miel vieja es un buen remedio para los Pitta. Si se tiene acceso a miel muy fresca, es bueno tenerlo en cuenta. De lo contrario, es preferible que la miel sea consumida por un Kapha. Vata se beneficia en la utilización ocasional de este dulce, ya que es caliente. Su sequedad puede perturbar a Vata si se usa en exceso. En esta receta, el calor y la oleosidad del ajonjolí ayuda a contrarrestar esta cualidad.

GOLOSINAS DE AJONJOLÍ/SÉSAMO

Tiempo de preparación: 20 a 30 minutos Rinde: 14-21 bolitas de 1.5 cm
– – Vata, + Pitta, + Kapha

½ taza de semillas de sésamo
1/3 taza de miel
2 cucharadas de semillas de girasol crudas
2 cucharadas de tahini o mantequilla de sésamo
½ taza de germen de trigo tostado
⅛ cucharadita de sal marina
½ taza adicional de coco rallado sin azúcar para adornar
1 cucharadita de extracto de vainilla

Muela las semillas naturales de girasol en una licuadora hasta que se conviertan en polvo. Combine todos los ingredientes hasta formar una masa dura y ligeramente grumosa. Haga bolas y ruédelas en el coco rallado.

Variación: Versión libre de trigo: sustituir el germen de trigo con ½ taza de semillas molidas de girasol.

BOLITAS DULCES DE SEMILLAS DE GIRASOL

Tiempo de preparación: 20 minutos Rinde: Aprox. 2 docenas
*–Vata, – Pitta, + Kapha**

Ver BOLITAS DE SEMILLAS DE GIRASOL (p. 254) para la lista de ingredientes.
* Aumentar el jarabe de miel maple a 1 taza y utilice coco adicional como guarnición al rodar las bolas. Es un buen ejemplo de un postre sencillo.

DELICIOSAS ALGARROBAS

Tiempo de preparación: 45 minutos Rinde para 36 galletas de 5cm
*–Vata, – Pitta, + Kapha**

2 claras de huevo
⅛ cucharadita de crema tártara
¾ taza de miel de arroz integral
1 cucharadita de extracto de vainilla
1 cucharadita de canela
¼ cucharadita de nuez moscada
2 cucharadas de cáscara de naranja orgánica rallada
¼ taza de uvas pasas (opcional)
2 cucharadas de agua hirviendo
1 taza de polvo de algarroba
1½ tazas de coco natural rallado sin azúcar (¼ taza adicional para adornar)

Precaliente el horno a 149 °C. Bata las claras con la crema tártara hasta que estén lo suficientemente espesas a punto de nieve.

En un recipiente aparte, mezcle el jarabe de arroz integral, la vainilla, las especias, la cáscara de naranja rallada, las pasas y el agua. Mezcle bien. Agregue la algarroba y vuelva mezclar. Incorpore las claras de huevo y unifique bien. Agruegue el coco. Esparza por cucharadas sobre una bandeja para horno previamente engrasada. Adorne la parte superior con coco rallado. Hornee por 15 minutos o hasta que esté cocido.

Comentarios: El polvo de algarroba es dulce, ligero, seco y astringente por naturaleza. Es una extraordinaria fuente de potasio, contiene 950 mg por taza. Es el más apropiado para *Pitta* y *Kapha*, y puede ser utilizado por *Vata* cuando está bien humedecido, como en esta receta, o junto con una bebida caliente de algarroba. Nutre los pulmones.
**Unos pocos de estos no serían muy perjudiciales para Kapha, ya que son muy ligeros.*

BROWNIES CON CARAMELO

Tiempo de preparación: 30-40 minutos

Rinde para 24 barras de 1.5 x 1.5 x 7.5 cm

*–Vata, – Pitta, + + Kapha**
*–Vata, + leve Pitta, + + Kapha***

6 cucharadas de *ghee*
1 taza de panela/mascabado
½ taza de arroz o harina de trigo integral

½ taza de nueces o coco picado
¼ taza de semillas de girasol naturales (opcional)
1 huevo
1¼ cucharaditas de extracto de vainilla
1 cucharadita de polvo para hornear
¼ cucharadita de sal marina
Precaliente el horno a 177 °C. Caliente el *ghee* en una cacerola mediana a fuego lento. Agregue la panela/mascabado. Se tornará húmedo como la azúcar morena, pero no se disolverá como generalmente ocurre. Agregue la harina y las nueces en un tazón y revuelva inmediatamente en la mezcla de panela/mascabado y *ghee*. Bata el huevo en un tazón pequeño por separado y agregue la vainilla. Añada el polvo para hornear y la sal a la mezcla de harina-panela/mascabado, a continuación, agregue la mezcla del huevo. Bata bien. Vierta en un recipiente para hornear previamente engrasado, si desea que los brownies sean más gruesos, no llene toda la bandeja. Hornee por 20 a 30 minutos o hasta que al insertar un cuchillo en el centro de los brownies salga totalmente limpio. Deje enfriar y corte.

Comentarios: NO es recomendado para cualquier persona que busque disminuir ama o *Kapha*. Es adictivo y difícil de resistir. En esta receta puede utilizar harina de cebada, disminuir el *ghee* a 5 cucharadas y rebajar la harina a ½ taza. Cuando quiera duplicar esta cantidad, utilice dos moldes cuadrados en lugar de una recipiente grande para obtener mejores resultados.
* *Con harina de trigo integral*
** *Con harina de arroz*

EL CHOCOLATE

El chocolate era muy apreciado por los incas, los mayas y los aztecas por sus propiedades energetizantes. Este es caliente, pesado y húmedo. Se dice que el novelista y filósofo francés Voltaire solo tomaba chocolate caliente con café, ¡desde que se levantaba hasta la cena! Su alto contenido en grasa y sus atributos lo hacen el más apropiado para Vata y menos útil para Kapha y Pitta. Su cafeína también saca de equilibrio a Pitta.

EL AZÚCAR

Sin duda, la panela/mascabado es quizás el sustituto para la azúcar blanca más sano y fácil que conocemos. Libre de químicos y orgánico, ofrece una alternativa real para aquellos que recién comienzan a desapegarse de la azúcar blanca. Su sabor es muy similar a la azúcar morena y tiene más o menos la misma textura y sequedad, aunque con más nutrientes. Como hemos dicho, sentimos su sabor ligeramente caliente, aunque de cierta manera no tan caliente como la caña de azúcar de la India o la melaza.

El azúcar es frío, ligero y seco, por lo que puede volver a Vata un "cadete espacial" más rápido que casi cualquier otra sustancia que conocemos. Su dulzor concentrado lo vuelve inadecuado para Kapha. Si bien es usado con frecuencia en Ayurveda para calmar a Pitta, la mayoría de las personas Pitta sufren de desequilibrios en Vata, por lo que deberían o preferirían usar jarabes más nutritivos y pesados.

Es cierto que la caña de azúcar natural, sin refinar, es muy diferente de la azúcar blanca. Debido a que todavía son productos naturales, tienen humedad, frescor y minerales. La caña de azúcar es mucho más equilibrante que cualquiera de sus contrapartes refinadas. Calmante para Vata y Pitta, perturba moderadamente a Kapha. La mayoría de la azúcar sin "refinar" no entra en esta categoría; pero si ha llegado al estado de estar seca y empaquetada, se puede deducir que comparte más sus propiedades con la azúcar blanca que con la caña de azúcar. Curiosamente, se presentan altos índices de caries con la azúcar blanca, pero no con la caña de azúcar. Es posible que los minerales de traza y líquidos naturales de la caña de azúcar protejan los dientes. En cualquier caso, el cuerpo parece asimilar con mayor eficacia este alimento que el producto refinado. La caña de azúcar tiene una acción diurética.

La fructosa es otro sustituto del azúcar que puede ser utilizado libremente, tanto por Pitta como por Vata. Esta es fría, dulce, ligera y moderadamente seca. No obstante, su dulce concentrado desequilibra a Kapha menos que la azúcar blanca o morena, aunque un poco más que la miel. En realidad, al contemplar los sabores dulces, las frutas y la miel son las mejores opciones para los Kapha.

MACARRONES DE COCO

Tiempo de preparación: 50 minutos | Rinde para 24 galletas de 6.3 cm

–Vata, – – Pitta, + Kapha

½ taza de almendras naturales
4 clara de huevos
½ cucharadita de crema tártara
½ taza de miel de maple
½ taza de miel de arroz integral
½ cucharadita de polvo para hornear
3 gotas de agua de rosas (opcional, da un sabor estupendo)
3½ tazas de coco natural rallado sin azúcar (300g)

Precaliente el horno a 149 °C. Hierva las almendras o sumérjalas en agua por la noche (ver ALMENDRAS REMOJADAS p. 255). Muélalas en la licuadora o un molinillo de nueces y deje a un lado.

Bata las claras de huevo y la crema tártara en un recipiente de acero inoxidable, vidrio o de esmalte. Bata hasta que esté lo suficientemente espesa como para tomar un punto de nieve. Envuelva junto con el polvo para hornear. En otra taza, combine los edulcorantes, coco, almendras y agua de rosas. Añada las claras de huevo. Vierta por cucharadas sobre un recipiente para hornear ligeramente engrasado, moldeando la masa en bolitas. Hornee durante 30 minutos o hasta que las galletas comiencen a dorarse en los bordes y la parte inferior. Remuévalas del recipiente para hornear mientras estas sigan calientes, déjelas enfriar en un plato.

EL JARABE DE MAPLE

Originario de América del Norte, es frío, fresco, ligero y húmedo como los bosques del Norte donde se cosecha. Se recomienda a menudo para calmar Pitta. Cuenta con algunos minerales y trazas de vitaminas del grupo B. Puede ser calentado y utilizado para la cocción, sin embargo, hay que tener en cuenta su sabor tan característico y ser prudente antes de añadirlo al azar a cualquier plato. Es un buen dulce para agregar a los cereales calientes en los desayunos. Es calmante para Vata como para Pitta. Desequilibra Kapha, siendo fresco y húmedo. Su precio puede disuadir el uso excesivo de este sabroso producto.

GALLETAS DE AVENA CLÁSICAS

Tiempo de preparación: 1 hora — Rinde para 24-36 galletas de 7.5cm

–Vata, – Pitta, + moderado Kapha

1 taza de azúcar de dátil o jarabe de arroz integral o cualquier combinación de los mismos
½ taza de mantequilla sin sal o *ghee*
⅛ cucharadita de jengibre seco
⅛ cucharadita de clavos de olor
1 cucharadita de canela
1 huevo batido
1 taza de harina de avena o de trigo integral
½ cucharadita de sal marina
1 cucharadita de polvo para hornear
1½ tazas de hojuelas de avena
½ taza de pasas
¼ taza de nueces o semillas de girasol crudas
¼ taza de dátiles picados (opcional)

Precaliente el horno a 190.5 °C. Mezcle el *ghee* (o mantequilla) con los edulcorantes en un tazón mediano hasta que esté suave. A continuación, agregue el jengibre, la canela y clavos de olor. Luego mezcle el huevo batido y la vainilla.

En un recipiente aparte, mezcle la harina, la avena y el resto de los ingredientes. Depués, incorpore esta mezcla con el *ghee* y el huevo. Vierta la mezcla sobre un recipiente engrasado para hornear. Hornee por 15 minutos o hasta que esté cocido (debe estar dorado alrededor de los bordes). Deje enfriar y remuévalos de la bandeja.

Comentarios: Una persona *Kapha* que esté buscando una galleta de avena decente y que le traiga equilibrio, podría eliminar todos los edulcorantes extravagantes y sustituirlos por ¼ de taza de concentrado de manzana. Después, puede reducir el *ghee* a la mitad y utilizar uvas pasas e

higos en lugar de los dátiles. Puede aumentar el jengibre y clavo de olor a ¼ cucharadita de cada una o más, dependiendo de su gusto. La harina de avena y las hojuelas son buenas tal como están asignadas, al ser calientes por naturaleza. Aún así, la suma de los ingredientes las hace algo pesadas, buenas para un mordisco ocasional, pero no en exceso total.
Esta receta está inspirada en el libro *The Joy of Cooking*.

GALLETAS DE JENGIBRE

Tiempo de preparación: 1 hora — Rinde para 36 galletas de 7.5cm

– – Vata, + Pitta, + Kapha

½ taza de mantequilla sin sal o *ghee*
½ taza de melaza ligera (sin sulfuro)
½ taza de miel de arroz integral
1 huevo batido
2 cucharaditas de jengibre seco en polvo
1½ cucharaditas de canela
¼ cucharadita de clavos molidos
1 taza de harina de arroz
1½ tazas de harina de avena (o 2½ tazas de harina de trigo integral)
2 cucharaditas de polvo para hornear
½ cucharadita de sal marina

Precaliente el horno a 190 °C. Bata el *ghee*, jarabe de arroz integral y jarabe de melaza muy bien. Bata y agregue el huevo. Añada las especias a la mezcla líquida. En otro tazón, mezcle la harina, el polvo para hornear y la sal. Integre la mezcla seca a la húmeda. Vierta la mezcla sobre una bandeja de horno ligeramente engrasada, echando ½ cucharada para cada galleta. Deje suficiente espacio alrededor de cada galleta para que se esponjen (si se esponjan). Cocine por 12 minutos o hasta que estén doradas alrededor de los bordes. Deje enfriar en la bandeja, luego retírelas.

Variación: CARAS DE GALLETAS DE JENGIBRE: Decore cada galleta con 2 pasas para los ojos y un poco de cáscara de naranja para hacerle una sonrisa, antes de hornearlos. Son divertidas para los niños.

LAS CIRUELAS

Las ciruelas pasas son calientes, dulces, pesadas y laxantes. Sus cualidades laxantes alivian a Pitta y Kapha, ya que promueven la eliminación y la liberación de los doshas acumulados. También, son una fuente generosa de hierro. Son demasiado pesadas y móviles para ser manejadas por Vata en grandes cantidades.

LA MELAZA

La melaza es caliente, pesada y aceitosa, perfecta para Vata. Proporcionalmente perturba a Pitta y a Kapha, sin embargo, un par de galletas de jengibre no serían el final para Pitta. La melaza negra tiene la cualidad de ser caliente en extremo y es excelente si se añade al agua o leche caliente como bebida calmante para Vata (véase BEBIDA DE DESAYUNO RICA EN HIERRO p. 283 y TÉ DE JENGIBRE CALIENTE, p. 292-3). La melaza negra tiende a dominar en los alimentos, así como un invitado locuaz domina la conversación en la cena. La melaza ligera (sin sulfuro) tiene un sabor más suave y contiene menos minerales, especialmente hierro y calcio, pero se adapta con mayor facilidad en las recetas.

DELICIOSAS BARRAS DE CIRUELA

Tiempo de preparación: 1 hora — Rinde para 24 galletas de 4 cm

+Vata, – Pitta, – Kapha ✿ ❄

2 ½ tazas de ciruelas pasas sin hueso finamente picadas (aprox. 300g)
1 taza de jugo de manzana
1/3 taza de agua
½ cucharadita de canela
¼ cucharadita de pimienta de Jamaica
½ cucharadita de extracto de almendra (opcional)
1 taza de harina de cebada

½ cucharadita de polvo para hornear
¼ cucharadita de sal marina
1 cucharada de *ghee*
¾ taza de agua
Guarnición: Canela y cáscara de lima o limón orgánicos

Precaliente el horno a 177 °C. Cocine en una sartén mediana sin tapar las ciruelas sin piel, jugo, agua y las especias. Hierva a fuego lento hasta que la mezcla se espese, durante 20 a 30 minutos. Añada el extracto de almendra al final del tiempo del hervor, que se hace a fuego lento. Mientras que la mezcla de las ciruelas se está cocinando, mezcle el resto de los ingredientes (harina, polvo para hornear, sal, *ghee* y agua) en un tazón mediano. La mezcla será grumosa y costará mantenerla unida. No permita que esto le tome mucho tiempo. Engrase ligeramente una charola para hornear de 20 cm x 20 cm y vierta/vacíe/presione la base de cebada dentro de la misma. Presione en el lugar con sus dedos.

¡Ahora sí se mantendrá unida! Espolvoree con canela. Hornee por 12 a 20 minutos o hasta que esté ligeramente crujiente. Cuando la base esté lista, sáquela y extienda la mezcla de ciruela sobre la misma.

Adorne con cáscara de limón (si no puede encontrar limas o limones orgánicos, corte unas rodajas finas de limón sin cáscara. Esto hace una decoración sorprendente). Vuelva a colocar en el horno y cocine durante 15 minutos más. Deje enfriar y sirva.

Comentarios: Me gustaría poder decir que esto calma a *Vata*, ya que es un gran laxante. ¡No obstante, el 100% de los casos han reportado hasta el momento que definitivamente hay una perturbación de *Vata*! Se debe consumir con moderación, es decir, 1 a 2 barras a la vez.

HALVA DE CAMOTE

Tiempo de preparación: 1 hora (en su mayor parte no necesita vigilancia) Porciones: 2-3
–Vata, – Pitta, + Kapha

2½ tazas de camote rallado (alrededor de 2 camotes grandes)
2 tazas de leche entera o de soya
½ taza de pasas
½ taza de almendras peladas, o almendras y nueces
4 cucharadas de *ghee*

1 cucharadita de cardamomo molido
15 a 20 hilos de azafrán

Precaliente el horno a 205 °C. Muela las nueces en una licuadora hasta obtener un polvo fino. Lave y ralle el camote. Saltee el camote en 2 cucharadas de *ghee*, lo suficiente para cubrirlo. Agregue la leche y las pasas.

Engrase ligeramente un molde para hornear de 20 x 20 cm o una sartén de hierro y ponga la mezcla en estos. Tape y hornee por 40 a 55 minutos o hasta que toda la leche se absorba. Si necesita, destape la halva en los últimos 10 minutos de cocción para ayudar a que la leche evapore. Cuando toda la leche se absorba, mezcle el *ghee* con el resto de las nueces, cardamomo y azafrán. Presione contra el sartén para dar una forma aplanada. Agregue edulcorante (como jarabe de arroz integral) si lo desea. Corte en pequeños trozos y sirva.

Comentario: Este postre delicioso de la India también se puede hacer con calabaza de color naranja en lugar de camote. Rica en vitaminas y deliciosa.

PUDIN INDIO DE ARROZ CON LECHE

Tiempo de preparación: 1 hora 15 minutos — Porciones: 4
–Vata, – Pitta, + Kapha ✿ ✱ ❧

¾ taza de arroz *basmati* sin cocer
3 tazas de leche de vaca
⅛ cucharadita de azafrán
15 semillas de cardamomo
3 a 5 cucharadas de jarabe de arroz integral, miel o jarabe de maple (dependiendo de qué tan dulce le guste)
Guarnición: 2 cucharaditas de cáscara de limón orgánico (rallado) y 2 cucharadas de coco rallado tostado sin endulzar

Lave el arroz hasta que el agua esté transparente. Combine el arroz, la leche, el azafrán, semillas de cardamomo en la parte superior de una olla para baño de María. Tape y cocine (con agua en la parte inferior) a fuego lento durante una hora. Mientras se cocina a fuego lento, se puede tostar el coco en una sartén, si lo desea, a menos que haya encontrado coco rallado pretostado sin azúcar. Solo toma unos minutos, revolviendo de vez en cuando para que no se torne demasiado café. Deje que se enfríe. Cuando el arroz esté listo, agregue el edulcorante y adorne la parte superior con la cáscara de limón y coco. Sírvalo caliente o frío.

Comentarios: Un plato encantador, ligero y elegante, digno para invitados de honor. Se basa en la popular leche de azafrán de la India. Nunca he intentado hacerlo con leche de cabra y miel, pero parece una forma perfectamente sabrosa para equilibrar *Kapha*, tal vez se le podría agregar una pizca de jengibre en polvo para aminorar lo dulce. Utilice cualquiera de los edulcorantes, excepto la miel si desea calmar a *Pitta*. El jarabe de malta de cebada, de salvado de arroz, sorgo y el jarabe de maple son fríos, pesados y húmedos: son buenos para *Vata* y *Pitta*, pero *Kapha* debe evitarlos. El jarabe de arroz integral es una buena elección si está buscando un edulcorante sin un sabor muy fuerte, porque distrae menos el sabor de un plato a comparación con los otros jarabes.

MANZANAS AL HORNO

Tiempo de preparación: 1 hora — Porciones: 4

0 *Vata*, – *Pitta*, – *Kapha*

4 manzanas orgánicas
2 tazas de jugo de manzana
1 cucharada de canela
¼ cucharadita de nuez moscada o cardamomo
¼ cucharadita de cáscara de limón orgánico o 1 cucharadita de jugo de limón
½ taza de pasas
¼ taza de semillas de girasol
***Ghee* o mantequilla sin sal**

Precaliente el horno a 177 °C. Lave y quite el corazón de las manzanas. Ponga en un plato para hornear de 20 cm x 20 cm. Mezcle las pasas, especias y semillas. Introduzca firmemente en el corazón de las manzanas esta mezcla. Vierta el jugo de manzana en la sartén, y ponga un poco de *ghee* o mantequilla en el centro de cada manzana (opcional). Tape y hornee por 45 minutos o hasta que estén tiernas.

Comentarios: Un postre muy satisfactorio que también ayuda a reducir *ama* y promueve la eliminación de una manera suave.

Los zumos de fruta y jugos concentrados de manzana o de de cereza embotellada son buenas opciones como edulcorantes para *Kapha*. El jarabe de pasas (uvas pasas y agua molidas en la licuadora como lo hacen en Kripalu Yoga Center), higos secos y otros frutos secos, con moderación, son otras opciones de dulces curativos para *Kapha*. Si usted es un *Kapha* o está trabajando con un desequilibrio *Kapha*, trate de eliminar todo menos las frutas y la miel de su programa de dulces y observe cómo se siente más ligero y despejado (una vez que pasan los dolores de abstinencia).

Variación: PERAS AL HORNO: seguir las indicaciones anteriores, las peras se cortan por la mitad y se elimina el centro.

SHIRO

Tiempo de preparación: 30 minutos o menos — Porciones: 6-8
–*Vata*, – *Pitta*, + *Kapha*

1 taza de crema de trigo sin cocer
1 taza de panela/mascabado
2 tazas de leche o agua, o una combinación de ambos
4 a 8 cucharadas de *ghee* (la menor cantidad cuando se desea que sea bajo en grasa, la mayor cantidad para un sabor completo y rico)
½ taza de frutos secos crudos: nueces, almendras peladas, pecanas o pistachos picados
1 cucharadita de cardamomo molido
4 cucharadas de agua de rosas
1 banano/plátano picado (optativo: no es para que *Pitta* ingiera uno cada día, pero aquí sí como motivo especial)

Rostice la crema de trigo en el *ghee* en una sartén grande a fuego lento, revolviendo constantemente hasta que tome un ligero color marrón y el cereal se vuelva aromático, unos 4 minutos. Agregue el líquido y aumente a fuego medio. Continúe revolviendo hasta que la mezcla comience a espesar. Añada panela/mascabado, nueces, cardamomo, agua de rosas y el banano/plátano y cocine hasta que todo el liquido se absorba y el *ghee* se separe un poco en el *shiro*. Comprima en el plato donde se servirá y córtelos en forma de diamante o como desee.

Comentarios: Este rico postre marrón de la India ofrece una conclusión apropiada para casi cualquier comida India. Los *Vatas* o *Pittas* que son sensibles al trigo pueden sustituir el trigo por una cantidad igual de crema de arroz [2]. Es uno de los platos favoritos de la familia Desai.

SHIRO PARA *KAPHA*

Tiempo de preparación: 30 minutos o menos — Porciones: 6-8
0 *Vata*, 0 *Pitta*, – *Kapha*

---

[2] También se recomienda en el original el cereal comercial "Rice N ' Shine"

1 taza de crema de cereal de centeno sin cocer
3 cucharadas de *ghee*
2 tazas de leche de soya
3/4 taza de higos y/o uvas pasas
1 cucharadita de cardamomo molido
¼ cucharadita de jengibre seco en polvo
1 cucharada de agua de rosas
1 cucharada de miel cruda (opcional)

Siga las instrucciones dadas anteriormente para *SHIRO*. Dore la crema de centeno, a continuación, agregue la leche de soya y deje que espese. Después, agregue el resto de los ingredientes excepto la miel. Cuando el líquido se absorba y el *ghee* comienze a subir, remueva el *shiro* del calor para que se enfríe. Agregue miel, si lo desea. Sirva caliente o frío.

Comentarios: ¡Sí, los *Kapha* merecen postres también! Sin embargo, las vertientes dulces y de grasa en la mayoría de las golosinas se mueven en una dirección opuesta al equilibrio de *Kapha*. Este postre es lo suficientemente extravagante para sentirlo como un postre, pero no es tan perjudicial como para que *Kapha* se arrepienta. No se recomienda para consumo diario ya que tiene 3 cucharadas de *ghee*.

KHIR CON FIDEOS

Tiempo de preparación: 15 minutos — Porciones: 3- 4
–Vata, – Pitta, + Kapha

56 gramos de fideos de trigo integral sin cocer, finamente triturados (aprox. 1 taza ya triturados)
1 taza de leche entera
5 almendras peladas y rebanadas
1 cucharadita de ghee
⅛ cucharadita de cardamomo molido
4 a 5 hilos de azafrán
1½ cucharada de jarabe de arroz integral

Saltee los fideos secos triturados en el *ghee* hasta que su color se vuelva ligeramente marrón. Agregue la leche y lléve a ebullición a fuego alto por 4 minutos o hasta que los fideos estén suaves. Revuelva constantemente para evitar grumos. Cuando se enfríe, añada el resto de los ingredientes.

Comentario: Como diría Mataji ¡muy bueno! Un postre clásico de la India.

PAL PAYASAM TRIDÓSHICO

Tiempo de preparación: 20 minutos, más el tiempo para enfriar — Porciones: 4-6

0 *Vata*, – *Pitta*, – *Kapha**
– *Vata*, – *Pitta*, + *Kapha***

1 litro de leche de soya o de cabra
4 cucharadas de arroz *basmati* o arroz integral sin cocer
2 cucharadas de miel
½ taza de uvas pasas
3 vainas de cardamomo
½ taza de semillas de girasol tostadas
¼ taza de coco rallado sin azúcar (opcional)
Guarnición: semillas de girasol y coco

Triture el arroz en la licuadora o molinillo hasta que quede un polvo fino. Mezcle la harina de arroz con ½ taza de leche de soya fría o leche de cabra. Caliente el resto de la leche de soya en una olla mediana. Añada la mezcla del arroz y siga revolviendo hasta que empiece a hervir. Quite las semillas de las vainas de cardamomo. Añada las pasas y las semillas a la mezcla de leche caliente. Reduzca a fuego bajo y cocine a fuego lento durante 5 a 10 minutos. El postre espesará un poco, pero básicamente es un postre líquido. Quite del fuego y agregue la miel. Por último, déjelo enfriar.

Comentarios: Agradecemos a la cocina de Laurel por la inspiración original de esta receta, la cual puede hacerse con leche regular y nueces de la India, como se sugiere, para una golosina calmante de *Vata*. Esta receta se puede utilizar con leche de vaca y sin los frutos secos para aliviar la diarrea.

En cuanto a la leche de cabra y soya puede ser un poco complicado: algunos *Vata* encuentran en la leche de soya una fuente clara de desequilibrios, mientras que otros tienden a las flatulencias con la leche de cabra. La leche de vaca suele ser más amigable para los *Vata*, siempre y cuando no sean sensibles a ella.

* *Sin coco*
** *Con coco*

TAPIOCA DE MAPLE

Tiempo de preparación: 30 minutos — Porciones: 4

*– –Vata, – Pitta, +Kapha**

*0 Vata, – Pitta, –Kapha***

6 a 8 albaricoques secos, melocotones, higos o ciruelas pasas (opcional, véanse los comentarios abajo)
5 cucharadas de tapioca granulada (rápida)
2½ tazas de leche de vaca o cabra
¼ cucharadita de sal marina
2 huevos
1/3 taza de jarabe de maple/arce
½ cucharadita de extracto de vainilla
⅛ cucharadita de canela
⅛ cucharadita de cardamomo
Opcional para adorno: almendras tostadas peladas, partidas y tostadas sin azúcar, coco rallado. Unas dos cucharadas de cada uno.

Pique las frutas secas en 1.5 cm. Coloque las frutas, tapioca, leche y sal en la parte superior de una olla para baño de María y cocine en agua hirviendo durante 10 minutos, revuelva solo si la mezcla empieza a pegarse. Reduzca el fuego y cocine a fuego lento por 2 minutos. Añada el jarabe de arce. En otro tazón pequeño, bata los huevos. Mezcle ½ taza de la mezcla de tapioca caliente con los huevos para evitar que se cuaje. A continuación, añada poco a poco la mezcla del resto de la tapioca, cocine de 3 a 4 minutos más, revolviéndolos constantemente. Luego agregue la vainilla y las especias, revuelva bien. (Gracias a Angela por sugerir las especias). Retire del fuego y deje enfriar. Adorne con almendras tostadas y coco a su gusto. Sirva caliente o frío.

Comentarios: Un plato rejuvenecedor sobre todo en el otoño e invierno. Servido frío, hace un excelente postre de verano para *Pitta*. Agregar fruta o no hacerlo es cuestión de elección personal. Desde una perspectiva ayurvédica estricta, la fruta y la leche mezcladas entre sí son *Viruddhashana*, una combinación prohibida de alimentos. Cocinados juntos, a menudo suelen estar bien. Si trabaja con una persona inválida o con digestión delicada, yo omitiría la fruta. La tapioca es un alimento especialmente bueno para los que se recuperan de una enfermedad, y no creará *ama*.

** Con la leche de vaca*
*** Con la leche de cabra*

TAPIOCA SIN HUEVO

Tiempo de preparación: 5 minutos, 8 horas en remojo, 5 minutos más

Porciones: 4

Use los mismos ingredientes y las cantidades que en TAPIOCA DE MAPLE (p. 275) pero omita los huevos. Entonces, coloque la fruta picada, tapioca y leche en un recipiente cubierto y déjelos en remojo de 6 a 8 horas. Transfiera estos ingredientes a una olla para cocinar en baño de María y lleve a ebullición a fuego medio, revolviendo constantemente. Continúe cocinando por 2 minutos más a fuego lento. Agregue el jarabe de maple, la sal, vainilla y especias. Retire del fuego y deje enfriar. Sirva caliente o frío. Este es un postre mucho más pesado que el TAPIOCA DE MAPLE.

POSTRE DE FRUTAS PARA KAPHA

Tiempo de preparación: 30 minutos

0 *Vata*, – *Pitta*, – *Kapha*

Porciones: 4

4 tazas de frutas: manzanas, albaricoques, arándanos dulces, frambuesas, cerezas, melocotones, peras o mango
2 tazas de jugo de manzana
¼ taza de pasas
1 cucharadita de canela
¾ cucharadita de cilantro en polvo
⅛ a ¼ cucharadita de jengibre seco en polvo
1 cucharada de jugo de limón
2 a 4 cucharadas de miel (opcional) o concentrado de manzana
Guarnición: 1 taza de GRANOLA CRUJIENTE (p. 315), jugo de frutas azucarado y 1 cucharada de coco rallado sin azúcar

Lave las frutas. Las bayas/frutos rojos pueden ser usadas enteras; corte cualquier otra fruta en trozos de 2.5 cm. Pese y mida. Vierta el jugo de manzana en una olla mediana y caliente a fuego medio. Ponga la fruta picada, las pasas y la canela en el jugo en la olla y cocine a fuego medio durante 20 minutos. Retírelo del fuego. Añada cilantro, jengibre, jugo de limón y la miel; revuelva. Vierta en tazones individuales y cubra con granola y coco. Sirva caliente o frío.

Comentarios: *Vata* y *Pitta* pueden comer esto con jugo de fruta caliente, mientras que *Kapha* debe hacerlo justo como se muestra aquí. Yo trabajo con muchas personas de constitución *Kapha* que aman los dulces, pero se dan cuenta que la mayoría de los dulces los desequilibran. Esta receta es una excepción a la regla, porque calma a *Kapha*, ya que apacigua los antojos. Utilice la mayor cantidad de jengibre en polvo si usted está cocinando para *Kapha* o un *Vata*, la cantidad más pequeña para *Pitta*, ya que es bastante caliente.

DELICIOSO PUDIN DE ARROZ

Tiempo de preparación: 2 horas, la mayoría sin supervisión Porciones: 8
0 *Vata*, – *Pitta*, + *Kapha*

½ taza de arroz integral sin cocer
½ taza de cebada perlada sin cocer
3½ taza de agua
⅛ cucharadita de sal marina
1¾ tazas de leche de cabra o de vaca
1 huevo batido
1 cucharada de harina de cebada
1½ cucharadita de canela
¼ cucharadita de nuez moscada
1 cucharada de cáscara de naranja orgánica, finamente picada o rallada
1 cucharadita de *ghee*
2 cucharaditas de vainilla
¼ taza de uvas pasas
4 cucharadas de concentrado de manzana

Precaliente el horno a 177 °C. Ponga el arroz, la cebada, agua y la sal en una olla a hervir. Una vez llegue a ebullición, tape y reduzca a fuego lento, haga lo que quiera durante 50 minutos. Cuando se acabe el tiempo, regrese y mezcle el resto de los ingredientes. Ponga la mezcla en un plato ligeramente engrasado y hornéelo por 45 a 50 minutos sin tapar. Deje enfriar y tape.

Comentarios: Si le echamos un vistazo a la lista de ingredientes, técnicamente, este plato delicioso debe calmar a *Kapha*, asumiendo que se utilizará leche de cabra en lugar de leche de vaca. En realidad, esto es de un carácter tan sustancial, que solo podría aumentar *Kapha*, a menos que se consuma en proporciones gentilmente pequeñas (¿un dedal, tal vez?) Es tan delicioso como su primo indio, pero muy diferentes.

BEBIDAS

LAS BEBIDAS

Las bebidas son consideradas parte integral de una comida ayurvédica. No se recomienda enfáticamente separar las bebidas y los alimentos sólidos, sino beber líquidos con moderación. Esto ayudará a aumentar el agni y a humedecer la comida junto con la salivación que toma lugar naturalmente. Algunos líquidos definitivamente mejorarán el agni, mientras que otros pueden suprimirlo. Esto depende de la composición de la bebida y en la cantidad ingerida. Un vaso normal de agua a temperatura ambiente o un poco de té herbal caliente son las bebidas primordiales a beber durante la comida, una rodaja de lima o limón dentro de estos, solo aumentará su capacidad de apoyar agni. El beber cantidades excesivas de bebidas frías para deglutir los alimentos es desalentado por el Ayurveda. Y con mucha razón. En investigaciones tanto en el Oriente como en el Occidente, se ha demostrado que lo anterior suprime la secreción de jugos gástricos y la subsecuente digestión.

Las bebidas también se pueden disfrutar como comidas en sí mismas. Muchas de las bebidas que aquí ofrecemos pueden ser buenos refrigerios o comidas fáciles de digerir.

Los vegetales y zumos de frutas son valorados por sus propiedades medicinales y se utilizan a menudo para estimular determinados tipos de sanación. El jugo de la lechuga se recomienda para calmar el nerviosismo y las palpitaciones del corazón, mientras que el jugo de col roja está incluido en las mezclas vegetales para curar la tos crónica, bronquitis y asma. El jugo de espinaca se ha utilizado para hacer gárgaras y para dolores de garganta. El jugo de granada es específico para las hemorroides. El jugo de cebolla se considera afrodisíaco, y también fue utilizado como sales de olor después de un desmayo. El jugo de rábano fue valorado por su capacidad de aumentar el fuego digestivo y el apetito. El jugo de ajo es específico para calmar la tos persistente y fomentar la expectoración, es utilizado para el asma, la bronquitis, la neumonía y la gripe. ¡El jugo de la remolacha se inhalaba por la nariz para aliviar los dolores de cabeza y el dolor de muelas! Otros usos se describen en las recetas que siguen.

EL QUESO COTTAGE

El queso cottage (o requesón) es un excelente refrescante para Pitta, y su pesadez húmeda hace que también traiga equilibrio a Vata. A menudo puede ser sustituto en una parte o en la totalidad de la nata agria o yogur en alguna receta, algunas veces agregándole un poco de limón. Esto hace que la receta sea accesible para Pitta (véase LASSI para PITTA). Es demasiado pesado para Kapha como para que pueda consumirlo con regularidad, aunque el queso cottage es el menos desequilibrante para Kapha, a comparación de los quesos duros, pues es de manera considerable mucho más ligero que cualquier otro tipo de quesos. Es bueno cuando se sirve con pimienta negra recién molida. Esto ayuda a la digestibilidad para todos los doshas y reduce Kapha.

LASSI PARA *VATA*

Tiempo de preparación: 5 minutos — Porciones: 1

–Vata, + leve Pitta, + Kapha

½ taza de queso cottage
½ taza de yogur
¾ taza de agua
1 cucharadita de comino en polvo
1 cucharada de miel o 3 dátiles grandes sin semillas
½ cucharadita de jugo de limón

Mezcle el queso cottage, yogur y agua en la licuadora. Agregue el resto de los ingredientes y mezcle de nuevo. Beba a temperatura ambiente.

LASSI PARA *PITTA*

Tiempo de preparación: 5 minutos — Porciones: 1

–Vata, – Pitta, + Kapha

½ taza de queso cottage
½ taza de yogur
3/4 taza de agua

2 cucharaditas de cilantro en polvo
1 cucharada de jarabe de maple o 3 dátiles grandes secos sin semillas

Mezcle el queso cottage, yogur y agua en la licuadora. Agregue el resto de los ingredientes y mezcle de nuevo. Beba a temperatura ambiente.

LASSI PARA *KAPHA*

Tiempo de preparación: 5 minutos — Porciones: 1-2
–Vata, + Pitta, – Kapha

½ taza de yogur
1 taza de agua
2 cucharaditas de miel
⅛ cucharadita de canela, jengibre seco, pimienta negra y comino molido
3 semillas de cardamomo (alrededor de 1 vaina)
1 cucharada de lecitina (opcional)

Mezcle en la licuadora todos los ingredientes. Beba a temperatura ambiente.
Comentario: Esta bebida tiene poder ¡Cuidado!

LAS ALMENDRAS

Las almendras son altamente valoradas como un rejuvenecedor en Ayurveda. En la práctica ayurvédica, se recomienda que las almendras siempre sean peladas como en esta receta, ya que sus pieles son difíciles de digerir.

LECHE DE ALMENDRAS REJUVENECEDORA

Tiempo de preparación: 5 a 10 minutos en la mañana (dejando remojar por la noche) — Porciones: 1
–Vata, – Pitta, + Kapha

5 almendras en remojo toda la noche en una taza de agua
1 taza de leche
½ cucharadita de cardamomo molido

Por la mañana, escurra las almendras y pélelas (la piel se desprende con facilidad cuando se frota con los dedos). En una olla pequeña ponga a hervir la leche. Licue la leche caliente, almendras y cardamomo, mezclando bien.

Comentario: Esta bebida que es muy reparadora, es especialmente útil en el otoño y el invierno, o tras un período de esfuerzos importantes.

BATIDO DE MELÓN

Tiempo de preparación: 5 minutos — Porciones: 2

–Vata, – –Pitta, + Kapha

½ melón cantalupe fresco y maduro
½ taza de agua
¼ cucharadita de cilantro en polvo

Mezcle todos los ingredientes bien en una licuadora.

BEBIDA DE DESAYUNO RICA EN HIERRO

Tiempo de preparación: 5 minutos en la mañana (dejando remojar por la noche) — Porciones: 1

–Vata, – Pitta, – Kapha

¼ taza de pasas
¼ taza de albaricoques secos no sulfurados, duraznos o higos
1 taza de agua
⅛ taza de jengibre seco (*Kapha* solamente)

Remoje las pasas y los frutos secos durante la noche en agua. Medio litro funciona bien para esto. En la mañana siguiente, mezcle las frutas remojadas con agua y pónga en la licuadora. Los *Kapha*s necesitan adornarlo con una pizca de jengibre para equilibrar su bebida.

Comentario: Para recibir más hierro, *Vata* puede agregar hasta 1 cucharada de melaza a la mezcla con el resto de los ingredientes.

BEBIDA DE YOGUR RICA EN HIERRO

Porciones: 1-2

–Vata, – Pitta, + moderado Kapha

¼ taza de pasas
¼ taza de albaricoques secos no sulfurados, duraznos o higos
1 taza de agua
½ taza de yogur natural sin sabor

Siga las indicaciones anteriores. Deje remojar la fruta en agua durante la noche. A continuación, mezcle bien todos los ingredientes en la licuadora.

Comentarios: Esta bebida es una ayuda digestiva excelente y tonificante. Tiene también una acción laxante suave.

TULIP DE MENTA

Tiempo de preparación: 10 minutos — Porciones: 4
–Vata, – Pitta, + Kapha

10 hojas de menta fresca o 1 cucharada de menta seca
10 dátiles (aproximadamente 1½ taza)
1 cucharada a ½ taza de coco
Jugo de medio limón (dos cucharadas)
1 cucharada de pasas
1 cucharada de jugo de naranja concentrado
1 taza de jugo fresco o congelado de piña
3 tazas de agua fresca

Mezcle todos los ingredientes bien en una licuadora. Sirva frío.

Comentarios: El único problema con esta nueva y refrescante bebida es su color caramelo claro. Si está sirviendo para una cena elegante o en una tarde de verano, puede servirlo en copas espolvoreadas con hojas de menta, lo que le da un color que perfectamente se adaptada a su sabor. Es fresco y relajante.

BATIDO DE DÁTILES

Tiempo de preparación: 5 minutos — Porciones: 2
– – Vata, – – Pitta, + Kapha

6 dátiles sin semilla
1½ tazas de leche de vaca, soya o cabra
½ cucharadita de extracto de vainilla
½ taza de coco rallado sin azúcar

Coloque todos los ingredientes en la licuadora y licue. Sirva inmediatamente (o el coco comenzará a asentarse).

Comentarios: Es dulce, frío y brinda conexión a tierra. Un *Vata* puede agregar una pizca de cardamomo o clavos para mayor digestibilidad.

BATIDO DE HIGO

Tiempo de preparación: 5 minutos Porciones: 2
\+ *Vata,* – *Pitta,* – *Kapha**

3 higos secos
¼ cucharadita de clavo de olor molido (opcional, omitir para *Pitta*)
½ cucharadita de extracto de almendra

Mezcle todos los ingredientes en la licuadora.
* Se *sirve con clavos de olor para Kapha, no para Pitta.*

CIDRA CALIENTE DE MANZANA

Tiempo de preparación: 20 minutos, más si lo desea Porciones: 2
0 *Vata,* – *Pitta,* – *Kapha*

1 cuarto de jugo de manzana, orgánico de ser posible
1 naranja pequeña o mandarina (orgánica)
1 astilla de canela
2 clavos

Vierta el jugo en la olla a calentar. Lave bien la naranja o mandarina y rebánelas finamente, y agréguelas al jugo. (NOTA: si no puede conseguir cítricos orgánicos, no use la cáscara. Pele la fruta y luego rebane finamente.) Añada la canela entera y clavo de olor y cocine a fuego lento durante 20 minutos o el tiempo que desee.

Comentarios: Si tiene un grupo de personas *Pitta*, puede eliminar el clavo, ya que es bastante caliente. Una variante de esta receta es agregar 2 tazas de agua durante la cocción. Esto no perjudica a nadie, y beneficia altamente a *Kapha*, mediante la reducción de la dulzura de los jugos de frutas.

LA LECHE

Los lácteos construyen, no purifican. Son utilizados en Ayurveda como preludio de algunas terapias de limpieza para acumular energía en un área específica antes de la purificación. Proporcionan a las comidas conexión a tierra, masa, dulzura y usualmente frescura. Por estas razones, son excelentes para los niños, adolescentes, mujeres embarazadas y lactantes, convalecientes y para quienes buscan calma y arraigo. La leche es excelente para Vata, terrible para Kapha (con algunas excepciones claves) y, a veces, muy beneficioso para Pitta. Ofrece calorías, calcio, proteínas y algunas vitaminas. Fortalece los huesos y dientes, y en Vata fortalece el corazón y el sistema nervioso. En Kapha puede hacer lo contrario para el corazón, agregando congestión donde no se necesita. Su dulzor fresco es bueno para tonificar Pitta, si se usan los lácteos adecuados.

Como Robert Svoboda señala en su excelente libro Prakruti: su constitución ayurvédica, se les ha dado una mala reputación a los productos lácteos en los círculos de salud, más por los métodos de preparación y modo de consumo, que a través de sus cualidades innatas. En Occidente, por lo general se sirven fríos, sin especies, homogeneizados, junto con otros alimentos y en exceso. Su alto contenido de grasa, pesadez y frialdad no se prestan a estos usos. Servido de esta manera, se puede aumentar el riesgo de enfermedades cardíacas, cáncer o la obesidad. Los lácteos necesitan ser utilizados de manera hábil y no en exceso.

La leche de vaca era altamente recomendada por los sabios ayurvédicos, al ser más ligera y fácil de digerir que la mayoría de los lácteos. Es vigorizante y funciona bien tanto para Vata y Pitta, mientras no haya ninguna alergia. Por desgracia, la leche de vaca se introdujo demasiado pronto en bebés de la posguerra occidental, en forma de concentrados preparados para lactantes. Esto puede ser parte de la razón por la cual ahora hay una alta sensibilidad generalizada a este alimento. Si es un alimento que le cae bien (es decir, que no le cause diarrea, gases, congestión, u otros malestares) es un alimento excelente y equilibrado, cuando está debidamente preparado.

La preparación es la clave. En las últimas décadas, ha habido mucha controversia entre la leche pasteurizada y homogeneizada versus leche cruda. En el Ayurveda, la leche cruda se recomienda siempre en la medida que sea posible, y esta debe de ser hervida siempre antes de servirse. El calor mata a las bacterias de una manera alta y eficazmente en la leche cruda. Esto también puede desnaturalizar las proteínas de la leche pasteurizada mucho más, causando una distribución en cadenas de aminoácidos cortas que la vuelven luego mucho más fácil de digerir. En general, hervir la leche la hace más segura y fácil de digerir, especialmente en la leche cruda. El proceso de cocción también calienta un producto que es generalmente frío, como lo hace también la adición de especies calientes como la canela, cardamomo, jengibre y la pimienta negra. Agregar un poco de miel después de calentar la leche también equilibrará las cualidades de ésta, calentándola y secándola.

La pasteurización ha hecho que el consumo de leche producido en forma masiva sea más segura al eliminar la posibilidad de infecciones bacterianas en grupos de personas grandes. Pero su punto más bajo de calentamiento (15 segundos a 72 °C o 30 minutos a 63 °C) no hace la leche más digerible ni elimina el riesgo de contaminación potencial viral. El calentamiento de la pasteurización incompleta parece causar la ruptura parcial de proteínas de la leche en bobinas enredadas. Estos desorganizados enredos de proteínas son difíciles para las enzimas digestivas de conservar y descomponer. Para algunas personas, esto puede ser la razón por la que la leche pasteurizada les cause estreñimiento, mientras que esto no sucede a la leche cruda hervida. El proceso de homogeneización es otro tema polémico. Al parecer, divide las grasas de la leche en partículas suficientemente pequeñas que algunas llegan a pasar a la sangre, iniciando un proceso complejo que puede llevar a una mayor tendencia a crear coágulos arterioscleróticos. Si esta tendencia realmente existe, todavía está siendo objeto de acalorados debates en los círculos médicos y de salud. De cualquier manera, la leche de la vaca alabada por los antiguos, no es la misma leche de vaca que ahora se vende en la mayoría de los mercados actuales.

La leche de cabra es más astringente y produce menos moco que la leche de vaca, es a menudo bien absorbida por las personas con sensibilidad a la leche de vaca. Su alta capacidad reguladora, la hace útil para calmar y curar las úlceras de estómago. Pitta suele tolerar bien la leche de cabra, y Kapha puede utilizarla en pequeñas cantidades de manera rentable. Su efecto sobre Vata es variable. La leche de cabra en la antigüedad se utilizaba en la India para estimular la producción de leche en las madres lactantes. También se consideró un medicamento específico para el sangrado excesivo (debido a su astringencia).

La leche de oveja es difícil obtener, es calmante para Kapha y Pitta. Si no puede conseguirla, su consuelo es el hecho de que no es tan altamente considerada como la leche de vaca por la mayoría de los profesionales de ayurvédicos. La leche de búfalo es otro alimento recomendado en los sutras ayurvédicos por su óptima capacidad para inducir el sueño. Si es un insomne en Occidente, es posible que se encuentre en apuros para encontrar un búfalo, pero estarán bien con la leche de vaca rica en triptófano.

LECHES CALIENTES CON ESPECIAS

Tiempo de preparación: 10 minutos

LECHE CALIENTE # 1

Porciones: 1

– – Vata, – –Pitta, + moderado Kapha

1 taza de leche cruda
2 cucharaditas de *ghee*
1 cucharadita o más de cilantro en polvo

Caliente la leche y el *ghee* en una olla pequeña sin tapar. Cuando esté caliente, agregue el cilantro y beba.

Comentarios: Una forma muy apropiada para reducir *Pitta*.

LECHE CALIENTE # 2

Porciones: 2

–Vata, – Pitta, 0 Kapha

1 taza de leche (leche de cabra para *Kapha*)
1 taza de agua
¼ cucharadita de cardamomo

¼ cucharadita de jengibre seco
¼ cucharadita de clavo de olor
¼ cucharadita de comino

Ponga todos los ingredientes en una olla pequeña durante 15 minutos o más. Cuele y beba.

Comentarios: Es de buena utilidad para la dispepsia catónica estomacal recomendada por el Dr. Nadkarni. Puede beberse después de las comidas.
**Disminuye Kapha si se utiliza con leche de cabra*

LECHE CALIENTE CON NUEZ MOSCADA

Porciones: 1

–Vata, 0 Pitta, 0 Kapha

1 taza de leche cruda (leche de cabra para *Kapha*)
½ cucharadita de nuez moscada molida

Ponga la leche a hervir, luego reduzca el fuego y agregue la nuez moscada. Cocine a fuego lento durante 5 minutos, cuele.

Comentarios: Una buena bebida para calmar los nervios o aliviar el insomnio. También se dice que ayuda a aliviar la diarrea en el verano. Es bueno para *Kapha* de manera ocasional.

LECHE CALIENTE CON BEBIDA DE CEREAL

Porciones: 2

*–Vata, – Pitta, – Kapha**

1 taza de leche (vaca, cabra o soya)
1 taza de agua
2 cucharaditas de bebida de cereal[3] (disponible en tiendas de alimentos saludables, algunos supermercados)
2 cucharaditas de miel o jarabe de maple
¼ cucharadita de jengibre seco (para *Kapha* solamente)

Ponga la leche y el agua a hervir en una cacerola pequeña. Ponga una cucharadita de la bebida de cereal en polvo en cada una de las tazas. Vierta la leche caliente y el agua, agregue endulzante y especias y revuelva.

---

[3] En el original se recomienda Caffix o Roma

Comentarios: Es una rica bebuda después de una cena. Se puede agregar canela, cardamomo, nuez moscada, clavo de olor, en función de sus gustos y constitución. Todas estas especies estarían bien para *Vata*, *Pitta* o *Kapha*. Para *Pitta* es mejor si usa canela o cardamomo.
** Para Vata, use leche de vaca y cualquier edulcorante; para Pitta, cualquiera de las leches; para Kapha, leche de cabra o soya, miel y jengibre.*

LECHE CALIENTE CON JENGIBRE

Porciones: 2

– –Vata, 0 Pitta, 0 Kapha

1 taza de leche de vaca o de cabra (de vaca para *Vata*, de cabra para *Kapha*)
1 taza de agua
1 cucharadita de raíz de jengibre recién rallada
3 a 4 semillas de cardamomo
½ a 1 cucharadita de *ghee*

Coloque la leche, el agua, el jengibre y el cardamomo en una cacerola pequeña. Caliente a fuego medio-alto hasta que hierva. Después, reduzca el fuego a bajo inmediatamente y cocine a fuego lento durante 5 minutos. Vierta la mezcla en copas individuales y revuelva el *ghee*.

Comentarios: Esta bebida caliente es muy calmante para *Vata* y hace una buena *anupanna* (medio) para los medicamentos ayurvédicos que deben tomarse antes de acostarse (consulte a su profesional si de hecho esto es útil para usted). Si sustituye ¼ de cucharadita de jengibre seco por fresco y usa leche de cabra en lugar de utilizar de vaca, también es calmante para *Kapha*. *Pitta* puede omitir el jengibre por completo y disfrutar de una bebida equilibrada de esa forma.

LA LECHE DE SOYA

La leche de soya puede ser una buena alternativa a la leche de vaca, si es sensible a esta última. También es menos Kaphagénica (desequilibrante de Kapha) que la leche de vaca, cuando está debidamente preparada. Más ligera que la leche de vaca en su efecto sobre el cuerpo, se cocina con facilidad en las recetas. Como la mayoría de alimentos ricos en proteínas, promueve la creación y no la limpieza. Se utiliza más en programas de mantenimiento y de restauración. Puede ser calentada con canela, cardamomo, nuez moscada o jengibre y pimienta negra. Algunos Vata no la toleran bien. La leche de soya en polvo y el polvo de proteína de soya son mucho más difíciles de digerir que las leches de soya líquida. Solo los Pitta más incondicionales son capaces de consumir cualquiera de estas sin gas, ya que son frías, pesadas y secas. La soya entera y el tempeh también producen gas a menudo. Para que su digestión sea adecuada, se requiere cocinarlas mucho y condimentarlas, tener un buen agni y una constitución Pitta.

LECHE DE SOYA CALIENTE

Tiempo de preparación: 5 minutos — Porciones: 1
0 *Vata, – Pitta, 0 Kapha**

1 taza de leche de soya
Una pizca de canela
½ cucharadita de cebada de malta, jarabe de arroz integral o miel de maple (opcional)

Hierva la leche de soya. En seguida, retírela del fuego y vierta en un tazón. Agregue el edulcorante o bébalo así simplemente. Adornelo con canela en la parte superior.

Comentarios: Bueno antes de acostarse o cuando se tiene hambre y necesita un poco más de proteína.

** Si usted es Kapha bébalo sin edulcorante y con una pizca de jengibre seco.*

TÉ DIGESTIVO

Tiempo de preparación: 5 minutos Porciones: 2
– Vata, – – Pitta, – Kapha

2 tazas de agua
1 cucharadita de semillas de cilantro
1 cucharadita de semillas de hinojo
1 cucharadita de semillas de comino

Ponga agua a hervir. Luego coloque todas las semillas en una licuadora. Vierta el agua hirviendo. Muelen las semillas con el agua y cuele. Bébalo después de cualquier comida. Es una muy buena ayuda digestiva.

CHAI CALMANTE DE MATAJI

Tiempo de preparación: 50 minutos Porciones: 6
– – Vata, 0 *Pitta,* 0 *Kapha*

2 tazas de agua
1 cucharada de menta fresca o 2 cucharadas de menta seca o 3 de bolsitas de té de menta
1 litro de leche de vaca o de soya
1 astilla de canela
¼ cucharadita de clavo de olor
1 cucharadita de jengibre seco
3/4 cucharadita de cardamomo
1 cucharadita de pimienta negra
2 cucharadas a ½ taza de edulcorante (jarabe de arroz integral, panela/mascabado o miel)

Ponga el agua a hervir en una cacerola grande y agregue la hierbabuena en una bolita/bolsa para té. Retire del fuego y deje reposar por 20 minutos. Extraiga la bola/bolsitas de té. Agregue la leche, las especias y el edulcorante (a menos de que use miel, si es el caso, espere hasta que esté terminado el *chai*). Caliente y deje reposar a fuego lento durante otros 30 minutos.

Comentarios: Para *Kapha* es mejor usar leche de soya y el mínimo de edulcorante posible, preferentemente miel. Esta bebida combina bien con casi cualquier cosa.

TÉ DE JENGIBRE CALIENTE # 1

Tiempo de preparación: 10 a 15 minutos Porciones: 4
–Vata, + Pitta, – Kapha

1 litro de agua
5 cms de raíz jengibre fresco
Miel (al gusto)
Limón (al gusto)

Ponga el agua a hervir en una cacerola u olla de té. Pele el jengibre fresco y córtelo en rodajas. Cuando el agua hierva, añada el jengibre en la olla. Reduzca el fuego a lento y cocine por 10 a 45 minutos, dependiendo de qué tan picante desee el té. Cuele y añada la miel (para *Vata* y *Kapha*) y jugo de limón (para *Vata*) si lo desea.

Comentarios: Este té es excelente para aumentar el *agni*. También es bueno para beber en un día húmedo y frío. Útil para los resfriados, dolor de garganta, bronquitis, mala circulación y para la digestión.

TÉ DE JENGIBRE CALIENTE # 2

Tiempo de preparación: 5 minutos Porciones: 1
+ moderado Vata, + Pitta, – – Kapha

1 taza de agua
⅛ polvo de jengibre seco (una pizca)
Miel (al gusto)

Ponga el agua a hervir, vierta en una taza, añada el jengibre y la miel según deseado.

Comentarios: Muy bueno el té para *Kapha*, por ser caliente y seco. Para calmar *Vata*, use melaza en lugar de miel; para que sea neutro para *Pitta*, use jarabe de maple y 1 cucharadita de cilantro en polvo.

TÉ DE BANSHA

Tiempo de preparación: 5 a 10 minutos Porciones: 1
0 *Vata, – Pitta, – Kapha*

1 cucharadita de kukicha o ramas de bansha (no use las hojas verdes)
1 taza de agua hirviendo o leche

Ponga agua o leche sobre una rama de bansha en una bola o filtro de té. Repose por 5 minutos y pruebe. Sírvalo con leche y miel para *Vata*, con edulcorante para *Pitta* (la leche es opcional para los *Pitta*) y el agua con o sin un toque de miel y una pizca de jengibre en polvo para *Kapha*.

Comentarios: Muy bueno. Sírvalo directamente con o sin leche o edulcorante. Esta bebida aumenta a *Vata*.

TÉS MEDICINALES

Tiempo de preparación: 30 minutos o menos — Porciones: 1

0 *Vata, – Pitta, – Kapha (aumenta Vata en exceso)* ✿ ✸ ❧ ❄

MANZANILLA: Ponga a hervir una taza de agua en una cacerola pequeña. Añada 1 cucharada de manzanilla seca, apague el fuego, tape y deje reposar ½ hora. Cuele y sirva. Es bueno para calmar los nervios y como un buen brebaje para antes de ir a dormir. Calma la digestión a largo plazo, pero no se debe beber diariamente porque puede inhibir sutilmente la actividad del tracto gastrointestinal (+ *Vata*, – *Pitta*, – *Kapha* en exceso).

CRISANTEMO: Ponga 1 taza de agua a hervir en una cacerola pequeña, como se mencionó con la manzanilla. Añada 2 a 3 cucharaditas de flores de crisantemo (los crisantemos comunes que han sido cultivados orgánicamente en el jardín pueden ser utilizados). Apague el fuego, tape y deje reposar 15 minutos o más. Cuele y sirva. Es muy bueno para calmar *Pitta*. Calmante para los ojos, el hígado y la psique.

\+ *Vata, – Pitta, – Kapha (+ en exceso)* — Porciones: 1 ✸

LIMONARIA Y ORTIGA: Lleve a hervir 1½ tazas de agua en una olla pequeña. Añada 1 cucharada de hierba de limón y 1 cucharadita de ortiga, baje el fuego a muy bajo y cocine a fuego lento durante 5 minutos, déjelo tapado. Apague el fuego y deje reposar otros 20 minutos. Cuele y sirva caliente o frío. Es un buen té para el verano con un poco de edulcorante. Tonifica los riñones y las membranas, bueno para calmar a *Kapha* y *Pitta*.

0 *Vata, – Pitta, – Kapha* — Porciones: 2 ✿ ❧ ❄

MENTA: Ponga a hervir una taza de agua en una olla pequeño. Añada 1 cucharadita de menta fresca o 2 cucharaditas de menta seca. Apague el fuego, tape y deje reposar por 15 minutos o más. Cuele y sirva. Es bueno para los nervios, la digestión débil y las palpitaciones del corazón debido a los desequilibrios nerviosos

0 *Vata, – – Pitta, – Kapha (+ en exceso)* Porciones: 1

YERBABUENA: Siga las instrucciones de arriba para MENTA. La yerbabuena funciona principalmente como un estimulante digestivo. Es buena para disipar el gas, puede ser ligeramente diurético.
0 *Vata, – – Pitta, – Kapha (+ en exceso)* Porciones: 1

BORARAJA-FRAMBUESA-ORTIGA-MENTA: Ponga un litro de agua a ebullición. Añada 1 cucharada de borraja, 3 cucharadas de hojas de frambuesa (cualquier variedad orgánica es buena), 2 cucharadas de ortiga y 1 cucharada de menta. Retire del fuego, tape y deje reposar 30 minutos o más. Cuele y sirva, caliente o frío. Puede ser endulzado. Es una excelente bebida para post-parto, omita la borraja para un té durante el embarazo.
0 *Vata con endulzante, – Pitta, – Kapha* Porciones: 4
(+ Vata en exceso)

TÉ DE OSHA

Tiempo de preparación: 30 minutos o menos Porciones: 1
– Vata, + Pitta, – Kapha

7.5 cm de la raíz seca de osha
1 hoja de eucalipto
4 tazas de agua

Ponga el agua a hervir, añada las hierbas y la cubierta. Cocine a fuego lento durante 30 minutos o más.

Comentarios: Es una de las reinas del té para el invierno. Excelente para la prevención bronquial de infecciones o para "dejarlos en el pasado", Osha estimula los cilios, unos pelos pequeños de las células de los pulmones y el tracto digestivo. A través de esta acción, estimula la limpieza de los pulmones y la peristalsis en el tracto digestivo. Puede ser servido con miel u otros edulcorantes.

TÉ DE CEBADA

Tiempo de preparación: una noche en olla de cocción lenta o 90 minutos — Porciones: 4 tazas

*+ ligero Vata, – Pitta, – Kapha**

¼ taza de cebada perlada orgánica (de nuevo es importante que sea orgánica para recibir una dosis de productos químicos)
8 tazas de agua

Lave bien la cebada y póngala junto con el agua en una olla grande o de cocción lenta, déjela hervir. Luego, cocine a fuego lento hasta que el líquido se reduzca a 4 tazas. Cuele y beba.

Comentarios: Excelente para calmar la inflamación en la vejiga, la garganta o los intestinos. También es bueno para la colitis mucosa. Para calmar la fiebre, puede agregar 1 cucharada de azúcar morena o panela/mascabado y una cucharada de jugo de lima o de limón.

**Es bueno ocasionalmente pero no de uso regular para Vata*

BEBIDA DE CEBADA LAXANTE

Tiempo de preparación: una noche en una olla de cocción lenta — Rinde: 1 a 2 tazas

0 *Vata, – Pitta, – Kapha*

¼ taza de cebada perlada orgánica (solo si puede conseguir la cebada orgánica, de lo contrario el proceso podría concentrar toxinas en lugar de aliviar y eliminarlas)
10 tazas de agua
¼ taza de higos picados (sin conservantes)
¼ taza de pasas (sin conservantes)
2 cucharadas de raíz de regaliz

Lave bien la cebada. Corte los higos y muela el regaliz seco en la licuadora por un minuto. Ponga todos los ingredientes en la olla y cocine durante la noche, hasta que el líquido se reduzca a la mitad o más. Cuele y beba el líquido.

Comentarios: Se puede beber media taza a la vez. Esta es una de esas extrañas recetas arcaicas dentro de la tradición ayurvédica, inspirada bajo instrucción de *Indian Materia Medica* de Nadkarni. Es excelente para aliviar

Pitta y *Kapha* sin perturbar a *Vata*. Sin embargo, un poco suntuosa por sus ingredientes costosos.

FLOR DE JAMAICA REFRESCANTE

Tiempo de preparación: 15 minutos Porciones: 4 tazas
–Vata, – Pitta, – Kapha

4 tazas de agua
2 astillas de canela
½ cucharadita a 1 cucharada de raíz de jengibre fresco rallado
¼ taza de hibisco seco (o flor de Jamaica)
Miel o jugo de naranja concentrado al gusto

Ponga el agua a hervir en una olla mediana. Añada las astillas de canela, el jengibre y el hibisco. Cubra la olla y reduzca el fuego a lento. Deje que hierva a fuego lento por 10 minutos. Cuélelo y sirva sin azúcar (tarta) o añada ½ cucharadita de miel por taza (para *Vata* o *Kapha*) o 1 a 3 cucharadas de concentrado de jugo de naranja (para *Pitta* o *Vata*). Refrigérelo para que se enfríe durante el verano, o sírvalo con suficiente hielo para que se enfríe. Bueno si se sirve caliente en invierno.

Comentarios: Este té luminoso y de color rosado hace que una buena alternativa al Kool-Aid y otras bebidas concentradas para niños y adultos. Usando la menor cantidad de jengibre, hace una excelente bebida refrescante para *Pitta* en verano. En invierno, la combinación de la rica vitamina C y el hibisco calma y previene la gripa (use la mayor cantidad de jengibre para esto). Si tiene plantas de hibisco en su casa, puede utilizar las flores en esta bebida después de que hayan florecido, siempre y cuando no haya utilizado ningún tipo de producto químico para su crecimiento. Las flores secas de hibisco (flor de Jamaica) se encuentran fácilmente en casi todas las tiendas de alimentos naturales y de hierbas.

Algunos *Pittas* que son muy ardientes tienen problemas hasta con el jugo de naranja. Es mejor si se utiliza el jarabe de arce en estos casos.

TÉ REFRESCANTE DE MENTA

Tiempo de preparación: 30 minutos Porciones: 4
–Vata, – Pitta, – Kapha

1 taza de hojas de menta fresca o ¼ taza de menta seca
1 litro de agua hirviendo

1 litro de agua fría o a temperatura ambiente
2 cucharadas de miel o jarabe de arroz (opcional, *Pitta* tiene que tomar consumir con jarabe de arroz solamente y *Kapha* solo con miel)

Vierta el litro de agua hirviendo sobre la menta en la tetera o un recipiente resistente al calor. Tápelo y deje reposar durante 20 minutos. Cuele el té en una jarra y agregue el edulcorante. Añada agua fría, revuelva. Enfríe en el refrigerador por lo menos una hora o sirva de inmediato con cubitos de hielo.

Comentarios: Esta es una gran bebida para ayudar a la digestión y calmar los nervios en un día caluroso. También se puede usar menta verde o chirivía. Es bueno para las personas que buscan alternativas sabrosas sin cafeína al zumo de frutas o refrescos, también para aquellos adictos a su té helado en el verano. 1-2 bolsitas de té Bansha (o una taza de ramitas de Bansha) pueden añadirse para aquellos que buscan un mayor sabor a cafeína.

** A menos que se beba en exceso (es decir, un litro en una sentada), en cuyo caso puede + Vata (debido a su calidad airosa) y + Kapha (debido al frío).*

TÉ DE FENOGRECO

Tiempo de preparación: remojar toda la noche, más 5 minutos — Porciones: 1
–Vata, + Pitta, – Kapha

1 cucharadita de semillas de fenogreco (*methi*)
1 taza de agua
½ a 1½ cucharaditas de miel (opcional)

Mezcle semillas de fenogreco y agua en un recipiente pequeño; un litro funciona bien. Remoje durante la noche. En la mañana ponga a hervir las semillas y el agua. Cuele las semillas y añada miel si lo desea.

Comentarios: Este té es tonificante y fortalecedor, siendo bueno para los nervios y la digestión. Fortalece el sistema respiratorio y reproductivo. No debe utilizarse durante el embarazo, pero es un buen fortalecedor antes de la concepción, y un excelente restaurador en las 6 semanas después de dar a luz. Aumenta la producción de leche. Es bueno para la pérdida de peso por retención de agua en exceso.

TÉ DE *GOKSHORA*

Tiempo de preparación: 30-45 minutos — Porciones: 1
0 *Vata, – Pitta, – Kapha*

1 cucharada de *gokshura* (hierba *Tribulus terrestris*)
2 tazas de agua

Ponga agua en una olla pequeña y pesada, llévela a ebullición. Añada *gokshura*. Baje la temperatura a fuego lento y cocine durante 30 a 45 minutos o hasta que el líquido se reduzca a la mitad.

Comentarios: La ironía de esta decocción curativa es que *gokshura*, venerado en la India, es descrito aquí como una cabeza de cabra y con razón. Es una de las malezas más detestables para pisar, porque deja una herida rápida y dolorosa debido a la punción a través de sus frutos espinosos. Estos mismos frutos espinosos son el ingrediente activo de este té. Tal vez, como yo, usted obtendrá una profunda satisfacción de recoger un puñado de estos y cocinándolos en agua, haciendo que benefician su salud en lugar de crear una herida. *Gokshura* es calmante y relajante en las infecciones de la vejiga y rejuvenecedor específicamente para los riñones. Es una hierba excelente para prevenir la infección del riñón, si usted tiene un historial de padecer problemas de la vejiga y riñón. Tradicionalmente, se utiliza con muy buenos resultados para estimular la fertilidad, tanto en hombres como mujeres. Es un té para revitalizar a las mujeres después del parto. Tonifica y desarrolla la energía de los riñones, que a menudo falta en estos días con tanto estrés y prácticas de estilos de vida inútiles.

Dr. Nadkarni, en su *Indian Materia Medica*, recomienda una decocción de leche específica para la curación del tracto reproductor masculino. Una variación del mismo es el siguiente: hierva 1 cucharada de gokshura en 1 taza de leche de cabra y 4 tazas de agua a fuego lento hasta que toda el agua se haya evaporado. Mezcle 1 cucharada de semillas de sésamo y 1 cucharadita de miel natural y beba.

TÉ DE *AJWAN*

Tiempo de preparación: 5 a 20 minutos — Porciones: 1
– *Vata*, + *Pitta*, – *Kapha*

½ cucharadita de semillas de *ajwan*
1 taza de agua hirviendo

Vierta el agua hirviendo sobre las semillas en una taza. Deje reposar 5 minutos. Endulze con ½ cucharadita de miel natural, si así lo desea.

Para una bebida más fuerte utilice la misma cantidad de semillas en dos tazas de agua y cocine a fuego lento hasta 20 minutos.

Comentarios: Esta es una bebida muy buena para aliviar la congestión pulmonar o gastrointestinal. Preparada de la primera manera (menos fuerte) los niños suelen estar dispuestos a tomarla.

JUGO DE JENGIBRE Y ZANAHORIA

Tiempo de preparación: 15-20 minutos Porciones: 2
– Vata, + Pitta, – Kapha

Para esta receta, se necesita un extractor de jugos vegetales.

8 zanahorias grandes
1 a 5 cms de raíz de jengibre fresco

Pele el jengibre y lave las zanahorias. Luego ponga ambos en el extractor. Beba de inmediato de ser posible.

Comentarios: Un hermoso tónico para el hígado, sobre todo si es débil o ha sido abusado. Es mejor tomarlo con el estómago vacío.

JUGO DE VEGETALES MIXTOS

Tiempo de preparación: 15-20 minutos Porciones: 2
– Vata, – Pitta, – Kapha

Para esta receta se necesita un extractor de jugos vegetales.

1 zanahoria grande
3 tallos de apio
1 cabeza de lechuga
1 manojo de perejil
2 calabacines zucchini pequeños (opcional)

Lave bien todas las verduras y póngalas en la licuadora. Beba de inmediato.

Comentarios: Excelente para los nervios y es diurético.

JUGOS DE VEGETALES

		Especialmente ricos en estos nutrientes:
Zanahoria	-K & V, + P	Vitamina A, potasio, selenio, biotina
Berro	-K & P, V +	Vitamina C, niacina, calcio, hierro, cobre
Remolacha	-K & V, + P	Ácido fólico, manganeso
Perejil	-K & P, V +	Vitaminas A y C, potasio, calcio, hierro
Col	-K & P, V +	Ácido fólico, ácido pantoténico, vitamina C, selenio
Apio	-K & P, V +	Sodio
Patata	-P y K, + V	Ácido fólico, niacina, fósforo, potasio
Espinaca	-K, + V & P	Proteínas (3,6 g/ 28 g), vitamina A, biotina, ácido fólico, vitamina E, sodio, potasio, hierro, magnesio, manganeso, zinc
Pepino	-P & V, K +	Vitamina C, hierro, cobre

DESAYUNOS

EL DESAYUNO

Si disfruta o no el desayuno, es un asunto personal. Vata y aquellos con trastornos de azúcar en la sangre encuentran a menudo que un buen desayuno es esencial. Los Kaphas con frecuencia tienen poco deseo de comer antes de las 10 a.m., y solo lo harán por acompañar a alguien más. Los Pittas varían, pero en general tienen que comer algo a media mañana para moderar su verocidad. Muchos de los platos que aquí destacamos son cereales integrales cocinados, ya que son los que más conectan a tierra y que con frecuencia olvidamos en nuestra cultura.

DOSAS TRADICIONALES

Tiempo de preparación: 30 minutos (más el tiempo de remojo) Porciones: 4

*– –Vata, + moderado Pitta, + Kapha**

1 taza de harina de *urud dal* (disponible en tiendas de la India)
1 taza de harina de arroz finamente molida (también disponible en tiendas de comida de la India)
½ cucharadita de sal marina o de roca
2 a 2½ tazas de agua

Son muy sencillas de hacer si sigue las instrucciones. Si no, podría tener en sus manos un bulto mojado. Dejando atrás las amenazas... mida las harinas y la sal en un tazón con tapa, un recipiente de vidrio funciona bien. Añada el agua hasta tener una masa con la consistencia de una masa de panqueque delgado. Cubra y deje reposar durante una noche a temperatura ambiente. Por la mañana, saque una sartén antiadherente (muy importante) y ponga una gota de aceite (menos de una cucharadita). Caliente la sartén y vierta 1/3 taza de la masa con una cuchara de sopa, hágalo extendiendo suavemente la masa desde el centro, en un movimiento en forma de espiral. Esto es necesario porque, a diferencia de la masa para panqueques, esta masa no se expandirá por sí sola. Es necesario que la distribuyan. Terminará con una *dosa* como de 15cm de diámetro, si todo sale bien. A medida que vaya mejorando la técnica, podrá comenzar a hacer *dosas* llamativos del tamaño de las que se encuentran en la India. Comience con algo lo suficientemente pequeño como para poder voltear fácilmente. La *dosa* formará burbujas en la parte superior y se tornará marrón por debajo. Puede darle la vuelta tal y como lo haría con cualquier panqueque. Dore el otro lado y sirva. También puede dejarlas calentando en el horno hasta que todas las *dosas* estén terminadas.

Comentario: Esto va muy bien con MASALA DE PATATAS (p. 305) o *dal.*

**Es bueno ocasionalmente para Pitta y Kapha.*

DOSAS # 2

Tiempo de preparación: 45 minutos (más tiempo de remojo) Rinde: 12

0 *Vata* 0 *Pitta*, 0 *Kapha**
+ *ligero Vata*, 0 *Pitta*, – *Kapha***
0 *Vata* 0 *Pitta*, + *ligero Kapha****

1 taza de harina de maíz
1 taza de harina de arroz finamente molido (si no tiene utilice una taza de harina de cebada o trigo integral)
½ cucharadita de sal marina o de roca
2½ a 3½ tazas de agua hirviendo

Mida los ingredientes secos y viértalos en un tazón de vidrio para mezclar. Hierva el agua y vierta sobre las harinas, revolviendo bien. Cubra y deje reposar toda la noche. Añada más agua en la mañana, de ser necesario, hasta que adquiera una consistencia delgada. Siga las instrucciones para hacer *dosas* que se indica arriba. La única diferencia con esta masa es que se cocina más lentamente. Asegúrese de cocinar y dejar que cada *dosa* se haga a fuego medio hasta que cocine bien y no esté pegajoso, durante 2 a 4 minutos.

Esto también va bien con MASALA DE PATATAS o *dal.* O puede ser sabrosamente servido acompañado de frutas, mermeladas endulzadas o rellenos de frutas.

** Con harina de maíz y arroz.*
*** Con harina de maíz y cebada. Vata puede contrarrestar este efecto con ghee y un relleno caliente o dulce.*
**** Con harina de maíz y trigo integral. Vata puede compensar esto con ghee y un relleno apropiado. Para Kapha es mejor usar una harina diferente.*

MASALA DE PATATAS

Tiempo de preparación: 30 a 40 minutos Porciones: 3-4
0 *Vata* 0 *Pitta*, 0 *Kapha*

2 papas rojas
1 chirivía mediana
½ manojos de hojas verdes
¼ cebolla finamente picada
2 cucharadas de aceite de girasol o *ghee*
¼ cucharadita de semillas de mostaza negra
⅛ cucharadita de *hing*
½ cucharadita de cúrcuma
2.5 cm de raíz de jengibre fresco pelado y picado
½ a 2/3 taza de agua
½ cucharadita de sal marina o sal de roca
½ cucharadita de cilantro en polvo

Corte las verduras y las patatas en cubo y la chirivía en trozos de 2.5 cms. Pique las hojas verdes en 2.5 cm y la cebolla finamente. Pele y corte finamente la raíz del jengibre.

Caliente el aceite o *ghee* en una sartén grande a fuego lento. Añada las semillas de mostaza y *hing*. Siga calentando hasta que las semillas de mostaza truenen con el calor. Agregue la cúrcuma y el jengibre fresco picado, a continuación, vierta las verduras. Agregue el agua, tape y cocine a fuego medio hasta que las patatas y chirivías estén tiernas, durante unos 15 minutos. Agregue la sal y el cilantro y sirva.

Comentario: Esto acompaña deliciosamente los *dosas* (p. 303-4) o hace un buen sustituto de hash browns al estilo Indio.

TORTAS DE COTTAGE

Tiempo de preparación: 45 minutos Rinde: 16 de 10 cm
– *Vata*, 0 *Pitta*, + *Kapha*

1¼ tazas de harina de avena
¼ taza de harina de cebada o tazas de 1½ de harina de trigo integral
½ cucharadita de sal marina
1 cucharadita de bicarbonato de sodio (3/4 de cucharadita para chefs en ciudades altas)

½ cucharadita de polvo para hornear
Una pizca de nuez moscada
1 a 2 huevos
1½ cucharadas de aceite de girasol
1 taza de queso cottage
½ taza de yogur natural
1 taza + 2 cucharadas de agua
2 cucharadas de jarabe de arroz integral o miel de maple
½ taza de arándanos dulces (opcional)

Mezcle todos los ingredientes secos, incluyendo la nuez moscada, en un tazón. Bata los huevos bien en la licuadora, a continuación, añada el resto de los ingredientes húmedos a los huevos en la licuadora y mézclelos bien. Vierta la mezcla líquida en la mezcla seca, revolviendo de manera suave y rápida. Incorpore los arándanos. Vierta la mezcla sobre una sartén o plancha caliente bien engrasada. Cocine a temperatura media-alta hasta que haga burbujas alrededor de los bordes de las tortas. Voltee y cocine hasta que estén doradas.

Comentarios: Desde hace años nuestra familia estaba adicta a las tortas de cottage que se sirven en *O.J. Sarah's Restaurant* aquí en Santa Fe. Así que decidimos crear nuestra propia versión casera. Estas funcionan con un huevo, pero los pasteles son más ligeros y más deliciosos con dos.

Una de las ventajas de esta receta es que ofrece una alternativa libre de trigo. Algunas personas encuentran que la harina de avena es más alergénica que la harina de trigo. Otros sienten un alivio bienvenido. Pruebe usted mismo. La variación de las harinas que utilice logra efectos diferentes. A *Vata* le va mejor con harina de avena o harina de trigo integral, mientras que los *Pitta*s se benefician más con la cualidad de enfriamiento de la cebada o del trigo. Si está sirviendo para *Kapha*, una predominante mezcla de cebada (ligera) con avena (caliente) equilibra mejor. Es mejor utilizar la menor cantidad de aceite para *Pitta* y *Kapha*. Una sartén antiadherente funciona bien ya que no utiliza casi nada de aceite.

PANQUEQUES DE TRIGO SARRACENO

Tiempo de preparación: 45 minutos — Rinde: 1 docena de 15cm
*–Vata, + Pitta, – Kapha**

1 taza de harina de trigo sarraceno (alforfón)
1 taza de salvado de avena
3/4 cucharadita de bicarbonato en polvo (½ cucharadita a gran altitud)

1 cucharadita de bicarbonato de sodio
½ cucharadita de sal marina
3 tazas de suero de leche (fresca)
1 huevo
2 cucharadas de aceite de girasol

Mezcle todos los ingredientes secos en un tazón. En otro tazón, bata los huevos y la mantequilla y el aceite. Agregue la mezcla líquida a la mezcla seca, revolviendo solo lo suficiente para mezclar. Unos pocos grumos están bien. Vierta en una plancha o sartén caliente y engrase de manera uniforme. Voltee cuando aparezcan burbujas en los bordes y la parte inferior sea de color marrón.

Comentarios: Sirva caliente con miel, miel de arce, salsa de arándanos dulces o compota de manzana. Es ligero y muy bueno.

** El calor de las harinas más la acidez del suero de leche lo hacen inaceptable para Pitta. Sustituya por la leche de soya o de vaca para que sea más refrescante para Pitta, aunque esto no ofrece el mismo sabor ligero.*

PANQUEQUES DE MAÍZ

Tiempo de preparación: 15 minutos — Rinde: 1 docena de 10 cm
*+Vata, + Pitta, – Kapha**

Siga la receta para PAN RÁPIDO SIN TRIGO (p. 161). Ponga suficiente aceite de girasol o *ghee* en una sartén grande para que los panqueques no se peguen o utilice una sartén antiadherente sin aceite. Caliente la sartén a temperatura mediana-alta y vierta con una cuchara la masa. Voltéelos cuando aparezcan burbujas a lo largo de los bordes y se vuelva de color marrón dorado por debajo.

Comentario: Esto va bien con alguna compota de fruta o miel.

** Neutral para Vata con ghee y edulcorante*

EL MAÍZ

Es uno de los cereales más venerados entre los indios americanos: el maíz es un grano ligero, seco y caliente con sabor dulce y astringente. Sus atributos lo hacen ideal para *Kapha* en todas sus formas. Desequilibra ligeramente a *Vata* y *Pitta* cuando se cocina al horno con líquidos para humedecerlo, como en el pan o el atole. Tostado o rostizado es moderadamente desequilibrante para ambos. El maíz dulce, al igual que la mazorca, tiene mucha más humedad y es un poco más frío que la harina de maíz seca, por lo que *Vata* y *Pitta lo pueden* manejar con más facilidad. Las palomitas de maíz o chips de maíz presentan un desafío mayor para el tracto digestivo de *Vata*. Se exacerban las cualidades ligeras y secas del grano, por lo que es más difícil para *Vata* de descomponer y absorber. El maíz se ha utilizado para calmar la vejiga irritable y como auxiliar en el tratamiento de cálculos renales.

CREPAS DEL SEÑOR GORDO

Tiempo de preparación: 30 minutos
Rinde 8 crepas de 20 cm

0 *Vata*, + *Pitta*, – *Kapha**
–*Vata*, + *Pitta*, + *Kapha***

5 huevos grandes
½ taza de harina de cebada
½ taza de leche (cabra, vaca o soya)
¼ cucharadita de sal marina

Bata bien todos los ingredientes en un batidor de huevos o en la licuadora. Vierta una taza de la mezcla en una sartén caliente, muy ligeramente engrasada (o antiadherente); esparza al inclinar la sartén. Cocine a fuego medio-alto hasta que la parte inferior se vuelva de color marrón, voltee.

Sirva con chutney de mango, dulce o picante, mermelada de jengibre o salsa de arándano dulce o con su mermelada favorita.

Comentarios: No es para aquellos que se abstienen de comer huevo. Son deliciosos y fáciles. Pueden hacerse con harina de trigo integral si lo desea. Fueron desarrollados por un notorio *Pitta* para su hermana y hermanos

Kaphas y *Vatas*.
* *Con leche de cabra o soya, usando una sartén anti-adherente*
** *Con leche de vaca y sartén engrasada*

Variación: CREPAS PARA *PITTA*: Esto es un poco fuera de lo común, pero funciona: 0 *Vata*, *–Pitta*, *–Kapha*

8 claras de huevo
½ taza de harina de cebada
½ taza de leche (cabra, vaca o soya)
¼ cucharadita de sal marina

Siga las instrucciones anteriores. Si utiliza una sartén antiadherente, este es un plato excelente bajo en colesterol.

LOS HUEVOS

La gran chef Julia Child ha descrito al huevo como un alimento "perfecto, prístino, primitivo" y los científicos de alimentos en Occidente están de acuerdo; considerándolo, quizá, como la fuente de proteínas mejor equilibrada que un ser humano puede comer. En la India, los huevos no se comen tan ampliamente como en Occidente, en parte, porque el consumir un huevo toma una vida. El huevo también ha caído en una mala reputación en Occidente debido a que se ha convertido en casi sinónimo de la palabra prohibida "colesterol". Desde una perspectiva ayurvédica, los huevos son calientes, pesados y aceitosos, haciéndolos algo difícil de digerir. Este efecto de calentamiento es constante e independiente de si están cocidos o fríos. En otras palabras, un huevo duro calentará el cuerpo y agregará masa. Este efecto se debe, casi en su totalidad, a la yema del huevo; las claras de huevo en realidad son muy diferentes: son frescas, secas y ligeras. Esto las hace una fuente útil de proteínas para Pittas y Kaphas. Durante un tiempo, hubo un alboroto acerca de que las claras de huevo crudas crean una deficiencia de biotina. De hecho, la proteína en la clara de huevo cruda, avidina, puede unirse a la vitamina B (biotina) haciéndola no disponible. No obstante, uno tendría que comer 2 docenas de claras

de huevo o más por día para crear este efecto. Mientras que es mejor que los niños menores de 12 meses de edad no coman claras de huevo (puede desencadenar una sensibilidad a las proteínas del huevo), es un alimento ligero y sin colesterol para personas mayores de un año.

Los huevos calman a Vata cuando se cocinan de forma adecuada. Esto incluye los huevos en natillas, flanes, soufflés y productos horneados. A la mayoría de Vatas les caen bien los huevos revueltos o tibios. Pero muchas menos personas digieren bien los huevos duros o fritos, que son las formas más difíciles de consumir un huevo. La condimentación de estos, como en ENSALADA DE HUEVOS ENDIABLADOS (p. 233) los hace más manejables para los Vatas. A los Kaphas les va mejor si comen un huevo ocasionalmente en los alimentos, tales como magdalenas o soufflés, aproximadamente uno a tres huevos por semana, evitando los fritos y crudos. Para Pitta, se recomienda solo comer la clara de huevo. Al principio esto puede parecer un poco limitado, y de hecho, en realidad, lo es. Sin embargo, se pueden sustituir dos claras de huevo por uno entero en la mayoría de las recetas. Una amplia variedad de formas en el uso de la clara se ofrecen aquí, con pan francés y en ensaladas de huevo, entre otros. Otra opción para Pitta es revolver un huevo con una generosa cantidad de TOFU REVUELTO (véase p. 311).

En los últimos años los nutriólogos han cuestionado si los huevos elevan o no el colesterol. Como en la mayoría de las cosas, parece estar más relacionado con el estado del cuerpo individual, en lugar de la comida por sí sola. Algunas personas parecen ser capaces de comer uno o dos huevos al día con casi ningún cambio en sus niveles de colesterol, mientras que para otros, esta práctica hace que las grasas en sangre se eleven. Puede tener una buena razón con el estado del hígado de los individuos y el equilibrio de los minerales de traza. Un hígado perezoso, con una deficiencia de cromo, eleva el colesterol en sangre con relativa facilidad. Una respuesta hepática saludable con adecuados minerales y vitaminas B generalmente mantiene los niveles de colesterol en un estado apropiado.

TOSTADA FRANCESA

Para *Vata*: Proceda a hacerlo como lo haría en cualquier receta de pan francés, batiendo un par de huevos enteros y añadiendo una cucharada de leche o dos. Remoje el pan y prepare como de costumbre.

Para *Pitta*: Separe las claras de huevo, guardando la yema para otras constituciones o animales amistosos de la familia. Usa una clara de huevo por cada pan tostado, mezclando ligeramente con un tenedor. Puede agregar una pizca de sal si lo desea. Nos gusta utilizar un pan saludable y sabroso como de canela o nuez o de naranja-dátil-nuez, cualquiera que vaya bien con *Pitta* puede utilizarse. Remoje el pan en las claras de huevo y cocine como de costumbre en una sartén ligeramente engrasada. También calma *Vata*.

Para *Kapha*: Si usted puede encontrar un pan de solo centeno o mijo, tiene mucha suerte. Puede remojar los panes en un huevo entero revuelto o claras de huevo batido (como en el anterior para *Pitta*, bajo en grasa.) Cocine sin aceite en una sartén anti-adherente. Es delicioso con un poco de miel y puré de manzana.

HUEVOS CHUPADERO

Tiempo de preparación: 1 hora — Porciones: 6

*–Vata, + Pitta, – Kapha**

6 huevos

Haga la receta de TORTA DE PAPAS AL CURRY CON ZANAHORIA (p. 109). Al comenzar a dorarse, coloque los huevos encima de cada hamburguesa (habrán hamburguesas extra para otra comida).

Comentarios: Esto va bien con el CHAI CALMANTE DE MATAJI (p. 292) y hace un gran desayuno dominical o un plato de acompañamiento.

TOFU REVUELTO

Tiempo de preparación: 5 a 10 minutos — Porciones: 2

*–Vata, – Pitta, – Kapha**

225 g (½ paquete) de tofu
1 cucharada de *ghee* o mantequilla
¼ cucharadita de semillas de mostaza
¼ cucharadita de cúrcuma
⅛ cucharada de *hing*

¼ cucharadita de sal marina
¼ cucharadita de pimienta negra
⅛ cucharadita de comino molido

Caliente el *ghee* o la mantequilla en una sartén grande. Añada las semillas de mostaza hasta que empiecen a saltar. Agregue el tofu, colocando el cubo completo en la sartén y luego aplastándolo con un tenedor. Añada el resto de los ingredientes, revolviendo bien. Cocine en fuego medio por 3 a 5 minutos.

Comentarios: Una receta favorita para ambos autores, esto va bien con tostadas, tortillas o *chapatis*. Este desayuno rápido puede incluir cebollas salteadas y pimientos si tiene unos 5 minutos adicionales para la preparación. Esta modificación es agradable para equilibrar a *Vata* y *Kapha*, pero no a *Pitta*.

* *Considerando que la persona Vata no sea sensible al tofu.*

AVENA CON ESPECIAS

Tiempo de preparación: 15 minutos o menos — Porciones: 2
–*Vata*, – *Pitta*, + moderado *Kapha*

2/3 taza de avena seca, regular o instantánea
2 tazas de agua
½ cucharadita de sal
¼ taza de uvas pasas
1 vaina de cardamomo (alrededor de 3 a 4 semillas)
¼ cucharadita de canela
⅛ cucharadita de jengibre

Coloque la avena, las uvas pasas, la sal y el agua en una cacerola pequeña y lleve a ebullición. Reduzca el fuego a temperatura baja y agregue el resto de los ingredientes, rompiendo la vaina de cardamomo para poner las semillas enteras en el cereal. Tape y cocine a fuego lento hasta que esté hecho, de 2 a 10 minutos, dependiendo del tipo de avena utilizada.

Comentarios: Puede ser servido con *ghee*, miel de arce o coco. Una buena comida que calienta en una mañana fría de invierno.

LA AVENA

La avena es dulce, caliente, pesada y húmeda, con un toque de astringencia. Cocinada en agua, equilibra a Vata y Pitta. La avena se debe aligerar con el fin de que se vuelva apropiada para Kapha, tostarla logra esto. En este caso, lo que es útil para Kapha no lo es para Vata. La ligereza de la granola, un plato de avena tostada, con mucha frecuencia produce gas o hinchazón en Vata, a menos de que esté muy empapada en leche. Es excelente para Kapha. Vea GRANOLA CRUJIENTE (p. 315).

ARROZ PARA EL DESAYUNO

Tiempo de preparación: 8 minutos — Porciones: 2

*–Vata, – Pitta, 0 Kapha**

1 taza de arroz *basmati* cocido
1 taza de leche (vaca, cabra o soya)
¼ taza de uvas pasas
¼ a ½ cucharadita de canela (la menor cantidad para *Pitta*, la mayor para *Vata* y *Kapha*)

Ponga todos los ingredientes en una cacerola pequeña y mezcle bien. Cocine a fuego medio hasta que esté caliente, unos 5 minutos.

Comentarios: Es bueno con *ghee* y miel o miel de arce. Las SEMILLAS DE GIRASOL TOSTADAS (p. 253) o el coco hacen una guarnición agradable.

Variación: Utilice ⅛ cucharadita de canela en polvo y 1½ cucharadita de semillas de cilantro en polvo. Muy frío: *–Vata, – – Pitta,* 0 *Kapha*

* *Kapha debe utilizar leche de cabra o soya para que este plato sea equilibrado.*

AMARANTO CALIENTE

Tiempo de preparación: 30 minutos Porciones: 2
*–Vata, + ligero Pitta, – Kapha**

1 taza de amaranto en seco
2 ½ taza de agua
⅛ a ¼ taza de pasas
Guarnición: coco rallado

Ponga el agua a hervir en una olla pequeña y pesada; revuelva dentro de esta el amaranto y las pasas. Reduzca el fuego a bajo y tápelo. Cocine hasta que el cereal se vuelva suave y espeso, como en unos 25 minutos, revolviendo ocasionalmente. Sírvalo.

Comentarios: El amaranto energiza siendo dulce, caliente y rico en proteínas. Es un gran comienzo para una mañana fresca. Puede guardarse bien en el refrigerador para volverse a calentarse al día siguiente.
** Con coco balancea este plato con un efecto neutral para Pitta.*

EL AMARANTO Y LA QUÍNOA

El amaranto y la quínoa son cereales que están empezando a verse en los mercados. El alto contenido en proteínas los hace calientes por naturaleza. El amaranto es áspero y, no obstante, es casi gelatinoso en su naturaleza. Purifica la sangre, ayuda a curar las hemorroides y puede ser un diurético suave. Es utilizado ampliamente por las tribus en las montañas de la India y los pueblos en las montañas de América del Sur. La quínoa combina bien con otros cereales y es caliente y seca.

GRANOLA CRUJIENTE

Tiempo de preparación: 10 a 15 minutos Porciones: 2
+ *Vata*, + *Pitta*, – *Kapha**

4 tazas de avena en hojuelas
1 taza de salvado de avena
1 taza de semillas de girasol crudas (muela la mitad si quiere que sea más fácil su asimilación)
½ taza de semillas de calabaza (opcional)
1 a 1 ½ tazas de pasas
½ taza de manzana o albaricoque secos picados (opcionales, sabrosos)
3 cucharadas de aceite de girasol
¼ taza de concentrado de manzana (disponible en tiendas naturistas)
2 cucharadas de canela
½ a 1 cucharadita de jengibre seco
¼ cucharadita de clavo de olor molido

Precaliente el horno a 163 °C. Mezcle los ingredientes secos, generalmente lo hago en un una taza para medición para ahorrar tiempo y lavar menos. Combine aparte el concentrado de manzana y el aceite en un tazón grande y bata. Mezcle las especias, y a continuación, agregue los ingredientes secos, hasta que la avena este recubierta. Con una cuchara, vierta la mezcla en uno o dos recipientes para hornear delgados sin engrasar. Hornee hasta que estén dorados, unos 30 minutos. Enfríe hasta que esté crujiente.

Comentarios: La fruta seca adicional es sabrosa, si el fuego digestivo es bueno. De lo contrario, esta adición podría ser problemática. Esta granola está específicamente diseñada para calmar a *Kapha*. Es probable que parezcan un poco mundanas en comparación con las glamorosas granolas comerciales que se encuentran cargadas de dulce y grasa. No obstante, esta receta calma a *Kapha* mucho más.

* *Neutral para Pitta si remoja la granola en leche caliente y añade edulcorante adicional antes de servir.*

Variación para *Pitta*: Siga la receta para *Kapha*, y sustituya la avena por trigo o hojuelas de cebada (disponible en muchas tiendas de alimentos naturales). La avena, siendo caliente, se vuelve mucho más caliente luego de tostarse. El trigo y la cebada son más de fríos en su acción, por lo que son más apropiados para *Pitta*. Se puede dejar la taza de salvado de avena o puede sustituirse por salvado de trigo. Omita el jengibre seco y el clavo y haga la receta tal como está. El edulcorante puede ser aumentado si lo desea. Las hojuelas de cebada también pueden ser utilizadas para *Kapha*.

CEREAL PARA EL DÍA DESPUÉS

Tiempo de preparación: 10 a 15 minutos Porciones: 2
+ *Vata*, + *Pitta*, – – *Kapha***

2/3 taza de harina de maíz seco
⅛ cucharadita de *hing*
½ cucharadita de semillas de comino entero
¼ cucharadita de pimienta negra recién molida
¼ cucharadita de jengibre seco en polvo
1 cucharadita de cúrcuma
½ cucharadita de sal marina
1 cucharadita de cilantro en polvo
2 tazas de agua caliente
2 cucharaditas de aceite de girasol
2 cucharaditas de *ghee*
2 cucharaditas de miel

Caliente una sartén pesada y grande a fuego lento durante 1 a 2 minutos. Coloque la harina de maíz y tuéstela durante 5 minutos, revolviendo ocasionalmente. A medida que esto ocurre, agregue todas las especias excepto el cilantro. Añada el aceite y el *ghee*, revolviendo bien, y luego el cilantro. Agregue lentamente el agua caliente y revuelva para evitar que se creen grumos. Mezcle la miel justo antes de servir.

Comentarios: Esta pócima para la mañana fue descrita originalmente por Charak como una manera de reducir los efectos de los pecados, especialmente por comer en exceso y abusar de la bebida, y como prevención de enfermedades que resultan de lo anterior, como diabetes, enfermedades del corazón, parásitos y las hemorroides.

También es una excelente manera de mejorar el *agni* y estimular la memoria y el intelecto. ¡Su sabor es mucho mejor de lo que imaginábamos cuando la leímos por primera vez! Si se ha enfrentado con éxito a esta combinación y desea ser fiel a la receta original, reduzca el agua a 2/3 de taza y añada una pizca de trikatu, triphala y rábano picante.

** Con ghee adicional es neutral para Vata*

LA CARNE, EL VINO Y EL TABACO

El alcohol, el tabaco, la carne roja y otros elementos no fueron considerados inherentemente malos o insalubres por los antiguos sabios. Se les consideraba tamásicos. Ayurveda ha sido una forma de curación predominantemente vegetariana durante siglos, debido a las prácticas religiosas y las perspectivas de la gran mayoría de sus practicantes hinduistas. Sin embargo, en un inicio, no fue diseñada estrictamente para vegetarianos. La carne fresca de animales jóvenes, aves y peces se consideró nutritiva, cuando los animales se encontraban en su entorno natural y eran matados por medios no-tóxicos, tales como flechas. No obstante, es muy poco probable que los grandes sabios recomendaran la mayoría de la carne, pescado y aves que se producen hoy en día, bajo condiciones artificiales y sin consideraciones por el animal o la violencia que se utiliza para matarlos. Los métodos no-violentos de la vida en el mundo fueron considerados como los factores más importantes en la promoción de la longevidad y la abundancia de ojas, más importante que cualquier alimento o hierba. El regreso de esta antigua sabiduría es decisivo en este momento, para la longevidad de todos los seres en el planeta.

Si usted no es vegetariano, añadir pavo, pollo o pescado en estas recetas las calentará. También las hace un poco más pesadas, por lo que debe ajustar los condimentos para avivar el fuego digestivo.

El vino era utilizado en la práctica antigua para disipar la fatiga y mejorar la digestión. Hay descripciones detalladas de las preparaciones curativas con alcohol incluidas en los textos clásicos. Draksha es, quizá, el ejemplo más conocido de un vino a base de hierbas para la estimulación digestiva. Una variedad de recetas para los vinos a base de hierbas se dan en el excelente libro Ayurvedic Healing de Frawley. Fumar se utilizó también con fines medicinales, con una discusión detallada de cómo, cuándo y qué se debe fumar. La moderación y adecuación fue considerada en cada uno de estos casos. Se reconoce que el alcohol perturba a Pitta cuando se usa en exceso, sobre todo durante el verano. Se conocía que fumar marihuana sacaba de equilibrio a Pitta y el sistema digestivo y podía causar melancolía e impotencia. El tabaco podría desequilibrar a Vata y con frecuencia esto ocurría.

Al igual que otras sustancias, se recomienda que si va a utilizar estos productos, los utilice con respeto y conciencia.

Apéndice I

LAS PREGUNTAS Y RESPUESTAS MÁS FRECUENTES

P. ¿Qué piensa acerca de comer por fuera?

R. ¡Es raro no hacerlo en estos días! Es necesario considerar tanto lo que se sirve cómo la forma en que se prepara. Un chef que prepara los alimentos con abertura, claridad, limpieza y conciencia puede mitigar muchas de las cualidades menos positivas propias de la comida. Además, las personas *Vata* que coman en un lugar de comida rápida probablemente no estarán terriblemente afectados por el exceso de sal y grasa que ofrecen este tipo de negocios. Pero podrían verse perturbados energéticamente por el apretujón, el trajín, el bullicio y la falta de conciencia que presentan la mayoría de estos lugares.

Uno debe seguir los mismos principios básicos. *Vata* busca una conexión a tierra, *Pitta* busca estar refrescado y *Kapha* busca la ligereza. Si puede conseguir esto en un restaurante, eso es estupendo. Pero esperar que un restaurante ofrezca la misma comida hecha a la medida que usted puede recibir en casa probablemente es poco realista. Los textos antiguos reconocían esto, y de hecho recomendaban abstenerse de comer fuera. Es una elección personal. (Para obtener más especificaciones, consulte el capítulo sobre la constitución, p. 10).

P. ¿Qué hay de las sobras de comida?

R. Idealmente, todos los alimentos deben ser preparados con ingredientes frescos y deben comerse el mismo día. Esto tiene un efecto máximo de sanación para el cuerpo. Nuevamente, siendo realistas, a menudo en estos días puede que no haya tiempo para preparar una comida fresca desde cero. En mi opinión, es preferible comer las sobras de una cena saludable de la noche anterior, a saltarse una comida (para *Pitta*, por ejemplo), o comer una comida rápida por fuera (para cualquiera de los *doshas*).

Con los años, he empezado también a poner más alimentos en conserva en casa cuando tengo que conservar mi comida. Parece tener un mejor efecto que la congelación, especialmente para los *Vata* y los *Kapha*.

P. ¿Qué piensa acerca de los suplementos nutricionales?

R. A muchas personas les da náuseas si toman suplementos con el estómago vacío. Otras personas tienen dificultades para manejar la carga concentrada que reciben algunos órganos como los riñones. Hay que trabajar de acuerdo a la situación individual, equilibrando las necesidades nutricionales con la capacidad digestiva. Como nutricionista, todavía los uso en mi práctica.

Recomiendo los suplementos con frecuencia porque veo un sorprendente número de deficiencias de minerales y oligoelementos debido a la naturaleza empobrecida de la agricultura occidental en la actualidad. Estos solo son útiles si uno los puede digerir. Primero, se necesita fortalecer la digestión y limpiar el *ama* y solo entonces se puede considerar un alimento que tonifica el cuerpo. Muchas personas que buscan ayuda por problemas de salud carecen de un sistema limpio con poder digestivo fuerte. Por lo general, se necesitan menos suplementos en un sistema limpio y fuerte. A veces he atendido a personas tan desgastadas que necesitan tomar algunos suplementos de inmediato para darles la confianza necesaria para seguir adelante. Pero es mejor no superponer suplementos sobre desechos, ya que esto hunde más los desechos.

Se debe considerar cuál es la constitución con la que se está trabajando al comprar suplementos. Una persona *Vata* con mala digestión tratando de proteger sus huesos con un montón de tabletas de calcio secas probablemente no va a tener éxito. A la mayoría de los *Vata* les iría mucho mejor con preparaciones a base de líquidos y aceite, en vez de comprimidos secos. Los *Pitta* pueden soportar líquidos, polvos y comprimidos muy bien si su digestión es buena. En caso de que no lo sea, los líquidos y fluidos en cápsulas de gelatina funcionan mejor (puede pinchar la cápsula con un alfiler para sacar el contenido, si no quiere consumir la gelatina de origen animal). Los *Kapha* a menudo pueden soportar bien los suplementos en forma de polvos y líquidos. Por ejemplo, la vitamina E a base de aceite sería mejor para los *Vata* mientras que los *Kapha* deberían tratar de encontrarla en forma seca. Los *Kapha* con digestión fuerte generalmente manejan bien las tabletas y las cápsulas (para aquellos que estén interesados, hay más información sobre suplementos nutricionales en el Apéndice III).

Hablando acerca de los huesos, la preocupación acerca de la osteoporosis está muy extendida. No obstante, varios estudios han indicado que el balance de la proporción entre el calcio y el fósforo es tan importante (o incluso más importante) que simplemente obtener suficiente calcio como mineral individual. En nuestra cultura, donde se consume una gran cantidad de carne, nuestra proporción de calcio y fósforo es de 1:4. Para huesos sanos, se necesita una proporción más cercana a 1:1. Una forma de lograrlo es intentar consumir muchos suplementos de calcio. Pero otra forma es cambiar la proporción de alimentos que se está comiendo. Por ejemplo, los Adventistas del Séptimo Día, vegetarianos por práctica, tienden a tener tasas muy inferiores de osteoporosis al promedio. Ellos no comen carne rica en fósforo. Las grandes cantidades de fósforo en la carne, el pollo y la mayoría del pescado pueden alterar el equilibrio del calcio. Los productos lácteos, las verduras de hojas verdes y el pescado (el salmón y las sardinas en particular) tienen un mejor equilibrio de calcio y fósforo. El magnesio y el potasio son también importantes para la retención del calcio en los huesos. Estos se encuentran principalmente en frutas, verduras y granos. Una dieta vegetariana sana y rica en calcio es un primer paso importante en la prevención de la osteoporosis. Eso, y asegurarnos de estar absorbiendo los minerales, ya sea de alimentos o suplementos, a través de una buena digestión.

P. ¿Y qué piensa acerca del ayuno?

R. Depende de su constitución, la estación, el clima y su condición particular. Una persona *Kapha* probablemente podría hacer un ayuno de jugo durante siete días en un lugar húmedo y caliente en el otoño. En cambio, el mismo ayuno hecho por una persona *Vata* en un lugar muy frío en la misma época del año sería probablemente desastroso.

Los ayunos se pueden crear utilizando los mismos alimentos que naturalmente equilibran nuestra constitución. Pero se llevan a cabo de manera ideal cuando se hacen bajo la supervisión de un profesional de salud con experiencia, utilizando los conceptos ayurvédicos. Existen procesos de limpieza secundarios que se pueden hacer, como la sudoración, el masaje o la respiración, los cuales son críticos para el éxito de este tipo de programas.

P. ¿Podría extenderse un poco más en la explicación sobre la combinación de alimentos desde la perspectiva ayurvédica?

R. Sí. *Viruddhashana* significa combinaciones de alimentos prohibidas. Básicamente, cualquier dieta o terapia que desestabilice a *Vata*, *Pitta* o *Kapha* sin liberarlos del cuerpo se considera insalubre. Lo que es apropiado puede variar mucho de persona a persona.

Algunas cosas básicas que deben evitarse son:

1) Ingerir un exceso de comidas pesadas en una comida, especialmente si el *agni* está bajo. Por ejemplo, comer banano y aguacate juntos.

2) Tomar dos alimentos juntos cuyas acciones son muy contradictorias. Por ejemplo, se debe evitar la leche (la cual enfría) el pescado (el cual calienta), a pesar de que ambos tienen un sabor dulce.

3) La combinación de alimentos agrios con leche. Ejemplo: el jugo de naranja con leche.

4) Comer alimentos que enfrían después de comer *ghee.*

5) Comer alimentos que calientan después de comer cerdo.

6) Comer alimentos que perturban *Vata* después del agotamiento, el ejercicio o las relaciones sexuales.

7) Comer alimentos que perturban a *Kapha* después de dormir o experimentar somnolencia.

8) Ingerir cantidades iguales de miel y *ghee* al mismo tiempo.

P. ¿Qué son los alimentos *sáttvicos*, *rajásicos* y *tamásicos*?

R. Los alimentos *sáttvicos* son los que purifican el cuerpo y calman la mente. Son alimentos frescos. La leche pura, el *ghee* y los espárragos son algunos ejemplos. Los alimentos *rajásicos* estimulan el cuerpo y la mente a la acción. El café, el ajo, la cebolla, los pimientos y las especias picantes cabrían en esta categoria. Los alimentos *tamásicos* son los que opacan la mente e inclinan el cuerpo hacia la inercia o la enfermedad. Los alimentos podridos, los químicos, los alimentos fritos, las carnes, los quesos y dulces pesados se encuentran entre estos. El alcohol puede ser a la vez *rajásico* y *tamásico* para algunas personas, ya que primero los estimula a la actividad o la irascibilidad y luego la sedación (o incluso el estupor).

P. ¿Puede recomendar una técnica de limpieza simple?

A. El aceite de ricino, un aceite como medicamento y no de cocina, tiene muchos usos terapéuticos. Es una manera excelente de quitar el *ama* del tracto digestivo (tomando de ½ a 1 cucharadita) antes de acostarse, con un té medicinal como el de jengibre.

P. Mi familia y amigos piensan que estoy loco al pensar que los alimentos pueden hacer una diferencia en mi salud. Es decir, quizás sean útiles para mantener el colesterol bajo y todo eso, pero ¿llegar a no comer papas?

A. Confía en usted mismo y siga trabajando a conciencia. Trate de convencer alguien sobre lo que está haciendo solo le quita energía valiosa que podría poner en otra parte. Si el programa de Ayurveda funciona para usted, será obvio para ellos a largo plazo. Entonces usted podrá tener una audiencia receptiva con interés en lugar de resistencia. Forzar algo en ellos es probablemente contraproducente.

Apéndice II

GUÍA DE COMIDAS PARA LOS TIPOS CONSTITUCIONALES BÁSICOS

NOTA: Las pautas de este cuadro son de carácter general. Puede que se deban hacer ajustes específicos para las necesidades individuales, por ejemplo, alergias a los alimentos, fuerza del agni, la estación del año y el grado de predominio o agravación de un dosha. Las pautas se basan en el libro del Dr. Vasant Lad, Ayurveda: La ciencia de curarse a uno mismo (Lotus Press, 1984).

▲ *Perturba el dosha* ▼ *Equilibra el dosha* 　 * *Estas comidas están bien con moderación* 　 Ŧ *Estas comidas están bien ocasionalmente*

	VATA		PITTA		KAPHA	
	NO ▲	**SÍ ▼**	**NO ▲**	**SÍ ▼**	**NO ▲**	**SÍ ▼**
FRUTAS	Frutas secas	Frutas dulces	Frutas ácidas	Frutas dulces	Frutas dulces y ácidas	Manzanas
	Manzanas	Albaricoque	Manzana (ácida)	Manzana (dulce)	Aguacate	Albaricoque
	Arándano agrio	Aguacate	Albaricoque (ácido)	Albaricoque (dulce)	Banano	Bayas
	Peras	Banano	Baya (ácido)	Aguacate	Dátiles	Cerezas
	Caqui	Todas las bayas	Banano	Baya (dulces)	Higos (frescos)	Arándano agrio
	Granada	Cerezas	Cereza (ácido)	Coco	Toronja	Higos (secos)
	Ciruelas pasas	Coco	Arándano agrio	Dátiles	Uvas*	Mango
	Membrillo	Dátiles	Toronja	Uvas (dulces)	Kiwi*	Durazno
	Sandía	Higos (frescos)	Uvas (verdes)	Mango	Limón	Pera
		Toronja	Kiwi Ŧ	Melón	Lima	Caqui
	NOTA: las frutas	Uvas	Limón	Naranja (dulce)	Melón	Granada
	y jugos son mejores	Kiwi	Limas (en exceso)	Peras	Naranja	Ciruela pasa
	si se consumen	Limón/lima	Naranja (ácida)	Piña (dulce)	Papaya	Membrillo
	solos *(todos los*	Mango	Papaya	Ciruela (dulce)	Piña	Uvas pasas
	doshas)	Melón (dulce)	Durazno	Granada roja	Ciruelas	Fresas*
		Naranjas	Piña (ácida)	Ciruela pasa	Ruibarbo	
		Papaya	Caqui	Quince (dulce)	Guanábana	
		Duraznos	Ruibarbo	Uvas pasas	Sandía	
		Piña	Guanábana	Sandía		
		Ciruelas	Fresas			
		Uvas pasas remojadas				
		Ruibarbo				
		Guanábana				
		Fresas				

	VATA		PITTA		KAPHA	
	NO ▲	SÍ ▼	NO ▲	SÍ ▼	NO ▲	SÍ ▼
VEGETALES	Vegetales congelados, secos o crudos	Vegetales cocinados	Vegetales picantes	Vegetales amargos y dulces	Vegetales dulces y jugosos	Vegetales crudos, picantes y amargos
	Hojas de remolacha	Bellota	Remolacha	Bellota	Calabacín	Espárrago
	Brócoli	Alcachofa	Hojas de remolacha	Alcachofa	Alcachofa	Remolacha (y hoja)
	Coles de Bruselas	Espárrago	Zanahoria Ŧ	Espárrago	Pepino cohombro	Pimentón
	Raíz de bardana	Remolacha	Rábano japonésŦ	Pimentón	Olivas (negras y verdes)	Brócoli
	Col/repollo	Auyama	Berenjena Ŧ	Brócoli	Nabo Ŧ	Coles de Bruselas
	Coliflor	Zanahoria	Hojas de fenogreco	Germinados de Bruselas	Papas (dulces)	Raíz de bardana
	Apio	Pepino cohombro	Ajo	Raíz de bardana	Calabaza	Col/repollo
	Maíz fresco Ŧ	Rábano	Rábano picante	Calabaza	Colinabo	Brócoli
	Berenjena	Hojas de fenogreco*	Olivas (verdes)	Col/repollo	Calabaza tipo espagueti	Zanahoria
	Topinambur*	Habichuelas (bien cocinadas)	Colinabo	Maíz fresco	Tomates	Coliflor
	Jícama*	Rábano picante Ŧ	Puerro (cocinado) Ŧ	Coliflor	Calabacín de invierno*	Apio
	Colinabo*	Puerro (cocinado)	Hojas de mostaza	Pepino cohombro	Calabacín zucchini	Maíz fresco
	Hojas verdes*	Hojas de mostaza	Cebolla (cruda)	Apio		Rábano (y el picante)
	Lechuga*	Ocra (cocinado)	Chiles	Habichuelas		Berenjena
	Champiñones	Olivas (negras y verdes)	Calabaza Ŧ	Topinambur		Hojas de fenogreco
	Cebolla (cruda)	Cebolla (cocinada)	Rábano	Jicama		Ajo
	Perejil *	Chirivía	Espinaca Ŧ	Hojas verdes (acelga, diente de león)		Habichuelas
	Alverja/chícharo	Papa (dulce)	Tomates	Lechuga		Rábano picante
	Pimiento	Calabaza	Nabo	Champiñones		Topinambur
	Papas (blancas)	Rábano	Hojas de nabo	Ocra		Jícama
	Calabaza tipo espagueti	Nabo sueco		Olivas (negras)*		Colinabo
	Espinaca*	Calabacín de verano		Perejil		Hojas verdes
	Germinados*	Berro		Nabo		Puerro
	Tomates	Calabacín de invierno		Alverja/chícharo		Lechuga
	Nabos	Calabacín		Pimiento morrón		Champiñón
	Hojas de nabos*	Calabacín zucchini		Papas (dulces)		Ocra
				Papas (blancas)		Cebolla
				Nabo		Perejil
						Alverja
						Pimentón

				Calabacín Germinados Calabacín de verano, invierno, zucchini Berro*		Papas (dulce) Espinaca Germinados Calabacín de verano Chirivías Berro
CEREALES	CebadaŦ Trigo sarraceno Maíz Mijo Avena (seca) Granola Salvado de avena Arroz soplado Ŧ Quínoa Centeno Salvado de trigo (en exceso)	Amaranto* Avena (cocida) Todo el arroz (incluyendo el integral) Trigo Arroz salvaje	AmarantoŦ Trigo sarraceno Maíz Mijo Avena (seca) Salvado de avena Quínoa Arroz integral Ŧ Centeno	Cebada Avena (cocida) Arroz (*basmati*) Arroz soplado Arroz (blanco) Trigo Salvado de trigo Granola de trigo	Avena (cocida) Arroz (integral) Arroz (blanco) Trigo	Amaranto* Cebada Trigo sarraceno Maíz, mijo Granola (baja en grasa) Avena (seca) y salvado Quínoa Arroz (*basmati,* con clavo y pimienta) Arroz (soplado) Centeno Salvado de trigoŦ
PRODUCTOS CÁRNICOS	Cordero Cerdo Conejo Venado	ResŦ Pollo o pavo (carne blanca) Pato y sus huevos Huevos Pescado de agua dulce Mariscos y camarones	Res Yema de huevo Pato Cerdo Mariscos Venado	Pollo o pavo (carne blanca) Clara de huevo Pescado de agua dulce* Conejo Camarón *	Res Pato Pescado de agua dulceŦ Cordero Cerdo Mariscos	Pollo o pavo (carne oscura) Huevos (no fritos o revueltos con grasa) Conejo
LEGUMBRES Y GRANOS	Frijol negro Frijol cabeza negra Chana dal Garbanzos Kala Chana* Frijol rojo Frijol pinto Lenteja común	Frijol aduki* Lenteja negra* Frijol mungo* Lenteja roja* Queso de soya/soja* Leche de soya* Frijol teperi Tofu	Lenteja negra Lenteja roja *Tur dal*	Frijol aduki Frijol negro Frijol cabeza negra Chana Dal Garbanzos Kala Chana Frijol rojo Frijol pinto	Lenteja negra Frijol mungo Frijol rojo Lenteja común Frijol de soya Leche de soya fría Queso de soya Harina de soya	Frijol aduki Frijol negro Frijol cabeza negra Chana Dal Garbanzos Kala Chana Habas Frijol pinto

	VATA		PITTA		KAPHA	
	NO ▲	**SÍ ▼**	**NO ▲**	**SÍ ▼**	**NO ▲**	**SÍ ▼**
	Habas Frijol de soya Harina de soya Alverja/chícharo Tempeh Frijol blanco	*Tur dal*		Lenteja común Habas Frijol mungo Frijol de soya Queso o leche de soya Harina de soya* Alverja/chícharo Tofu, Tempeh Frijol teperi Frijol blanco Coco	Tempeh Tofu (frío)	Lenteja roja Leche de soya (caliente) Alverja Tofu (caliente)* Tur dal Frijol blanco
NUECES		Almendras* Nuez de nogal (negra)* Nuez del Brasil* Marañón* Coco Nuez de nogal/Castilla Avellana Macadamia Maní₮ Pecanas Piñones Pistachos	Almendras Nuez de nogal (negra) Nuez del Brasil Marañón Nuez de nogal/Castilla Avellana Macadamia Pecanas Piñones Pistachos		Almendras Nuez de nogal (negra) Nuez del Brasil Marañón Coco Nuez de nogal (inglesa) Avellana Macadamia Maní Pecanas Piñones Pistachos	
SEMILLAS	Psyllium₮	Chía Linaza Calabaza Girasol	Chía Linaza Ajonjolí/sésamo	Psyllium Calabaza* Girasol	Psyllium Ajonjolí/sésamo	Chía Linaza* Calabaza* Girasol*
ENDULZANTES	Azúcar blanca	Jarabe de malta de cebada Jarabe de arroz integral Fructosa La mayoría de las frutas	Miel* Azúcar de palmera Melaza	Jarabe de malta de cebada Jarabe de arroz integral Jarabe de arce Jugos de frutas concentrados	Miel cruda Jugos de frutas concentrados en especial manzana/pera	

		Jugos de frutas concentrados Miel o melaza Azúcar de palmera Sucanat/panela Jugo de caña de azúcar		Fructosa Sucanat* Jugo de caña de azúcar Azúcar blanca		
CONDIMENTOS	Chile* Jengibre (seco)* Salsa de tomate Cebolla (cruda) Germinados	Pimienta negra* Ajonjolí/sésamo negro Coco Hojas de cilantro* Queso cottage Rábano (picante) Dulse Ajo *Ghee* Jengibre (fresco) Gomashio o hijiki Rábano picante Quelpo o kombu Limón Lechuga* Lima (y encurtido) Chutney de mango Encurtido de mango Mayonesa Hojas de menta* Mostaza Cebolla (cocinada) Chutney de papaya Pepinillos encurtidos Sal Algas marinas Salsa de soya/tamari	Ajonjolí negro Chile Rábano daikon Ajo Jengibre Gomashio Queso rallado Rábano picante Quelpo Salsa de tomate Mostaza Limón Lima Encurtido de lima Encurtido de Mango Mayonesa Cebollas (esp. crudas) Chutney de papaya Pepinillos encurtidos Rábano Sal (en exceso) Algas sin lavar (en exceso) Ajonjolí/sésamo Salsa de soya Tamari* Yogur (sin diluir)	Pimienta negra* Coco Hojas de cilantro Queso cottage Dulse (bien lavado) Ghee Hijiki (bien lavado) Kombu Lechuga Chutney de mango Hojas de menta Germinados	Ajonjolí/sésamo negro Coco Queso cottage Dulse (En moderación, si está bien lavado) Hijiki* Queso rallado Quelpo Salsa de tomate Kombu* Lima, limón Encurtido de lima Encurtido de Mango Mayonesa Chutney de papaya Pepinillos encurtidos Sal Algas marinas* (bien lavadas) Ajonjolí/sésamo negro Salsa de soya Tamari Yogur	Pimienta negra Chile Hojas de cilantro Rábano daikon Ajo Ghee* Jengibre (especial seco) Rábano picante Lechuga Hojas de menta Mostaza Cebollas Rábano Germinados

	VATA		PITTA		KAPHA	
	NO ▲	SÍ ▼	NO ▲	SÍ ▼	NO ▲	SÍ ▼
ESPECIAS	Hojas de neem*	*Ajwan*	*Ajwan*	Hojas de albahaca frescas*	Extracto de almendras*	*Ajwan*
		Pimienta de Jamaica	Pimienta de Jamaica	Pimienta negra*	*Amchoor*	Pimienta de Jamaica
		Extracto de almendras	Extracto de almendras*	Cardamomo*	Tamarindo	Asafétida
		Anís	Anís	Canela*		Albahaca
		Asafétida	Asafétida	Cilantro		Hojas de laurel
		Albahaca	Albahaca	Comino		Pimienta negra
		Hojas de laurel	Hojas de laurel	Eneldo		Alcaravea
		Pimienta negra	Alcaravea	Hinojo		Cardamomo
		Alcaravea	Cayena	Menta		Cayena
		Cardamomo	Clavos	Hojas de curry (*neem*)		Canela
		Cayena	Fenogreco	Piel de naranja*		Clavos
		Canela	Ajo (esp. crudo)	Perejil*		Cilantro
		Clavos	Jengibre	Menta piperita		Comino
		Cilantro	Rábano picante	Agua de rosa		Eneldo
		Comino	Macis	Azafrán		Hinojo*
		Hinojo	Mejorana	Hierbabuena		Fenogreco
		Fenogreco	Semillas de mostaza	Cúrcuma		Ajo
		Ajo	Nuez moscada	Vainilla*		Jengibre (esp. Seco)
		Jengibre	Cebolla (esp. cruda)	Gaulteria		Rábano picante
		Rábano picante	Orégano			Macis
		Macis	Paprika			Mejorana
		Mejorana	Pimienta larga			Menta
		Menta	Semillas de amapola			Semillas de mostaza
		Semillas de mostaza	Romero			Hojas de neem
		Nuez moscada	Salvia			Nuez moscada
		Cebolla (cocinada)	Ajedrea			Cebolla
		Piel de naranja	Estrella de anís			Piel de naranja
		Orégano	Tamarindo			Orégano
		Paprika	Estragón			Paprika
		Perejil	Tomillo			Perejil
		Pimienta larga				Menta piperita
		Semillas de amapola				Pimienta larga
						Romero

		Romero Agua de rosas Azafrán Salvia Hierbabuena Estrella de anís Tamarindo Estragón Tomillo Cúrcuma Vainilla Gaulteria Eneldo				Agua de rosas Azafrán Salvia Ajedrea Hierbabuena Estrella de anís Estragón Tomillo Cúrcuma Vainilla Gaulteria
OTROS LÁCTEOS	Leche de cabra (en polvo)	Todos los lácteos en moderación: Suero de leche Leche de vaca Quesos duros Quesos frescos Leche de cabra Queso de cabra Helado* Crema agria* Yogur	Mantequilla con sal Suero de leche (comercial) Quesos duros Queso feta Crema agria Yogur	Mantequilla sin sal Queso cottage La mayoría de los quesos suaves- como el campesino *Ghee* Leche de vaca Leche de cabra Helado Yogur diluido (1:2-3 partes de agua)	Mantequilla Quesos de todo tipo Suero de leche (comercial) Leche de vaca Helado Crema agria Yogur (sin diluir)	Ghee Leche de cabra Yogur diluido (1:4 partes o más con agua)
ACEITES		Todos los aceites se recomiendan, particularmente el de sésamo	Almendra Albaricoque Maíz Cártamo Sésamo	En moderación: Aguacate Coco, oliva, girasol Sésamo Soya Nuez del nogal	Aguacate Albaricoque Coco, oliva, cártamo Sésamo Soya Nuez del nogal	Almendras Maíz Girasol (todos en muy pequeñas cantidades)
BEBIDAS	Jugo de manzana Cafeína Algarroba Ŧ Bebidas lácteas frías	Alcohol* Almendra Bebida rejuvenecedora Jugo de aloe vera	Alcohol Malteada de banano Jugos de baya (agrio) Bebidas carbonatadas	Bebida rejuvenecedora de almendras Jugo de aloe vera Jugo de manzana	Bebida rejuvenecedora de almendras Malteada de banano Bebidas carbonatadas	Jugo de aloe vera Jugo de manzana Jugo de albaricoque Jugo de bayas

VATA		PITTA		KAPHA	
NO ▲	SÍ ▼	NO ▲	SÍ ▼	NO ▲	SÍ ▼
Jugo de arándano	Jugo de albaricoque	Jugo de cereza (agrio)	Jugo de albaricoque	Bebidas lácteas frías	Cafeína*
Batido de higo	Batido de banano	Café	Jugo de bayas (dulce)	Bebidas con hielo	Algarroba
Caldo vegetal (en cubito) Ŧ	Jugo de bayas (agrio)	Jugos y tés agrios	Jugo de vegetales mixtos (fresco, véase recetas)	Jugos y tés agrios	Jugo de zanahoria (con jengibre y otros)
Jugos con hielo	Jugo de zanahoria y combinaciones	Tés picantes	Algarroba	Alcohol (en exceso)	Jugo de cereza (pero no el agrio)
Jugo de pera	Jugo de zanahoria y jengibre	Cafeína	Jugo de cereza (dulce)	Leche de coco	Jugo de arándanos agrios
Jugo de granada	Jugo de cereza	Jugo de zanahoria (en exceso)	Leche de coco	Chocolate	Café*
Tés picantes Ŧ	Chocolate, café	Jugo de zanahoria y jengibre	Malteadas de coco	Batido de dátiles	Batido de higo
Jugo de ciruelas pasas Ŧ	Leche de coco y malteadas	Jugo de zanahoria y vegetales Ŧ	Bebidas lácteas tibias	Jugo de toronja	Leche de cabra caliente con especias
Jugo de vegetales Ŧ	Bebida láctea caliente	Chocolate	Batido de dátiles	Bebidas con mucha sal (y caldos enlatados o en cubitos)	Sustitutos de café (de cereales)
	Batido de dátiles	Jugo de arándanos agrios	Batido de higo	Limonada	Jugo de uva Ŧ
	Sustitutos de café (de cereales)	Toronja	Leche de cabra	Té de regaliz	Jugo de mango
	Jugo de toronja, uva	Bebidas muy saladas	Sustitutos de café (de cereales)	Caldo de miso (en exceso)	Jugo de vegetales mixto
	Limonada	Bebidas con hielo	Jugo de uva	Jugo de naranja	Néctar de durazno
	Jugo de mango	Limonada	Jugo de mango	Jugo de papaya	Jugo de pera
	Caldo de miso	Jugo de naranja	Néctar de durazno	Leche de soya (fría)	Jugo de granada
	Jugo vegetales mixtos	Caldo de miso (en exceso)	Jugo de pera	Jugo de tomate	Tés picantes
	Leche caliente con especias	Jugo de papaya	Jugo de granada	Jugo de vegetales	Jugo de ciruelas
	Jugo de naranja, piña	Jugo de tomate	Jugo de ciruelas		Leche de soya con especias tibias
	Papaya, durazano	Jugo de vegetales	Leche de soya		Caldo vegetal (poca sal)
	Bebidas con sal		Caldo vegetal en cubo		
	Tés y jugos agrios				
	Leche de soya caliente con especias*				
Tés herbales:	***Tés herbales:***	***Tés herbales:***	***Tés herbales:***	***Tés herbales:***	***Tés herbales:***
Alfalfa Ŧ	*Ajwan*	*Ajwan*	Alfalfa	Consuelda*	*Ajwan*
Cebada Ŧ	*Bansha* (con leche)* y edulcorante	Albahaca Ŧ	*Bansha*	Regaliz	Alfalfa
Mora		Canela Ŧ	Mora	Flor de loto Ŧ	Cebada
Borraja		Clavos	Cebada	Malvavisco	Albahaca
Bardana		Eucalipto	Borraja	Paja de avena*	*Bansha*
Crisantemo*		Fenogreco/	Bardana	Escaramujo Ŧ	Mora

Barba de maíz
Diente de león
Hibisco*
Lúpulo Ŧ
Jazmín Ŧ
Te mormón
Ortiga Ŧ
Pasiflora Ŧ
Trébol rojoŦ
Fresa*
VioletaŦ
Gaulteria
Milenrama
Yerba mateŦ

Albahaca
Nébeda
Manzanilla
Canela
Clavos
Consuelda
Sauco negro
Eucalipto
Hinojo
Fenogreco
Jengibre (fresco)
Ginseng*
Bayas de espino
Hisopo
Bayas de enebro
Lavanda
Toronjil
Limonaria
Regaliz
Flor de loto
Malvavisco
Paja de avena
Piel de naranja
Osha
Poleo
Frambuesa
Pétalos de rosa
Escaramujo
Azafrán, salvia
Zarzaparrilla
Sasafrás
Yerbabuena
Jengibre silvestre

Jengibre (fresco)
Ginseng
Bayas de espino
Hisopo
Bayas de enebro
Té mormón
Osha
Poleo
Escaramujo
Salvia
Sasafrás
Jengibre silvestre
Yerba mate

Nébeda
Manzanilla
Achicoria
Crisantemo
Consuelda
Barba de maíz
Diente de león
Sauco negro
Hinojo
Hibisco
Lúpulo
Jazmín
Lavanda
Toronjil
Limonaria
Regaliz
Flor de loto
Malvavisco
Ortiga
Paja de avena
Pasiflora
Menta piperita
Frambuesa
Trébol rojo
Pétalos de rosa
Azafrán
Zarzaparrilla
Yerbabuena
Fresas
Violeta
Gaulteria
Milenrama

Borraja, bardana
Nébeda
Manzanilla, achicoria
Crisantemo
Canela, clavos
Barba de maíz
Diente de león
Sauco negro
Hinojo*
Fenogreco
Jengibre (esp. seco)
Ginseng*
Bayas de espino
Hibisco, lúpulo
Hisopo, jazmín
Bayas de enebro
Lavanda
Toronjil, limonaria
Te mormón, ortiga
Piel de naranja, *osha*
Pasiflora, poleo
Menta piperita
Frambuesa
Pétalos de rosa
Azafrán, salvia
Zarzaparrilla, sasafrás
Yerbabuena
Hoja de fresas
Violeta
Jengibre silvestre
Gaulteria, milenrama
Yerba mate
Espirulina y otra algas

Apéndice III

INFORMACIÓN BÁSICA ACERCA DE LOS NUTRIENTES

Nutriente	Función	Deficiencia	Exceso	Efecto sobre el *dosha* y otros
Vitamina A	Fortalece las membranas mucosas, inmunológico, las suprarrenales, los ojos	Infecciones, ceguera nocturna	Dolor de cabeza frontal, somnolencia, dolor en el hígado	*Pitta* parece tener la mayor necesidad de este nutriente.
Vitamina D	Esencial para la absorción de calcio, magnesio y zinc	El calcio no se absorbe, lo cual genera problemas en los huesos y en los dientes	Similar a la vitamina A	La luz solar es la mejor fuente. Es especialmente importante cuando la ingesta de calcio es baja, como sucede a menudo en una dieta *Kapha*.
Vitamina E	Antioxidante, desintoxicante, lubricador de membranas, protege a las hormonas	Piel seca, debilidad muscular, agotamiento suprarrenal, problemas en los nervios	Síntomas gastrointestinales como ocurren en la gripe, que desaparece cuando se detiene el consumo de vitamina E, coagulación más lenta	La forma seca de esta vitamina es mejor para *Kapha* y *Pitta*, y la forma aceitosa es mejor para *Vata*.
Vitamina K	Esencial para la coagulación de la sangre	Sangrado excesivo	Raro	Por lo general no se consigue sin prescripción. Es producida por bacterias en nuestro intestino, los antibióticos aumentan nuestra necesidad de este nutriente.
Vitamina C	Antioxidante, desintoxicante, (especialmente para los metales pesados), conserva el colágeno, la energía y las suprarrenales	Sangrado de las encías, una posible acumulación de metales pesados, la fatiga adrenal	Diarrea, posiblemente cálculos renales	Es caliente y agria. Es más apropiada para *Vata* y menos para *Pitta*. Si *Pitta* necesita tomarla, se recomienda que sea menos de 1500 mg y que sea vitamina C controlada.
Vitamina B1 - Tiamina	Corazón, circulación y nervios	Edema, insuficiencia cardiaca, irritabilidad, problemas de oído, fatiga, pérdida de memoria	A dosis muy altas: nerviosismo, sudoración, taquicardia, presión arterial baja	Buenas fuentes: salvado de arroz, harina de soya, germen de trigo, cerdo

B2- Rivoflamina	Desintoxicante de productos químicos en el hígado y ojos	Sensibilidad a la luz, ojos enrojecidos, sensibilidad, pulso del hígado afectado	No es tóxico. Las dosis altas podrían causar picazón	B2 es de color amarillo brillante: a esto se debe que la orina se torne amarilla después de ingerir un complejo vitamínico.
Niacina	Energía, vasodilatación, digestión, piel, mente	Diarrea, indigestión, dermatitis, irritabilidad, insomnio, pérdida de memoria, aumento de colesterol	Daños en el hígado, picazón, ardor	En pequeñas dosis es útil para *Vata*, las las dosis altas perturban a *Pitta* principalmente pero también a *Vata*.
B6 - Piridoxina	Metabolismo de proteínas	Síndrome premenstrual, irritabilidad, hinchazón, anemia, lesiones en la piel	Puede provocar adormecimiento permanente de las extremidades	Mantenga el consumo de B6 por debajo de 200 mg al día. Actúa como un diurético y puede levantar el ánimo; mejora la absorción de muchos minerales. Es especialmente útil para *Kapha*.
B12- Cobalamina	Nervios, sangre y energía	Anemia, glositis, daños al sistema nervioso central	Inusual	Solo se encuentra en productos animales, las bacterias (alimentos fermentados) y algunas algas, como la espirulina.
Ácido Pantoténico	Los senos paranasales. Músculo liso del intestino, las glándulas suprarrenales	Infecciones, debilidad, problemas digestivos, fiebre del heno, trastornos en el corazón y en los nervios	Inusual, diarrea	Parece relativamente neutro para todos los *doshas*. En dosis muy altas (1000 mg o más) podría perturbar a *Vata*.
Ácido fólico	Cabello, piel, estado de ánimo	Anemia, problemas gastrointestinales, pérdida de cabello, glositis	Promueve el estrógeno y el crecimiento	Con frecuencia se encuentra bajo en mujeres después del parto y también en los niños. Parece relativamente neutral para todos los *doshas*. Un exceso (más de 800 mg / día) puede desequilibrar a *Kapha*.

INFORMACIÓN BÁSICA ACERCA DE LOS NUTRIENTES (cont.)

Nutriente	Función	Deficiencia	Exceso	Efecto sobre el *dosha* y otros
Biotina	Energía, mantenimiento de piel y pelo, glándulas sudoríparas, nervios, médula, glándulas sexuales	Descamación de la piel, bajos niveles de testosterona y de acción de los adrenales	Desconocido. Podría desequilibrar otras vitaminas B	Se necesita más biotina cuando se tiene infección de cándida.
Colina e inositol	Nervios, colesterol	Hígado graso, nerviosismo	El hígado podría ponerse lento	Lo mejor es su uso en un sistema libre de *ama*.
Calcio	Contracción y relajación muscular, conducción nerviosa, visión, dientes, huesos	Calambres en las piernas (especialmente por la noche), fractura de huesos, malformaciones, irritabilidad	Inusual a menos que acompañe un exceso de vitamina D, en cuyo caso el exceso generaría una calcificación de los tejidos blandos	*Agni* tiene que estar fuerte para asimilar el calcio. Es particularmente difícil de absorber, como suplemento, para *Vata*. Puede ser necesario consumirla en suplemento en una dieta *Kapha* libre de lácteos.
Magnesio	Relajación muscular, conducción nerviosa, retiene el calcio en los huesos, digestión, músculos cardiacos, piel, desintoxicación del hígado	Insomnio, irritabilidad, cansancio, sensación de cansancio alternada con mucha energía, estreñimiento, problemas de piel	Laxante	El exceso desequilibra a *Vata*. La insuficiencia es frecuente en condiciones de estrés en todos los *doshas*.
Fósforo	Nutriente para los nervios, trabaja junto con el calcio y magnesio en los huesos y los dientes, energía	Pérdida de masa ósea, debilidad muscular, fatiga	Reabsorción ósea, hipocalcemia, estimulación de la hormona paratiroidea	Como suplemento homeopático es útil para los nervios. Rara vez se necesita como suplemento regular (no homeopático). Abunda en los alimentos, especialmente en la lecitina.
Sodio	Balance ácido-base, apoyo adrenal, equilibrio osmótico, nervios, presión arterial	Náuseas, anorexia, debilidad muscular	Exceso de ingesta de H_2O, diarrea, aumento de la presión arterial *Pitta* y *Kapha*, edema, anemia, lipemia	Calma *Vata*, perturba *Pitta y Kapha*.

Potasio	Igual que el sodio (ver anterior). Además es importante para el mantenimiento del corazón	Fatiga, depresión fisiológica, arritmia cardiaca	Vómitos, debilidad, confusión mental, diarrea, corazón y sistema nervioso central	De manera similar al Magnesio, su deficiencia es frecuente y puede relacionarse con el estrés. Las fuentes alimenticias ricas en esta incluyen jugo fresco de zanahoria, semillas de girasol y aguacate.
Hierro	Sangre, energía inmunológica, la síntesis de catecolaminas, digestión, O_2 al cerebro	Anemia, falta de energía, dificultad para respirar, infecciones frecuentes	Toxicidad hepática, shock, acidosis, tiempo de coagulación de la sangre prolongada, aumento del pulso y de la frecuencia respiratoria	Los líquidos tónicos son preferibles a las píldoras sólidas para la absorción para todos los *doshas*.
Zinc	Sistema inmune, reproductivo y endocrino, trabaja en conjunto con la vitamina A	Manchas blancas en las uñas, disminución del sentido del gusto y el olfato, ceguera nocturna, resfriados o infecciones frecuentes	Diarrea. Puede competir para absorción con el calcio, magnesio y hierro	*Pitta* a menudo parece necesitar más Zinc. Si se toma como un suplemento, debe ser después de las comidas ya que con el estómago vacío este mineral puede generar nauseas.
Manganeso	Ligamentos, azúcar en la sangre, tiroides, el metabolismo del cerebro, relacionado con el metabolismo de ácidos grasos esenciales	Dolor/crujido en las rodillas, diabetes u otros desequilibrios en la sangre, cerebro "cansado"	Fatiga muscular, impotencia, enfermedad nerviosa similar al Parkinson	*Vata* a menudo parece necesitar más. La alfalfa es una fuente muy rica.
Cromo	Metabolismo de azúcar en la sangre y el corazón	Deseos de consumir dulce o alcohol, mayor riesgo de ataque al corazón	Vómito, diarrea. El exceso no es tóxico pero puede debilitar hígado y los riñones	Especialmente importante para los *Kapha*. La levadura de cerveza y los cereales integrales son buenas fuentes.
Yodo	Metabolismo de la tiroides que afecta cerebro y metabolismo basal	Bocio, disminución de temperatura corporal	Sabor metálico, irritación gastrointestinal, edema	Especialmente importante para los *Kapha*. Un exceso puede desequilibrar *Vata* y perturbar a *Pitta*.

Otros: cobre, sangre; sílice, pelo y uñas;
selenio, sistema inmune, salud cardiovascular y desintoxicación para el hígado

Apéndice IV

GLOSARIO DE TÉRMINOS EN ESPAÑOL Y SÁNSCRITO

Absorción: la recepción activa de los nutrientes en las células y tejidos del cuerpo.

Aceite de girasol: neutral en sabor, rico en ácidos grasos poliinsaturados, neutral en su efecto en todos los *doshas*. Por lo general, se vende en tiendas naturistas y en supermercados.

Aceite de ajonjolí/sésamo: Se consigue regular o tostado (muy sabroso) en las tiendas asiáticas y de alimentos naturales. Tiene un efecto caliente y pesado.

Afrodisíaco: cura y tonifica los órganos reproductivos, por lo cual vigoriza la energía sexual y el cuerpo en general.

Agni: el sagrado dios hindú del fuego, representante de la fuerza cósmica de la transformación y además del fuego digestivo.

Ahamkara: ego, sentido de un yo separado, inteligencia del cuerpo.

Alterativo: reparador y limpiador.

Ajwan: semilla de apio silvestre, especia de la India. Tiene una acción caliente y es descongestionante. Se encuentra disponible en tiendas de la India.

Alholva, semillas: una especia de aspecto extraño: son amarillas, tienen una forma casi cuadrada con una superficie plana. Es amarga, picante, dulce y caliente. Se puede encontrar en la mayoría de las tiendas de especias o en almacenes de la India. En la cocina de la India también se utilizan los germinados y las hojas de esta planta, conocida como *methi.*

Ama: toxinas internas, productos de la digestión o eliminación incompleta o del funcionamiento metabólico inadecuado.

Amalaki: *Emblica officinalis* (también conocido como *amla).* Es una hierba medicinal de la India para la digestión, constituye la parte del *Triphala* que disminuye *Pitta.* Su fruto es extraordinariamente rico en vitamina C.

Vamana: vómitos terapéuticos.

Amargo: sabor frío que ayuda a la digestión y la limpieza cuando se usa en pequeñas cantidades.

Amchoor: rodajas o polvo de mango seco y verde. Tiene un sabor amargo y es utilizado en *dal* y otros platos para estimular la digestión. Disponible en tiendas de la India.

Amla: de sabor amargo. Véase también *Amalaki.*

Anabólica: la fase de construcción del metabolismo.

Analgésico: alivia el dolor.

Antiespasmódico: calma espasmos.

Antihelmíntico: ayuda a eliminar parásitos, incluyendo lombrices, bacterias y hongos.

Anupana: sustancia que proporciona un medio en el que se pueden tomar las hierbas medicinales, como la leche caliente o el *ghee.*

Ap: agua, el elemento.

Aparato digestivo: los órganos de la boca hasta el ano que intervienen en la digestión, la absorción y la eliminación de los alimentos.

Aromáticas: alimentos o hierbas ricas en aceites esenciales, por lo general con un olor fuerte, que estimulan o calman la digestión. Ejemplos: cilantro, menta.

Arroz integral: cereal integral nutritivo, que es más apropiado para *Vata.* Es pesado y tiene una acción ligeramente caliente.

Artav: tejido reproductor femenino o función.

Asafétida: véase *Hing.*

Asimilación: el proceso de absorción.

Asthi: tejido óseo.

Astringente: sabor que contrae, refrigerante, terapéutico en pequeñas cantidades.

Atharva Veda: uno de los cuatro textos antiguos en sánscrito, conocidos como los *Vedas,* contiene información sobre la práctica del Ayurveda.

Aura: campo de energía del cuerpo, que es producido y sostenido por *ojas.*

Avila: nublado.

Azafrán: especia amarilla y fragante que calma a todos los *doshas.* Es costosa y a veces difícil de encontrar. Disponible en buenas tiendas de especias y en tiendas de comida de la India.

Basmati, marrón: una versión americana del *basmati* indio, que se asemeja más en su acción y efecto al arroz integral. Su cocción es mucho más lenta al del *basmati* indio o el texmati.

Basmati: un arroz rico en aroma, valorado en la India por su fácil digestión, y servido en ocasiones especiales. En Occidente, la selección de *basmati* es más limitada y menos aromática, pero sigue siendo útil en su suave efecto en el sistema digestivo.

Basti: enemas medicinales.

Bhasma: medicamentos o gemas ayurvédicas en forma de cenizas.

Bhuta: elemento material.

Bibhitaki: Terminalia bellerica, la hierba que es calmante para *Kapha* en la preparación ayurvédica de *Triphala.*

Buddhi: la inteligencia cósmica individualizada, la comprensión.

Cardamomo: una especia dulce y caliente que se vende en tres formas: semillas en vaina, semillas individuales y semillas molidas. Da el sabor característico a muchos dulces indios. Calma todos los *doshas*. Se encuentra en la sección de hierbas y especias de la mayoría de los mercados.

Carminativo: alivia los gases intestinales y la distensión abdominal.

Catabólico: la fase del metabolismo en la cual los elementos se descomponen (ejemplo: la digestión).

Cebada: también conocida como cebada perlada, disponible en supermercados y tiendas naturistas. Refrigerante y diurética en acción.

Chakra: centro de energía vital del cuerpo.

Chala: móvil.

Chana dal: la versión partida de garbanzos de la India *(Chana khala)*. Se asemeja a las arvejas amarillas arrugadas. Calman *Pitta* y *Kapha* y se pueden encontrar en las tiendas de la India.

Chana khala: garbanzos de la India de color marrón oscuro, más pequeños que los garbanzos de América, y generalmente más fáciles de digerir. Se encuentran en almacenes de la India.

Chapati: sabroso pan plano de la India, generalmente hecho de harina de trigo. También se denomina *roti* o *rotalis*.

Charaka: autor del *Charaka Samhita*, uno de los libros de texto clásicos de Ayurveda que aún está disponible.

Chitta: inconsciente colectivo o condicionado.

Colagogo: estimula la función hepática y de la vesícula biliar.

Chyvanprash: mermelada rejuvenecedora de la India, muy apreciada. Bastante dulce.

Cilantro: una hierba fría que es una ayuda valiosa para la digestión. Se vende en distintas presentaciones; como semilla entera, molida o en forma de hoja. La hoja es a menudo llamada "cilantro" o "perejil chino". Se encuentra en las secciones de hierbas en los almacenes chinos, mexicanos e indios. Es una hierba resistente relativamente fácil de cultivar.

Ciruelas umeboshi: ciruelas agrias encurtidas de color rosa. Favorecen la digestión y pueden utilizarse como condimento. Disponible en las tiendas de alimentos naturales y tiendas asiáticas.

Colitis: inflamación del colon, con secreción excesiva de mucosidad. A menudo relacionada con sensibilidad a los alimentos.

Comino: una especia popular tanto en la cocina india como mexicana. Calmante para todos los *doshas*. Se encuentra en las secciones de especias en los almacenes indios y mexicanos.

Concentrado de manzana: zumo de manzana concentrado, disponible en botellas en tiendas naturistas. Es un buen endulzante para *Kapha* y *Pitta*, y no perturba mucho a *Vata*. El concentrado congelado del supermercado también se puede utilizar, aunque es más aguado y puede contener más plaguicidas.

Cúrcuma: especia brillante de color amarillo en polvo que se favorece la digestión de proteínas. Ampliamente disponible en la sección de especias de algunos supermercados.

Dal: sopas nutritivas de la India hechas con una variedad de legumbres. También se refriere a los frijoles o guisantes individuales, tales como *urud dal* (lentejas negras partidas) o *chana dal* (garbanzos partidos) o *mung dal* (frijol mungo partido).

Demulcentes: de acción suave y calmante, especialmente para la piel y las membranas.

Dhatu: uno de los siete tejidos básicos del cuerpo.

Diaforético: aumenta la transpiración, mejorando así la limpieza a través de la piel.

Digestiva: una hierba que estimula la digestión.

Disnea: dificultad para respirar.

Distensión: distensión abdominal. Por lo general, debido al exceso de gases y relacionado con un desequilibrio de *Vata.*

Diurético: aumenta la micción.

Dosha: uno de los tres tipos básicos energías biológicas que determinan las constituciones individuales: *Vata, Pitta* y *Kapha.* También puede significar el exceso de uno de estos en la naturaleza.

Drava: líquido.

Edema: retención de agua que resulta en la inflamación.

Electrolitos: minerales vitales, sobre todo el sodio, el potasio, el calcio y el magnesio.

Emenagogo: estimula la aparición de la menstruación.

Emético: provoca el vómito.

Emoliente: de acción suavizante, calmante y tonificante, especialmente para la piel.

Enteritis: inflamación del intestino delgado. A menudo asociado con la infección bacteriana o de otro tipo.

Estimulante: anima.

Estomáquico: fortalece y tonifica la función del estómago.

Expectorante: estimula la secreción de flemas de los pulmones y de la garganta.

Febrífugo: alivia la fiebre.

Hinojo, semillas: una especia fácil de encontrar que es dulce y refrigerante y ayuda a la digestión.

Fideos "celofán": pasta hecha de harina de frijol mungo que se usa en la cocina asiática. Se venden en tiendas asiáticas y la sección de productos importados en los supermercados. ¡Viscoso y sabroso!

Fideos jinenjo: también conocidos como fideos de soba, hechos de ñame silvestre japonés y trigo. Son sabrosos y fáciles de preparar. Se encuentran en almacenes asiáticos y en algunas tiendas naturistas.

Frijol mungo: los granos enteros son pequeños y verdes, tienen un efecto calmante sobre *Pitta,* pueden desequilibrar *Kapha* ligeramente y tienen efectos variables sobre *Vata* (algunos los digieren bien y otros no). Se venden en tiendas naturistas y en almacenes orientales y de la India. Es el frijol del cual germinan las raíces chinas.

Frijol aduki: frijoles rojos pequeños (también conocidos como azukis) tienen forma de riñón y son populares en la cocina asiática. Fortalecen los riñones. Se encuentran en tiendas naturistas, indias o chinas.

Garam masala: literalmente, "especies que calientan", una mezcla para mejorar la digestión.

Gastritis: inflamación del estómago. A menudo relacionado con *Pitta.*

Ghee: mantequilla clarificada, muy valorada en el Ayurveda. Mejora la absorción.

Jengibre: una especia disponible en forma fresca y seca. Es caliente y picante. Se encuentra fácilmente en la sección de especias y de productos agrícolas en la mayoría de los supermercados

Gool: ver *melaza.*

Gota: condición metabólica que involucra dolor e inflamación, frecuentemente en las articulaciones inferiores.

Guna: calidad, atributo.

Guru: pesado.

Harina de arroz integral: harina nutritiva, seca, áspera y pesada hecha de arroz integral, que se encuentra en algunas tiendas naturistas. Sirve para agregar textura a los platos y es muy diferente a la harina finamente molida de arroz.

Harina de arroz: una harina blanca finamente molida disponible en las tiendas de comida de India y China. También se conoce como "polvo de arroz". Más fina que la harina de arroz integral que se vende en las tiendas naturistas. La harina de arroz calma tanto a *Pitta* como a *Vata.* Pequeñas cantidades pueden también ser útiles para *Kapha.* Sustituya 7/8 de taza de harina de arroz por cada taza de harina de trigo integral en las recetas.

Harina de *chapati*: harina de trigo integral, baja en gluten, finamente molida que se encuentra en almacenes de la India. También se denomina *ata.* Facilita la elaboración de panes y otros panes indios.

Harina de *urud dal:* la versión molida de lentejas negras. Se utiliza en la fabricación de *dosas masala* y *papadums.* También se encuentra en tiendas de alimentos de la India.

Ushna: caliente.

Haritaki: *Teminalia chebula,* la hierba que disminuye *Vata* en la preparación ayurvédica *Triphala.*

Hemorroides: venas dilatadas en el recto inferior o en el ano debido a congestión en la circulación o en el tracto digestivo.

Hing: hierba de la India de olor fuerte que también se vende como asafétida. Es útil para reducir gas y el exceso de *Vata.* Se puede encontrar en almacenes de comida de India y algunas veces en las tiendas naturistas o en supermercados.

Hojas de curry: véase el *neem.*

Hongos shiitake: champiñones chinos negros frescos o secos. Se encuentran en tiendas asiáticas y de alimentos saludables. Estimulante y tonificador del sistema inmune. Son usados económicamente en su forma seca, aunque en su forma fresca es más probable que sean una fuente más rica de sustancias inmunológicas.

Jala: agua, el atributo.

Kapha: constitución de agua y tierra.

Karma: efecto.

Karmendriya: órgano de acción, por ejemplo, la lengua, las cuerdas vocales, la boca, las manos, los pies, los genitales y el ano.

Kashaya: astringente.

Kathina: duro.

Katu: picante.

Khara: áspero.

Khir: un postre frío de la India elaborado con leche endulzada y arroz o fideos.

Kichadi: una preparación curativa de frijoles mungos, arroz basmati, verduras y especias.

Kombu: algas secas de color verde oscuro, útiles para disipar el gas y para añadir minerales a los frijoles o a las sopas.

Lablab: frijol blanco, usado en la cocina del sur de la India.

Laghu: ligero.

Lavana: salado.

Laxante: promueve la eliminación a través de los movimientos intestinales.

Leche de cabra: disponible en forma fresca, en polvo y evaporada. Generalmente disponible en tiendas naturistas y cada vez más disponibles en los supermercados. Calma *Kapha* y *Pitta* y es neutral o perturba a *Vata.*

Lobhia: frijol de cabeza negra.

Madhu: sabor dulce predigerido como la miel.

Madhura: sabor dulce que necesita ser digerido.

Mahat: la inteligencia cósmica.

Majja: médula y tejido nervioso.

Malabsorción: incapacidad para absorber eficazmente los nutrientes del aparato gastrointestinal.

Malas: desechos corporales; orina, heces, sudor.

Mamsa: tejido muscular.

Manas: mente condicionada.

Mantequilla de girasol: una mantequilla gruesa hecha de semillas de girasol. Rica en zinc y vitaminas del grupo B.

Marma: punto de presión energético.

Masala dosa: plato tradicional de la India. Panes similares a crepes rellenos de papa. Popular como un plato de desayuno. Un *dosa* también se puede servir con *dal.*

Masur dal: lentejas rojas. Se encuentran en tiendas naturistas y en almacenes de la India y del Oriente Medio.

Math dal: "frijol térapi" una legumbre pequeña de color marrón con un ligero sabor a maní, que se encuentra en almacenes de la India. Se dice que calma todos los *doshas.*

Medas: tejido adiposo.

Melaza*:* terrones de azúcar de la India, de color marrón dorado con un sabor similar a la melaza. También conocidos como *gool* o *goodh.* Se venden en los almacenes de la India.

Methi: verduras de alholva, con un sabor aromático amargo. Fáciles de cultivar y disponibles en los almacenes de comida india en el verano.

Microflora: las bacterias y otros organismos microbianos que crecen en el cuerpo, predominantemente en el intestino grueso.

Mijo: cereal pequeño, redondo y amarillo; disponible en tiendas naturistas y almacenes coreanos. Tiene una acción calmante sobre *Kapha.*

Miso: pasta de soya fermentada, de sabor salado. Se utiliza para caldos, sopas y tofu. Se vende en tiendas naturistas y en almacenes asiáticos.

Mostaza, negra: estas semillas enteras son una especia muy utilizada en la cocina india. Su efecto calentador estimula la digestión. Disponible en tiendas de la India y de hierbas.

Mrudu: suave.

Mung dal: la versión partida del frijol mungo, son amarillos y se parecen arvejas amarillas partidas. Disponible en todas las tiendas de la India y algunas tiendas naturistas. Calma *Vata* y *Pitta,* siendo ligeramente desequilibrante para *Kapha.*

Nasya: aplicación nasal de aceite herbal.

Neem, hojas: También conocidas como hojas de curry, *Azadirachta* indica, una hierba amarga útil para *Pitta* y *Kapha.* Algunas veces puede ser encontrado en la sección de refrigerados en tiendas de la India, lo cual es preferible a su presentación seca que a menudo le queda poca potencia.

Nefritis: inflamación del riñón.

Nervino: fortalece y tonifica los nervios, puede sedar o estimular.
Nirama: condiciones libres de *ama*.
Nutritivo: proporciona nutrición al cuerpo.
Ojas: la energía esencial del cuerpo, nuestro "amortiguador" de energía.
Okasatmya: dietas o estilos de vida que se han vuelto no perjudiciales para el cuerpo a través del uso regular y habitual.
Pancha Karma: las cinco prácticas de purificación de Ayurveda: *vamana, virechana, basti, nasya* y *rakta moksha.*
Papadum: una oblea delgada de papel utilizada en la India hecha de harina *urud dal.* En el norte de la India se llama *papar.*
Peristalsis: el movimiento rítmico y esencial de los alimentos a través del tracto digestivo.
Pippali: pimienta larga India, muy apreciada por su capacidad para estimular la digestión y el rejuvenecimiento. Encontrada en la mayoría de las tiendas de la India.
Pitta: constitución de agua y fuego.
Prabhau: la acción específica o potencia especial de una hierba o comida, más allá de cualquier norma general que pueda aplicarse a la misma.
Prakruti: naturaleza primaria; también nuestra constitución biológica al nacer.
Prana: la fuerza vital de la vida en el universo.
Pranayama: procesos de respiración, potentes para equilibrar la energía y la salud.
Prasad: alimentos bendecidos.
Prayatna: esfuerzo.
Prithvi: tierra.
Puja: culto devocional.
Pulao: un plato de arroz sazonado que contiene verduras o carne.
Purgación: el uso de laxantes de moderados a fuertes para expulsar el exceso de *Pitta* o *Kapha* del sistema, también conocido como *Virechana.*
Purgante: laxante poderoso para limpieza rápida, no debe ser usado en exceso.
Rajas: la cualidad de la energía y la acción.
Rajma: frijol colorado, rojo y calmante de *Pitta.* Disponible en la mayoría de los supermercados y tiendas de alimentos saludables.
Rakta moksha: antigua práctica de la sangría.
Rakta: sangre.
Rasa: sabor, también plasma, también el sentimiento.
Rasayana: rejuvenecedor.
Rejuvenecedor: revitalizador.
Rig Veda: la sagrada escritura más antigua de la India.
Rishis: antiguos sabios de la India.

Rotalis: véase *chapati.*
Ruksha: seco.
Sal de roca: más estimulante para la digestión que la sal de mar. Se encuentra en tiendas de comestibles indias, a veces se vende como "sal negra". La sal "kosher" es un buen sustituto.
Sal marina: disponible en la mayoría de tiendas de alimentos saludables.
Sama: con ama.
Samkya: escuela de filosofía de la cual subyacen muchas de las prácticas ayurvédicas.
Samskara: colección de sensaciones y experiencias.
Sandra: sólido, denso.
Sara: móvil.
Sattva: la cualidad de la claridad, la armonía y el equilibrio.
Sedante: calma.
Semillas de comino negro: una hierba disponible en almacenes de la India, también conocido como *siya zira* o *shah zira.*
Shamana: tratamiento paliativo, de neutralización de las toxinas encendiendo *agni* o estimulando la digestión a través del ayuno.
Shukra: tejidos reproductivos.
Sirope de arroz integral: un endulzante malteado hecho de arroz y cebada. Calma a *Vata* y *Pitta,* se encuentra en tiendas de comida natural.
Sita: fresco, frío.
Slakshna: viscoso.
Snigda: aceitoso.
Srota: canal para la circulación de energía a través del cuerpo.
Sthira: estático.
Sthula: bruto.
Sucanat (panela/mascabado): azúcar evaporada del jugo de caña orgánica, con un sabor y textura similar a la del azúcar morena. Se venden en tiendas de alimentos naturales, es un primer paso fácil para alejarse del azúcar blanco hacia alimentos más integrales. Calma a *Vata,* es moderadamente calmante para *Pitta* y perturba a *Kapha.*
Sukshma: sutil, diminuto, fino.
Sushruta: autor de *Sushruta Samhita,* uno de los tres grandes clásicos ayurvédicos todavía disponibles en la actualidad.
Svedana: terapia de vapor para estimular la limpieza a través del sudor.
Tahini: pasta de sésamo/ajonjolí. Calentador y pesado como las semillas de sésamo de la que se hace. Se encuentra en frascos o latas en tiendas de alimentos de Oriente Medio.
Tamari: salsa de soya hecha sin trigo.
Tamarindo: una pasta de ácido utilizada con frecuencia en la cocina india para mejorar la digestión, también es conocida como *Imli.* Se vende en

tiendas de alimentos de la India por libra o en pasteles en forma de pasta. La pulpa tiene más sabor.

Tamas: cualidad de la inercia, la resistencia y la conexión a tierra.

Tamatra: órgano de los sentidos, por ejemplo, oídos, piel, ojos, lengua, nariz.

Tejas: la esencia del fuego cósmico básico de la actividad mental, transmitida a través de *ojas* en el tracto digestivo.

Texmati: un arroz de producción estadounidense que es un cruce entre *basmati* indio y el arroz blanco de grano largo de Carolina. Disponible en las tiendas naturistas. Se cocina con rapidez y tiene un similar al *basmati* (pero probablemente menos potente).

Tikshna: puntiagudo.

Tikta: amargo.

Tofu: cuajada de soya blanca. Disponible en la sección de productos de los supermercados, también en tiendas naturistas o asiáticas. Calma a *Pitta,* aumenta ligeramente a *Kapha,* se trata de un alimento con sabor suave que se acompaña con aliño. Tiene una acción fría. Algunos *Vatas* lo toleran bien, mientras otros no.

Toovar dal: también conocida como *Tor dal* o *arhar dal,* es una legumbre similar a la alverja amarilla y tiene una acción caliente. Disponible en tiendas de alimentos indios, a menudo con aceite.

Tridosha: las tres constituciones: *Vata, Pitta* y *Kapha.*

Tridóshico: alimentos o hierbas adaptadas a las tres constituciones, como los espárragos, *ghee*, arroz *basmati o Triphala* (poderosa combinación ayurvédica herbal para la eliminación y el rejuvenecimiento).

Tulsi: albahaca santa, muy respetada en la India. Las semillas se pueden adquirir en algunos viveros especializados.

Urud dal: conjunto, este frijol se ve pequeño y negro. También conocida como lenteja negra o gramo negro. Cuando está partida en mitades y sin la cáscara se ve muy diferente por ser de color marfil. La forma en mitades es la que se suele utilizar en estas recetas. Caliente y pesado. Reconstituyente para *Vata* en pequeñas cantidades. Disponible en tiendas de alimentos de la India.

Vagar: combinación de especias calentada en aceite o *ghee* para iniciar la cocción de un plato indio, o para darle el sabor posteriormente.

Vagbhata: autor de dos grandes textos clásicos en Ayurveda: el *Ashtanga Hridaya y Ashtanga Samgraha.* Es posible que se refiera a dos personas diferentes.

Vaidya: médico ayurvédico.

Vasodilatador: abre los vasos sanguíneos al relajarlos.

Vata: Constitución de aire y éter.

Vayu: aire.

Vedas: las cuatro escrituras antiguas y sagradas de la India.

Vikruti: desequilibrio actual o estado de la enfermedad.

Vinagre de arroz: un vinagre fino y suave, que se vende en tiendas de comestibles asiáticos y la sección de alimentos importados de algunos supermercados y tiendas naturistas.

Vinagre de umeboshi: una vinagre japonés un poco amargo, hecho a partir de ciruelas umeboshi, se encuentran en los mismos comercios.

Vipak: Describe el efecto digestivo de un alimento o hierba.

Virechana: terapia de purgación.

Viruddhashana: combinación de alimentos prohibidos.

Virya: la energía de un alimento o hierba y su efecto sobre el poder digestivo del cuerpo (acción de calentar o enfriar).

Vishada: claro.

Apéndice V

NOMBRES DE LOS ALIMENTOS EN ESPAÑOL, INGLÉS, LATÍN, SÁNSCRITO E HINDI

Latín	Español	Inglés	Sánscrito	Hindi
Abelmoschus esculentus	ocra	okra	tindisha	bhindi
Actinidia arguta	kiwi	kiwi		
Alaria esculenta	quelpo	kelp		
Aleurites moluccana	nuez de la India	filberts	askhota	akhrot
Allium ascalonicum	chalote	shallot		ek-kanda-lasun
Allium cepa	cebolla	onion	palandu	piyaz
Allium porrum	puerro	keek		
Allium sativum	ajo	garlic	lasuna	lasan
Allium schoenoprasum	cebollín	chive		
Aloe vera	aloe vera	aloe vera	ghrita-kumari	ghi kanwar
Amaranthus sp.	amaranto	amaranto		chua-marsa?
Anacardium occidentale	marañón	cashew	shoephahara	kaju
Ananas comosus	piña	pineapple		ananas
Anethum graveolens	eneldo	dill		
Annona muricata	guanábana	soursop		
Annona squamosa	anón	custard apple	shubba	sharifah
Anthriscus cerefollum	perifollo	chervil		
Apium graveolens	apio	celery	ajmoda	ajmoda
Arachis hypogaea	maní	peanut	buchanaka	bhuising
Armoracia lapathifolia	rábano picante	horseradish		
Artemisia dracunculus	estragón	tarragon		
Asparagus officinalis	espárragos	asparagus		marchuba
Avena sativa	avena	oats		
Bertholletia excelsa	nueces del Brasil	brazil nuts		chukander
Beta vulgaris	remolacha	beet		
Beta vulgaris var. cicla	acelga	chard		
Bixa orellana	achiote	annato		senduria
Brassica alba	mostaza blanca	white mustard	svetasarisha	sufedrai
Brassica caulorarpa	colinabo	kohlrabi		
Brassica juncea	mostaza marrón	brown mustard	rajika	rai
Brassica napobrassiea	nabo sueco	rutabaga		
Brassica nigra	mostaza negra	black mustard	sarshapah	kalorai
Brassiea oleracea	col	collards		
var. Acephala				
var. botrytis	coliflor	coliflower		
var. capitata	repollo/col	cabbage		*kobi*
var. italica	brócoli/brécol	*broccoli*		
var. gemmifera	coles de Bruselas	brussels sprouts		
Brassica rapa	nabo	turnip	raktasarshapa	shulgam
Cajanus cajan indicus o cajan	tur dal	tur dal	adhaki	tor
Camelia theifera	té negro	black tea		chai
Capsicum annuum	cayena / pimienta roja	cayenne/ red pepper	marichiphalam	lal

Latín	**Español**	**Inglés**	**Sánscrito**	**Hindi**
Capsicum frutescens	chile	chili pepper		jhal
Capsicum frutescens var. grossum	pimiento	bell pepper		
Capsicum frutescens sp.	paprika	paprika		
Carica papaya	papaya	papaya		popaiyah
Carthamus tinctorius	cártamo	safflower	kamalottara	kusumbar
Carum carvi	alcaravea	caraway		shiajira?
Carya illinoensis	pacana	pecan		
Caryota urens	melaza	jaggery	benjhajur	ramguoah
Castanea sativa	castaña	sweet chestnut		
Ceratonia siliqua	algarroba	carob		
Chenopodium album	ajea	lamb's quarters	vastuk	chandan betu
Chondrus crispus	carragenina, musgo irlandés	carrageen, irish moss		
Cicer arietinum	entero: garbanzo común entero: garbanzo de la India en mitades: chana dal	entero: chickpea entero: chickpea (India) en mitades: chana dal	chanaka	safaid o kabu-lichana kala o desi chana
Cichorium endivia	endibia	endive		
Cichorium intybus	achicoria	chicory		hinduba
Cinnamomum zeylonicum	canela	cinnamon	gudatvak	dalchini
Citrullus vulgaris	sandía	watermelon	chaya-pula	tarbuz
Citrus aurantifolia	lima	lime		
Citrus aurantium	naranja agria	bitter orange	swadu-naringa	narengi
Citrus bergamia	bergamota	indian sour lime	jambha	nimbu
Citrus limonum	limón	lemon	limpaka	jambira
Citrus medica	cidra	citron	karuna	maphal
Citrus paradisi	pomelo/toronja	grapefruit		
Citrus reticulata	mandarina	tangerine		
Citrus sinensis	naranja	orange		
Cocos nucifera	coco	coconut	tranaraj	nariyal
Coffea arabica	café	coffee	mlecha-phala	kafi
Cola acuminata	nuez de cola	kola nut		
Coriandrum sativum	cilantro	coriander	kustumbari	kottmir
Corylus avellana	avellana	hazel nut		Findak
crocus satitvicus	azafrán	saffron	bhavarakta	zaffran
cubeba officinalis	cubeba	cubeb	sungadha-muricha	sitalachini
cucumis melo var. cantalupensis	cantalupo	cantaloupe	kalinga	khurbuj
cucumis melo variedades	melón	honey dew		
cucumis sativus	pepino	cucumber	sakusa	kankri
curcurbita pepo	calabaza	pumpkin	kurlaru	safed kaddu
cucurbita pepo var. *melopepo*	calabacín zucchini	zucchini		

Latín	Español	Inglés	Sánscrito	Hindi
Cuminum cyminum	comino	cumin	ajali	safed jeera
Curcuma longa	cúrcuma	turmeric	rajani	haldi
Cydonia oblonga	membrillo	quince		
Cymbopogon citratus	hierba de limón	lemon grass	bhustrina	ghandatrana
Cynara scolymus	alcachofa	artichoke		hatichuk
Daucus carota	zanahoria	carrot	shikha-mulam	gajar
Dioscorea sp.	ñame	yam	raktalu	lal-gurania
Diospyros sp.	caqui	persimmon	tinduka	taindu
Dolichos biflorus	frijol de Castilla	horsegram	kulatha	kulthi
Dolichos lablab typica	frijol de Egipto	butter bean	simbi	sim
Elettaria cardamomum	cardamomo	cardamom	ela	chhoti elachi
Eruca vesicaria subsp. Sativa	rúgula	arugula, rocket		
Eugenia aromatica	clavo	clove		
Fagopyrum esculentum	alforfón	buckwheat		kaspat
Ferula assafoetida	hing, asafétida	hing, asafoetida	bhutnasan	hingra
Ficus carica	higo	fig	anjira	anjir
Foeniculum vulgare	hinojo	fennel	madhurika	badi
Fragaria sp.	fresa	strawberry		
Fucus vesiculosus	sargazo vesiculoso (alga)	bladderwrack		
Gelidium cartilagineum	agaragar	agar-agar		chinai-ghas
Gentiana sp.	genciana	gentian	kiratatikta	karu
Glycine max o soja	soya	soybean		bhat
Glycyrrhiza glabra	regaliz	licorice	yasthi-madhu	bhat ya patrijokra
Helianthus annuus	girasol	sunflower	arkakantha	mithilakdi
Helianthus tuberosus	topinambo	jerusalem artichoke	hastipijoo	hurduja
Hordeum vulgare	cebada	barley	yava	jave
Humulus lupulus	lúpulo	hops		
Ipomoea batatas	camote/batata	sweet potato		ratalu
Jasminum officinale	jazmín común	jasminemakki	mallika	motiya
Jatropha manihot	yuca / mandioca	cassava/tapioca		
Juglans nigra	nogal negro	black walnut		
Juglans regia	nuez	english walnut	akshota	askroot
Lactuca sativa	lechuga	lettuce		kahu
Laminaria saccarhina	laminaria	kelp sp		galpar-ka-patta
Laurus nobilis	laurel	bay		
Lens esculenta o culinaris	lentejas comunes	common brown lentils	masurika	masur
Lepidium sativum	berro	watercress	chandrasura	chansaur
Linum usilatissimum	linaza, lino	linseed, flax	uma	tisi
Lycopersicum esculentum	tomate	tomato		bilatee baigun
Mangifera indica	mango	mango	amva	am
Matricaria chamomilla	manzanilla	chamomile		babunphul
Medicago sativa	alfalfa	alfalfa		lasunghas
Melia azadirachta	neem	neem	ravipriya	nim
Mentha sp.	menta	mint		

Latín	Español	Inglés	Sánscrito	Hindi
Mentha piperita	menta piperita	peppermint		papara minta
Mentha spicata	yerbabuena	spearmint		pahadi pudina
Morus rubra	morera/mora	mulberry		
Musa paradisiaca var. *sapietum*	plátano/banano	banana	vana laxmi	kela
Myristica fragans	nuez moscada y macis	nutmeg and mace	jati-phalam	jayphal
Myrtus caryophyllus (Véase también *eugenia aromtica)*	clavo	clove	lavangaha	laung
Nasturtium officinale (Véase también *Lepidium sativum)*	berro de agua	watercress		
Nephelium litchi	lychee	lychee		lichi
Nigella sativa	comino negro	black cumin	krishna-jiraka	kala-jira
Ocimum basilicum	albahaca	sweet basil	bisva tulasi	babui, tulsi
Olea europaea	oliva	olive		
Opuntia dillen o *Ficus-indica*	nopal/tuna	prickly pear	vidara-vishvasaraka	phani manasa
Origanum majorana	mejorana	marjoram		sathra
Oryza sativa	arroz	rice	vrihi	dhan
Panicum miliaceum	mijo	millet	china	china
Papaversp.	amapola	poppy		
Pastinaca satiua	chirivía	parsnip		
Persea americana	aguacate	avocado		
Petroselinum sativum	perejil	parsley		
Peucedanum graveolens	eneldo	dill	miroya	sowa
Phaseolus acomitifolius	frijoles tepery	tepery beans		math
Phaseolus aureus o radiatus	frijol mungo	mung beans	mada?	sabat mung
Phaseolus limensus	habas	lima beans		
Phaseolus mungo o *Phaseolus roxburghii*	lenteja o gramo negro	black gram or black lentil		urud
Phaseolus vulgaris	frijoles, habichuelas, frijoles blancos	kidney beans, string beans, navy beans		rajma
Phoenix dactylifera	dátil	date		bakla
Pimenta officinalis	pimienta de jamaica	allspice	pinda-kharjura	pinda khejur
Pimpenella anisum	anís	anise	shatapushpa	saonf
Pinus gerardiana	piñones	pine nut		gunobar
Piper longum	pimienta larga	indian longpepper	pippali	pimpli
Piper nigrum	pimienta negra	black pepper	maricham	gulmirch
Pistacia vera	pistacho	pistachio		pista
Pisum sativum	entero: alverja/chícharo	entero: green pea	saheela	kerav, matar

Latín	Español	Inglés	Sánscrito	Hindi
Plantago major	plátano	plaintain		lahuriya
Plantago psyllium	semillas de psyllium	psyllium seed		lahuiriya?
Prunus amygdalus	almendra	almond	badama	badam
Prunus armeniaca	albaricoque/ chabacano	apricot		jardulu
Prunus auium	cerezas	sweet cherry		
Prunus cerasus	guindas	sour cherry		alu-balu
Prunus domestica sp.	ciruela, ciruela pasa	plum, prune		alu
Prunus persica	melocotón	peach		aru
Prunus serotina	cereza negro	black cherry		
Punica granatum	granada	pomegranate	dadima-phalam	anar
Pyrus communis	pera	pear	amritphala	nashpati
Pyrus malus	manzana	apple	sebhaphala	seb-safargang
Pyrus sp.	manzano silvestre	crabapple		
Raphanus sativus	rábano	radish	moolaka	mula
Rheum rhaponticum	ruibarbo	rhubarb		
Rhodymenia palmata	dulce (alga)	dulse		
Ribes grossularia	grosella	gooseberry		
Ribes nigrum	casis	black currants		
Ricinus communis	aceite de ricino	castor oil	eranda	endi
Rosmarinus officinalis	romero	rosemary		rusmari
Rubus idaeus	frambuesa de jardín	garden raspberry		
Rubus strigosus	frambuesa	raspberry		
Rubus villosus	mora	blackberry		
Saccharomyces cerevisiae	levadura	brewer's yeast		
Saccharum officinarum	caña de azúcar	sugar cane	ikshu	ganna
Salvia officinalis	salvia	sage		salvia-safakuss
Santalum album	sándalo	sandalwood	srigandha	safed chandan
Sassafrás albidum	sasafrás	sassafras		
Satureja hortensis	ajedrea	savory		
Satureja montana	ajedrea de jardín	winter savory		
Secale cereale	centeno	rye		
Sesamum indicum	sésamo/ajonjolí	sesame	tila	til
Smilax officinalis	zarzaparrilla	sarsaparilla		
Solanum melongena var. esculentum	berenjena	eggplant	vartaku	begun
Solanum tuberosum	papa	potato		alu
Sorghum vulgare vars.	sorgo	sorghum		
Spinacia oleracea	espinaca	spinach		palak
Stellaria media	pamplina	chickweed		
Symphytum officinale	consuelda	comfrey		
Taraxacum officinale	diente de león	dandelion		dudal
Thea sinensis	té	tea		
Theobroma cacao	cacao	cocoa		

Latín	Español	Inglés	Sánscrito	Hindi
Thymus citrodorus	serpillo de jardín	lemon thyme		
Thymus vulgaris	tomillo	thyme		ipar
Torula saccharomyces	levadura torula	torula yeast		
Trigonella foenum graeceum	fenogreco/alhova	fenugreek	medhika	methi
Triticum sativum	trigo	wheat	yava, godhuma	gehun
Urtica dioica	ortiga	nettle		bichu
Vaccinium sp.	arándano	blueberry		
Vaccinium oxycoccus	arándano agrio	cranberry		
Vainilla planifolia	vainilla	vanilla		
Vicia faba	haba	broad bean		
Viguna sinensis	frijol de cabeza negra (occidente)	black-eye peas (occidente)		
Viguna uniquiculata	frijol chino	cow pea		lobhia
Subsp. *catiang*	frijol de cabeza negra (occidente)	Black-eye peas (India)		
Vitis vinifera	uva	grape	dakha	angur
Withania coagulans	cuajo vegetal	vegetable renet	asvagandha	akri
Zea mays	maíz	corn	yavanala	makka
Zingiber officinale	jengibre	ginger	srangavera	sonth (seco) adrak (fresco)

BIBLIOGRAFÍA

AYURVEDA

Caraka Samhita, traducido por el Dr. R. K Sharma y Vaidya Bhagwan Dash, volúmenes I y II, Chowkamba Sanskrit Series Office, Varanasi, India, 1976. Texto clásico de Ayurveda.

Clifford, Terry, *Tibetan Buddhist Medicine and Psychiatry: The Diamond Healing.* Samuel Weiser, Inc., York Beach, Maine, 1984. Un acercamiento occidental a este tema.

Donden, Dr. Yeshi, *Health Through Balance: An Introduction to Tibetan Medicine,* traducido y editado por J. Hopkins, Snow Lion Publications, Ithaca, Nueva York, 1986. Altamente recomendado.

Frawley, Dr. David, *Ayurvedic Healing: A Comprehensive Guide,* Lotus Press, Twin Lakes, WI 1989. Excelente.

Frawley, Dr. David y Lad, Dr. Vasant, *Yoga of Herbs: An Ayurvedic Guide to Herbal Medicine* Lotus Press, Twin Lakes, WI 1986. Recurso sobre el uso de hierbas ayurvédicas.

Frawley, el Dr. David, Editor, *Herbal energetics chart,* Lotus Press, Twin Lakes, Wisconsin, 1987. Guía rápida de referencia basada en *Yoga of Herbs.*

Garde, el Dr. R. K, *Ayurveda for Health and Long Life,* Taraporevala Sons and Co. Private Ltd., Bombay, 1975. Buena historia y perspectivas.

Heyn, Birgit, *Ayurvedic Medicine,* traducido por D. Lanzar, Thorsons Publishing Group, Rochester, Vermont, 1987. Una buena introducción traducida del alemán.

Lad, Dr. Vasant, *Ayurveda: la ciencia de curarse uno mismo,* Lotus Press, Twin Lakes, WI, 1984. La mejor introducción occidental, contiene información excelente.

Nadkarni, Dr. KM., *Indian Materia Medica: volúmenes I y II.* Popular Prakashan Private Ltd., Bombay, 1976. Contiene un amplio material acerca de las hierbas de la India.

Sushruta Samhita, volúmenes I, II y III, traducido por KL. Bhishagrarna, Chowkamba Sanskrit Series Office, Varanasi, 1981. Texto clásico de Ayurveda enfocado a la cirugía.

Svoboda, Dr. Robert E., *Prakriti: Your Ayurvedic Constitution,* Lotus Press, Twin Lakes, WI 1988. Libro claro y bellamente escrito sobre este tema.

Tierra, Michael, *Planetary Herbology,* Lotus Press, Twin Lakes, WI 1988. Una integración de la medicina herbal china, occidental y ayurvédica.

ACERCA DE LA COCINA, LOS ALIMENTOS, LAS HIERBAS Y OTROS.

Ballencine, Marta, *Himalaya Mountain Cookery.* The Himalayan International Institute, Honesdale, PA, 1981. Buena introducción.

Ballentine, Dr. Rudolph, *Transition to Vegetarianism.* The Himalayan International Institute, Honesdale, PA. 1987. Altamente recomendado para aquellos nuevos en el vegetarianismo. Proporciona un querido y seguro camino agradable y saludable sin carne.

Ballentine, Dr. Rudolph. *Diet and Nutrition: A Holistic Approach.* The Himalayan International Institute, Honesdale, PA, 1978. Buena introducción a la nutrición occidental, con matices de Ayurveda.

Colbin, Annemarie. *The Natural Gourment,* Ballantine Book, Nueva York, 1989.

Colbin, Annemarie, *Food and Healing,* Ballentine Books, Nueva York, 1986. Un entendimiento muy profundo de cómo los alimentos afectan el cuerpo y la energía.

Colbin, Annemarie, *The Book of Whole Meals,* Ballantine Books, Nueva York, 1983. Sabroso enfoque de la cocina macrobiótica.

Desai, Yogi Amrit: *Philosophy of Kripalu Yoga* y *Kripalu Yoga I y II,* Kripalu Center, Lenox, MA. Más información sobre la práctica del Kripalu Yoga, con posturas de yoga, respiración y las recomendaciones dietéticas.

Ecology Action, *Organic Gardening with Bountiful Gardens.* Catálogo de 1990, Willits, California, 95490. Excelente información del mismo grupo que escribió *¿How To Grow More Vegetables?* por John Jeavons.

The Epic of Man (sic.). Editado por Life, Time, Inc., Nueva York, 1961. Muchas fotos de los restos de la civilización del Indo.

Estella, Mary, *Natural Foods Cookbook, Vegetarian Dairy-Free Cuisine,* Japan Publications, Tokio, Nueva York, 1985. Buenas recetas de cocina macrobiótica, sin mucha filosofía.

Glenn, Camille, *The Heritage of Southern Cooking,* Workman Publishing, Nueva York,

1986. ¡Esta mujer es una cocinera fabulosa! He sido inspirada por su excelencia culinaria, pero de ninguna manera es ayurvédica o incluso bajo en grasa.

Hoffman, David, *The Holistic Herbal,* Findhorn Press, Findhorn, Moray, Escocia, 1983. Un libro hermoso acerca de medicinas herbales.

Jaffrey, Madhur, *An Invitation to Indian Cooking,* Vintage Books, Nueva York, 1983.

Jaffrey, Madhur, *World of East Vegetarian Cooking,* Alfred A. Knopf, Nueva York, 1989. Dos excelentes recursos con una gran cantidad de información acerca de los alimentos de la India y los métodos de cocción. Tengo una predilección por el segundo.

Kroeger, Hanna, *Allergy Baking Recipes,* Johnson Publishing Company, Boulder, Colorado, 1976. Este pequeño folleto ofrece algunas buenas opciones para el individuo en una dieta libre de trigo.

Lust, John, *The Herb Book,* Bantam Books, Nueva York, 1974. Cobertura compacta y completa de hierbas occidentales.

MacEachern, Diane, *Save Our Planet: 750 Everyday Ways You Can Help Clean Up the Earth,* Dell Trade Paperback, Nueva York, 1990.

McGhee, Harold, *On Food and Cooking,* Charles Scribner's Sons, New York, 1984.

Moore, Michael, *Medicinal Plants of the Mountain West,* Museum of New Mexico Press, Santa Fe, NM, 1979.

Moore, Michael, *Medicinal Plants of the Desert and Canyon West,* Museum of New Mexico Press, Santa Fe, NM, 1989. ¡Este hombre sabe lo que hace! Es un escritor desde el comienzo.

Nichols Garden Nursery, *Herbs and Rare Seeds*. Catálogo 1990, Albany, OR. Buena fuente de las semillas Tulsi, bulbos de azafrán y otras hierbas inusuales de la India y Occidente.

Robertson, Laurel & Carol, Flinders & Godfrey *Bronwen, Laurel's Kitchen,* Bantam Books con Nilgiri Press, Petaluma, California, 1976. Gran libro de cocina vegetariana bien equilibrada. Una de mis secciones favoritas es "El Guardián de las llaves", una mirada extraordinariamente sana que muestra qué tan locos hemos estado en terminos de cuidarnos y alimentarnos a nosotros mismos.

Rombauer, Irma S., y Marion R. Becker, *The Joy of Cooking,* The Bobbs-Merrill Company, Inc., Nueva York, 1952. El clásico estadounidense.

Root, Waverly & de Rochemont, Ricardo, *Eating in America: A History*. William Morrow and Company, Inc., Nueva York, 1976. ¿Dónde más se podría dar cuenta que los estadounidenses consumen grandes cantidades de semillas de mostaza? (En nuestros perritos calientes, por supuesto).

Sahni, Julie, *Classic Indian Vegetarian and Grain Cooking,* William Morrow, and Company, Inc., 1985. Un excelente recurso acerca de la cocina india, con poca superposición con los libros de Madhur Jaffrey.

Seeds of Changue Diversity Catalogue, 1990, 621 Santa Fe, NM. Gran selección de semillas raras de Occidente y de la India.

Weed, Susun, *Wise Woman Herbal for the Childbearing Year;* Ash Tree Publishing, Woodstock, Nueva York, 1985. Información herbal práctica desde una perspectiva Occidental.

ÍNDICE

A

B

C

D

N

Ñ

O

P

Q

R

Y

Z

CONOZCA LAS AUTORAS

Amadea Morningstar estudió biología humana y nutrición en *Stanford University* y en *University of California* en Berkeley, donde se graduó con una licenciatura en nutrición y ciencias de la alimentación en 1975. Realizó estudios de licenciatura en nutrición en *Texas University* en Austin y tiene una maestría en consejería de *Southwestern College* en Santa Fe (EE.UU).

Ha ejercido como nutricionista y docente durante quince años. Se interesó en Ayurveda en 1983 a través del trabajo del Dr. Vasant Lad y Lenny Blank. Por medio del estudio de los clásicos ayurvédicos y su aplicación práctica comenzó a incorporar los principios ayurvédicos en su práctica privada y en sus clases.

Hace parte de la facultad del *Ayurvedic Institute* en Albuquerque (Nuevo México) desde 1984 y actúa como consultor nutricional para otras escuelas y profesionales. Sus artículos han aparecido en la revista *The Ayurvedic Wellness Journal* y otras publicaciones. También, ha escrito *Breathe Free Naturally* con Daniel Gagnon. Empezó a pintar en 1979 inspirada por la artista Dolores Chiappone. Amadea vive al norte de Santa Fe (Nuevo México, EE.UU.) con su esposo Gordon Bruen y su hija Iza.

CONOZCA LAS AUTORAS

(cont.)

Urmila Desai comenzó su interés en nutrición y alimentación en el pequeño pueblo de la India Halol, una aldea occidental de la provincia de Gujarat. A los 19 años Urmila se casó con Yogi Amrit Desai. Desde entonces ha estado involucrada de manera cercana al desarrollo de la práctica del yoga, la salud y las actividades culinarias. Su inspiración para las recetas ayurvédicas ha crecido desde su práctica de un estilo de vida espiritual.

En 1986, fue diagnosticada con las primeras etapas de cáncer de colon. Centró su atención en las propiedades curativas de los alimentos y la dieta, y con la relajación profunda y el estilo de vida adecuado, se curó por completo de todos los signos de cáncer en el cuerpo.

En 1989, conoció a Amadea Morningstar en el *Kripalu Center* de Yoga y Salud, ubicado en Lenox (Massachusetts). Fundado por su marido, el Kripalu Center es actualmente el mayor centro de salud residencial en los Estados Unidos, con capacidad para más de 10 000 visitantes al año. Amadea llegó al Kripalu Center para dar clases de cocina y conferencias sobre los principios de la cocina ayurvédica. Comenzaron una relación en ese momento sobre la base de sus muchos años en la cocina creativa y decidió ser co-autora de este libro.

Urmila es la madre de tres hijos, ya mayores.

AYURVEDA Y LA MENTE

Ayurveda y la mente es, tal vez, el primer libro publicado en Occidente que explora específicamente el aspecto psicológico de este gran sistema. El libro explora cómo sanar nuestras mentes en todos los niveles, desde el subconsciente hasta el superconsciente, y discute el papel que juega la dieta, las impresiones sensoriales, la meditación, los mantras, el Yoga y muchos otros métodos para crear integridad.

Ayurveda y la mente discute con lucidez y sensibilidad cómo crear integridad en cuerpo, mente y espíritu. Este libro abre la puerta a una nueva psicología energética que provee herramientas prácticas para integrarlas a los múltiples aspectos de la vida.

-Dr. Deepak Chopra, MD

Este libro es un recurso valioso para los estudiantes de Ayurveda, Yoga, Tantra y psicología. El Dr. David Frawley ha demostrado una vez más su talento único para digerir el conocimiento védico milenario y alimentarnos con este entendimiento, el cual nutre nuestro cuerpo, alma y mente.

-Dr. David Simón, MD

Escrito por el Dr. David Frawley

Publicado en español por Ayurmed
www.Ayurmed.org libros@ayurmed.org